COURS D'ÉTUDES NAUTIQUES

À L'USAGE

DES OFFICIERS

DE LA MARINE MARCHANDE,

ET DES MAITRES AU CABOTAGE;

PAR LEVRET AINÉ,

PROFESSEUR D'HYDROGRAPHIE DE PREMIÈRE CLASSE AU HAVRE,

ET TAPIE, RÉPÉTITEUR.

PARIS,

FIRMIN DIDOT FRÈRES, ÉDITEURS,

IMPRIMEURS DE L'INSTITUT ET DE LA MARINE,

RUE JACOB, 56.

1850.

V

COURS

D'ÉTUDES NAUTIQUES.

PARIS. — TYPOGRAPHIE DE FIRMIN DIDOT FRÈRES,
RUE JACOB, 56.

COURS D'ÉTUDES NAUTIQUES

A L'USAGE

DES OFFICIERS

DE LA MARINE MARCHANDE,

ET DES MAITRES AU CABOTAGE;

PAR LEVRET AINÉ,

PROFESSEUR D'HYDROGRAPHIE DE PREMIÈRE CLASSE AU HAVRE,

ET TAPIÉ, RÉPÉTITEUR.

PARIS,

FIRMIN DIDOT FRÈRES, ÉDITEURS,

IMPRIMEURS DE L'INSTITUT ET DE LA MARINE,

RUE JACOB, 56.

—

1850.

PRÉFACE.

Il n'existe encore aucun traité destiné spécialement à la classe si intéressante des Officiers de la marine marchande.

Celui qui connaît la vie du marin, et se rend compte de ses besoins, comprend que c'est par des détails pratiques, des procédés graphiques, et l'emploi de la langue du métier, qu'on arrive à son intelligence.

Lui fournir des méthodes compliquées de calcul, c'est le mettre dans l'impossibilité de les utiliser à bord.

Tels sont les principes qui ont dirigé l'auteur dans la composition de ce Cours formant une large introduction à celui des Capitaines.

DES MAITRES AU CABOTAGE

ET

DES OFFICIERS

DE

LA MARINE MARCHANDE.

ARITHMÉTIQUE.

La quantité est tout ce qui est susceptible d'augmentation et de diminution; le nombre est la collection de plusieurs quantités de même espèce. Chacune de ces quantités se nomme unité. 8 mètres est un nombre. L'unité est dans ce cas le mètre. L'espèce des unités étant déterminée, le nombre se nomme concret. 8 est un nombre abstrait, et l'on va s'occuper spécialement d'abord de ces derniers.

NUMÉRATION.

La numération est l'art d'énoncer tous les nombres et de les écrire avec un nombre limité de mots et de caractères.

L'homme a commencé par compter sur ses doigts, et à donner aux nombres ainsi formés les noms un, deux, trois, quatre, cinq, six, sept, huit, neuf, dix.

Il regarda cette collection comme une espèce nouvelle d'unités nommées dizaines, et compta par dizaines comme par unités. Pour intercaler entre une et deux dizaines les nombres croissant successivement d'une seule unité simple, il ajouta au mot dix ceux déjà inventés, et dit, Dix-un, dix-deux, dix trois, dix-quatre, dix-cinq, dix-six, dix-sept, dix-huit, dix-neuf. On a substitué aux six premiers les mots onze, douze, treize, quatorze, quinze, seize.

Au lieu de deux dix, trois dix, quatre dix, cinq dix, six dix, sept dix, huit dix, neuf dix, on a dit vingt, trente, quarante, cinquante, soixante, soixante-dix, quatre-vingts, quatre-vingt-dix.

Lorsqu'à quatre-vingt-dix on ajoute successivement les neuf premiers nombres, on arrive à quatre-vingt-dix-neuf, et l'on se trouve encore obligé, pour former le nombre suivant, d'admettre une nouvelle espèce d'unités, nommée unités du troisième ordre, ou centaines. On compte par unités du troisième ordre depuis un jusqu'à neuf; et pour intercaler entre deux nombres de centaines consécutifs des nombres ne différant entre eux que d'une unité, on ajoute au nombre de centaines les quatre-vingt-dix-neuf premiers nombres inventés.

Arrivé à neuf cent quatre-vingt-dix-neuf, pour former le nombre immédiatement supérieur, on invente une nouvelle espèce d'unités du quatrième ordre, nommée mille ; et on compte par mille comme par unités, depuis un jusqu'à dix.

Afin de ne pas augmenter considérablement le nombre des mots, on convint de nommer les unités du cinquième ordre dizaines de mille, et celles du sixième, centaines de mille ; celles du septième, millions; du huitième, dizaines de millions; du neuvième, centaines de millions ; ce qui revient à dire que l'on peut regarder les unités mille, millions, comme des unités principales, et les dizaines, centaines, comme des unités intermédiaires. On voit que les mêmes énoncés reviennent par groupes de trois unités d'ordres successifs.

On est donc parvenu, par cette combinaison, à former les noms de tous les nombres à l'aide des noms des neuf premiers, et des mots unité, dizaine, centaine, mille, million, billion.

NUMÉRATION ÉCRITE.

Les neuf premiers nombres ont été représentés à dessein par les caractères essentiellement différents 1, 2, 3, 4, 5, 6, 7, 8, 9.

Pour écrire l'unité du second ordre, on l'a mise à la seconde place, en la faisant suivre d'un caractère particulier nommé zéro. On a donc écrit 10, 20, 30, 40, 50, 60, 70, 80, 90, et il a suffi de substituer à chacun de ces zéros successivement chacun des neuf premiers caractères inventés, pour écrire tous les nombres successifs de un à quatre-vingt-dix-neuf.

En suivant la même marche, et comme conséquence, on a représenté par 100, 1000, 10000, les unités des troisième, quatrième, cinquième ordre, ou centaines, mille, dizaines de mille; et on a substitué successivement aux zéros les nombres précédemment inventés, pour avoir une suite non interrompue.

Pour écrire d'après ces conventions un nombre énoncé, tel que cent vingt-sept mille huit cent quatre unités, on commence par chercher combien il doit avoir de chiffres. On trouve six, puisqu'il renferme des centaines de mille; on marque donc six points successifs, puis l'on remplace chacun d'eux par le chiffre qui correspond à l'unité dont il occupe le rang. On obtient ainsi 127804. Il est bon d'observer qu'on peut analyser ce nombre de plusieurs manières. Ainsi on peut dire qu'il renferme 12780 dizaines ou 1278 centaines, etc.

On voit qu'écrire un nombre revient à savoir écrire un nombre de trois chiffres, et à mettre les uns au bout des autres autant de nombres de trois chiffres qu'il y a de noms d'unités principales, telles que unité, mille, million, dans l'énoncé.

Réciproquement, pour énoncer un nombre écrit, on doit le partager en tranches de trois chiffres en allant de droite à gauche, et faire suivre l'énoncé de chaque tranche du nom de son unité principale. D'après cette règle, la dernière tranche à gauche peut être incomplète et ne renfermer qu'un ou deux chiffres. Ainsi le nombre 12,786,548 s'énonce douze millions, sept cent quatre-vingt-six mille, cinq cent quarante-huit unités.

Ce système de numération, nommé décimal, n'est pas certainement le système primitif. On retrouve chez tous les naturels de la côte d'Afrique le système de cinq en cinq, probablement parce que, pour compter sur ses doigts, il faut se servir d'une de ses mains pour nombrer sur les doigts de l'autre. On doit cependant regarder le système de dix en dix comme plus avantageux, puisque l'écriture d'un nombre et son énoncé sont des opérations plus simples.

lorsque les unités renfermées dans celle du second ordre sont plus nombreuses.

On a longtemps compté par douzaines ; mais ce système, adopté seulement dans le langage, n'était pas suivi dans l'écriture. Ainsi on écrivait les nombres dans le système décimal, et on prononçait les mots du système duodécimal.

Il est facile de déduire de ces principes que tout chiffre écrit à la gauche d'un autre exprime des unités de l'ordre supérieur, ou dix fois plus grandes, et que chaque chiffre d'un nombre a deux valeurs distinctes : l'une, qu'on nomme absolue, qui ne dépend que du chiffre même, et l'autre, nommée relative, qui dépend de la place qu'il occupe dans ce nombre.

On peut faire aussi la remarque qu'une unité d'un ordre quelconque vaut plus d'unités simples que tout nombre, quels que soient ses chiffres significatifs, ne comprenant que des unités d'un ordre inférieur. Ainsi, une unité du quatrième ordre ou 1000 a une valeur plus grande que 999 ; donc, de deux nombres, celui qui a le plus de chiffres significatifs est le plus grand.

ADDITION.

Cette opération a pour but de réunir plusieurs nombres en un seul. Le résultat s'appelle somme.

On conçoit qu'il suffirait de faire plusieurs additions partielles des unités des différents ordres, puis l'addition nouvelle de ces résultats, et de continuer ainsi jusqu'à ce qu'on ne trouve plus qu'un seul chiffre significatif pour chaque espèce d'unités. Exemple :

On propose d'additionner les nombres

$$37985, \quad 6549, \quad 43216, \quad 159844.$$

Les chiffres d'unités simples ajoutés ensemble produisent le nombre.   unités, 24
Les chiffres de dizaines ajoutés de même donnent 17 dizaines, ... ou   170
Les chiffres de centaines .... 24 centaines, ... ou   2400
Les chiffres de mille .... 25 mille, ... ou   25000
Les chiffres de dizaines de mille. .... 12 dizaines de mille, ou 120000
Les chiffres de centaines de mille............. 1 centaine de mille, ou 100000

Ajoutant de la même manière entre eux ces premiers résultats, on obtient

4 unités,
9 dizaines,
5 centaines,
7 mille,
4 dizaines de mille,
2 centaines de mille,

ou le nombre 247594 unités.

On parvient beaucoup plus promptement au résultat en disposant les nombres proposés dans un ordre particulier. On les écrit les uns au-dessous des autres, de telle manière que les unités des mêmes ordres se correspondent dans une même colonne verticale; puis, effectuant la somme des unités simples, on n'écrit que le chiffre des unités de ce premier résultat, retenant les dizaines pour les unir à celles qui sont dans la colonne des dizaines, sur laquelle on opère comme sur la première, et continuant ainsi jusqu'à épuiser toutes les colonnes. Le résultat se trouve ainsi chiffre à chiffre, et les opérations partielles sont toutes ramenées à des additions de nombres d'un seul chiffre, à des nombres d'un ou plusieurs chiffres.

La réunion de deux nombres par voie d'addition s'indique par le signe de convention + placé entre les deux. Il se prononce *plus*.

SOUSTRACTION.

Cette opération, dont le résultat se nomme différence, excès ou reste, a pour but de découvrir de combien un nombre en surpasse un autre. On peut dire aussi qu'elle a pour but, étant données une somme et l'une de ses parties, de retrouver l'autre partie.

Il est évident que si l'on retranche les uns des autres les chiffres correspondants des deux nombres placés l'un dessous l'autre comme pour l'addition, chaque reste partiel sera un chiffre du reste total occupant le même rang.

Exemple : soit à retrancher 2513 de 8956. On disposera l'opération ainsi :

$$\begin{array}{r} 8956 \\ 2513 \\ \hline \text{reste.... } 6443 \end{array}$$

6 unités, diminuées de 3 unités, donnent pour reste 3 unités.

5 dizaines, diminuées de 1 dizaine, donnent pour reste 4 dizaines. Ainsi de suite.

Mais si le chiffre du nombre supérieur était moindre que son correspondant du nombre inférieur, on éprouverait un obstacle. On lève cette difficulté en opérant une décomposition qui consiste à diminuer par la pensée le chiffre précédent du nombre supérieur d'une unité, et à augmenter celui sur lequel on opère de 10 unités. Cet emprunt, toujours suffisant, ne donnera jamais qu'un chiffre au reste; car le chiffre inférieur ne pouvant surpasser son supérieur que de 8 unités, le supérieur, augmenté de 10, rendra la soustraction possible; et si l'inférieur ne surpassait le supérieur que de 1 unité, ce dernier, augmenté de 10 unités, ne dépasserait son inférieur que de 9 unités. Exemple : de 3452 retrancher 2798.

Je regarderai le premier nombre comme composé de 344 dizaines, plus 12 unités, et dirai : 8 retranchés de 12 donnent 4 unités. Au lieu de 344 dizaines, je dirai 33 centaines, plus 14 dizaines ; le chiffre des dizaines du reste sera donc 5. Au lieu de 33 centaines, je dirai 2 mille et 13 centaines ; le chiffre des centaines du reste se trouvera donc en retranchant 7 de 13, il sera 6, et le reste total 654.

La méthode des emprunts, telle qu'on vient de l'exposer, serait encore en défaut, si le chiffre significatif sur lequel l'emprunt doit porter était remplacé par un zéro. On effectuerait l'emprunt sur le chiffre précédent de deux rangs. Mais cet emprunt donnant cent unités de l'ordre sur lequel on opère, et 10 de ces unités étant nécessaires et suffisantes, on en abandonnera 90 sur le zéro précédent, ou, en d'autres termes, ce zéro prendra la valeur 9.

Exemple : de 2604 retrancher 1357,

$$2604$$
$$1357$$
$$\overline{1247}$$

Empruntant une centaine alors que l'emprunt ne devait être que de 10 unités, on en laisse sur le zéro qui tient la place des dizaines, 90 ou 9 dizaines, et on obtient ainsi le reste 1247. Quel que soit donc le nombre de zéros par-dessus lesquels on passe pour arriver au chiffre sur lequel on effectue l'emprunt, l'opération revient à considérer ce chiffre comme augmenté de dix unités, et chacun des zéros comme prenant la valeur 9.

La différence de deux nombres s'indique par le signe — placé entre deux, et qui se prononce *moins*.

Lorsque le nombre supérieur augmente, le reste augmente du même nombre ; lorsque le nombre inférieur augmente, le reste diminue de cette augmentation : si l'on ajoutait le même nombre aux deux proposés, le reste ne changerait donc pas.

MULTIPLICATION.

Cette opération renferme essentiellement deux nombres donnés, le premier nommé multiplicande, le second multiplicateur, et tous deux indifféremment facteurs. Elle a pour but la découverte d'un troisième nombre, qui se compose avec le multiplicande comme le multiplicateur est composé avec l'unité.

Ainsi multiplier 5 par 7 revient à composer le résultat avec 5 comme 7 est composé avec l'unité ; mais 7 est formé de 7 fois l'unité ; donc le résultat, nommé produit, se composera de 7 fois le multiplicande 5.

On voit donc que le mot multiplication n'entraîne pas essentiellement avec lui l'idée d'augmentation, puisque si le multiplicateur n'était composé que d'une partie d'unité, le produit ne serait formé que d'une partie du multiplicande.

On peut dire aussi, pour les nombres dont on s'occupe en ce moment, que leur multiplication a pour but de répéter le premier autant de fois qu'il y a d'unités dans le second.

Le produit de deux nombres s'indique en les séparant par le signe $\times$.

D'après la définition de la multiplication on voit que, dans le cas actuel, une addition, qui pourrait être laborieuse à la vérité, suffirait pour effectuer cette opération ; car

7×5 voulant dire 7 répété 5 fois, ou $7+7+7+7+7$, il en résulte qu'il suffirait d'écrire le multiplicande autant de fois qu'il y a d'unités dans le multiplicateur, et d'effectuer la somme. Mais si le multiplicateur contenait un grand nombre d'unités, l'opération deviendrait inexécutable à cause de sa longueur.

D'après ces considérations la multiplication peut être considérée comme ayant pour but d'abréger une addition, dans laquelle tous les nombres à ajouter seraient égaux.

Pour effectuer la multiplication indépendamment de toute idée d'addition, on a cherché à la faire dépendre exclusivement des produits des nombres d'un seul chiffre par les nombres d'un seul chiffre. Ces produits, formés par additions, ont été renfermés dans un tableau qui a reçu le nom de table de Pythagore, du nom de son inventeur, et disposé comme il suit :

1	2	3	4	5	6	7	8	9
2	4	6	8	10	12	14	16	18
3	6	9	12	15	18	21	24	27
4	8	12	16	20	24	28	32	36
5	10	15	20	25	30	35	40	45
6	12	18	24	30	36	42	48	54
7	14	21	28	35	42	49	56	63
8	16	24	32	40	48	56	64	72
9	18	27	36	45	54	63	72	81

Il suffit de choisir le multiplicande dans la colonne horizontale supérieure, le multiplicateur dans la colonne verticale à gauche, et de faire cadrer les deux colonnes correspondantes, pour trouver écrit à leur rencontre le produit des deux nombres.

Il est important de graver ces produits dans la mémoire, pour n'avoir pas à chaque instant recours à ce tableau, qui fait trouver le même résultat pour le produit de 7 par 5 que pour celui de 5 par 7, et ainsi des autres ; ce qui donne à penser que le produit de deux nombres ne change pas lorsqu'on intervertit l'ordre des deux facteurs.

Pour multiplier un nombre de plusieurs chiffres par un nombre d'un seul chiffre, 5728, par exemple, par 6, on conçoit qu'on doive répéter 6 fois chacune des parties de ce nombre, et additionner ces divers résultats, ce qui donnera

6 fois 8 unités, ou 48 unités.
6 fois 2 dizaines, ou 12 dizaines, ou   120 unités.
6 fois 7 centaines, ou 42 centaines, ou   4200 unités.
6 fois 5 mille,   ou 30 mille,   ou 30000 unités.

L'addition de ces produits partiels donne le produit total 34368, qu'on pouvait obtenir directement en disant : 6 fois 8 font 48, on pose 8 et retient 4 ; 6 fois 2 donnent 12 et 4 de retenue 16, on pose 6 et retient 1 ; 6 fois 7 donnent 42 et 1 de retenue 43, on pose 3 et retient 4 ; ainsi de suite.

Passant actuellement au cas où le multiplicateur serait composé de plus d'un chiffre, on commence par la considération particulière du multiplicateur égal à 10, 100, 1000, etc. Alors l'opération se fait sans calcul, et se borne à l'addition d'un, deux ou trois zéros à la droite du multiplicande. En effet, en ajoutant un zéro à la droite du nombre 54, il devient 540. Puisque le 5, qui exprimait 5 dizaines, veut dire actuellement 5 centaines, quantité dix fois plus grande, le chiffre 4, qui exprimait des unités, exprime actuellement des dizaines, quantité dix fois plus grande ; chacune des parties du nombre est devenue dix fois plus grande ; le nombre lui-même est donc devenu dix fois plus grand. Le raisonnement serait analogue pour l'addition de deux ou trois zéros.

Si le multiplicateur était composé d'un chiffre significatif suivi d'un zéro, tel que 60 par exemple. Multiplier 728 par 60, c'est écrire 60 nombres égaux à 728, et faire l'addition : elle peut se partager en six additions partielles, composées chacune de 10 fois le nombre 728 : chacune de ces sommes sera donc égale à 7280, d'après ce qui vient d'être expliqué précédemment ; et, comme ces sommes partielles sont au nombre de six, le résultat total sera donc égal à 6 fois le nombre 7280 ; ce qui fait voir que, pour multiplier un nombre par 60, il faut d'abord le faire suivre d'un zéro, et multiplier ensuite ce résultat par 6, ou bien multiplier par 6 et faire suivre le produit d'un zéro.

Le même raisonnement fait voir qu'on multiplie un nombre par 400 en multipliant le nombre par 4, et ajoutant **deux zéros** à la droite du résultat.

Si actuellement on veut multiplier un nombre par 67, par exemple, il faudra le multiplier d'abord par 7, ensuite par 60, et ajouter ces deux produits partiels; il sera donc avantageux de les écrire d'avance dans un ordre tel, que cette somme puisse s'effectuer immédiatement; et, comme le second produit partiel sera terminé par un zéro, on adopte cette règle générale.

Pour effectuer la multiplication de deux nombres de plusieurs chiffres, *on multiplie successivement tout le multiplicande par chacun des chiffres du multiplicateur, en commençant par la droite, et reculant chaque produit partiel d'un chiffre vers la gauche : la somme des produits partiels sera le produit total.*

Le nombre des produits partiels est évidemment égal au nombre des chiffres du multiplicateur.

Le produit de deux facteurs ne change pas lorsqu'on intervertit leur ordre. En effet,

$5 = 1 + 1 + 1 + 1 + 1$; multipliant par 6 ces deux quantités égales, les produits seront égaux: $5 \times 6 = 6 + 6 + 6 + 6 + 6$; mais la seconde quantité exprime 6 répété 5 fois, ou 6×5 :

donc, $5 \times 6 = 6 \times 5$ (*).

Lorsqu'on augmente le multiplicateur d'une unité, le produit augmente d'une fois le multiplicande; lorsque c'est le multiplicande qu'on augmente d'une unité, d'après le principe précédent, le produit augmente d'une fois le multiplicateur; et lorsqu'on augmente à la fois les deux facteurs d'une unité, le produit augmente d'une fois le multiplicande, plus d'une fois le multiplicateur, plus d'une unité. En effet, soit primitivement à multiplier 57 par 23 : on a pour produit 1311. Si on multiplie actuellement $57 + 1$ par $23 + 1$, il faudra multiplier successivement chacune des parties du multiplicande par chacune des parties du multiplicateur, ce qui donnera $1 \times 1 + 57 \times 1 + 1 \times 23 + 57 \times 23$, ou $1 + 57 + 23 + 1311$, ce qui justifie le principe énoncé.

(*) Le signe $=$ veut dire *égal.*

Si les deux facteurs étaient égaux, le produit se nommerait alors le carré de l'un d'eux. Ainsi, le produit de 25 par 25, qui est 625, se nomme le carré de 25. D'après la table de Pythagore, les nombres 1, 4, 9, 16, 25, 36, 49, 64, 81, sont les carrés des nombres consécutifs 1, 2, 3, 4, 5, 6, 7, 8, 9.

Si, pour multiplier une somme de nombres par un nombre, il faut multiplier par ce nombre chacune des parties de la somme, il n'en est pas de même lorsqu'on veut multiplier par un nombre un produit indiqué de facteurs : il ne faut pas multiplier par ce nombre chaque facteur, mais seulement un d'entre eux. En effet, soit le produit indiqué 3×4 à multiplier par 5, cela veut dire qu'on doit rendre le produit 3×4 5 fois plus grand, ce qui se fera en rendant, soit le multiplicande 3, soit le multiplicateur 4, 5 fois plus grand.

On nomme puissance d'un nombre le produit de plusieurs facteurs égaux à ce nombre. Ainsi,

l'expression 5×5 se nomme carré ou 2e puissance de 5,

        $5 \times 5 \times 5$ cube ou 3e puissance,

        $5 \times 5 \times 5 \times 5$ 4e puissance.

Toute puissance de 10 est toujours formée de l'unité suivie de zéros, et le nombre des zéros est égal au nombre des facteurs 10 ou au degré de la puissance.

Ainsi, le   carré   de 10 est 100,

      le   cube   de 10 est 1000,

     la 4e puiss^{ce} de 10 est 10000.

En général, le carré d'un nombre composé de l'unité suivie de zéros est toujours l'unité suivie d'un nombre double de zéros.

Le cube serait l'unité suivie d'un nombre triple de zéros.

DIVISION.

La division est une opération qui défait ce que la multiplication a formé ; elle a pour but, connaissant un produit nommé dividende, et l'un de ses facteurs nommé diviseur, de découvrir l'autre facteur nommé quotient.

Ainsi, diviser 24 par 6, c'est considérer 24 comme un produit,

6 comme un de ses facteurs, et se proposer de trouver le nombre par lequel on doit multiplier 6 pour reproduire 24. Ce nombre, facile à découvrir dans ce cas, étant 4, on a $24 = 6 \times 4$. La division s'indique en séparant le dividende et le diviseur par le signe : .

On peut donc dire que le quotient est un nombre tel, que son produit par le diviseur soit égal au dividende, ou indiquant de combien de fois le diviseur le dividende est composé ; il exprime également combien de fois le dividende contient le diviseur.

On reconnaît de suite que le quotient pourrait, d'après cette dernière considération, s'obtenir en retranchant successivement le diviseur du dividende, puisqu'il se composerait d'autant d'unités qu'il serait possible de faire de ces soustractions. Mais cette méthode serait trop laborieuse, si le dividende était grand et le diviseur petit, pour être utilisée.

Elle permet seulement de constater que la division peut fournir un reste essentiellement plus petit que le diviseur ; et par suite on dit que le dividende est égal au produit du diviseur par le quotient, plus le reste.

Lorsque le diviseur n'a qu'un chiffre, et que le dividende est moindre que 10 fois le diviseur, la table de Pythagore suffit pour trouver le quotient. Ainsi, pour obtenir celui de 67 par 7, il faut descendre dans la colonne verticale qui porte en tête 7, et y chercher le nombre le plus approchant de 67 en moins. Le numéro d'ordre de la colonne horizontale sera le quotient. On trouve pour les nombres cités 9.

Puisque diviser 3728 par 52, c'est regarder 3728 comme le produit du nombre 52 par un facteur inconnu nommé quotient, cette recherche, véritable opération de décomposition, entraîne l'étude préalable des lois de la composition du produit.

Le résultat de la multiplication des deux nombres 183 et 375 est 68625. Il se compose des 3 produits partiels :

$$915 \ \text{unités,}$$
$$1281 \ \text{dizaines,}$$
$$549 \ \text{centaines.}$$

On voit par là que les 686 centaines du produit total sont composées : 1° du produit du diviseur 183 par les centaines du quo-

tient, et 2° des centaines fournies par les produits partiels précédents.

Or, ce dernier nombre de centaines refluantes ne peut atteindre
183, puisque la partie du quotient qui suit le chiffre des centaines
est toujours moindre qu'une centaine.

Puisque les centaines du dividende se composent du produit du
diviseur par le chiffre des centaines du quotient et d'un nombre
de centaines moindre que le diviseur, le quotient de la division
des centaines du dividende par le diviseur, ou le nombre qui exprime combien de fois elles contiennent le diviseur, ne peut être
un chiffre plus grand que celui des centaines du quotient; il ne
pouvait d'ailleurs être moindre.

On est donc ramené à effectuer la 1re division partielle de 686
par 183, qui s'effectue facilement de mémoire, et donne le quotient d'un seul chiffre, 3.

Le produit du diviseur par cette partie du quotient étant retranché du dividende primitif, donne un premier reste 13725,
qu'on doit considérer comme le produit du même diviseur par la
partie encore inconnue du quotient.

Opérant donc sur les nombres 13725 et 183 comme sur les précédents, on obtient le chiffre des dizaines du quotient, et ainsi de
suite.

On dispose l'opération de la manière suivante :

$$\begin{array}{rl|l}
686{,}25 & & 183 \\
549 & & \overline{375} \\
\hline
1^{er}\ reste\dots\dots 1372{,}5 & & \\
1281 & & \\
\hline
2^{e}\ reste\dots\dots\ 915 & & \\
915 & & \\
\hline
Dernier\ reste\dots\ 0 & &
\end{array}$$

Soit à diviser 57864 par 184, on a toujours :

$$184 \times 100 = 18400 < \text{dividende (*)}.$$
$$184 \times 1000 = 184000 > \text{dividende (**)}$$

(*) Le signe $<$ veut dire *plus petit.*
(**) Le signe $>$ veut dire *plus grand.*

Le quotient est donc compris entre 100 à 1000, c'est-à-dire composé de trois chiffres.

On voit que ce moyen de déterminer d'avance le nombre des chiffres du quotient revient à prendre à la gauche du dividende une partie capable de contenir le diviseur. En augmentant d'une unité le nombre des chiffres qui suivent cette partie séparée, on a le nombre des chiffres du quotient.

Exemples :

$$37{,}58 \,\big|\, \underline{27} \qquad\qquad 175{,}8 \,\big|\, \underline{27} \qquad\qquad 87{,}5964 \,\big|\, \underline{34}$$
$$\phantom{37{,}58 \,\big|\,}\ \text{3 chiffres.}\qquad\quad \phantom{175{,}8 \,\big|\,}\ \text{2 chiffres.}\qquad\quad \phantom{87{,}5964 \,\big|\,}\ \text{5 chiffres.}$$

De tout ce qui précède, on déduit la règle générale suivante.

Règle générale. Pour diviser deux nombres l'un par l'autre, on commence par séparer sur la gauche du dividende une partie capable de contenir le diviseur.

Alors on divise la partie séparée par le diviseur ; on obtient le chiffre des plus hautes unités du quotient. Le produit du diviseur par ce chiffre étant retranché de la partie séparée du dividende fournit un premier reste, à la suite duquel on descend le chiffre suivant du dividende non encore utilisé. On opère sur ce nouveau dividende partiel comme on l'a fait sur la partie primitive, et on continue ces opérations jusqu'à ce qu'on soit arrivé à descendre le dernier chiffre du dividende.

Si dans le courant de l'opération un des dividendes partiels était moindre que le diviseur, il faudrait mettre un zéro au quotient ; car il faut toujours que le nombre des chiffres qu'on a d'avance déterminé pour le résultat soit complet.

Si l'opération s'effectuait sans reste, un accroissement du dividende accroîtrait le quotient ou produirait un reste. Une diminution du dividende ferait diminuer le quotient ; si le diviseur augmentait, le quotient diminuerait ; et si le diviseur diminuait, ou le quotient augmenterait, ou il se produirait un reste.

On voit que si le dividende était égal au diviseur, le quotient aurait pour valeur l'unité ; et que si l'on augmentait le dividende du diviseur, le quotient augmenterait d'une unité, puisque le dividende contiendrait une fois de plus le diviseur.

On voit aussi que si on multiplie le dividende et le diviseur par un même nombre, le quotient n'est point modifié ; le reste seul est multiplié par ce nombre.

Car le dividende primitif étant égal au produit de son diviseur par le quotient, plus le reste, si l'on multiplie le dividende par un certain nombre, et le diviseur aussi, pour que l'égalité subsiste encore, il faut que la seconde partie ou le reste soit multiplié par ce nombre.

Si une division effectuée fournit un reste, on n'a pas satisfait complétement à la définition, qui veut que le produit du diviseur par le quotient reproduise le dividende. On dit, dans ce cas, que le quotient obtenu l'est à moins d'une unité, ou est en erreur de moins d'une unité. On a dû chercher à le rendre complet dans tous les cas. Pour analyser cette nouvelle phase de la question, soit proposé de partager 27 en 4 parties égales ; on divisera 27 par 4, et on obtiendra 6 pour quotient et 3 pour reste. 6 est donc trop petit, mais 7 est trop grand ; et par suite il faut procéder à la formation d'un nombre compris entre 6 et 7, composé de 6 unités, plus d'une quantité moindre qu'une unité.

Or, puisqu'il reste 3 unités à diviser en 4 parties égales, on peut prendre une de ces 3 unités, la concevoir décomposée elle-même en 4 parties égales nommées quarts, faire la même opération sur chacune d'elles ; et alors on aura à ajouter au quotient, pour le compléter, 1 quart $+$ 1 quart $+$ 1 quart ou 3 quarts, qu'on est convenu d'écrire ainsi : $\frac{3}{4}$.

Le quotient est donc actuellement complet, et égal à 6 $\frac{3}{4}$. Cette quantité trois quarts, née de la nécessité de l'opération, a reçu le nom de fraction, et veut dire 3 fois le quart de l'unité.

On peut lui attribuer une autre signification ; car si on eût conçu ces 3 unités restant, unies entre elles, en divisant leur ensemble en 4 parties égales, le quotient eût encore été complété par cette nouvelle fraction, exprimant le quart de 3.

La fraction $\frac{3}{4}$ peut donc être regardée comme exprimant, soit 3 fois le quart d'une unité, soit le quart de 3 unités.

Ces considérations prendront un nouveau degré de simplicité si on les déduit d'une question du genre de celle-ci : partager 27 sacs de farine également entre 4 personnes. On donnera d'abord 6 sacs à chacune, et il restera 3 sacs à partager, ce qui se fera en donnant à chacune le quart de chaque sac ; et comme les sacs étaient supposés égaux, leurs quarts le sont aussi ; donc, recevoir le quart de chacun des trois sacs, c'est recevoir 3 fois le quart de l'un d'eux.

Si, au lieu de cela, on avait, des 3 sacs restants, composé 1 sac nouveau, chacun en eût reçu le quart ; donc il revient au même de recevoir le quart de 3 sacs, ou 3 fois le quart d'un sac.

Telle est l'origine des nombres nouveaux nommés fractions, et les divers points de vue sous lesquels on peut les envisager.

PREUVES.

On nomme preuves des opérations nouvelles, destinées à s'assurer de l'exactitude d'opérations primitives. Les preuves ne sont jamais des certitudes, mais des présomptions, d'autant plus fondées qu'elles s'appuient sur des opérations qui s'éloignent davantage de celles à contrôler.

On vérifie l'addition en la recommençant dans le sens inverse, c'est-à-dire, sommant les colonnes à partir du point inférieur.

On vérifie la soustraction en reformant le nombre supérieur au moyen de l'addition du reste avec le nombre inférieur.

On vérifie la multiplication en la recommençant, après avoir interverti l'ordre des facteurs.

On vérifie la division en reformant le dividende par l'addition du reste au produit du diviseur par le quotient.

FRACTIONS ORDINAIRES.

L'expression $\frac{3}{4}$ est une fraction. Composée de deux nombres superposés, le supérieur nommé numérateur, l'inférieur dénominateur, on peut la considérer comme voulant dire les trois quarts d'une unité, ou le quart de trois unités, ou le quotient indiqué de la division de 3 par 4. On la nomme aussi quelquefois rapport par quotient.

On peut donc dire qu'une fraction est la réunion de plusieurs parties égales d'un même tout ; que le dénominateur représenté par un nombre se prononce comme un mot, et indique en combien de parties égales l'unité a été divisée, le numérateur exprimant de combien de ces parties égales la fraction est composée.

Puisqu'elle peut être considérée comme un quotient dont le numérateur est le dividende et le dénominateur le diviseur, il s'ensuit qu'elle augmente avec le numérateur et diminue avec lui ; qu'au contraire, l'augmentation du dénominateur entraîne la diminution de la fraction, qui augmente lorsque le dénominateur diminue ; qu'enfin elle est égale à l'unité lorsque le numérateur et le dénominateur sont égaux.

Le dénominateur n'étant qu'une désignation, il est manifeste qu'on double ou triple une fraction en doublant ou triplant son numérateur. On voit également qu'en regardant le dénominateur comme un diviseur, la fraction devient deux, trois fois plus petite, lorsque le dénominateur devient deux, trois fois plus grand.

Si donc on effectuait l'opération spéciale de la multiplication des deux termes par un même nombre, la fraction conserverait sa valeur primitive. Il ne faut pas conclure de là qu'une même opération, effectuée sur les deux termes d'une fraction, n'altère pas sa valeur, mais que les seules opérations de multiplication et de division des deux termes par un même nombre sont permises.

L'addition d'un même nombre aux deux termes change la valeur d'une fraction : principe qu'on peut reconnaître avant toute démonstration, puisqu'en ajoutant 3 aux deux termes de la fraction, $\frac{2}{5}$ par exemple, on obtient $\frac{5}{8}$, plus grande qu'une demie, alors que $\frac{2}{5}$ était plus petite.

ADDITION DES FRACTIONS.

L'addition étant une opération destinée à réunir des unités de même grandeur, ne peut s'appliquer à des fractions dont les dénominateurs sont différents. Il s'agit donc de savoir si l'on peut, sans nuire aux valeurs de deux fractions, les ramener au même dénominateur. Soit pour exemple les deux fractions

$$\frac{2}{3} \text{ et } \frac{5}{7}.$$

En multipliant par 7 les deux termes de la 1re, et par 3 les deux termes de la 2e, on obtient

$$\frac{2 \times 7}{3 \times 7} \text{ et } \frac{5 \times 3}{7 \times 3}.$$

Les valeurs des deux fractions n'ont point été modifiées, d'après ce qui a été dit précédemment, et les dénominateurs sont les mêmes, puisque la valeur du produit n'est point altérée par l'inversion des facteurs.

On dit en conséquence qu'on réduit deux fractions au même dénominateur en multipliant les deux termes de la 1re par le dénominateur de la 2e, et réciproquement.

Le même raisonnement s'applique à plusieurs fractions. Il faut multiplier les deux termes de chacune par le produit des dénominateurs de toutes les autres. Cette opération, qui n'a d'ailleurs aucun rapport avec l'addition, est une préparation nécessaire.

Pour ajouter les fractions ramenées à cet état, on voit qu'il suffit de faire la somme des numérateurs, qui représentent les unités à sommer, et de donner au résultat pour dénominateur le dénominateur commun, indication du nom de ces parties ; ainsi,

$$\frac{3}{5} + \frac{2}{5} + \frac{4}{5} = \frac{3+2+4}{5} = \frac{9}{5}.$$

Ce résultat, écrit sous forme de fraction, ne peut pas cependant être considéré comme tel, puisque, d'après la définition de la fraction, le numérateur doit être essentiellement moindre que le dénominateur. Tout nombre tel que $\frac{9}{5}$ se nomme expression fractionnaire, et doit être regardé comme composé d'un nombre entier joint à une fraction.

Ainsi, le nombre $3 + \frac{5}{7}$ peut se transformer en réduisant le nombre entier 3 en 7es, ce qui donne $\frac{21}{7} + \frac{5}{7}$ ou $\frac{26}{7}$. On voit donc que, pour réduire un nombre fractionnaire en expression fractionnaire, on doit multiplier le nombre entier par le dénominateur de la fraction qui l'accompagne, ajouter à ce produit le numérateur de la fraction, et donner à cette somme pour dénominateur celui de la fraction.

Réciproquement, pour transformer une expression fractionnaire en nombre fractionnaire, il faut effectuer la division du numérateur par le dénominateur, et le quotient complet sera l'expression demandée.

On peut réduire deux fractions au même numérateur aussi bien qu'au même dénominateur, en multipliant les deux termes de la première par le numérateur de la seconde, et réciproquement. On ne peut comparer deux fractions entre elles sous le rapport de leur grandeur, qu'étant préalablement ramenées à avoir, soit le même numérateur, soit le même dénominateur. Dans le premier cas, la plus grande sera celle qui aura le plus petit dénominateur, et dans le second ce sera celle qui aura le plus grand numérateur. Ainsi, $\frac{4}{3}$ est plus grand que $\frac{4}{5}$, et $\frac{4}{7}$ est plus grand que $\frac{3}{7}$. On a inventé deux signes spéciaux pour indiquer qu'une quantité est plus petite ou plus grande qu'une autre.

Ainsi, $a > b$ veut dire a plus grand que b;
$a < b$ veut dire a plus petit que b.

On trouve la différence entre une fraction et l'unité en formant une nouvelle fraction ayant le même dénominateur que la proposée, et pour numérateur la différence entre ses deux termes. Ainsi, la fraction $\frac{7}{13}$ diffère de l'unité de $\frac{13-7}{13}$ ou de $\frac{6}{13}$.

Une fraction augmente de valeur lorsqu'on ajoute le même nombre à ses deux termes. En effet, soit proposée la fraction $\frac{5}{9}$; elle diffère de l'unité de $\frac{4}{9}$. Le même nombre 3, ajouté à ses deux termes, la transformerait en cette autre $\frac{8}{12}$, dont la différence avec l'unité est $\frac{4}{12}$. Cette fraction de différence a le même numérateur que la précédente, puisqu'une différence ne change pas par l'addition d'un même nombre aux deux termes; elle diffère moins de l'unité que la proposée, et est par suite plus grande qu'elle.

Pour ajouter entre eux des nombres fractionnaires, tels que $3 + \frac{2}{5}$, $4 + \frac{3}{4}$, $5 + \frac{2}{7}$, on les transforme en expressions fractionnaires équivalentes $\frac{17}{5}$, $\frac{19}{4}$, $\frac{37}{7}$, qui, ajoutées, fournissent l'expression $\frac{1881}{140}$, se ramenant elle-même, au moyen de la division du numérateur par le dénominateur, en cette autre, $13 + \frac{61}{140}$, but de l'opération primitive.

SOUSTRACTION DES FRACTIONS.

Par la même raison que pour l'addition, on commence par réduire les fractions au même dénominateur; puis, retranchant le plus petit numérateur du plus grand, on donne à ce reste pour dénominateur celui commun aux deux fractions.

Ainsi, $\frac{5}{7} - \frac{2}{3} = \frac{15}{21} - \frac{14}{21} = \frac{1}{21}$.

MULTIPLICATION DES FRACTIONS.

Prendre le quart d'une fraction, c'est obtenir le quart de sa valeur, résultat auquel on parvient en multipliant le dénominateur par **4**. Ainsi le quart de $\frac{5}{7}$ est $\frac{5}{7 \times 4}$ ou $\frac{5}{28}$.

Prendre les trois quarts d'une fraction, c'est répéter trois fois son quart. Ainsi pour avoir les $\frac{3}{4}$ de $\frac{5}{7}$, il faut d'abord se procurer un seul quart ou $\frac{5}{7 \times 4}$, et le répéter trois fois en triplant le numérateur, ce qui conduit à $\frac{5 \times 3}{7 \times 4}$.

Ce résultat, formé du produit des numérateurs divisé par celui des dénominateurs, est regardé comme le produit de la multiplication des deux fractions $\frac{5}{7}$ et $\frac{3}{4}$, parce qu'en effet il rentre bien dans la définition de cette opération, puisqu'il est composé avec $\frac{5}{7}$ comme $\frac{3}{4}$ avec l'unité.

Le produit est moindre que le multiplicande $\frac{5}{7}$, puisqu'il n'en est que les $\frac{3}{4}$. Il est aussi moindre que le multiplicateur, parce qu'on peut le regarder comme exprimant les $\frac{5}{7}$ de $\frac{3}{4}$, puisque, sans changer sa valeur, on peut l'écrire ainsi $\frac{3 \times 5}{4 \times 7}$, c'est-à-dire intervertir l'ordre des facteurs.

Ainsi, *diviser* une fraction par 4, en prendre le quart ou la *multiplier* par $\frac{1}{4}$, sont des opérations identiques.

Pour multiplier l'un par l'autre deux nombres fractionnaires, on les réduit tous deux en expressions fractionnaires équivalentes.

Ainsi $$\left(3 + \tfrac{5}{6}\right) \times \left(4 + \tfrac{2}{7}\right) = \tfrac{23}{6} \times \tfrac{30}{7} = \tfrac{23 \times 30}{6 \times 7}.$$
En effectuant les opérations indiquées, on met le produit sous la forme d'un nombre fractionnaire au moyen de la division du numérateur par le dénominateur. On trouve dans l'exemple précédent :

$$
\begin{array}{r|l}
690 & 42 \\
270 & \overline{} \\
18 & 16
\end{array}
\quad \text{ou } 16 + \tfrac{18}{42}.
$$

C'est donc ramener une opération encore inconnue à une autre qu'on savait exécuter.

Le produit d'une fraction par un nombre fractionnaire est plus grand que le multiplicande, plus petit que le multiplicateur, et s'effectue de même que celui de deux fractions.

Le produit d'une fraction par elle-même ou son carré est plus petit que la proposée, et formé du carré du numérateur divisé par celui du dénominateur.

On voit que la réduction au même dénominateur a été dans la multiplication sans utilité.

DIVISION DES FRACTIONS.

Diviser la fraction $\frac{5}{7}$ par 4, c'est multiplier le dénominateur par 4 ou la fraction par $\frac{1}{4}$, ce qui donne $\frac{5}{7\times4}$.

Diviser la fraction $\frac{5}{7}$ par $\frac{4}{7}$ c'est chercher par quel nombre on doit multiplier $\frac{4}{7}$ pour obtenir $\frac{5}{7}$ ou par quel nombre on doit multiplier 4 pour obtenir 5 (*), on trouve évidemment $\frac{5}{4}$.

On effectue donc la division de deux fractions de même dénominateur ou divisant les deux numérateurs l'un par l'autre, sans tenir compte des dénominateurs.

Si les fractions n'ont pas le même dénominateur, telles $\frac{3}{4}$ et $\frac{5}{7}$, on peut les y réduire, et ne pas former le dénominateur commun, puisque dans la division il disparaît; ce qui donne $\frac{3\times7}{4\times5}$. Ce résultat fait reconnaître qu'on peut s'exprimer autrement, et dire qu'on divise deux fractions en multipliant les deux termes de la première par les deux termes de la seconde renversée.

Le quotient de deux fractions est nécessairement plus grand que celle dividende, puisque la division de $\frac{3}{4}$ par $\frac{5}{7}$ revient à la multiplication de $\frac{3}{4}$ par le nombre fractionnaire $\frac{7}{5}$.

Mais il n'y a aucune relation de grandeur connue d'avance entre le quotient et le diviseur; car il n'est pas possible de raisonner comme dans la multiplication où l'on avait le droit de changer multiplicande en multiplicateur, et réciproquement, sans altérer le produit.

Dans la division on ne peut changer dividende en diviseur, et réciproquement, sans modifier le quotient.

(*) Car la division de 8 boulets par 2 boulets conduit au quotient 4, dans lequel n'intervient pas la dénomination *boulet*.

D'après les raisonnements précédents, $\frac{3}{4}$ n'étant qu'une partie du quotient, on voit que le quotient de deux fractions proprement dites est plus grand que le dividende.

Si les fractions à diviser avaient le même dénominateur, telles que $\frac{3}{7}$ et $\frac{5}{7}$, elles auraient pour quotient $\frac{3\times7}{7\times5}$ ou $\frac{3}{5}$, en supprimant aux deux termes le facteur 7, ce qui revient à les diviser tous deux par le même nombre 7.

On voit donc que, pour diviser deux fractions de même dénominateur, il faut seulement effectuer la division des numérateurs.

En raisonnant d'une manière analogue sur deux fractions de même numérateur, on voit que leur quotient se forme en divisant le dénominateur de la seconde par celui de la première. Si donc pour la division des fractions il n'est pas nécessaire de les réduire au même dénominateur, cependant l'opération se simplifie lorsqu'elles se présentent à cet état

Pour obtenir la règle par laquelle on divise un nombre entier par une fraction, on peut, soit faire un raisonnement analogue au précédent, soit mettre l'entier sous forme fractionnaire, et on rentre alors dans le cas précédent. Ainsi,

$$3 : \frac{4}{5} = \frac{3}{1} : \frac{4}{5} = \frac{3\times5}{1\times4} = \frac{3\times5}{4}.$$

On doit donc, pour diviser un nombre entier par une fraction, le multiplier par le dénominateur, et diviser le produit par le numérateur.

La division des nombres fractionnaires s'effectue sur ces nombres transformés en expressions fractionnaires.

S'il était demandé par quel nombre il convient de multiplier 5 pour obtenir 3, ce nombre serait le quotient de 3 par 5 ou $\frac{3}{5}$.

Par quel nombre faut-il multiplier 8 pour produire 1 ? Réponse : $\frac{1}{8}$.

Par quel nombre faut-il multiplier 9 pour produire $\frac{1}{9}$? Réponse : $\frac{1}{9}$ ou $\frac{1}{9\times9}$ ou $\frac{1}{81}$.

OPÉRATIONS SUR LES PRODUITS INDIQUÉS.

Pour additionner plusieurs produits indiqués de nombres entiers, il faudrait les séparer les uns des autres par le signe *plus*.

Ce résultat est susceptible de simplification dans certains cas.

Si un même facteur entre dans ces différents produits, comme dans l'expression : $3 \times 5 + 3 \times 7 + 3 \times 9$, on voit qu'il exprime que 3 doit être pris 5 fois, puis 7 fois, puis 9 fois, c'est-à-dire, être multiplié par $5 + 7 + 9$, ce que l'on écrit ainsi par convention : $3 \times (5 + 7 + 9)$; c'est ce qu'on nomme mettre un nombre en facteur commun, et on énonce ainsi ce principe.

Pour ajouter des produits qui possèdent un facteur commun, on multiplie ce facteur par la somme de ceux non communs.

Si, pour diviser une somme indiquée par un nombre, il faut diviser par ce nombre chacune des parties qui constituent la somme, il n'en est pas de même lorsque c'est un produit indiqué qu'on doit diviser. L'opération ne doit porter dans ce cas que sur un des facteurs. Ainsi, pour diviser 75×8 par 5, il faut et il suffit de diviser 75 par 5, qui donne 15, et de multiplier le quotient obtenu par 8 pour avoir le quotient total; car en le multipliant par le diviseur 5, on retrouverait 75×8, ou le dividende primitif.

FRACTIONS DÉCIMALES.

On nomme fractions décimales celles qui ont pour dénominateur l'unité, suivie d'un ou plusieurs zéros. Ainsi, $\frac{7}{10}$, $\frac{18}{100}$, $\frac{37}{1000}$, sont des fractions décimales.

Les opérations qu'on peut avoir à exécuter sur des fractions de cette espèce sont toujours plus simples que celles analogues sur les fractions ordinaires, par suite de la facilité que l'on a de les réduire au même dénominateur, au moyen de l'addition du même nombre de zéros convenable à chacun des deux termes. On a cherché à les écrire sans faire usage du dénominateur.

On remarque à cet effet que puisque dans un nombre entier, tel que 375 par exemple, chaque chiffre exprime des unités dix fois moindres que celles représentées par le chiffre précédent à gauche, un chiffre écrit à la droite du 5 exprimerait des unités dix fois moins grandes que des unités simples, ou des dixièmes.

Il a seulement été nécessaire de fixer le chiffre des unités par un signe spécial, et on a choisi pour cet usage la virgule. Ainsi, 32,7 signifie trente-deux entiers, plus sept dixièmes : ce nombre est donc de l'espèce de ceux nommés fractionnaires; et on voit que la manière de les écrire n'est que l'extension du système décimal de numération. Pour traduire un nombre décimal en langage ordinaire, il faut énoncer d'abord la partie entière en terminant par le mot unité, puis celle décimale comme si elle représentait un nombre entier, en terminant par le nom des unités décimales que, d'après son rang, exprime le dernier chiffre à droite.

Réciproquement, pour écrire un nombre décimal énoncé, on commence par écrire la partie entière par les règles connues de la numération, puis la partie décimale, en faisant occuper à son dernier chiffre à droite le rang qu'exprime l'énoncé.

Il suffit pour cela de se rappeler que le chiffre qui suit immédiatement la virgule représente des dixièmes, le second des centièmes, le troisième des millièmes, ainsi de suite : 0,7. 0,34. 0,512. sont donc des fractions décimales que l'on peut traduire ainsi : $\frac{7}{10}$, $\frac{34}{100}$, $\frac{512}{1000}$, et qui se prononcent 7 dixièmes, 34 centièmes, 512 millièmes.

Un nombre décimal, tel que 52,375, peut se traduire de suite en expression fractionnaire ordinaire; car il signifie

$$52 + \frac{375}{1000}, \text{ ou } \frac{52000}{1000} + \frac{375}{1000}, \text{ ou } \frac{52375}{1000}.$$

Pour traduire un nombre décimal en expression fractionnaire ordinaire, il faut donc supprimer la virgule et donner pour dénominateur l'unité, suivie d'autant de zéros qu'il y avait de chiffres après la virgule avant la suppression.

On voit que les quatre opérations fondamentales sur les nombres décimaux doivent pouvoir se ramener aux opérations connues sur les nombres fractionnaires, mais avec des simplifications dépendantes de la composition des dénominateurs.

Il convient, pour établir ces nouvelles règles, d'analyser quelques principes fondamentaux sur les nombres décimaux écrits sans dénominateurs.

1er *principe.* On n'altère pas la valeur d'un nombre décimal en le faisant suivre d'un ou plusieurs zéros. Ainsi, 32,7 = 32,70 = 32,700.

En effet, chaque chiffre a conservé à la fois sa valeur absolue et sa valeur relative.

2e *principe.* On multiplie un nombre décimal par 10, 100,

1000, en reculant la virgule d'un, deux ou trois rangs vers la droite, parce qu'en effet chaque chiffre significatif prend une valeur relative 10, 100, 1000 fois plus grande.

3ᵉ *principe*. On divise un nombre décimal par 10, 100, 1000, en reculant sa virgule d'un, deux ou trois rangs vers la gauche. La démonstration de ce principe est entièrement analogue à celle du précédent.

ADDITION DES NOMBRES DÉCIMAUX.

Les nombres décimaux étant compris parmi ceux qu'exprime notre système de numération, et leurs diverses unités ayant entre elles les mêmes relations que dans les nombres entiers, leur addition doit s'effectuer de la même manière, en disposant les unités des mêmes ordres de grandeur dans une même colonne verticale, et plaçant la virgule au résultat dans la colonne des virgules des nombres proposés.

SOUSTRACTION DES NOMBRES DÉCIMAUX.

Cette opération doit s'exécuter par les mêmes règles que sur les nombres entiers.

Il est seulement commode d'ajouter des zéros à la droite de celui des deux nombres ayant le moins de chiffres décimaux, pour qu'ils en possèdent autant l'un que l'autre.

Ainsi, $17,54 - 3,728 = 17,540 - 3,728$.

Opérant alors comme pour les nombres entiers, on trouve :

$$\begin{array}{r} 17,540 \\ 3,728 \\ \hline 13,812 \end{array}$$

Si un nombre décimal devait être retranché du nombre 10, on pourrait se dispenser de le compléter, et c'est ce que l'on fait généralement, car : $10 - 3,78542 = 10,00000 - 3,78542$.

$$\begin{array}{r} 10,00000 \\ 3,78542 \\ \hline 6,21458 \end{array}$$

On voit que ce résultat pouvait s'obtenir immédiatement chiffre à chiffre, en complétant le dernier chiffre à 10, et les autres à 9. Aussi l'appelle-t-on le complément à 10 du nombre proposé.

MULTIPLICATION DES NOMBRES DÉCIMAUX.

Pour découvrir la règle à suivre, on peut ramener cette opération à un cas connu, en mettant chacun des deux nombres sous forme d'expression fractionnaire; ainsi :

$$5{,}34 \times 2{,}5 = \frac{534}{100} \times \frac{25}{10} = \frac{534 \times 25}{1000}.$$

Ce résultat met en évidence cette règle à suivre : Multiplier les deux nombres, abstraction faite de la virgule, et diviser leur produit par l'unité suivie d'autant de zéros qu'il y en avait aux deux dénominateurs, ou, ce qui revient au même, séparer sur sa droite autant de chiffres par une virgule qu'il y avait de chiffres décimaux dans les deux facteurs.

On arrive à la même règle en analysant la modification de valeur que subit le produit par la suppression de la virgule dans chacun des deux facteurs.

DIVISION DES NOMBRES DECIMAUX.

Soit à diviser l'un par l'autre les deux nombres décimaux 25,72 et 4,5.

Mettant ces nombres sous forme d'expressions fractionnaires, on obtient :

$$\frac{2572}{100} : \frac{45}{10}.$$

Et comme on sait que la division de deux nombres fractionnaires se simplifie lorsqu'ils ont le même dénominateur, on les ramène immédiatement à cet état sans calcul, ce qui donne $\frac{2572}{100} : \frac{450}{100} = \frac{2572}{450}$.

La comparaison de ce résultat aux nombres qui l'ont fourni permet d'établir cette règle générale :

Pour diviser deux nombres décimaux l'un par l'autre, on doit rendre le nombre de leurs chiffres décimaux le même par l'addition à la droite de l'un d'eux d'un nombre convenable de zéros, puis faire la division sans tenir compte de la virgule ; le quotient ainsi obtenu est celui cherché.

Il est bien évident que si le nombre des chiffres décimaux était le même dès le principe, l'addition de zéros à l'un des deux nombres serait une opération sans but. Exemples :

$$575,2 : 34,57 = 57520 : 3457 = 16.$$

Ce quotient est obtenu à moins d'une unité.

$$349,54 : 26,39 = 3\,954 : 2639 = 13.$$

Dans la division de deux nombres entiers, on peut compléter le quotient par une fraction décimale. Ainsi, la division des deux nombres 572 et 18 conduit au quotient 31 et au reste 14. Ce reste, 14 unités, n'étant plus divisible par 31, on le réduit en dixièmes par l'addition d'un zéro. Cette opération est celle qu'on exécute chaque jour, lorsque, pour distribuer de l'argent à plusieurs personnes avec une pièce, on la convertit en monnaie. La division redevient possible, et le chiffre 7 trouvé au quotient exprime des dixièmes. Le quotient 31,7 est donc obtenu à moins d'un dixième. En réduisant le nouveau reste 14 dixièmes en centièmes par l'addition d'un zéro, on trouve le nouveau chiffre 7 au quotient, qui est alors 31,77, obtenu à moins d'un centième. Voici le détail de l'opération :

$$
\begin{array}{c|l}
572 & 18 \\
32 & \\ \hline
140 & 31,77 \\
140 &
\end{array}
$$

Le nombre 31 entiers $\frac{14}{18}$ eût été le quotient exact, alors qu'en cherchant à l'obtenir sous forme de nombre décimal, on s'aperçoit, dans l'exemple précédent, qu'on n'arrivera jamais à la fin de l'opération, le retour des mêmes restes entraînant celui des mêmes chiffres au quotient, qui prend alors la forme dite périodique. Si donc on n'obtient pas dans ce cas le quotient complet, au moins approche-t-on de sa valeur autant que bon semble. Il ne faut pas inférer de là qu'en opérant en décimales, le quotient ne se termine jamais. Ainsi, la division de 573 par 25 conduit au quotient exact 22,92. La périodicité du quotient décimal ou sa terminaison tiennent aux propriétés particulières des nombres ; on les analysera plus tard.

D'après ce qui vient d'être dit, on voit que, pour diviser un nombre décimal par un nombre entier, on peut se dispenser d'ajouter des zéros au diviseur pour lui donner autant de chiffres décimaux qu'au dividende; car cela forcerait alors, pour avoir au quotient la même approximation, à faire suivre les restes successifs de zéros en nombre égal à ceux ajoutés au diviseur. Exemples :

$$\begin{array}{r|l} 57{,}826 & 15 \\ 12\ 8 & \overline{} \\ .\ 82 & 3{,}855 \\ 76 & \\ 1 & \end{array}$$

Le quotient obtenu à moins d'un millième est 3,855.

Si on eût suivi la règle générale donnée en tête de ce chapitre, l'opération se fût présentée ainsi :

$$\begin{array}{r|l} 57826 & 15000 \\ 128260 & \overline{} \\ .82600 & 3{,}855 \\ .76000 & \\ 1000 & \end{array}$$

On voit que le quotient est le même que dans le cas précédent, et que sa recherche s'est compliquée, puisque l'addition de trois zéros au diviseur a nécessité l'addition du même nombre de zéros au dividende, pour arriver à la même approximation pour le quotient.

Si, d'après les considérations précédentes, on imposait d'avance au quotient de deux nombres décimaux l'obligation d'être obtenu à une approximation déterminée, on devrait commencer par compléter le nombre des décimales, puis effacer la virgule, et faire alors suivre le dividende d'autant de zéros qu'on veut avoir de chiffres décimaux au quotient. Ainsi, pour obtenir le quotient de 57,2 par 8,57, à moins d'un millième, on passerait par l'intermédiaire des considérations suivantes :

57,2 : 8,57 = 57,20 : 8,57 = 5720 : 857. Ce quotient serait à moins d'une unité; puis 5720 : 857 = 5720,000 : 857. Ce quotient serait à moins d'un millième.

On voit, d'après ce qui précède, que, pour convertir une fraction ordinaire en fraction décimale, il faut regarder la première comme expression d'une division à effectuer, et procéder à l'opération d'après les principes de la division décimale. Ainsi, pour convertir $\frac{17}{20}$ en décimales, on dispose le calcul ainsi :

$$
\begin{array}{c|c}
170 & 20 \\
100 & \\
\hline
0 & 0,85
\end{array}
$$

On a donc $\frac{17}{20} = 0,85$.

La réduction ne peut pas toujours s'effectuer exactement, ainsi qu'on l'a établi précédemment, comme dans cet exemple : $\frac{7}{9}$. On trouve

$$
\begin{array}{c|c}
70 & 9 \\
70 & \\
\hline
7 & 0,777
\end{array}
$$

ou un quotient indéfini 0,777.

Soit encore cet autre exemple : $\frac{3}{11}$. On trouve

$$
\begin{array}{c|c}
30 & 11 \\
80 & \\
30 & 0,2727 \\
80 & \\
\hline
3 &
\end{array}
$$

Le quotient, encore indéfini, est 0,272727.

Enfin, la réduction en décimales de la fraction ordinaire $\frac{7}{12}$ conduit à 0,58333. Cette forme se distingue de la précédente en ce que le nombre 58 ne se reproduit pas, et constitue la partie mixte de ce quotient, nommé périodique mixte, pour le distinguer du précédent, qui se nomme périodique simple.

La partie mixte peut d'ailleurs être composée du même nombre de chiffres qu'une des périodes, ou en renfermer un nombre soit plus grand, soit plus petit.

Ainsi, les expressions 0,275555...., 0,27545454...., 0,74848, sont des fractions périodiques mixtes. Le dernier chiffre de la partie mixte ne peut être le même que le dernier d'une période ; car 27 pour partie mixte et 547 pour période donneraient 0,27547547, qui voudrait dire 2 pour partie mixte, et 754 pour période.

SYSTÈME MÉTRIQUE.

Mesurer une quantité, c'est chercher combien de fois et parties de fois elle en contient une autre de même nature prise pour unité; ou, plus généralement, c'est trouver le rapport entre cette quantité et son unité.

L'unité doit remplir les conditions suivantes : être de même nature que l'objet à mesurer; être déterminée dans sa forme; être variable dans sa grandeur. Cette dernière condition a pour but de ne pas obtenir pour mesures des nombres immenses ou très-petits. Ainsi, pour mesurer une longueur, on prend pour unité une longueur; on ne la choisit pas très-petite si la ligne à mesurer est grande, ni très-grande si celle à mesurer est petite.

On ne s'occupera ici que de la mesure des objets les plus usuels, savoir, les longueurs, les surfaces, les volumes, les capacités, les poids, les valeurs monétaires, le temps.

On a commencé par établir une unité de longueur qui, prise sur les dimensions de notre globe, fût indépendante du caprice de l'homme, et d'autant de durée que lui. De cette unité une fois déterminée on a déduit toutes les autres, fixes comme celle dont elles dérivent; puis on a subdivisé chacune d'elles en unités de dix en dix fois plus petites ou amplifiées de dix en dix, et on a inventé des mots constants pour indiquer ces subdivisions et amplifications. C'est en cela que consiste le système.

Les unités des diverses espèces ont reçu les noms suivants:

L'unité de longueur : mètre, dix-millionième partie de la distance du pôle à l'équateur.

Unité de superficie : are, carré ayant dix mètres de côté.

Unité de volume : stère, cube ayant un mètre d'arête.

Unité de capacité : litre; c'est une subdivision de la précédente; c'est la capacité d'un cube ayant un dixième de mètre pour arête.

Unité de poids : gramme ; c'est le poids de l'eau douce contenue dans un cube ayant un centième de mètre d'arête.

Unité monétaire : franc, pièce d'argent du poids de 5 grammes, et composée de 4 grammes $\frac{1}{2}$ d'argent fin et $\frac{1}{2}$ gramme d'alliage.

Les dixièmes, centièmes, millièmes parties d'une unité principale se désignent par les mots déci, centi, milli;

Et les multiples dix, cent, mille, dix mille, par les mots déca, hecto, kilo, myria.

Ainsi, on dit : décimètre, déciare, décistère, décilitre, décigramme, décifranc ou décime; ce qui veut dire : dixième du mètre, dixième de l'are, dixième du stère, etc. ;

Centimètre, centiare, centilitre, centigramme, centifranc ou centime, pour exprimer la centième partie du mètre, de l'are, du stère, du litre, etc.

Les expressions décamètre, décare, décastère, décalitre, décagramme, décafranc, veulent dire : dix mètres, ares, stères, litres, grammes ou francs. La dernière est inusitée.

Hectomètre, hectare, hectostère, hectolitre, hectogramme, hectofranc, veulent dire : cent mètres, ares, stères, etc.

Ainsi de suite.

Les kilomètres et myriamètres sont principalement destinés à servir d'unité de distance d'un lieu à un autre sur la surface du globe.

L'are est employé pour unité dans les mesures agraires; pour des surfaces moindres, on prend le mètre carré.

Le stère est l'unité de volume employée pour les corps d'un prix peu élevé, tels que le bois de chauffage, le charbon, le sable, les cailloux. Pour les objets d'un plus grand prix on emploie le décimètre cube. Le décalitre et l'hectolitre sont principalement employés pour les liquides;

Le kilogramme, pour les poids des corps d'une valeur peu élevée.

Les unités du nouveau système étant soumises à la loi décimale, les opérations sur ces nombres s'effectuent comme sur les nombres décimaux. Seulement leurs amplifications et subdivisions présentent certaines particularités qui ne peuvent trouver place ici, quelques notions de géométrie étant nécessaires pour les établir.

REGLES DE TROIS,

DE SOCIÉTÉ, D'INTÉRÊTS, D'ESCOMPTE, D'ALLIAGE, DE PARTAGE. ETC.

RÈGLE DE TROIS.

En utilisant seulement les quatre opérations fondamentales qu'on vient d'analyser sur les diverses espèces de nombres, on peut résoudre une foule de questions usuelles. C'est ce qu'on entreprend en ce moment.

3 ouvriers ont fait 7 mètres d'ouvrage dans un certain temps.

Combien 5 ouvriers en feront-ils dans le même temps?

Puisque 3 ouvriers ont fait 7 mètres, 1 ouvrier en a fait le tiers ou $\frac{7^m}{3}$.

5 ouvriers ont donc fait 5 fois $\frac{7^m}{3}$ ou $\frac{7^m \times 5}{3}$ ou $\frac{35^m}{3}$, ou enfin $11^m \frac{2}{3}$.

Les questions de cette espèce se nomment règles de trois, parce que leur énoncé comporte trois nombres donnés.

Autre exemple : 3 ouvriers, en 7 jours, ont fait 10 mètres d'ouvrage.

Combien 5 ouvriers en 8 jours feront-ils de mètres du même ouvrage?

Puisque 3 ouvriers ont fait 10 mètres en 7 jours,

1 ouvrier a fait $\frac{10}{3}$ mètres en 7 jours.

1 ouvrier a fait le 7e de $\frac{10^m}{3}$ en 1 jour ou $\frac{10^m}{3 \times 7}$.

5 ouvriers en 1 jour auront donc fait 5 fois $\frac{10^m}{3 \times 7}$ ou $\frac{10^m \times 5}{3 \times 7}$.

5 ouvriers en 8 jours auront donc fait 8 fois $\frac{10 \times 5}{3 \times 7}$ ou $\frac{10^m \times 5 \times 8}{3 \times 7}$ ou $19^m + \frac{1}{21}$.

Cette question, de même nature que la précédente, renfermant cinq nombres donnés, prend le nom de règle de trois composée. Elle est dite directe, parce que plus il y a d'ouvriers et de jours de travail, plus il y a d'ouvrage fait.

5 ouvriers pour faire 7 mètres ont employé 8 jours.

Combien 5 ouvriers pour faire 10 mètres emploieront-ils de jours ?

Puisque aux 5 ouvriers il a fallu 8 jours, à un seul ouvrier il aurait fallu $8^j \times 5$ pour faire 7 mètres ; pour faire 1 mètre il eût employé $\frac{8^j \times 5}{7}$. Les 5 ouvriers proposés emploieraient $\frac{8^j \times 5}{7 \times 5}$ pour faire un mètre, et pour en faire 10 $\frac{8^j \times 5 \times 10}{7 \times 5}$, ou $\frac{80}{7}$, ou $11^j \frac{3}{7}$.

Cette règle de trois se nomme inverse, parce que le nombre cherché de jours est d'autant moins grand que le nombre d'ouvriers est plus considérable.

Mais que la règle proposée soit directe ou inverse, la marche à suivre n'en est pas modifiée. Il faut toujours ramener à l'unité successivement chacun des nombres formant la première partie de la question, le nombre de l'espèce de celui cherché excepté ; puis substituer à chacune de ces unités successivement chacun des nombres donnés dans la seconde partie de la question.

Exemple : 5 ouvriers travaillant 6 heures par jour, ayant leur force représentée par 7 et la dureté du terrain par 9, pour faire 50 mètres ont mis 12 jours ; combien 8 ouvriers, travaillant 5 heures par jour, la force étant représentée par 8 et la dureté du terrain par 6, pour faire 60 mètres mettront-ils ?

$$1^o \dots 6^h \dots 7^f \dots 9^d \dots 50^m \dots 12^j \times 5.$$
$$1^o \dots 1^h \dots 7^f \dots 9^d \dots 50^m \dots 12^j \times 5 \times 6.$$
$$1^o \dots 1^h \dots 1^f \dots 9^d \dots 50^m \dots 12^j \times 5 \times 6 \times 7.$$
$$1^o \dots 1^h \dots 1^f \dots 1^d \dots 50^m \dots \frac{12^j \times 5 \times 6 \times 7}{9}.$$
$$1^o \dots 1^h \dots 1^f \dots 1^d \dots 1^m \dots \frac{12^j \times 5 \times 6 \times 7}{9 \times 50}.$$
$$1^o \dots 1^h \dots 1^f \dots 1^d \dots 60^m \dots \frac{12^j \times 5 \times 6 \times 7 \times 60}{9 \times 50}.$$
$$1^o \dots 1^h \dots 1^f \dots 6^d \dots 60^m \dots \frac{12^j \times 5 \times 6 \times 7 \times 60 \times 6}{9 \times 50}.$$
$$1^o \dots 1^h \dots 8^f \dots 6^d \dots 60^m \dots \frac{12^j \times 5 \times 6 \times 7 \times 60 \times 6}{9 \times 50 \times 8}.$$
$$1^o \dots 5^h \dots 8^f \dots 6^d \dots 60^m \dots \frac{12^j \times 5 \times 6 \times 7 \times 60 \times 6}{9 \times 50 \times 8 \times 5}.$$
$$8^o \dots 5^h \dots 8^f \dots 6^d \dots 60^m \dots \frac{12^j \times 5 \times 6 \times 7 \times 60 \times 6}{9 \times 50 \times 8 \times 5 \times 8}.$$

On obtient donc, en effectuant les opérations indiquées, $6^j + \frac{3}{10}$.

On fait la remarque qu'il y a en général un facteur de plus au numérateur qu'au dénominateur du résultat.

RÈGLE DE SOCIÉTÉ.

3 associés ont réuni les sommes suivantes:

Le premier,   5000^f;
Le deuxième, 6000;
Le troisième, 9000.

Ils ont fait un bénéfice de 10000^f; il faut le répartir eu égard à la mise de chacun.

La somme qui a gagné 10000^f est celle des mises, ou 20000^f. Puisque 20000^f ont gagné 10000^f,

1^f a gagné $\frac{10000^f}{20000}$ ou $\frac{1}{2}^f$;

donc 5000^f ont gagné $\frac{1}{2}^f \times 5000$ ou 2500^f,

6000^f id. $\frac{1}{2}^f \times 6000$ ou 3000^f,

9000^f id. $\frac{1}{2}^f \times 9000$ ou 4500^f;

bénéfices dont la réunion forme bien celui total donné.

Trois associés ont apporté, le 1er, 5000^f pendant 7 mois;

le 2e, 4000^f pendant 9 mois;

le 3e, 3000^f pendant 11 mois.

La spéculation a rapporté le bénéfice de 8000^f, qu'il faut répartir entre eux, eu égard à la mise et au temps. Or,

5000^f pend. 7 m. reviennent à 5000$^f \times 7$ pend. 1 m. ou 35000^f pend. 1 mois.
4000^f id. 9 m. id.   à 4000$^f \times 9$ id.   ou 36000^f id. 1 mois.
3000^f id. 11 m. id.   à 3000$^f \times 11$ id.   ou 33000^f id. 1 mois.

Les temps étant actuellement rendus égaux par cette préparation on est rentré dans la première opération.

RÈGLE DE PARTAGE.

Partager le nombre 18 en trois parties telles que la première soit le triple de la seconde, et la seconde le quadruple de la troisième.

Si la 3e partie était représentée par 1,
la 2e, qui doit être quadruple, serait 4;
la 1re, qui doit être triple de la 2e, serait 12.

Il faudrait donc que le nombre à partager fût $12 + 4 + 1$ ou 17, pour que la 3e partie fût égale à 1.

Si le nombre à partager était 1, la 3ᵉ partie serait donc $\frac{1}{17}$.

Mais le nombre proposé est 18 ;

$$\text{La 3}^e \text{ partie est donc } \tfrac{1}{17} \times 18 \text{ ou } \tfrac{18}{17}.$$
$$\text{La 2}^e \ldots\ldots\ldots \tfrac{18}{17} \times 4 \text{ ou } \tfrac{18\times4}{17}.$$
$$\text{La 1}^{re} \ldots\ldots\ldots \tfrac{18\times4}{17} \times 3 \text{ ou } \tfrac{18\times4\times3}{17}.$$

Partager le nombre 56 en trois parties telles que la première soit les $\frac{2}{3}$ de la seconde, et la seconde les $\frac{5}{6}$ de la troisième.

Si la troisième était 1, la seconde serait les $\frac{5}{6}$ de 1, ou $\frac{5}{6}$; la première serait les $\frac{2}{3}$ de $\frac{5}{6}$ ou $\frac{2\times5}{3\times6}$. Ces 3 parties effectuées se réduisent à :

$$\text{La 1}^{re} \ldots\ldots\ldots \tfrac{10}{18} = \tfrac{60}{108}.$$
$$\text{La 2}^e \ldots\ldots\ldots \tfrac{5}{6} = \tfrac{90}{108}.$$
$$\text{La 3}^e \ldots\ldots\ldots 1 = \tfrac{108}{108}.$$

Leur somme donne $\frac{258}{108}$.

Si donc le nombre à partager était $\frac{258}{108}$, la 3ᵉ partie serait 1.

S'il était 258 entiers ou 108 fois plus grand, la 3ᵉ partie serait 108.

S'il était 1 . . . . la 3ᵉ serait $\frac{108}{258}$.

Mais il est 56 . . . . la 3ᵉ sera donc $\frac{108\times56}{258}$.

On trouverait la 2ᵉ en multipliant celle-ci par $\frac{5}{6}$, et la 1ʳᵉ en multipliant la 2ᵉ par $\frac{2}{3}$.

Un équipage est composé de 1 capitaine, 2 lieutenants, 1 chirurgien, 4 maîtres, 100 hommes, 6 mousses. Le capitaine a droit à 30 parts, chaque lieutenant à 20, le chirurgien à 15, chaque maître à 5, chaque homme à 1, chaque mousse à $\frac{1}{2}$. La prise est de 100000ᶠ, combien revient-il à chacun ?

D'après l'énoncé, on doit trouver dans la prise $30^p + 40^p + 15^p + 20^p + 100^p + 3^p$, ou 208 parts égales ; il suffira donc de diviser 100000ᶠ par 208 pour avoir la valeur d'une part, qui, une fois connue, permettra d'établir facilement ce qui revient à chacun.

RÈGLE D'INTÉRÊT.

Le taux de l'intérêt est la somme qu'on ajoute à 100 francs prêtés pendant un an, pour indemniser de la privation de cette somme pendant ce temps.

Combien 3728 francs rapporteront-ils d'intérêt à 5 p. % au bout de l'an? Puisque 100^f rapportent 5^f,

$$1^f \text{ rapporte } \frac{5^f}{100} \text{ ou } 0^f,05;$$

$$\text{donc } 3728^f \text{ rapportent } 0^f,05 \times 3728.$$

Combien 5718 fr. rapporteront-ils à 6 p. % au bout de 10 mois?

$$100^f \text{ en 1 an   rapportent.... } 6^f.$$
$$100^f \text{ en 1 mois rapportent.... } \frac{6^f}{12}.$$
$$1^f \text{ en 1 mois rapporte.... } \frac{6^f}{12 \times 100}.$$
$$1^f \text{ en 10 mois rapporte.... } \frac{6^f \times 10}{12 \times 100}.$$
$$5718^f \text{ en 10 mois rapp}^{nt} \text{ donc } \frac{6^f \times 10 \times 5718}{12 \times 100}.$$

RÈGLE D'ESCOMPTE.

Quelle valeur aurait aujourd'hui une somme de 4819 francs, payable seulement dans un an, l'intérêt étant à 5 p. %?

Puisque 100^f rapportent 5^f par an, ils valent donc au bout de l'année 105^f.

105 francs, payables dans un an, valent donc aujourd'hui 100^f.

$$1 \text{ franc, } \quad \text{id.} \quad \text{id.} \quad \text{vaut aujourd'hui } \frac{100^f}{105}.$$

$$\text{Donc } 4819^f, \quad \text{id.} \quad \text{id.} \quad \text{valent aujourd'hui } \frac{100^f}{105} \times 4819^f.$$

On retient dans la marine 3 p. % sur les sommes à payer. Combien faut-il demander pour toucher 3549^f?

Pour 100^f demandés, on touche 97^f.

Donc, pour toucher 97^f, il faut en demander 100^f.

$$\text{Pour toucher } 1^f, \quad \text{id.} \quad \frac{100^f}{97}.$$

$$\text{Pour toucher } 3549^f \quad \text{id.} \quad \frac{100^f}{97} \times 3549^f.$$

RÈGLE D'ALLIAGE.

Avec du thé à 16^f le kil.

et du thé à 21^f le kil.

composer 50 kilogrammes de thé à 18^f.

Le mélange à composer vaut argent 18$^f \times$ 50 ou 900^l.

Les 50 kilogrammes de thé à 16^f ne valent argent que 800^f.

Il faut augmenter la dépense de 100^f par la substitution d'un certain nombre de kilogrammes à 21^f, à pareil nombre de kilogrammes, à 16^f. Or, par chaque kilogramme remplacé, la dépense augmente de 5^f; elle augmente donc de 1^f pour un $\frac{1^k}{5}$ remplacé.

Et par suite de 100 pour $\frac{1^k}{5} \times 100$ ou $\frac{100^k}{5}$ ou 20^k remplacés.

Il faut donc 20 kilogrammes à 21^f,

et 30 kilogrammes à 16^f.

Et en effet, ce mélange de 50 kil. a pour valeur 420^f + 480^f ou 900^f; donc, chaque kilogramme a bien pour valeur $\frac{900}{50}$ ou 18^f.

SIMPLIFICATION DES FRACTIONS.

Puisqu'une fraction ne change pas de valeur lorsqu'on divise ses deux termes par le même nombre, il y a intérêt à exécuter cette opération toutes les fois qu'elle est possible.

Or, il existe des caractères auxquels on reconnaît qu'un nombre entier est divisible exactement par tel ou tel nombre entier, sans être obligé, pour cela, de faire l'essai de la division.

Ainsi, tout nombre terminé par un chiffre pair est pair, parce qu'il n'y a dans un nombre que la partie représentée par le chiffre des unités qui ne soit pas paire nécessairement, puisqu'une dizaine, une centaine, etc., représentent un nombre pair d'unités. De la fraction $\frac{64}{96}$, on pourra donc déduire successivement $\frac{32}{48}$, puis $\frac{16}{24}$, puis $\frac{8}{12}$, puis $\frac{4}{6}$, et enfin $\frac{2}{3}$.

Le même raisonnement fait voir qu'un nombre est divisible par 5, lorsque son dernier chiffre est un 5 ou un zéro. Ainsi, de la fraction $\frac{100}{125}$, on déduit successivement $\frac{20}{25}$ et $\frac{4}{5}$.

Pour être divisible exactement par 10, un nombre a besoin d'être terminé par un zéro.

Pour être divisible par 3 ou 9, un nombre a besoin d'avoir seulement la somme de ses chiffres divisible par ces nombres.

Cela tient à ce que 9 étant égal à 10 moins 1, une, deux, trois dizaines divisées par 9 donnent pour reste 1, 2, 3. Ainsi, 50 divisé par 9 donne pour reste 5. Il en est de même des centaines, parce qu'une centaine est égale à 11 fois 9 + 1. Donc, si on décompose un nombre, tel que 57846, en 50000 + 7000 + 800 + 40 + 6, les restes des divisions partielles de chacune de ses parties par 9 seront les chiffres 5, 7, 8, 4, 6 de ce nombre. Il faut donc et il suffit que la somme de ces restes soit divisible par 9, pour que le nombre entier le soit lui-même. Même règle pour 3. Application :

$$\tfrac{27}{243} = \tfrac{3}{27} = \tfrac{1}{9}.$$

Si donc on applique successivement les caractères précédents aux deux termes de la fraction $\tfrac{270}{1890}$, en les divisant par 2, on trouve $\tfrac{135}{945}$. Ils sont divisibles par 5, et, en effectuant, on trouve $\tfrac{27}{189}$. Ils sont divisibles par 3, ce qui donne $\tfrac{9}{63}$. Ils sont enfin divisibles par 9, et l'on parvient à $\tfrac{1}{7}$. Cette dernière fraction ne pouvant plus s'exprimer en termes moindres, se nomme irréductible, et on dit qu'elle est le résultat qu'on obtient en réduisant celle primitive à sa plus simple expression.

Comme les deux termes d'une fraction ne sont pas toujours divisibles exactement par l'un des nombres 2, 3, 5, 9 et 10, et peuvent l'être cependant par d'autres pour lesquels on n'a pas établi de caractère de divisibilité, on a trouvé un moyen de découvrir le plus grand des nombres par lesquels les deux termes d'une fraction sont à la fois divisibles. Pour cela, on divise le plus grand des deux nombres par le plus petit, puis le plus petit par le premier reste, le premier reste par le second, et on continue ces opérations successives jusqu'à ce qu'on trouve un reste qui divise exactement le précédent. Il est le plus grand diviseur commun cherché.

Exemple.

Simplifier la fraction $\tfrac{385}{462}$.

<table>
<tr><td rowspan="3">Disposition du calcul</td><td></td><td>1</td><td>5</td></tr>
<tr><td>462</td><td>385</td><td>77</td></tr>
<tr><td>.77</td><td>00</td><td></td></tr>
</table>

Le premier quotient était 1 et le premier reste **77**.

Le second quotient était 5 et le second reste 0.

Le nombre **77** est le plus grand diviseur commun aux deux nombres 462 et 385.

Le quotient de 385 par 77 est 5.

Celui de 462 par 77 est 6 ;

Donc, la fraction $\tfrac{385}{462}$ se réduit à celle $\tfrac{5}{6}$ en divisant ses deux termes par le nombre 77.

Si les deux termes n'avaient pas eu de diviseur commun, et que par suite la fraction n'eût pas été susceptible de simplification, on en eût été prévenu par l'opération de la recherche du plus grand commun diviseur.

On fût arrivé pour dernier reste à l'unité.

Exemple : simplifier la fraction $\frac{143}{210}$.

	1	**2**	**7**	**2**	**4**
210	143	67	9	4	1
67	9	4	1	0	

Le nombre 1 étant le plus grand diviseur entre les deux termes, et la division d'un nombre par 1 ne le modifiant pas, on dit que les deux termes sont premiers entre eux, ou que la fraction proposée est irréductible.

Un nombre premier absolu n'a pas de diviseur, tels les nombres 13, 23, etc.

Deux nombres premiers absolus n'ont pas de diviseurs communs ou sont premiers entre eux : tels les nombres 23 et 31. La réciproque n'est pas vraie, et deux nombres premiers entre eux peuvent très-bien n'être pas premiers absolus; tels ceux 10 et 21 qu'aucun nombre ne divise simultanément, et dont cependant le premier est divisible par 2 et 5, et le second par 3 et 7.

On trouve le plus grand diviseur commun à trois nombres en prenant d'abord celui entre deux de ces nombres.

Puis le plus grand diviseur commun à ce premier résultat et au troisième nombre proposé ;

Exemple : chercher le plus grand diviseur commun aux trois nombres 30, 126, 210

		1	**1**	**2**
1re opération.	210	126	84	42
	84	42	0	

42 est le plus grand diviseur des deux nombres 210 et 126.

		1	**2**	**2**
2e opération	42	30	12	6
	12	6	0	

6 est le plus grand diviseur commun aux deux nombres 42 et 30.

Le nombre 6 est le plus grand diviseur commun aux trois nombres 30, 126 et 210.

NOMBRES COMPLEXES.

ANCIENNES MESURES.

On se servait anciennement, en France, d'unités d'espèces différentes, qui n'avaient aucune origine fixe; sans relations entre elles, leurs subdivisions n'étaient pas assujetties à la même loi, et, par suite, les calculs à effectuer sur ces espèces de nombres nommés complexes étaient laborieux. Tels sont les inconvénients que le nouveau système a eu pour but de réformer.

Les unités principales anciennes étaient :

La toise, subdivisée en 6 parties égales nommées pieds; le pied, en 12 pouces; le pouce, en 12 lignes.

La livre poids, subdivisée en 16 onces; l'once, en 8 gros; le gros, en 72 grains.

La livre tournois, désignée par ce signe #, se divisait en 20 sous; le sou, en 12 deniers.

Il y avait encore, pour les étoffes, l'aune, différant suivant les provinces ;

Pour les distances terrestres, la lieue;

Pour les terrains, la perche et l'arpent;

Pour les capacités, le boisseau, le setier, etc. ;

Pour les liquides, la pinte, la velte, etc.

Les rapports des anciennes mesures les plus légales aux nouvelles ont été cherchés, et l'on a trouvé

$$\text{que } 1^m = 3^P \ 0^P \ 11^l \ \tfrac{296^l}{1000};$$
$$\text{que } 80^f \text{ valent } 81^{\#};$$
$$\text{et que } \ 1^k = 18827,15 \text{ grains.}$$

Ce ne sont là que les principales, c'est-à-dire, celles sur lesquelles on peut avoir l'occasion d'opérer.

La circonférence est divisée en 360 parties égales, nommées degrés; chacun de ces degrés étant lui-même partagé en 60 parties égales, nommées minutes; chaque minute divisée en 60 parties égales, nommées secondes.

On voit que le degré n'a pas de longueur fixe, et qu'il dépend de la grandeur de la circonférence, dont il est la 360e partie.

La circonférence de la terre étant composée de 360°, on a nommé lieue marine la vingtième partie d'un degré. La lieue marine est divisée en trois parties égales, nommées milles.

Puisque 20 lieues sont la longueur de l'arc de 1° terrestre,

1 lieue est la longueur de la 20e partie du degré, ou de l'arc de 3 minutes;

1 mille est donc la longueur de l'arc de 1 minute.

D'après les dimensions de la terre, la lieue marine est de 2850 toises 41 centièmes. Par suite, le mille, tiers de la lieue, a pour longueur 950 toises 14 centièmes.

On nomme nombres complexes ceux formés d'unités d'une certaine espèce et de ses subdivisions, liées les unes aux autres et à l'unité principale par une relation autre que celle décimale. Ainsi, 2^t 3^p 7^P 8^l. 8^{tt} 5^s 7^d. sont des nombres complexes.

ADDITION DES NOMBRES COMPLEXES.

L'addition des nombres complexes ne peut s'effectuer qu'autant qu'ils sont essentiellement de même espèce. On suit alors la même règle que pour les nombres entiers ; seulement, au lieu de retenir une unité de la colonne à gauche, par chaque dizaine de celle sur laquelle on opère, on retient le nombre d'unités nécessaires pour en composer une de la colonne suivante. Exemple :

$$
\begin{array}{llll}
7^t & \quad 3^p & \quad 5^p & \quad 7^l \\
8 & \quad 2 & \quad 4 & \quad 6 \\
5 & \quad 4 & \quad 3 & \quad 9 \\
\hline
21^t & \quad 4^p & \quad 1^p & \quad 10^l
\end{array}
$$

SOUSTRACTION DES NOMBRES COMPLEXES.

Dans la soustraction des nombres complexes, on suit le même procédé que pour les nombres entiers. S'il y a des emprunts à effectuer, au lieu de valoir dix unités de l'ordre sur lequel on opère, ils dépendent du mode de dérivation des subdivisions les unes des autres. Si enfin on est obligé, pour effectuer les emprunts, de passer par-dessus des zéros, ils prennent, au lieu de la valeur 9, une valeur qui dépend de la loi de dérivation des diverses subdivisions de l'unité principale. Exemples :

<pre>
                                                              5 11
        5ᵗ 3ᵖ 7° 8ˡ   15ᵗᵗ   7ˢ   4ᵈ   5ᵗ 0ᵖ 0° 5ˡ
        2ᵗ 1ᵖ 4° 3ˡ   8ᵗᵗ 12ˢ   6ᵈ   3ˡ 2ᵖ 4° 6ˡ
       ─────────────────   ──────────────────   ─────────────────
reste   3ᵗ 2ᵖ 3° 5ˡ   reste   6ᵗᵗ 14ˢ 10ᵈ   reste   1ᵗ 3ᵖ 7° 11ˡ
</pre>

MULTIPLICATION DES NOMBRES COMPLEXES.

1 toise d'ouvrage coûtant $3^{tt}\ 7^s\ 8^d$, combien coûteront $5^t\ 4^p\ 7^o\ 9^l$?

On trouvera donc le résultat en le composant d'autant de fois $3^{tt}\ 7^s\ 8^d$ qu'il y a d'unités et parties d'unité dans $5^t\ 4^p\ 7^o\ 9^l$. C'est l'idée qu'il faut attacher à la multiplication des nombres complexes.

D'après la définition de l'opération nommée multiplication, le produit doit être de même espèce que le multiplicande, et le multiplicateur être considéré comme abstrait.

Dans le cas actuel, ce dernier est donc $5 + \frac{4}{6} + \frac{7}{72} + \frac{9}{864}$ ou $\frac{4985}{864}$. On l'obtient plus simplement en réduisant le nombre complexe en unités de sa plus petite espèce, et lui donnant pour dénominateur le nombre qui exprime combien de fois la plus petite espèce est contenue dans la plus grande.

L'opération est alors ramenée à la multiplication du nombre $3^{tt}\ 7^s\ 8^d$, soit par le nombre abstrait $\frac{4985}{864}$, soit par le nombre $5 + \frac{4}{6} + \frac{7}{72} + \frac{9}{864}$.

La 1re s'effectuerait en réduisant $3^{tt}\ 7^s\ 8^d$ en deniers, c'est-à-dire, 812^d, et l'on aurait $\frac{812^d \times 4985}{864}$.

La 2e exigerait les multiplications partielles de 812^d par les nombres 5, $\frac{4}{6}$, $\frac{7}{72}$, $\frac{9}{864}$, successivement.

Ces diverses méthodes exigent des opérations laborieuses; on y a substitué celle dite des parties aliquotes.

A cet effet, on a partagé la fraction $\frac{4}{6}$ en deux autres, ayant pour numérateurs l'unité, ce qui donne $\frac{3}{6}$ et $\frac{1}{6}$, ou $\frac{1}{2}$ et $\frac{1}{6}$; la fraction $\frac{7}{72}$ a été elle-même partagée en $\frac{6}{72}$, ou $\frac{1}{12}$ et $\frac{1}{72}$; ainsi de suite.

En conséquence, on multiplie d'abord tout le multiplicande par 5, ensuite par $\frac{1}{2}$, en en prenant la moitié; puis par $\frac{1}{6}$, en prenant le $\frac{1}{3}$ du résultat précédent; par $\frac{1}{12}$, en prenant la moitié du précédent, et ainsi de suite.

On dispose le calcul de la manière suivante :

	3^{tt}....	7^{s}....	8^{d}	
	5^{t}....	4^{p}....	7^{p}....	9^{l}
Prix de 5^{t}....	16	18	4	
Prix de 3^{p}....	1	13	10	
Prix de 1^{p}....	0	11	3	$\frac{1}{3}$
Prix de 6^{p}....	0	5	7	$\frac{2}{3}$
Prix de 1^{p}....	0	0	11	$\frac{5}{18}$
Prix de 6^{l}....	0	0	5	$\frac{23}{36}$
Prix de 3^{l}....	0	0	2	$\frac{59}{72}$
	19^{tt}....	10^{s}....	8^{d}....	$\frac{53}{72}$

Ce serait commettre une faute grave que de réduire le multiplicateur en unités de sa plus petite espèce : ainsi, $6^{\text{tt}} \times 5^{\text{tt}} = 30^{\text{tt}}$; tandis qu'en traduisant les deux facteurs en sous, on aurait $120^{\text{s}} \times 100^{\text{s}}$, ou $12000^{\text{s}} = 600^{\text{tt}}$.

Le multiplicateur devant être considéré comme abstrait, ne pouvait se transformer.

Puisque le produit est de même espèce que le multiplicande, on n'a pas le droit d'intervertir l'ordre des facteurs complexes, à moins qu'ils ne soient de la même espèce.

DIVISION DES NOMBRES COMPLEXES.

3 toises 4 pieds 5 pouces coûtent 15^{tt} 7^{s} 10^{d}; combien 1^{t} coûte-t-elle ?

Si on disait seulement : 3 toises coûtent 15^{tt}, combien coûte 1 toise? il faudrait diviser 15^{tt} par 3.

De même donc, dans le cas présent il faut diviser 15^{tt} 7^{s} 6^{d} par 3 toises 4 pieds 5 pouces. La division des nombres complexes est toujours amenée par une question à résoudre. D'après la définition de la division, le quotient doit être de l'espèce du dividende, produit des deux facteurs diviseur et quotient.

Le moyen le plus simple de rendre compte de l'opération consiste à réduire le dividende et le diviseur en expressions fractionnaires de leur unité principale, et à effectuer la division de ces deux expressions abstraites, en faisant exprimer à leur quotient des unités de l'espèce du dividende. L'exemple ci-dessus se ramène à

$$\frac{3698^{tt}}{240} : \frac{283}{72} = \frac{3698^{tt} \times 72}{240 \times 283} = \frac{266256^{tt}}{67920} = 3^{tt}\,18^{s}\,8^{d}.$$

Si le dividende et le diviseur étaient de la même espèce, le quotient ne serait plus forcé d'être de l'espèce du dividende, mais bien de celle exigée par l'énoncé. L'opération se ramènerait alors à une division de nombres entiers, en réduisant les deux nombres en unités de la même plus petite espèce, et n'imposant pas de dénominateurs, puisqu'ils seraient les mêmes. Ainsi :

$$\frac{8^{t}\,4^{p}}{3^{t}\,2^{p}\,5^{o}} = \frac{624^{t}}{72} : \frac{245^{t}}{72} = 624 : 245.$$

CONVERSION DES NOUVELLES MESURES EN ANCIENNES,
ET RÉCIPROQUEMENT.

Convertir en mètres $3^{t}\,5^{p}\,7^{o}\,9^{l}$.

Puisqu'un mètre est égal à $0^{t}\,3^{p}\,0^{o}\,11^{l}\,\frac{296}{1000}$, on a donc $1^{m} = \frac{443296^{l}}{1000}$. Donc 1000^{m} valent 443296^{l}, et par suite 1 ligne vaut $\frac{1000^{m}}{443296}$. Donc, les 3405^{l} qui constituent le nombre proposé se transforment en $\frac{1000^{m} \times 3405}{443296}$.

Convertir $17^{m},345$ en toises, pieds, pouces et lignes.

Puisqu'un mètre vaut $\frac{443296^{l}}{1000}$, $17^{m},345$ vaudront $\frac{443296^{l} \times 17.345}{1000}$.

Convertir $17^{tt}\,8^{s}\,7^{d}$ en francs et centimes.

Puisque 81^{tt} valent 80^{f},

1^{tt} vaut $\frac{80^{f}}{81}$. Donc $17^{tt}\,8^{s}\,7^{d}$ vaudront

$$\frac{80^{f} \times 17^{tt}\,8^{s}\,7^{d}}{81} = \frac{80^{f} \times \frac{4196}{240}}{81} = \frac{80^{f} \times 4183}{81 \times 240} = 17^{f},21.$$

Ces exemples suffisent pour indiquer la marche à suivre dans toutes les questions analogues.

CONVERSION DU TEMPS EN DEGRÉS,

ET RÉCIPROQUEMENT.

Une circonférence de 360 degrés est parcourue **en 24 heures** : quel est l'arc qui sera parcouru en $5^h\ 7^m\ 25^s$?

Puisqu'en 24^h on parcourt 360 degrés,

en 1^h on parcourt $\frac{360}{24}$° ou 15 degrés ;

en 1^m id. $\frac{15}{60}$° ou $\frac{1}{4}$° ou 15 minutes de degré ;

en 1^s id. $\frac{15}{60}$′ ou $\frac{1}{4}$′ ou 15 secondes de degré.

Dans $5^h\ 7^m\ 25^s$ on aura donc parcouru

$$15° \times 5 + 15' \times 7 + 15'' \times 25, \ \text{ou} \ 75° + 105' + 375''.$$

La seconde de ces parties constitue $1° + 45'$, et la troisième $6' + 15''$. Le résultat final est donc $76°\ 51'\ 15''$.

Cette opération, très-usuelle pour les marins, peut s'abréger par suite de certaines observations qui donnent lieu à des simplifications.

En multipliant le nombre des heures par 15, on a des degrés : 1^m valant $\frac{1}{4}$°, 7^m valent $\frac{7}{4}$° ; donc, en prenant le quart des minutes de temps, on a aussi des degrés, et le reste de cette opération, multiplié par 15, donne des minutes de degré.

Par la même raison, le quart des secondes de temps donne des minutes de degré, et le reste de cette division, multiplié par 15, exprime des secondes de degré.

En résolvant ainsi la question précédente,

on trouve   pour 5^h $75°$

             pour 7^m $1°\ 45'$

             pour 25^s $6'\ 15''$
____

                                     $76°\ 51'\ 15''$

C'est ce qu'en marine on nomme réduire le temps en degrés.

On peut dans ces transformations éviter les multiplications par 15 en prenant la quart du nombre des heures proposées après avoir réduit les heures en minutes, et regarder le résultat comme exprimant des degrés, minutes et secondes.

Exemples : convertir en degrés $5^h\ 7^m\ 25^s$ ou $307^m\ 25^s$.

Le quart de ce nombre est $76^m\ 51^s\ 15^t$; en changeant les indications, minutes, secondes, tierces en celles degrés, minutes de degré, secondes de degré, on a pour résultat $76°\ 51'\ 15''$.

Réciproquement pour convertir des degrés, minutes et secondes de degré en temps, il faut multiplier cet arc par 4, et regarder le résultat comme exprimant des heures, minutes, secondes, tierces.

Exemple : convertir $76_0\ 51'\ 15''$ en temps. Le produit de ce nombre par 4 est

$$5\ 07\ 25\ 00 \text{ ou } 5^h\ 7^m\ 25^s.$$

Un arc de $19'\ 54''$, par exemple, étant parcouru par un astre en 24 heures, quel sera celui parcouru en $3^h\ 16^m$?

Puisque la variation diurne est de $19'\ 54''$ ou $19',9$, celle horaire sera de $\frac{19',9}{24}$ ou $19'',9 \times \frac{60}{24}$ ou $19'',9 \times 2,5$. La variation en $3^h\ 16^m$ ou $3^h,26$, sera $19'',9 \times 2,5 \times 3,26$ ou $162'',18$, égale enfin à $2'\ 42'',18$.

Comme on ne doit négliger aucune simplification quelque légère qu'elle soit, on obtient le produit de $19'',9$ par $2,5$ en ajoutant au nombre $19'',9$ lui-même et sa moitié, et l'on trouve :

$$
\begin{aligned}
19,&9 \\
19,&9 \\
9,&9 \\
\hline
49'',&7
\end{aligned}
$$

On voit que par l'emploi de cette méthode on évite la multiplication complexe.

La 120e partie du myriamètre est d'environ 83^m.

La 120e partie de l'heure est de 30 secondes.

Autant donc on aura parcouru de 83^m en 30 secondes, autant par heure on aura parcouru de myriamètres.

On demande combien on aura parcouru de myriamètres par heure, sachant que dans 26 secondes on a parcouru 4 longueurs de 75^m.

Puisqu'en 26 secondes on a fait 4 longueurs,

en 1 seconde........ $\frac{4^1}{26}$

en 30 secondes...... $\frac{4 \times 30^1}{26}$ de 75^m.

On aurait fait dans le même temps $\frac{4 \times 30 \times 75}{26}$ long. de 1^m.

Et enfin en 30 secondes..... $\frac{4 \times 30 \times 75}{26 \times 3}$ long. de 83^m ou $4^l,17$.

Cette question se représentera plus tard sous une forme analogue.

Les quatre opérations fondamentales sur toutes les espèces de nombres analysées précédemment, et les questions diverses qu'on a pu résoudre par leur secours, constituent, à notre sens, l'arithmétique proprement dite. Lorsqu'on veut pénétrer plus avant dans la constitution intime des nombres et dans les propriétés des proportions, progressions, logarithmes, il faut s'aider de l'analyse qui constitue une des branches de l'algèbre.

Telle est la raison qui ferait placer ici les notions les plus élémentaires de l'algèbre, si nous voulions étudier complétement les qualités particulières des nombres, que, par un abus de mots, on regarde comme dépendantes de l'arithmétique.

CARRÉS ET LEURS RACINES.

Le carré d'un nombre étant le produit de ce nombre par lui-même, il en résulte que le carré du nombre entier 45 est 2025,

que le carré de la fraction $\frac{5}{7}$ est $\frac{25}{49}$,

que le carré du nombre décimal 4,7 est 22,09,

du nombre décimal 5,42 est 29,3764.

On peut de là déduire, 1° que le carré d'une fraction est une nouvelle fraction dont les deux termes sont les carrés de ceux de la primitive ; 2° que le carré d'un nombre décimal renferme deux fois plus de chiffres décimaux que ce nombre n'en avait.

Les carrés des dix premiers nombres sont :

1, 4, 9, 16, 25, 36, 49, 64, 81, 100.

Lorsqu'on élève au carré le nombre 45, qu'on peut décomposer en 40 + 5, on trouve, en effectuant la multiplication,

$$40 + 5$$
$$40 + 5$$

$$40 \times 5 + 5 \times 5$$
$$40 \times 40 + 40 \times 5$$

$$40 \times 40 + 2 \text{ fois } 40 \times 5 + 5 \times 5.$$

Ce résultat s'énonce ainsi :

Le carré d'un nombre entier décomposé en dizaines et unités est formé de trois parties, savoir,

1° Du carré des dizaines ;

2° Du double produit des dizaines par les unités ;

3° Du carré des unités.

Les carrés de deux nombres entiers consécutifs, tels que 17 et 18, étant 289 et 324, diffèrent de plusieurs unités, et par suite, le nombre 305, par exemple, compris entre eux, ne saurait être le carré d'un nombre entier. Il ne peut être non plus le carré d'un nombre fractionnaire, parce que le carré d'un nombre fractionnaire n'est jamais entier.

Il y a donc des nombres entiers qui ne sont pas des carrés.

La racine carrée d'un nombre tel que 49, par exemple, est le nombre 7, dont le produit par lui-même fournit 49. Dire qu'un nombre n'est point un carré, revient à énoncer qu'il n'a pas de racine carrée connue, ni possible à obtenir exactement.

L'opération de l'extraction de la racine carrée d'un nombre entier repose sur un raisonnement ayant pour point de départ l'existence dans un carré des trois parties précédemment indiquées. C'est en retrouvant ces trois parties dans le carré formé qu'on parvient à découvrir successivement chacun des chiffres de la racine.

Dans l'impossibilité de développer ici ce raisonnement d'une manière utile, on se bornera à indiquer le procédé de calcul, en observant toutefois que les carrés des nombres

$$1, \quad 10, \quad 100, \quad 1000,$$
$$\text{étant} \quad 1, \quad 100, \quad 10000, \quad 1000000,$$

on reconnaît que tout nombre entier compris entre 1 et 100, c'est-à-dire composé de un ou deux chiffres, a sa racine entière comprise entre 1 et 10, c'est-à-dire formée d'un seul chiffre ;

Que tout nombre entier compris entre 100 et 10000, et par suite formé de trois ou quatre chiffres, a sa racine comprise entre 10 et 100 ou formée de deux chiffres, ce qui apprend qu'avant de procéder à la recherche des chiffres de la racine carrée d'un nombre entier, le nombre de ces chiffres est toujours connu d'avance, et égal au nombre des tranches de deux chiffres du carré proposé, l'une d'elles pouvant n'en renfermer qu'un.

Ainsi, les nombres 273, 2734, auront deux chiffres à leur racine entière ; ceux 27564, 247629, en auront trois, ainsi de suite.

Pour extraire la racine carrée d'un nombre entier, voici comment on opère :

Soit le nombre 54728.

On le sépare en tranches de deux chiffres de droite à gauche, ce qui donne   5, 47, 28.

On extrait la racine du plus grand carré renfermé dans la première tranche à gauche. La table de Pythagore suffit toujours à cette première opération, dont le résultat, qui n'est jamais que d'un seul chiffre, fait connaître le chiffre des plus hautes unités de la racine. Ce chiffre est 2 dans l'exemple en discussion.

En élevant ce chiffre au carré, on obtient 4 qui, retranché de la partie sur laquelle on vient d'opérer, fournit le reste 1, à côté duquel on descend la tranche suivante 47, ce qui conduit au nombre 147 dont on sépare le dernier chiffre 7. Divisant alors la partie restante à gauche ou 14 par 4, double du chiffre 2 déjà obtenu à la racine, le quotient 3 est ou le second chiffre de la racine ou un chiffre trop fort, ce dont on s'assure en élevant 23 au carré et observant si le résultat est moindre que 547, partie du carré déjà soumise à l'opération.

On trouve 529, plus petit que 547. Alors le chiffre 3 convient à la racine. On l'y inscrit alors, et retranchant 529 de 547, on obtient un reste 18 qui, joint à la tranche suivante 28, conduit au nombre 1828, duquel on supprime le dernier chiffre à droite 8.

Divisant alors 182 par 46, double de la partie de la racine déjà trouvée, on obtient pour quotient le chiffre 3, qui sera le troisième ; et dernier de la racine cherchée s'il résiste à l'essai pareil à celui du second chiffre. Voici la disposition du calcul :

```
5,47,28  | 233
14,7     |
529      | 43   46 3
         |
  18 2,8
  542 89
reste 4 39
```

On voit que la racine obtenue 233, trop petite, puisqu'elle fournit un reste 439, ne saurait être augmentée d'une unité.

On dit en conséquence que le nombre 233 est la racine de 54728 à moins d'une unité.

Pour extraire la racine carrée d'une fraction, il suffit, d'après la loi de composition du carré, d'extraire séparément les racines carrées des deux termes.

Mais si le dénominateur n'était pas un carré exact, alors les deux termes de la fraction racine seraient en erreur, ce qui laisserait dans le doute sur la nature de l'erreur de la racine totale.

On lève cette difficulté en préparant la fraction proposée par la multiplication de ses deux termes par son dénominateur.

Exemple : extraire la racine de $\frac{17}{56}$.

$$\frac{17}{56} = \frac{17 \times 56}{56 \times 56} = \frac{952}{56 \times 56} ;$$

donc, la racine de $\frac{17}{56}$ est égale à celle de 952 divisée par celle de 56×56 ou par 56. Or, la racine de 952, est 30 avec une erreur moindre qu'une unité.

Donc, la racine de la fraction $\frac{17}{56}$ est $\frac{30}{56}$ à moins de $\frac{1}{56}$ d'erreur.

La racine carrée d'un nombre décimal s'extrait en ramenant sa recherche à celle de la racine carrée d'un nombre entier que l'on forme par l'addition à la droite du nombre décimal, de zéros en nombre égal à celui des chiffres décimaux, dans le but de rendre le dénominateur un carré.

Cette préparation est analogue à celle que précédemment on avait fait subir à la fraction ordinaire.

Ainsi, pour extraire la racine carrée de 19,54, on transformera ce nombre en cet autre équivalent 19,5400.

Sa racine extraite à moins d'une unité est 442, sans avoir égard à la virgule, et si on en tient compte, on aura 4,42 pour racine du nombre 19,59 à moins d'un centième.

Lorsque dans un calcul on ne veut pas se contenter de la racine carrée d'un nombre entier à moins d'une unité, on ajoute alors à ce nombre une ou deux tranches de deux zéros. On extrait à moins d'une unité la racine du nombre ainsi préparé ; puis on sépare sur la droite de ce résultat autant de chiffres décimaux par une virgule, qu'on avait ajouté de tranches de deux zéros.

Extraire la racine de 57 à moins d'un centième.

$$57 = 57,0000.$$

La racine de 570000 est 753 ; donc celle de 57,0000 est 7,53 ;

c'est la racine de 57 à moins d'un centième. A moins d'une unité, elle était 7.

On a inventé le signe $\sqrt{}$ pour indiquer l'opération à effectuer de la racine carrée.

Ainsi, l'expression $\sqrt{7854}$ veut dire qu'il faut extraire la racine carrée du nombre entier 7854.

PROPORTIONS.

On nomme rapport par différence l'expression de la différence de deux nombres.

Ainsi, 7 — 3 est un rapport par différence.

On nomme rapport par quotient l'indication de la division à effectuer entre deux nombres.

Ainsi, $\frac{7}{5}$ est un rapport par quotient qu'on écrit aussi 7:5, et qu'on est convenu de prononcer ainsi : 7 *est à* 5.

L'expression de l'égalité de deux rapports a reçu le nom de proportion.

Ainsi, 7 — 3 = 9 — 5 est une proportion par différence.

$\frac{7}{5} = \frac{14}{10}$ est une proportion par quotient. On va s'occuper spécialement de ces dernières, qu'on écrit aussi sous la forme 7:5::14:10, et qu'on prononce : 7 *est à* 5 *comme* 14 *est à* 10.

Les termes 7 et 10, qui sont aux extrémités, se nomment extrêmes.

Ceux 5 et 14, qui sont entre les deux extrêmes, se nomment moyens.

Les premiers termes de chaque rapport, 7 et 14, se nomment antécédents.

Ceux 5 et 10 qui les suivent, conséquents.

D'après la définition, il suffit, pour former une proportion, d'écrire le premier rapport venu , $\frac{2}{3}$ par exemple, et de multiplier ses deux termes par un même nombre. On obtient par là un nouveau rapport égal au premier, et par suite une proportion.

Puisqu'on nomme rapport une expression sous forme fractionnaire, on n'altère pas sa valeur en multipliant ou divisant les deux termes par un même nombre. Il est donc permis dans une proportion de multiplier ou de diviser les deux termes d'un des rapports par un même nombre.

Dans toute proportion par quotient le produit des extrêmes est égal à celui des moyens.

En effet, soit la proportion $\frac{2}{3} = \frac{8}{12}$, on peut, sans changer la valeur du premier rapport, multiplier les deux termes par un nombre tel , qu'ils deviennent identiquement égaux à ceux du second. La proportion devient $\frac{8}{12} = \frac{8}{12}$, et dans ce cas il est manifeste que les deux produits des extrêmes et des moyens sont égaux, comme composés des mêmes facteurs.

Or, pour obtenir ces nouveaux produits, il a fallu multiplier les facteurs 2 et 3 des anciens par le même nombre; donc le produit des anciens extrêmes était égal à celui des anciens moyens.

Autre démonstration :

En effet, soit la proportion $\frac{2}{3} = \frac{6}{9}$ ou $2:3::6:9$.

En réduisant les deux membres au même dénominateur, ils seront encore égaux, et l'on aura $\dfrac{2 \times 9}{3 \times 9} = \dfrac{6 \times 3}{9 \times 3}$.

Or, deux fractions égales de même dénominateur ont leurs numérateurs égaux, et ces numérateurs sont essentiellement les produits des extrêmes et des moyens; donc, etc.

Réciproquement, si quatre nombres sont tels que le produit des extrêmes soit égal à celui des moyens, ils forment une proportion dans l'ordre où ils sont écrits; en effet, soient les quatre nombres 2, 3, 6, 9, tels qu'ils donnent l'égalité $2 \times 9 = 3 \times 6$, en divisant les deux membres par un même nombre 3×9, il y aura encore égalité, ce qui donnera

$\dfrac{2 \times 9}{3 \times 9} = \dfrac{3 \times 6}{3 \times 9}$, et, en simplifiant la proportion, $\frac{2}{3} = \frac{6}{9}$. C. Q. F. D.

Le produit des extrêmes étant nécessairement égal à celui des moyens, en divisant le produit des extrêmes par un des moyens, on trouve pour quotient l'autre moyen.

On dit, en conséquence, qu'un extrême est égal au produit des moyens, divisé par l'autre extrême; et, de même, qu'un moyen est égal au produit des extrêmes, divisé par l'autre moyen.

Il en résulte qu'étant donnés les trois premiers termes d'une proportion, on trouve le terme qui la termine en divisant par le premier le produit du second et du troisième.

Par suite, ce quatrième terme peut, dans certaines circonstances, être entier, et, dans d'autres, fractionnaire. Si les trois termes donnés sont 2, 3, 4, le quatrième sera 6 ; si les trois termes étaient 2, 3, 5, le quatrième serait $\frac{15}{2}$.

Si deux produits composés chacun de deux facteurs sont égaux, on peut avec les quatre facteurs former une proportion. Il suffit, en effet, de prendre les deux facteurs du premier produit pour extrêmes, et les deux du second pour moyens. Ainsi de l'égalité $2 \times 12 = 3 \times 8$, on déduit la proportion $2:3::8:12$.

De ce que quatre nombres, tels que 3, 5, 6, 10, forment une proportion, il n'en résulte pas que l'ordre dans lequel ils sont écrits soit indifférent. Ainsi, dans l'ordre 3, 10, 5, 6, la proportion n'existe plus, puisque le produit des extrêmes n'est plus égal à celui des moyens.

Il est donc intéressant d'étudier les changements d'ordre qui ne faussent pas l'expression.

Tous ceux qui laisseront le produit des extrêmes égal à celui des moyens, seront des changements légitimes.

Ainsi, le changement d'ordre des moyens, le changement d'ordre des extrêmes entre eux, et la permutation de moyens à extrêmes, sont des opérations usuelles.

Exemples :

$2:3::6:9$

$2:6::3:9$, changement d'ordre des moyens;

$9:3::6:2$, changement d'ordre des extrêmes;

$3:2::9:6$, permutation entre les moyens et les extrêmes.

Mais ces trois nouvelles proportions ne sont pas les mêmes que la première, puisque leurs premiers rapports sont pour la première $\frac{2}{3}$, pour la deuxième $\frac{2}{6}$, pour la troisième $\frac{9}{3}$, pour la quatrième $\frac{3}{2}$.

On ne dit donc pas qu'une proportion ne change pas, mais bien que sa vérité n'est pas altérée, lorsqu'on y exécute les changements d'ordre précédents.

Le changement d'ordre des rapports n'eût pas altéré la proportion. Celle $6:9::2:3$ est la même que la première.

Si dans une proportion les deux moyens sont égaux, elle prend le nom de proportion continue, et l'on dit alors que le produit des extrêmes est égal au carré du moyen, ou que le moyen est égal à la racine carrée du produit des extrêmes.

Lorsque deux proportions ont un rapport commun, avec les rapports non communs on peut établir une proportion.

Soit, en effet, $2:3::6:9$ et $2:3::8:12$, ou $\frac{2}{3} = \frac{6}{9}$ et $\frac{2}{3} = \frac{8}{12}$.

Deux nombres égaux au même troisième $\frac{2}{3}$, sont égaux entre eux ; on a donc $\frac{6}{9} = \frac{8}{12}$, ou la proportion $6:9::8:12$.

Si les extrêmes de deux proportions sont égaux, les moyens sont inversement proportionnels. En effet, soient les proportions

$$2 : 3 :: 8 : 12,$$
$$2 : 4 :: 6 : 12.$$

La première fournit $2 \times 12 = 3 \times 8$,
la seconde, $2 \times 12 = 4 \times 6$;
donc, $3 \times 8 = 4 \times 6$ ou la proportion $3 : 4 :: 6 : 12$.

Si les deux moyens étaient les mêmes, les extrêmes seraient inversement proportionnels.

Si deux proportions ont leurs trois premiers termes égaux et dans le même ordre, les quatrièmes termes sont nécessairement égaux.

En multipliant deux proportions terme à terme, on en forme une nouvelle.

En effet, si l'on a $\quad 2 : 3 :: \quad 4 : \quad 6.$
$$5 : 7 :: 10 : 14.$$

Le produit des deux premiers rapports $\frac{2}{3}$ et $\frac{5}{7}$ ou $\frac{10}{21}$ sera égal à celui des deux seconds $\frac{4}{6}$ et $\frac{10}{14}$ ou $\frac{40}{84}$; donc les deux nouveaux rapports égaux $\frac{10}{21}$ et $\frac{40}{84}$ formeront la proportion $10 : 21 :: 40 : 84$, qu'on aurait pu composer de suite en multipliant terme à terme les deux proposées.

On peut donc élever tous les termes d'une proportion au carré sans nuire à sa vérité, puisque cela revient à la multiplier terme à terme par elle-même.

COMBINAISONS DES TERMES D'UNE PROPORTION.

Soit la proportion $\quad 7 : 3 :: 14 : 6$ ou $\frac{7}{3} = \frac{14}{6}$.
Puisqu'en ajoutant au numérateur d'une expression fractionnaire son dénominateur, on augmente la valeur du rapport d'une unité, en effectuant cette opération sur les deux rapports, ils changeront tous deux de valeur, mais resteront égaux entre eux.

On aura donc $\frac{7+3}{3} = \frac{14+6}{6}$ ou $7 + 3 : 3 :: 14 + 6 : 6$. Proportion nouvelle déduite de la première, ce qu'on énonce ainsi :

La somme des deux premiers termes est au second, comme la somme des deux derniers est au quatrième.

On aurait eu également $\frac{7-3}{3} = \frac{14-6}{6}$ ou $7 - 3 : 3 :: 14 - 6 : 6$.

On a donc aussi : la différence des deux premiers termes est au second comme la différence des deux derniers est au quatrième.

Si , avant de faire ces combinaisons dans la proportion
$$7 : 3 :: 14 : 6,$$
on eût préalablement changé l'ordre des moyens, ce qui eût donné
$$7 : 14 :: 3 : 6,$$
on eût eu $\qquad 7 + 14 : 14 :: 3 + 6 : 6$

ou $\qquad 7 + 14 : 3 + 6 :: 14 : 6.$

En comparant ce résultat à la proportion de départ, on tire cette conclusion nouvelle :

La somme des antécédents est à celle des conséquents comme un antécedent est à son conséquent.

Des rapports égaux en nombre quelconque constituent une suite proportionnelle.

Ainsi, de $\frac{2}{3} = \frac{4}{6} = \frac{12}{18} = \frac{10}{15}$. On l'écrit sous la forme
$$2 : 3 :: 4 : 6 :: 12 : 18 :: 10 : 15.$$

Lorsqu'on veut en déduire une proportion utilisant tous les termes, on pourra, en ne considérant que la proportion formée par les quatre premiers, écrire $2 + 4 : 3 + 6 :: 4 : 6$, où la somme des antécédents est à celle des conséquents comme un antécédent est à son conséquent.

En remplaçant le rapport $4 : 6$ par son égal $12 : 18$,
on aura $\qquad 2 + 4 : 3 + 6 :: 12 : 18,$
qui donne, en y affectuant la même combinaison que ci-dessus,
$$2 + 4 + 12 \ : \ 3 + 6 + 18 :: 12 : 18.$$
Remplaçant le rapport $12 : 18$ par son égal $10 : 15$
$$2 + 4 + 12 \ : \ 3 + 6 + 18 :: 10 : 15.$$
Cette proportion a bien ses termes formés de tous ceux de la suite proportionnelle. Elle s'énonce ainsi :

La somme d'un certain nombre d'antécédents, ou de tous , est à celle des conséquents correspondants, ou de tous, comme un antécédent quelconque est à son conséquent.

Problèmes résolus au moyen des proportions.

Le 5 juin 1851, à trois heures du soir, la distance de la lune
au soleil est de $\qquad 74^\circ \ 47' \ 56'',$
à six heures du soir $\qquad 76^\circ \ 27' \ 7''.$

On demande à quelle heure elle sera de 75° 58′ 30″, en admettant que les distances varient proportionnellement au temps ?

La différence des deux distances données est de 1° 39′ 11″, et entre la première des deux et la troisième elle est de 1° 10′ 40″; on posera en conséquence la proportion :

Si, pour que la distance augmente de 1° 39′ 11″, il s'est écoulé 3 heures, pour qu'elle augmente de 1° 10′ 34″, combien s'écoulera-t-il de temps,

$$1° \ 39′ \ 11″ : 3^h :: 1° \ 10′ \ 34″ : x, \quad \text{d'où}$$

$$x = 3^h \times \frac{1° \ 10′ \ 34″}{1° \ 39′ \ 11″}.$$

Convertissant en secondes le numérateur et le dénominateur, on trouve

$$x = 3^h \times \frac{4324}{5951} = \frac{12972^h}{5951} = 2^h \ 10^m \ 47^s.$$

Ce temps, ajouté à 3^h ou $5^h \ 10^m \ 47^s$, sera l'heure correspondante à la distance donnée.

Le 18 juin, à 6 heures du matin, la distance était de

$$117° \ 34′ \ 48^s,$$

à 9 heures de $\qquad 116 \quad 12 \quad 53$;

quelle heure sera-t-il lorsque cette distance sera de 116° 31′ 25″ ?

Raisonnant comme dans l'exemple précédent, dont celui-ci ne diffère que parce que la distance diminue au lieu d'augmenter, on posera la proportion $1° \ 21′ \ 55″ : 3^h :: 1° \ 3′ \ 23″ : x$.

x devra être ajouté à 6 heures pour former l'heure cherchée.

Le 15 avril à midi, le soleil était à $\quad 9° \ 39′ \ 4″,6$ de l'équateur.
Le 16 $\quad$ à midi, $\qquad$ à $10° \ 0′ \ 28″,5 \quad$ idem.

Quelle sera sa distance le 16 à $7^h \ 27^m \ 48^s$ matin ?

La distance a donc en 24 heures augmenté de 0° 21′ 23″,9.

Puisqu'en 24 heures elle augmente de 21′ 23″,9, de combien aura-t-elle augmenté dans $19^h \ 27^m \ 48^s$, différence entre le midi du 15 et $7^h \ 27^m \ 48^s$ matin le 16 ?

Pour 12^h augmentation   10′ 41″,9
pour   6^h ....id.....   5′ 20″,9
pour   1^h ....id.....   0 53″,5
pour 20^m ....id.....   0 17″,8
pour   5^m ....id.....   0 4″,4
pour   1^m ....id.....   0 0″,9
pour   1^m ....id.....   0 0″,9
pour 30^s ....id.....   0 0″,4
pour 15^s ....id.....   0 0″,2
pour   3^s ....id.....   0 0″,0
                          ————————
                           17′ 20″,9

Ajoutant à la distance du 15 à midi, on obtient 9° 56′ 25″,5.

En effectuant ce calcul par la méthode indiquée, page 48, on est conduit aux opérations suivantes :

Variation en 24^h 21′ 23″,9 ou 21′,4.

en 1^h 21,4 ⎫
           21,4 ⎬ 53″,5
           10,7 ⎭

en 19^h 27^m 48^s ou 19^h,46   53″,5 × 19,46
         53″,5
         19″,46
        ————————
         32 10
       214 0
      4815
     535
     ————————
     10411 10

En divisant 1041″,1 par 60, on trouve 17′ 21″,1.

On voit combien ce calcul est simple en comparaison du précédent.

Progressions par différence.

Des nombres qui croissent ou décroissent consécutivement d'une quantité constante nommée raison, forment, par leur ensemble, une progression par différence.

Ainsi, l'expression
$$3.5.7.9.11.13.15.17.19, \text{ etc.,}$$
est une progression par différence croissante dont le premier terme est 3 et la raison 2.

Et les nombres $\quad 25.22.19.16.13.10.7$
forment une progression par différence décroissante dont le premier terme est 25 et la raison 3.

Dans la première, le second terme est égal au premier augmenté de la raison ; le troisième est égal au second augmenté d'une fois la raison, ou au premier augmenté de deux fois la raison ; ainsi de suite.

Dans la seconde, au lieu de dire augmenté, ce serait diminué.

On peut donc de là déduire ce principe général :

Dans une progression par différence, un terme de rang quelconque est égal au premier, augmenté ou diminué d'autant de fois la raison qu'il y a de termes avant lui.

Ainsi le vingtième terme de la progression par différence croissante, ayant 3 pour premier terme et 4 pour raison, serait
$$3 + 19 \times 4 ;$$
et le dixième de celle décroissante, ayant 60 pour premier terme et 5 pour raison, serait $\quad 60 - 9 \times 5.$

Insérer dix moyens entre les deux nombres 18 et 54, par exemple, c'est former une progression commençant par 18, finissant par 54, et ayant douze termes.

Il suffit, pour résoudre ce problème, de découvrir la raison, ce qui est facile, puisque le terme 54, qui est le douzième, est égal à 18, le premier, augmenté de 11 fois la raison.

Donc, 54 moins 18 ou 36 valent 11 fois la raison, qui, par suite, est égale à la onzième partie de 36 ou $\frac{36}{11}$. Il faut donc, pour obtenir la raison, retrancher du dernier terme le premier, et diviser le reste par le nombre des moyens à insérer, augmenté de 1, puisqu'on en voulait insérer 10, et qu'on a dû diviser le reste 36 par 11.

La raison trouvée, il suffit de l'ajouter à 18 pour avoir le premier moyen, qui, augmenté de la raison, fournira le second, et ainsi de suite.

Si, entre les termes consécutifs d'une progression par différence, on insérait le même nombre de moyens, le résultat serait encore une progression par différence non interrompue.

Progressions par quotient.

La progression par quotient est formée d'une suite de termes, tels que chacun d'eux est égal au précédent multiplié par un nombre constant nommé raison. Ainsi l'expression

$$3 : 6 : 12 : 24 : 48 : 96 : 192, \text{ etc.,}$$

est une progression par quotient croissante dont le premier terme est 3 et la raison 2.

Pour la rendre décroissante, il suffirait de prendre pour raison une fraction.

Ainsi, en choisissant 3 pour premier terme et $\frac{1}{2}$ pour raison, elle devient $\qquad 3 : \frac{3}{2} : \frac{3}{4} : \frac{3}{8} : \frac{3}{16} : \frac{3}{32}$, etc.

On voit qu'un terme quelconque est égal au premier multiplié par la raison prise autant de fois facteur qu'il y a de termes avant celui que l'on considère, puisque

$$2^e \text{ terme} = 1^{er} \text{ multiplié par raison;}$$
$$3^e \text{ terme} = 2^e \times \text{raison} = 1^{er} \times \text{raison} \times \text{raison;}$$
$$4^e \text{ terme} = 3^e \times \text{raison} = 2^e \times \text{raison} \times \text{raison}$$
$$= 1^{er} \times \text{raison 3 fois facteur.}$$

Ainsi, le 10e est égal à 1er multiplié par raison 9 fois facteur.

Insérer cinq moyens par quotient entre 24 et 72, c'est former une progression par quotient commençant par 24, finissant par 72, et ayant sept termes. Il suffirait, pour exécuter cette opération, de découvrir la raison.

Or, 72 ou le septième terme doit être égal au premier, 24, multiplié par la raison 6 fois facteur. Donc, en divisant 72 par 24, on aurait 3 qui représenterait la raison 6 fois facteur. Pour avoir la raison, on serait donc conduit à extraire la racine 6e de 3, opération que ce qui précède n'apprend pas exécuter.

L'insertion de moyens par quotient, entre deux nombres donnés, est donc une opération purement théorique.

L'insertion d'un même nombre de moyens entre les termes consécutifs d'une progression par quotient, ne détruirait pas sa continuité.

En comparant entre eux les résultats obtenus dans les progressions par différence et dans celles par quotient, on parvient à des remarques curieuses.

On avait

pour la progression par diff^{ce} 10e terme $= 1^{er} + 9$ fois raison,

pour la progress. par quot. 10e terme $= 1^{er} \times$ rais. 9 f. facteur,

pour insérer 9 moy. par diff^{ce} $\qquad$ raison $= \dfrac{\text{dern. terme} - \text{premier}}{10}$,

id. $\qquad$ par quotient $\qquad$ raison $= \sqrt[10]{\dfrac{\text{dernier}}{\text{premier}}}$.

On voit donc qu'en passant d'une formule des progressions par quotient à celle analogue des progressions par différence, la multiplication se change en addition, la division en soustraction, l'élévation de puissance en une multiplication par un seul nombre, et l'extraction de racine 10e en division par 10.

C'est en s'emparant de ces observations, et les faisant fructifier, qu'on est parvenu à dresser une table dite de logarithmes, à l'aide de laquelle toutes les opérations s'abaissent d'un degré; non-seulement alors on simplifie les calculs, mais on en exécute quelques-uns, tels que les extractions des racines de tous les degrés, qui étaient ignorés avant cette découverte due à Néper.

Propriétés particulières à certaines progressions.

On remarque que si une progression par différence commence par zéro, quelle que soit la raison, par exemple 3, elle se présente sous la forme

$$0.3.6.9.12.15.18.21.24.27.30.33.36.39.42, \text{etc.}$$

On voit alors que tous les termes sont composés d'un certain nombre de fois la raison, et que par suite, l'addition de deux termes quelconque, tels que 9 et 21 par exemple, forme le nombre 30 qui est un terme de la même progression.

On voit de plus que ce terme 30 en a 10 avant lui, et qu'il y en avait précisément 3 et 7 avant les deux 9 et 21 qui, par leur somme, ont composé le terme 30.

De sorte qu'on peut dire que dans toute progression par différence commençant par zéro, 1° la somme de deux termes quelconques est un terme de la même progression;

2° Qu'il en a autant avant lui qu'avant chacun des deux termes ajoutés.

On retrouve dans la progression par quotient commençant par *l'unité*, les mêmes particularités; seulement, au lieu d'être la somme de deux termes quelconques c'est leur produit qui forme un terme de la même progression.

LOGARITHMES.

Si, d'après ce qui vient d'être dit, on écrivait en regard l'une de l'autre et se correspondant terme à terme deux progressions par différence et quotient commençant par zéros et l'unité, telles que

0 . 2 . 4 . 6 . 8 . 10 . 12 . 14 . 16 . 18 . 20 . 22, etc.

1 : 3 : 9 : 27 : 81 : 243 : 729 : 2187 : 6561 : 19683 : 59049 : 177147, etc.,

on verrait alors que le produit des deux termes 81 et 2187 de la seconde serait un terme de cette progression suffisamment étendue, dans ce cas, le douzième ou dernier, et qu'il correspondrait au terme 22, somme des deux termes 8 et 14, qui étaient précisément ceux correspondant aux facteurs 81 et 2187.

Nommant donc chaque terme de la progression par différence le logarithme du terme de la progresssion par quotient écrit au-dessous de lui, on dit que le logarithme d'un produit de deux facteurs est égal à la somme de leurs logarithmes. Il en est de même pour un produit de plus de deux facteurs.

Comme conséquence de ce principe, on reconnaît que le logarithme d'un quotient doit être égal à la différence des logarithmes du dividende et du diviseur ;

Que le logarithme du carré ou du cube d'un nombre est égal au double ou au triple du logarithme de ce nombre ;

Et qu'enfin le logarithme de la racine carrée ou de la racine cubique d'un nombre est égal à la moitié ou au tiers du logarithme de ce nombre.

Si donc on possédait les logarithmes de tous les nombres, inscrits dans une table, avec les nombres auxquels ils appartiennent en regard,

Pour multiplier les deux nombres 258 et 5469, il suffirait d'ajouter leurs logarithmes, de chercher cette somme dans la table, et on trouverait le produit écrit en face;

Pour diviser 7854 par le nombre 59, par exemple, il faudrait faire la différence de leurs logarithmes; ce serait un logarithme de la table, en face duquel serait le quotient cherché;

Pour élever le nombre 7854 au cube, on triplerait son logarithme, et à ce résultat correspondrait le cube demandé;

Enfin, pour extraire la racine cubique de 57874, on prendrait le tiers de son logarithme, et ce résultat correspondrait à la racine cubique.

Une table de cette espèce serait donc une table générale de multiplication, de division, d'élévation de puissance et d'extraction de racines.

FORMATION D'UNE TABLE.

Pour former la table usuelle, on conçoit les deux progressions

$$1, \quad 10, \quad 100, \quad 1000, \quad 10000$$
$$0, \quad 1, \quad 2, \quad 3, \quad 4,$$

et c'est par l'insertion d'un très-grand nombre de moyens entre 1 et 10, du même nombre, entre 10 et 100, entre 100 et 1000, etc., qu'on parvient à faire entrer dans la progression par quotient, sinon tous les nombres entiers exactement, au moins d'autant plus approchés que le nombre des moyens insérés est plus grand.

Des moyens insérés en même nombre entre les termes successifs de la progression par différence fournissent les logarithmes de tous les moyens insérés dans la progression par quotient. Le nombre 10 dont le logarithme est 1, se nomme base. On pouvait prendre toutes autres progressions que celles citées.

L'avantage principal de ce système, c'est que 10 a pour logarithme 1; alors 100, carré de 10, a pour logarithme deux fois le logarithme de 10 ou 2; par suite, les logarithmes de 1000, 10000, 100000, sont 3, 4, 5.

Tous les nombres entiers compris

entre   1 et   10 ont 1 chiffre; leurs logar. sont entre 0 et 1;
entre   10 et   100 ont 2 chiffres;   »   « entre 1 et 2;
entre 100 et 1000 ont 3 chiffres;   »   » entre 2 et 3

On peut donc conclure de cette observation que la partie entière du logarithme d'un nombre, partie nommée caractéristique, se compose d'autant d'unités qu'il y a de chiffres moins un dans le nombre entier. Dans toute autre base (*) que 10, le même fait ne se produit pas.

On a donc pu se dispenser d'écrire les caractéristiques dans les tables, ce qui les a rendues moins volumineuses.

Un nouvel avantage résulte de la propriété de la caractéristique ; c'est qu'on peut, sans calculs, trouver le logarithme d'un nombre plus grand que le plus grand nombre des tables, étendues seulement jusqu'à 10800.

Soit à chercher le logarithme de 87654.

On peut toujours poser l'égalité $87654 = 8765,4 \times 10$;

donc,   log. $87654 =$ log. $8765,4 +$ log. 10.

Or, log. $8765,4$ est renfermé dans les tables qui sont calculées de dixième en dixième. On déduit de là cette règle.

Pour trouver le logarithme d'un nombre plus grand que 10800, on sépare par une virgule sur sa droite un nombre tel de chiffres décimaux, que le nombre résultant soit renfermé dans les limites des tables.

On prend alors son logarithme, et l'on ajoute à la caractéristique autant d'unités qu'on avait séparé de chiffes. Réciproquement

Ayant à chercher le nombre correspondant à un logarithme $5,7864321$, si on pose $5,7864321 = 3,7864321 + 2$, le nombre correspondant au logarithme donné est donc égal à celui qui correspond à $3,7864321$ multiplié par celui qui correspond au logarithme 2, ou par 100.

Les tables ne renfermant que les logarithmes des nombres de 1 à 10800, calculés de dixième en dixième, il reste à savoir comment obtenir le logarithme d'un nombre entier joint à un nombre de centièmes ou de millièmes.

(*) On nomme base le nombre qui a pour logarithme l'unité.

Soit pour exemple à chercher le logarithme de 3756,27.
La table fournit les nombres suivants :

$$\log. \; 3756,2 = 3,5747487,$$
$$\log. \; 3756,3 = 3,5747602.$$

Le logarithme du nombre 3756,27 est donc compris entre les deux précédents, qui diffèrent de 116 unités du dernier ordre décimal. On établira par suite la proportion

$$0,1 : 116 :: 0,07 : x, \text{ qui se traduit ainsi :}$$

Si, pour une augmentation de un dixième sur le nombre, le logarithme augmente de 116, de combien, pour une augmentation de sept centièmes sur le nombre, le logarithme augmente-t-il ? On trouvera 88 à ajouter au logarithme du nombre 3756,2.

La proportion précédente, qu'on nomme proportion de l'usage des tables, admet que la différence des tables est proportionnelle à celle des logarithmes, ce qui n'est pas rigoureusement vrai, puisque dans les tables les nombres sont en progression par différence, ce qui n'a pas lieu pour leurs logarithmes ; seulement on peut dire que cette proportion s'éloigne d'autant moins de la vérité, que les nombres des tables sont plus grands.

Si on voulait trouver le logarithme de la fraction décimale 0,547, on écrirait $\dfrac{547}{1000}$, prenant donc le logarithme de 547, il en faudrait retrancher le logarithme de 1000, ou 3, ce qui produirait un résultat négatif.

Pour éviter cet inconvénient, on retranche le nombre 3 seulement à la caractéristique, qui seule alors devient négative, et au-dessus de laquelle s'écrit le signe moins ; le logarithme se présente donc sous la forme $\bar{2},7865463$.

Le problème inverse consiste à chercher le nombre correspondant à un logarithme donné. Soit 3,5755872.

Ce logarithme n'est pas dans les tables, mais se trouve compris entre 3,5755804 et 3,5755919, qui correspondent aux nombres 3763,4 et 3763,5.

On fera en conséquence la proportion $115 : 68 :: 0,1 : x$; d'où $x = 0,05$; c'est-à-dire la différence entre les deux logarithmes de la table est à la différence entre le premier logarithme des tables et celui proposé comme la différence des deux nombres consécutifs de la table est à la quantité cherchée. Le nombre demandé est donc 3763,45.

La disposition des tables de Callet dispense de cette proportion, dont le résultat est inscrit dans une colonne spéciale.

Pour trouver le nombre correspondant au logarithme $\overline{2}$,5734864, il faut augmenter la caractéristique d'assez d'unités pour qu'elle devienne égale à 3, c'est-à-dire 5, et chercher le nombre correspondant au logarithme 3,5734864. Une fois ce nombre trouvé, on le divisera par l'unité suivie de cinq zéros, nombre correspondant aux cinq unités ajoutées à la caractéristique.

En général, il faut, lorsqu'on doit opérer par parties proportionnelles, repousser, soit les nombres, soit leurs logarithmes, vers l'extrémité de la table, endroit où la proportionnalité entre les nombres et leur logarithmes est le moins en erreur.

A cet effet, si le nombre est par exemple 27,575, on le transforme en cet autre 2757,5 au logarithme duquel on donne d'ailleurs 1 pour caractéristique.

Si le logarithme était 1,7848659, on augmenterait la caractéristique de deux unités; il deviendrait alors 3,7848659. Le nombre correspondant une fois trouvé, on le diviserait par 100.

Si on veut opérer par logarithmes la division de a par b, il faut de log. a retrancher log. b. On cherche à éviter ces soustractions, qui peuvent être des causes d'erreurs par suite des emprunts que l'on peut oublier.

Mais l'expression log. a — log. b peut se mettre sous la forme log. a — log. b + 10 — 10.

10 — log. b est ce qu'on nomme le complément arithmétique du logarithme de b, et par suite on écrit log. a + C^t log. b — 10.

Le complément d'un logarithme étant le reste que l'on obtient en retranchant ce nombre de 10, se trouve en complétant le dernier chiffre à 10 et les autres à 9. Ainsi le complément de 3,7865394 est 6,2134606.

On voit que toutes les fois qu'on remplace la soustraction d'un logarithme par l'addition de son complément, on doit retrancher 10 au résultat final, opération qui s'exécute sur la caractéristique.

Si l'on voulait donc appliquer les logarithmes à l'expression

$$x = \sqrt[2]{\frac{7856 \times 49^3}{257}},$$

on trouverait :

$$\log. x = \frac{\log. 7856 + 3 \log. 49 + C^t \log. 257 - 10}{2}.$$

Une expression qui a ses parties séparées par les signes + ou — ne peut être traitée par logarithmes, à moins qu'il ne soit possible par les principes algébriques de la transformer en une autre ne contenant que des produits ou quotients indiqués. C'est ce qu'on nomme rendre une expression logarithmique.

La méthode indiquée précédemment pour la formation d'une table donne seulement une idée de la marche que l'on pourrait suivre. Mais la longueur des opérations rendrait ce procédé inexécutable. Aussi en existe-t-il d'autres qui ont été suivis réellement.

FIN DE L'ARITHMÉTIQUE.

ÉLÉMENTS D'ALGÈBRE.

L'algèbre a pour but principal de découvrir les lois suivant lesquelles un résultat est formé des données d'une question.

Pour y parvenir, elle cherche le plus possible à éviter le mélange des quantités, et à cet effet elle représente les nombres donnés par des lettres qui s'unissent les unes aux autres à l'aide des signes $+$, $-$, $\times$, $:$, déjà inventés en arithmétique.

Ainsi $a + b$, $a - b$, $a \times b$, $a : b$ indiquent l'addition, la soustraction, la multiplication, la division des deux nombres a et b.

La troisième de ces expressions s'écrit ab, en convenant de ne mettre aucun signe entre des facteurs. Ainsi, abc exprime le produit des trois facteurs a, b et c; l'expression $a + a + a$ se réduit à cette autre, $3a$. Ce nombre 3 qui précède une lettre se nomme *coefficient*, et l'on peut regarder $3a$ comme voulant dire à volonté, soit $a + a + a$, soit $3 \times a$. C'est ainsi que les nombres se mêlent aux lettres dans les calculs algébriques.

L'expression $5ab$ veut donc dire $5 \times a \times b$ ou $ab + ab + ab + ab + ab$. Lorsque plusieurs facteurs sont égaux, tels que $a \times a \times a \times a \times a$, on est convenu, pour simplifier cette expression, d'écrire la lettre a une seule fois, et à sa droite, un peu au-dessus, un nombre qui exprime combien de fois elle est facteur, c'est-à-dire, a^5.

Le nombre 5 ainsi placé se nomme *exposant*, et appartient exclusivement à la lettre à droite de laquelle il est écrit. Ainsi, dans l'expression $5ab$, le coefficient 5 appartient aussi bien à a qu'à b; tandis que, dans l'expression ab^5, l'exposant 5 n'a aucun rapport avec la lettre a.

L'expression $5a^2b^3$, qui se nomme un seul terme, ou un monôme, est, d'après les conventions qui précèdent, le résultat de la simplification de cette autre :

$$a \times a \times b \times b \times b + a \times a \times b \times b \times b + a \times a \times b \times b \times b$$
$$+ a \times a \times b \times b \times b + a \times a \times b \times b \times b.$$

Deux termes séparés par l'un des sigues $+$ ou $-$ constituent un binôme, tel que $2a^3 + 5ab$.

Trois termes forment un trinôme, tel $2a^2 - 5ab + 4b^2$; et enfin l'expression composée d'un nombre quelconque de termes prend le nom de polynôme.

L'ordre dans lequel on écrit les termes d'un polynôme n'a pas d'influence sur la valeur qu'il prendra, lorsqu'à chacune de ses lettres on aura substitué un nombre, et on doit entendre par valeur d'un polynôme le résultat de cette substitution.

En effet, $12 + 5 - 7 + 2 - 6$ est bien égal à $12 + 5 + 2 - 7 - 6$ ou à 6.

On dit donc que la valeur d'un polynôme se compose de la somme des termes additifs, diminuée de la somme ou réunion des termes soustractifs. Bien que le signe moins soit inventé pour placer entre deux quantités qui doivent être retranchées l'une de l'autre, cependant il peut exister devant une quantité isolée, comme exprimant le reste d'une soustraction dans laquelle le nombre à retrancher était plus grand que celui dont on le retranchait; ainsi $5 - 8 = 5 - 5 - 3$, ou simplement $- 3$.

On peut donc regarder le signe qui précède un terme dans un polynôme comme attaché à ce terme, et en étant un des éléments constitutifs.

On nomme termes semblables ceux qui sont composés des mêmes lettres affectées des mêmes exposants, les signes et les coefficients n'influant pas sur la similitude; ainsi $3a$ et $5a$ sont des termes semblables, ainsi que $3a^2b^3$ et $- 5a^2b^3$.

Les termes $3a^2b$ et $5ab^2$ ne sont pas semblables, parce que ce ne sont pas les mêmes lettres qui sont affectées des mêmes exposants.

Des termes semblables peuvent toujours se réduire à un seul, d'après les principes de l'arithmétique élémentaire, ainsi:

$$3a^2b + 7a^2b + 2a^2b = 12a^2b.$$
$$3a^2b - 7a^2b - 2a^2b = - 6a^2b.$$

Afin de pouvoir faire occuper aux différents termes d'un polynôme toutes les places possibles, et se créer par là une ressource pour l'avenir, il faut que le premier terme porte un signe comme tous les autres, quoique n'étant précédé d'aucune quantité. Seulement on est convenu de ne pas écrire ce signe lorsqu'il est positif.

Une lettre unique isolée, telle que a, doit être considérée comme possédant le coefficient 1 et l'exposant 1; c'est ce qui fait dire qu'il n'y a pas de terme qui ne soit muni de son coefficient et de son exposant : ainsi on peut regarder a comme voulant dire 1 fois a^1.

On utilise les petites lettres pour représenter les données d'une question, et les lettres majuscules sont réservées pour remplacer l'ensemble des termes d'une expression. Ainsi, pour abréger une explication, on représente quelquefois un polynôme $a^3 - 2a^2 + 2ab - b^2$ par la lettre unique A.

On peut aussi employer la lettre majuscule pour représenter un monôme complet, tel que $3a^2b^3$.

ADDITION DES POLYNOMES.

L'addition des polynômes ayant pour but d'en réunir plusieurs en un seul de même valeur que leur ensemble, il en résulte que les termes tant additifs que soustractifs des différents polynômes doivent être encore tels dans le résultat; de là cette règle générale.

On effectue l'addition de plusieurs polynômes en les écrivant à la suite les uns des autres, et conservant à chaque terme le signe qui lui était propre.

Ainsi l'addition suivante :
$$2a^3 - 5a^2b + 2ab^2 - 4b^3,$$
$$5ab^2 + 5b^3 - 6a^3 + 2a^2b,$$
$$6a^2b - 2ab^2 + 4a^3 - 7b^3,$$

donne pour résultat le polynôme :

$$2a^3 - 5a^2b + 2ab^2 - 4b^3 + 5ab^2 + 5b^3 - 6a^3 + 2a^2b + 6a^2b - 2ab^2 + 4a^3 - 7b^3.$$

Ce polynôme peut se simplifier en réunissant entre eux tous les termes semblables.

Ainsi : $+ 2a^3 - 6a^3 + 4a^3$ se réduisent à zéro ou se détruisent.
$- 5a^2b + 2a^2b + 6a^2b$ se réduisent à $+ 3a^2b$,
$+ 2ab^2 + 5ab^2 - 2ab^2$ se réduisent à $+ 5ab^2$,
$- 4b^3 + 5b^3 - 7b^3$ se réduisent à $- 6b^3$.

La somme simplifiée est donc $3a^2b + 5ab^2 - 6b^3$.

La simplification s'applique au résultat de toute opération, et ne fait nullement partie de l'addition.

SOUSTRACTION DES POLYNOMES.

Si de A + B — C
on doit retrancher M — N + D,
on fera le raisonnement suivant :

Si de A + B — C on retranche M seulement, on aura A + B — C
— M.

Mais ce n'était pas M à retrancher, mais bien M diminué de
N ; la quantité soustraite est donc trop grande de N, et le reste
par suite trop petit de N : on le rétablira dans sa valeur en écrivant
A + B — C — M + N.

Mais la quantité à retrancher était M — N augmenté de D : en
retranchant donc M — N on a un résultat trop grand de D. Le
reste véritable est :

$$A + B — C — M + N — D.$$

Si on compare ce résultat aux polynômes qui l'ont fourni, on
peut en conclure cette règle générale :

Pour faire la soustraction de deux polynômes, il faut les écrire
à la suite l'un de l'autre, en conservant au premier ses signes, et
changeant ceux de tous les termes du second. Ainsi :

$5a^3 — 4a^2b + 6ab^2 — 2b^3$ diminué de $3b^3 — 2ab^2 + 4a^3 — 3a^2b$,
donne pour reste : $5a^3 — 4a^2b + 6ab^2 — 2b^3 — 3b^3 + 2ab^2 — 4a^3$
$+ 3a^2b$, qui se réduit par la simplification à $a^3 — a^2b + 8ab^2$
$— 5b^3$.

MULTIPLICATION DES POLYNOMES.

Soit à former le produit des deux polynômes A + B + C ;
M + N + P.

Le produit de A + B + C par M, d'après les principes arithmé-
tiques et les conventions algébriques, sera AM + BM + CM.

Le produit du même polynôme par M + N doit être égal au
précédent augmenté du polynôme AN + BN + CN, puisqu'on a
augmenté le multiplicateur de N unités, ainsi de suite ; d'où il résulte que le produit de deux polynômes se compose d'autant de
produits partiels qu'il y a de termes dans le multiplicateur, chacun d'eux renfermant autant de termes qu'il y en a dans le multi-

plicande. On voit que le produit de deux polynômes se forme des produits successifs de leurs différents termes. Il faut donc étudier d'abord les règles de la multiplication des monômes, et cette opération sera en algèbre ce qu'est la table de Pythagore en arithmétique.

MULTIPLICATION DES MONOMES.

On doit considérer des monômes complets, c'est-à-dire munis de leurs signes, puisque, sans nul doute, les signes qui séparent les termes du produit dépendent de ceux qui précédaient les facteurs.

Règle des signes. On est convenu d'attribuer le signe $+$ au produit de deux termes précédés du même signe, et le signe $-$ au produit de ceux précédés de signes contraires.

Ainsi,
$$+a \times +b = +ab \qquad -a \times -b = +ab,$$
$$+a \times -b = -ab \qquad -a \times +b = -ab.$$

Il est bien entendu qu'on ne fait pas le produit des signes, la multiplication étant une opération qui, d'après sa définition, ne peut s'exécuter que sur des quantités. Comme conséquence de la règle des signes, on voit que le produit d'un nombre pair de facteurs négatifs est positif, et que le produit d'un nombre impair de facteurs négatifs est négatif; qu'on ne change pas le signe d'un produit en changeant le signe d'un nombre pair de facteurs.

Règle des coefficients. Soit à effectuer le produit de $3a$ par $5b$, on a :
$$3a = 3 \times a, \; 5b = 5 \times b;$$
donc $3a \times 5b = 3 \times a \times 5 \times b = 3 \times 5 \times a \times b = 15ab;$
résultat obtenu en s'appuyant uniquement sur la signification du coefficient et sur l'inversion des facteurs. On peut conclure de là que les coefficients doivent être multipliés entre eux, quelles que soient les lettres qui les accompagnent.

Règle des exposants. Soit à multiplier a^2 par a^3. En se reportant à la signification de l'exposant, on a :
$$a^2 \times a^3 = a \times a \times a \times a \times a = a^5,$$
ce qui fait voir, en comparant ce produit à ses facteurs, qu'il faut, dans la multiplication des monômes, ajouter les exposants des lettres pareilles.

Si les lettres étaient dissemblables, la combinaison précédente serait sans application, et le produit de a^2 par b^3 est a^2b^3.

Il est donc bien de remarquer que la règle des coefficients s'applique toujours, alors que celle des exposants exige la parité des lettres.

D'après ce qui précède, on a $+\,5a^2b^3 \times -\,2a^3b = -\,10a^5b^4$.

Le signe $\times$ serait insuffisant pour indiquer la multiplication de deux polynômes; ainsi $a + b \times c + d$ indique que b seul est multiplié uniquement par c. On est convenu d'employer à cet usage deux parenthèses renfermant l'une un des polynômes, l'autre le second polynôme, et de n'écrire aucun signe entre les deux parenthèses, d'après une convention déjà faite.

L'expression $(a + b)\,(c + d)$ indique donc le produit de $(a + b)$ par $(c + d)$.

MULTIPLICATION DES POLYNOMES.

Il est indifférent de commencer cette opération par la droite ou par la gauche, puisque les termes d'un polynôme n'ont pas de valeur relative.

On procède, par habitude, de la gauche à la droite.

Exemples :

$$8a^3b + 6a^2b^2 - 4a^4 + 6ab^3 - 2b^4$$
$$2a^3 - 3a^2b + 2ab^2 - 4b^3$$

$$16a^6\,b + 12a^5\,b^2 - 8a^7 + 12a^4\,b^3 - 4a^3\,b^4$$
$$- 24a^5\,b^2 - 18a^4\,b^3 + 12a^6\,b - 18a^3\,b^4 + 6a^2\,b^5$$
$$+ 16a^4\,b^3 + 12a^3\,b^4 - 8a^5\,b^2 + 12a^2\,b^5 - 4a\,b^6$$
$$- 32a^3\,b^4 - 24a^2\,b^5 + 16a^4\,b^3 - 24a\,b^6 + 8b^7$$

$$+ 28a^6b - 20a^5b^2 - 8a^7 + 26a^4b^3 - 42a^3b^4 - 6a^2b^5 - 28ab^6 + 8b^7.$$

On a fait ici la simplification en même temps que l'addition des quatre produits partiels, et l'on voit que tous les termes ont donné des simplifications, à l'exception des deux termes $8a^7$ et $8b^7$.

Il eût été possible, en opérant, de placer les termes du second produit partiel sous leurs semblables du premier, et ainsi pour les autres produits partiels. Par là, les termes semblables se fussent trouvés dans des colonnes verticales, et par suite, les réductions eussent été plus commodes à effectuer.

Lorsque, dans un polynôme, un nombre ou une quantité entre comme facteur dans les différents termes, on peut regarder l'expression comme la multiplication effectuée d'un polynôme primitif, par ce facteur que l'on dit commun.

Il est facile de défaire ou décomposer le polynôme, et retrouver le multiplicande et le multiplicateur primitif.

Exemples.

$$6a^3 + 12b^2 - 24c.$$

Ce polynôme peut être regardé comme le produit de
$$a^3 + 2b^2 - 4c \text{ par } 6, \text{ et l'on écrit}$$

$$6a^3 + 12b^2 - 24c = 6(a^3 + 2b^2 - 4c).$$

On vérifie la vérité de cette expression en effectuant la multiplication indiquée :
$$3a^4 - 5a^2b + 6a^2 = a^2(3a^2 - 5b + 6).$$

On voyait ici que a^2 était facteur commun à tous les termes ;
$$6a^4b - 8a^2b^2 + 10a^3b^3 - 2ab^4.$$

Les facteurs $2, a, b,$ étant communs à tous les termes, on peut écrire : $2ab(3a^3 - 4ab + 5a^2b^2 - b^3).$

On voit que, pour composer le facteur entre parenthèse, il suffit de priver chacun de ses termes du facteur commun.
$$4a^2b + 8ab^2 + 4a.$$

$4a$ est facteur commun à tous les termes, et l'on peut écrire :
$$4a(b + 2b^2 + 1).$$

La multiplication du binôme $a + b$ par lui-même conduit au résultat suivant :

$$
\begin{array}{l}
a + b \\
a + b \\
\hline
a^2 + ab \\
\quad + ab + b^2 \\
\hline
a^2 + 2ab + b^2.
\end{array}
$$

On écrit en conséquence $(a + b)^2 = a^2 + 2ab + b^2.$

On trouve de la même manière $(a - b)^2 = a^2 - 2ab + b^2$.

On déduit de ces formules le principe général suivant :

Le carré d'un binôme se compose toujours de *trois* termes, savoir, 1° du carré du premier terme du binôme; 2° du produit du premier terme du binôme par le second; 3° du carré du second terme du binôme.

Le second terme du binôme étant précédé du signe —, le second terme du carré est précédé du même signe.

Une quantité algébrique composée de deux termes ne peut donc jamais être un carré, puisque le carré d'un monôme tel que $2a^2b$ est $4a^4b^2$, ou n'a qu'un terme, le carré d'un trinôme, un plus grand nombre.

Il ne suffit pas qu'une expression algébrique soit composée de trois termes, pour qu'on ait le droit de la regarder comme étant un carré. Il faut en outre, d'après l'expression précédente, que le premier terme soit un carré, le troisième aussi, et que le terme du milieu soit le double produit de la racine du premier terme par celle du troisième.

Ainsi, $9a^2 + 12ab + 4b^2$ est un carré, parce que

$9a^2$ est le carré de $3a$,

$4b^2$ est le carré de $2b$,

$12ab$ est le double produit de $3a$ par $2b$.

La racine est donc $3a + 2b$.

$9a^2 + 10ab + 4b^2$ n'est pas un carré.

— $9a^2 + 12ab + 4a$ n'est pas non plus un carré, parce que $— 9a^2$, à cause du signe —, ne peut être un carré, c'est-à-dire le produit d'une quantité par elle-même.

ÉQUATIONS.

Il existe trois genres d'égalités : 1° l'identité; 2° l'égalité; 3° l'équation. $2 = 2$ est une identité; $7 = 4 + 3$ est une égalité; $2x = 5$ est une équation.

Dans la première expression, le signe $=$ veut dire *est évidemment égal*.

Dans la deuxième, le signe $=$ indique qu'il faut vérifier.

Dans la troisième, le signe $=$ veut dire qu'il faut rendre la première quantité égale à la deuxième.

Dans une équation, on nomme premier membre tout ce qui est avant le signe $=$; second membre, tout ce qui est après.

Ainsi, l'expression $6x = 12$, qu'on nomme une équation, ne veut pas dire que $6x$ est égal à 12, mais qu'il faut le rendre tel en attribuant à x une valeur convenable ; trouver cette valeur, c'est résoudre l'équation.

L'équation se distingue donc de l'égalité par les inconnues qu'elle renferme, et pour la représentation desquelles sont réservées spécialement les lettres x, y, z.

Une égalité peut être fausse ; une équation jamais, parce qu'il existe toujours un nombre ou une quantité qui, substituée à x, rend le premier membre égal au second.

Substituer dans une équation à son inconnue la valeur qui lui a été trouvée, c'est vérifier l'équation.

Une équation peut être soit numérique, soit littérale.

$$2x = 6 \text{ est une équation numérique.}$$

$$\left.\begin{array}{l} ax = b \\ 2ax = 3bc \end{array}\right\} \text{ sont des équations littérales.}$$

Une équation peut avoir plusieurs inconnues.

$$2x + 3 = 3x - 5, \text{ équation à une seule inconnue.}$$
$$2x + 3 = 3y - 5, \text{ équation à deux inconnues.}$$
$$2x + 3y = 2y - 5z - 4, \text{ équation à trois inconnues.}$$

Résolution de l'équation à une seule inconnue.

On peut effectuer la même opération sur les deux membres d'une équation, sans nuire à la valeur de son inconnue.

Exemples :

$$3x - 5 = 2x + 8.$$

Ajoutant 5 aux deux membres, elle devient

$$3x - 5 + 5 = 2x + 8 + 5.$$

Et, comme $+5$ du premier membre est égal à $+5$ du second, il suffit que $3x - 5$ devienne égal à $2x + 8$ pour que, dans les mêmes circonstances, $3x - 5 + 5$ soit égal à $2x + 8 + 5$.

Simplifiant, dans le premier membre,

$$3x = 2x + 8 + 5 ;$$

retranchant $2x$ aux deux membres, opération dont la légalité se démontre comme pour la précédente, on obtient

$$3x - 2x = 8 + 5.$$

Comparant cette nouvelle équation à la première, on en déduit:

1° Qu'on peut rassembler dans le premier membre tous les termes inconnus, et dans le second ceux connus;

2° Qu'on peut passer un terme d'un membre dans l'autre, pourvu que, dans ce passage, on change le signe de ce terme.

Simplifiant l'équation ci-dessus, on trouve $x = 13$; l'équation est donc résolue.

Si on substitue à x ce nombre 13, les deux membres deviennent

$$\text{le } 1^{\text{er}}, 3 \times 13 - 5, \text{ ou } 34;$$
$$\text{le } 2^{\text{e}}, 2 \times 13 + 8, \text{ ou } 34.$$

La valeur 13 de x est donc exacte, puisqu'elle satisfait à la condition de rendre le premier membre égal au second.

Soit l'équation $7x - 8 = 4x + 7$.

Transposant les termes $7x - 4x = 7 + 8$, ou simplifiant,

$$3x = 15.$$

Si, dans ce dernier résultat, on divise les deux membres par 3, on trouve

$$\frac{3x}{3} = \frac{15}{3},$$

ou, simplifiant,........ $x = 5$.

On déduit de là cette nouvelle règle : On débarrasse l'inconnue de son coefficient, en le passant dans le second membre comme diviseur.

Dans les exemples qui précèdent, les termes des équations n'avaient pas de dénominateurs. S'il en existait, il faudrait, avant d'appliquer les règles précédentes, préparer l'équation.

Exemple :

$$\frac{7x}{3} - \frac{6}{4} = \frac{3x}{2} + \frac{7}{5}.$$

Si l'on réduit toutes ces fractions au même dénominateur, la valeur de chaque terme restant la même, on aura fait une opération permise, qui conduit à $\frac{280x}{120} - \frac{180}{120} = \frac{180x}{120} + \frac{168}{120}$; ou, effectuant les additions et soustractions indiquées de ces nombres fractionnaires d'après les règles de l'arithmétique,

$$\frac{280x - 180}{120} = \frac{180x + 168}{120},$$

multipliant les deux membres par 120, on obtient

$$280x - 180 = 180x + 168.$$

On voit donc que, par cette opération, on a fait disparaître ou chassé les dénominateurs sans nuire à la valeur que l'inconnue doit avoir. En comparant cette équation à celle proposée, on peut adopter cette règle : On chasse les dénominateurs dans une équation, en multipliant chaque numérateur par le produit des dénominateurs des autres termes.

Tous les termes de l'équation pourraient ne pas avoir de dénominateur.

Exemple :

$$\frac{7x}{2} - 5 = \frac{2x}{3} + \frac{3}{4}.$$

$$84x - 120 = 16x + 18 ;$$
$$84x - 16x = 18 + 120 ;$$
$$68x = 138 ;$$
$$x = \frac{138}{68}.$$

On a le droit de changer les signes des deux membres d'une équation, car cela revient à les multiplier tous deux par — 1.

Exemple :

$$3x - 4 = 5 - 6x.$$

Indiquant la multiplication des deux membres par — 1, on a :

$$(3x - 4)\,(-1) = (5 - 6x)\,(-1) ; \text{ effectuant}$$
$$- 3x + 4 = - 5 + 6x,$$ ou la première équation

dans laquelle les signes de tous les termes sont changés.

On fait usage de ce principe lorsque, dans la résolution, on parvient à un premier membre précédé du signe —.

Exemple :

$$2x - 4 = 5x - 8 ;$$
$$2x - 5x = - 8 + 4 ;$$
$$- 3x = - 4 ; \text{ changeant les signes des deux membres,}$$
$$3x = 4 ;$$
$$x = \frac{4}{3}.$$

Autre exemple : $3x + 10 = 7x + 20$;
$$3x - 7x = 20 - 10 ;$$
$$- 4x = 10 ;$$
$$4x = - 10 ;$$
$$x = - \frac{10}{4}.$$

On voit que la valeur de x déduite d'une équation peut, dans certains cas, avoir le signe —. Elle ne doit pas alors être considérée comme nombre, mais comme quantité algébrique.

Résumé.

Pour résoudre une équation à une seule inconnue, il faut donc:

1° Chasser les dénominateurs, s'il y en a ; .

2° Passer dans le premier membre tous les termes qui renferment l'inconnue, et dans le second ceux indépendants de x ;

3° Ramener, par voie de réduction, tous les termes de chaque membre à un seul ;

4° Débarrasser, dans le premier membre, l'inconnue de son coefficient.

Élimination.

Il existe des problèmes qui donnent naissance à deux équations renfermant deux inconnues, telles que
$$2x + 3y = 8,$$
$$8x - 5y = 4.$$

Elles ne sont pas indépendantes l'une de l'autre, mais forment un système. Les résoudre, c'est trouver des valeurs des deux inconnues qui conviennent autant à l'une qu'à l'autre de ces équations.

On remarquera, pour parvenir à une méthode de résolution, que comme rien ne dit que ces deux équations sont liées l'une à l'autre, il faut exprimer cette condition par une combinaison algébrique.

Or, si de la première on déduit la valeur de x comme si y était connu, on trouve $x = \dfrac{8 - 3y}{2}$. La substituant dans la seconde, on exprimera par là qu'on veut que l'x des deux équations soit le même ; on obtient ainsi

$8 \left(\dfrac{8 - 3y}{2} \right) - 5y = 4$, ou, chassant le dénominateur et simplifiant

$64 - 24y - 10y = 8.$ $- 34y = - 56$; d'où $y = \dfrac{56}{34}.$

En simplifiant ou réunissant les deux termes — $24y$ et — $10y$, qui renferment, l'un l'y de la première équation, l'autre l'y de la seconde, on a bien exprimé les deux conditions imposées, que les x et les y devaient porter la même valeur dans les deux ; on est arrivé à une équation nouvelle, dans laquelle on remarque l'absence de x que l'on dit s'être éliminée.

L'équation résultante, ne renfermant qu'une inconnue, a fourni une valeur déterminée de y.

En exécutant l'opération précédente par rapport à y, on parvient à l'équation $34x = 52$, indépendante de l'inconnue y, qui est éliminée.

On a donc $y = \dfrac{56}{34}$, $x = \dfrac{52}{34}$.

Telle est la solution unique commune aux deux équations.

Il serait facile de vérifier qu'elle leur convient, car, en substituant, ces équations deviennent

$$\frac{104}{34} + \frac{168}{34} = 8, \text{ égalité exacte.}$$

$$\frac{416}{34} - \frac{280}{34} = 4, \qquad \text{id.}$$

L'élimination, qui n'a été ici qu'un résultat fortuit ou non prévu, peut être prise pour but, et l'on dit qu'on élimine une variable entre deux équations à deux inconnues, ce qui veut dire qu'on en déduit par voie de combinaison une nouvelle équation ne renfermant qu'une de ces deux inconnues.

La méthode suivie précédemment a reçu le nom d'élimination par voie de substitution, parce qu'on a en effet substitué à x, dans la deuxième équation, sa valeur déduite de la première.

Cette méthode d'élimination n'est pas la seule ; car si on reprend les équations précédentes,

$$2x + 3y = 8,$$
$$8x - 5y = 4,$$

en multipliant par 8 tous les termes de la première, et par 2 ceux de la seconde, elles deviennent

$$16x + 24y = 64,$$
$$16x - 10y = 8 ;$$

et comme par cette préparation le coefficient de x est rendu le même dans les deux, on voit qu'en les retranchant membre à membre, on exprime par là que les deux x ont la même valeur et les deux y aussi, dès qu'on opère la destruction des termes en x et la réunion de ceux en y, ce qui donne $34y = 56$, la même équation que celle trouvée précédemment.

En opérant d'une manière analogue pour y, on l'éliminerait.

Cette méthode, connue sous le nom de méthode par réduction, consiste donc dans les opérations suivantes :

1° Multiplier tous les termes de la première équation par le coefficient d'une des deux inconnues dans la seconde, et réciproquement.

2° Ajouter ou retrancher les deux équations membre à membre, suivant que les termes qui ont actuellement le même coefficient ont des signes contraires ou le même signe.

Ainsi la première préparation ayant donné

$$16x + 24y = 64,$$
$$16x - 10y = 8,$$

on a dû les retrancher membre à membre, pour faire disparaître le terme en x.

La seconde préparation fournit les équations transformées

$$10x + 15y = 40,$$
$$24x - 15y = 12.$$

Il faut ici les ajouter pour que les termes en y se détruisent ou disparaissent. Les deux méthodes d'élimination analysées précédemment ne sont pas les seules, mais suffisent dans tous les cas, et il n'y a pas de préférence à donner à l'une des deux. Il faut dans chaque cas faire usage de celle qui conduira le plus promptement au résultat, ce qui dépendra de la forme des équations proposées (*). Soit le système

$$x = 5y - 6,$$
$$2x + 3y = 4.$$

L'élimination par substitution sera préférable. Pour les équations

$$4x + 2y = 7,$$
$$3x - 4y = 4,$$

(*) Quelquefois la préparation des deux équations peut se simplifier. Ce cas se présente lorsque les coefficients qu'on veut rendre égaux ont déjà un facteur commun. Ainsi, dans les équations précédentes, il suffisait de multiplier les deux termes de la première par 4, et de n'apporter à la seconde aucune modification.

la méthode par réduction conduira plus promptement à l'élimination.

On s'aperçoit dans l'exemple précédent que les deux inconnues ont le même dénominateur. Ce n'est point un résultat accidentel, mais bien une nécessité,

Équation du 2e degré à une inconnue.

Le degré d'une équation à une seule inconnue est déterminé par le plus grand exposant de l'inconnue qu'elle renferme, après toutefois que l'équation a été privée de tout dénominateur.

Ainsi, $\quad ax = b$ est du premier degré,

$ax^2 + bx = c$ est du deuxième degré,

$\dfrac{ax}{b} + c = \dfrac{b}{cx} + d$ est d'un degré inconnu, à cause

de la présence des dénominateurs. Mais si on les chasse, elle devient

$acx^2 + bc^2 x = b^2 + bcdx$; elle est donc du deuxième degré.

Soit l'équation $\dfrac{ax}{b} + c = \dfrac{bx}{c} + d$. On peut se prononcer sur le

degré, et dire qu'elle est du premier, malgré la présence des dénominateurs, parce qu'étant indépendants de x, ils ne modifieront en rien, lorsqu'on les fera disparaître, l'exposant de cette inconnue.

La résolution de l'équation du deuxième degré à une seule inconnue repose sur les deux principes suivants :

le carré de $ax + b$ est $a^2x^2 + 2abx + b^2$;

la racine carrée de a^2 est aussi bien $- a$ que $+ a$.

Toutes les fois qu'on a un binôme de la forme $x^2 + bx$, on peut toujours trouver un nouveau terme indépendant de x, et tel qu'ajouté aux deux proposés, leur ensemble constitue le carré d'un binôme rationnel en x, c'est-à-dire, privé de tout radical renfermant x.

Car $x^2 + bx$ ne peut être le commencement du carré d'un binôme qu'autant que le premier terme de ce binôme est x, et que

bx représente le double de x multiplié par le second terme de ce binôme. $\frac{bx}{2x}$ ou $\frac{b}{2}$ est donc essentiellement le second terme du binôme cherché. Le troisième terme de son carré est par suite $\frac{b^2}{4}$; et par conséquent on dit que $x^2 + bx + \frac{b^2}{4}$ est le carré complété ayant pour racine le binôme $x + \frac{b}{2}$.

On voit donc que le carré se complète par le carré de la moitié du coefficient du terme en x.

Mais on n'avait pas supposé de coefficient à x^2, et par suite il ne faudrait pas étendre la règle que l'on vient de découvrir au binôme $ax^2 + bx$. Exemples numériques :

Compléter le carré qui commence

$$\text{par } x^2 + 6x ; \text{ réponse : } x^2 + 6x + 9;$$
$$x^2 + 7x; \ldots\ldots\ldots x^2 + 7x + \frac{49}{4};$$
$$x^2 - 8x; \ldots\ldots\ldots x^2 - 8x + 16.$$

Soit à résoudre l'équation $x^2 + 4x = 5$.

Il faut trouver la valeur de x au premier degré. Pour faire disparaître l'exposant de x, on doit donc extraire la racine du premier membre, et par suite du second.

Mais cette opération, qui doit conduire à dégager x, ne peut s'exécuter immédiatement, puisque le premier membre n'est point un carré. Ramenons-le donc à cet état en ajoutant aux deux membres le terme 4, qui complète le carré dans le premier membre. On obtient alors $x^2 + 4x + 4 = 5 + 4$, simplifiant et extrayant les racines des deux membres, $x + 2 = \pm 3$, équation de laquelle on déduit
$$x = -2 \pm 3,$$
ce qui fournit les deux valeurs distinctes, $x = 1, x = -5$. Elles conviennent également toutes deux ; car, substituées dans l'équation, elles la ramènent à une identité.

L'équation du second degré est donc remarquable par la présence des deux valeurs de son inconnue.

L'équation $x^2 - 5x = -6$ conduit à

$$x^2 - 5x + \frac{25}{4} = -6 + \frac{25}{4} = \frac{1}{4}.$$

Donc $$x - \frac{5}{2} = \pm\frac{1}{2};$$

et enfin, $$x = +\frac{5}{2} \pm \frac{1}{2}, \text{ ou } x = 3, x = 2.$$

Elles conviennent toutes deux également à l'équation proposée.

L'équation précédemment résolue ne renfermait que trois termes, forme à laquelle, par une préparation, toute équation du 2me degré, peut se ramener.

Soit en effet l'équation :

$$\frac{3x^2}{4} - 5x - 2 = \frac{7x^2}{5} + 8x + \frac{1}{3}.$$

Chassant les dénominateurs, elle devient :

$$45x^2 - 300x - 120 = 84x^2 + 480x + 20;$$

transposant et simplifiant :

$$-39x^2 - 780x = 140;$$

changeant les signes des deux membres :

$$39x^2 + 780x = -140.$$

Si l'on veut la ramener complétement à la forme de celle résolue précédemment, il faut diviser les deux membres par le coefficient 39 de x^2. Elle devient alors :

$$x^2 + \frac{780}{39}\, x = -\frac{140}{39}.$$

On demande à l'algèbre une formule servant à composer les valeurs de x d'une équation du second degré ramenée à la forme précédente, sans être obligé d'effectuer les opérations faites sur celle déjà traitée.

Si on prend l'équation littérale $x^2 + px = q$ de la forme citée, on trouve en complétant le carré dans le premier membre :

$$x^2 + px + \frac{p^2}{4} = q + \frac{p^2}{4},$$

d'où $$\left(x + \frac{p}{2}\right)^2 = q + \frac{p^2}{4};$$

et en extrayant les racines des deux membres :

$$x + \frac{p}{2} = \pm\sqrt{q + \frac{p^2}{4}};$$

donc enfin,

$$x = -\frac{p}{2} \pm \sqrt{\frac{p^2}{4} + q}.$$

Comparant ces valeurs de x à l'équation dont elles sont déduites, on reconnaît que dans toute équation du second degré ramenée à trois termes, le coefficient de x^2 étant l'unité, la valeur de x est égale à la moitié en signe contraire du coefficient du terme en x, plus et moins la racine carrée du carré de cette moitié, suivi du terme tout connu avec le signe qu'il a dans le second membre.

APPLICATIONS.

$$x^2 + 6x = -8;$$
$$x = -3 \pm \sqrt{9 - 8} = -3 \pm 1.$$
$$3x^2 + 5x = 7;$$
$$x^2 + \frac{5}{3}x = \frac{7}{3};$$
$$x = -\frac{5}{6} \pm \sqrt{\frac{25}{36} + \frac{7}{3}}.$$

On voit que, pour terminer ce calcul, il faudrait pouvoir exécuter l'opération indiquée par le signe radical, théorie qu'on exposera dans la seconde partie de l'arithmétique.

FIN DES ÉLÉMENTS D'ALGÈBRE.

GÉOMÉTRIE ÉLÉMENTAIRE.

LIVRE PREMIER.

GÉOMÉTRIE PLANE.

PRÉLIMINAIRES.

On nomme volume tout ce qui, existant pour nos sens, a une forme déterminée.

La limite extérieure se nomme surface.

Elle est composée de parties dont les limites se nomment lignes.

La ligne elle-même a pour limite un point.

Le corps a trois dimensions.

La surface n'en a que deux ; c'est un être de raison.

La ligne n'en a qu'une, la longueur.

Le point n'en a pas.

Il faut, dans l'étude de la géométrie, procéder du simple au composé, et commencer par des abstractions pour arriver à la réalité.

Aussi s'occupe-t-on d'abord de la ligne.

Il y a plusieurs espèces de lignes, qui se distinguent les unes des autres par la forme.

La ligne droite est le plus court chemin d'un point à un autre.

La ligne brisée est composée de lignes droites, qui ne sont pas disposées dans le prolongement les unes des autres.

La ligne courbe n'est ni droite ni composée de lignes droites.

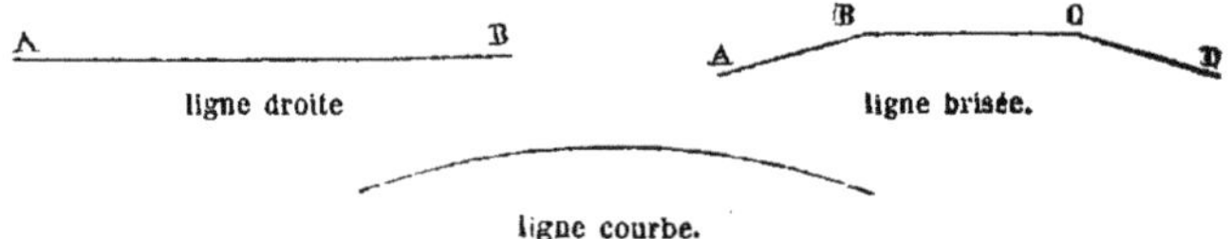

ligne droite   ligne brisée.

ligne courbe.

La ligne droite se désigne par deux lettres placées à deux endroits quelconques, si elle est conçue illimitée, et à ses deux extrémités, si elle est limitée. La ligne brisée comporte une lettre à chacune de ses brisures ; la ligne courbe se désigne par des lettres mises sur son parcours à ses points les plus remarquables.

Toutes les lignes droites ont la même forme et se ressemblent. Elles ne se distinguent les unes des autres que par leur longueur.

Les lignes brisées peuvent affecter beaucoup de formes différentes ; telles les suivantes :

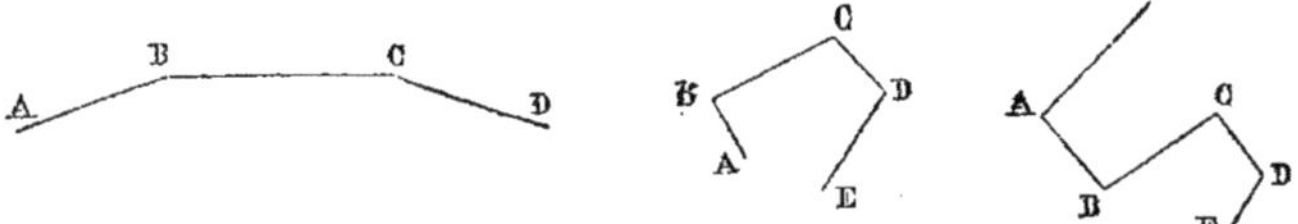

On ne s'occupe en géométrie élémentaire que des lignes brisées différentes de cette troisième, nommée concave, parce qu'une ligne droite peut la rencontrer dans son parcours en plus de deux points.

Les lignes courbes ont un nombre indéfini de formes. La géométrie ne s'occupe que d'une seule d'entre elles, la circonférence, qui est déterminée par cette condition, d'avoir tous ses points à égale distance d'un point intérieur nommé centre.

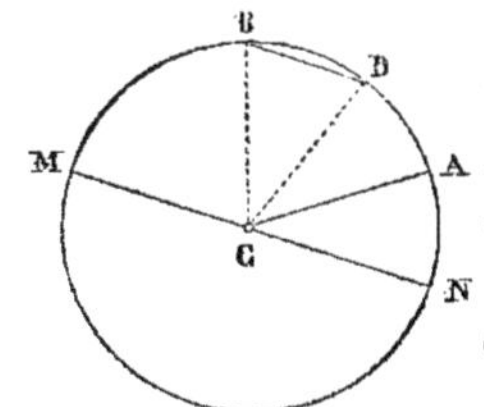

Toute droite CA limitée, unissant le centre à un point de la courbe, se nomme rayon. Le nombre des rayons d'une circonférence est indéfini.

Ils sont tous égaux, d'après la définition de cette ligne courbe.

Une droite, telle que MN, qui joint deux points de la circonférence en passant par le centre, se nomme diamètre. Il existe un nombre illimité de diamètres, tous égaux entre eux comme composés de deux rayons.

Une partie quelconque BD de la circonférence se nomme arc, et la droite qui joint ses extrémités, corde. Il y a des cordes de toute longueur depuis zéro jusqu'au diamètre ; ce qu'on fera voir en constatant que la longueur de la corde est moindre que celle du diamètre.

Il suffira à cet effet de joindre les points B, D au centre. La droite BD est moindre que la brisée BCD de longueur égale au diamètre, comme composée de deux rayons.

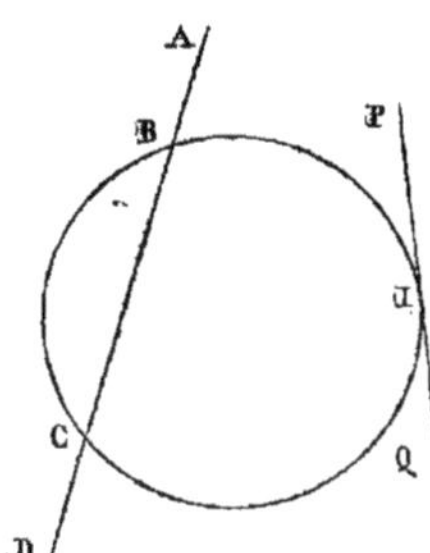

Une droite, telle que ABCD, qui traverse la circonférence, se nomme sécante, qu'elle passe ou non par le centre.

Celle PQ, qui, extérieure à la circonférence, n'a qu'un seul point commun I, quelque prolongée qu'on la suppose, se nomme tangente.

Le diamètre divise la circonférence en deux parties égales.

Ce fait sera démontré, si l'on prouve que les deux parties peuvent s'appliquer l'une sur l'autre et se couvrir parfaitement. Ce genre d'opération, connu sous le nom de superposition, sera souvent employé pour démontrer l'égalité de deux figures.

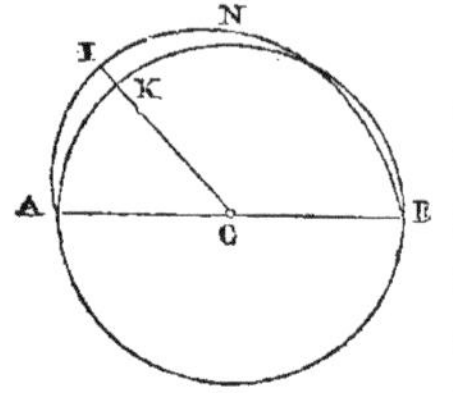

Si, en faisant tourner la partie inférieure AMB de la figure autour de AB comme charnière, elle prenait la position AIB, alors CI, distance du centre qui n'a pas changé de place, à un point I de sa circonférence serait un rayon, et devrait être égal à CK, autre rayon de la même circonférence; ce qui ne se peut, la partie n'étant jamais égale au tout.

On emploie, pour les démonstrations, des vérités nommées axiomes, qui sont incontestables, mais ne peuvent être soumises elles-mêmes à aucune démonstration.

Ainsi, 1° on ne peut, d'un point à un autre, conduire qu'une ligne droite;

2° Deux quantités, égales à une troisième, sont égales entre elles;

3° Deux figures sont égales lorsqu'on peut les faire coïncider;

4° Le tout est plus grand que sa partie.

Une ligne droite, telle que le diamètre AB de la figure précédente qui la divise en deux parties égales, et telles qu'elles se superposent en la prenant pour charnière ou pli, se nomme ligne de symétrie. Toutes les figures sont loin de posséder des lignes de cette espèce. La circonférence en a une infinité, et c'est là un des caractères de la perfection de cette ligne, si répandue dans la nature.

La figure formée par la rencontre de deux lignes droites, se nomme angle; le point de rencontre est le sommet. On désigne un angle par trois lettres placées, l'une au sommet, les deux autres en deux points quelconques des côtés. En énonçant, il faut toujours nommer la lettre du sommet la seconde. Ainsi on dit l'angle BAC ou CAB. On ne dit pas ABC.

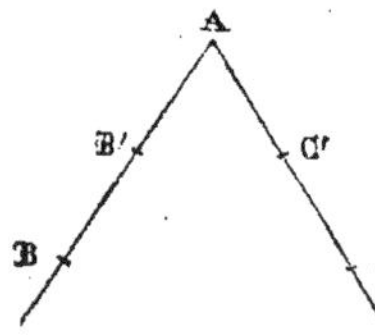

La grandeur d'un angle dépend de l'inclinaison mutuelle de ses côtés, et nullement de leur longueur. Ainsi, que les côtés s'arrêtent aux points B′ et C′, l'angle B′AC′ est le même que l'angle BAC.

Il y a des angles de trois espèces.

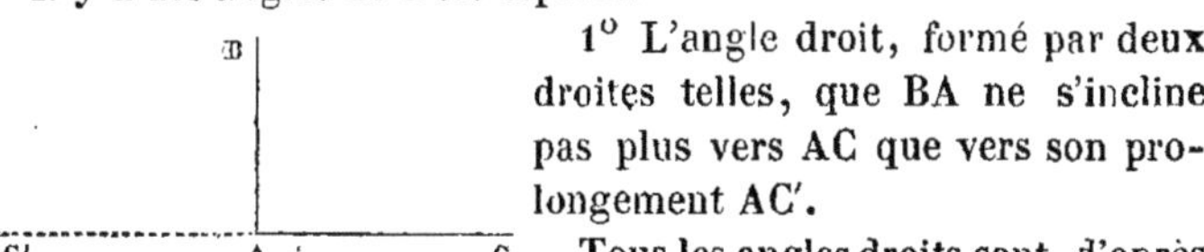

1° L'angle droit, formé par deux droites telles, que BA ne s'incline pas plus vers AC que vers son prolongement AC'.

Tous les angles droits sont, d'après leur définition, de même grandeur, car ils peuvent se superposer, et leurs côtés sont dits perpendiculaires l'un à l'autre ;

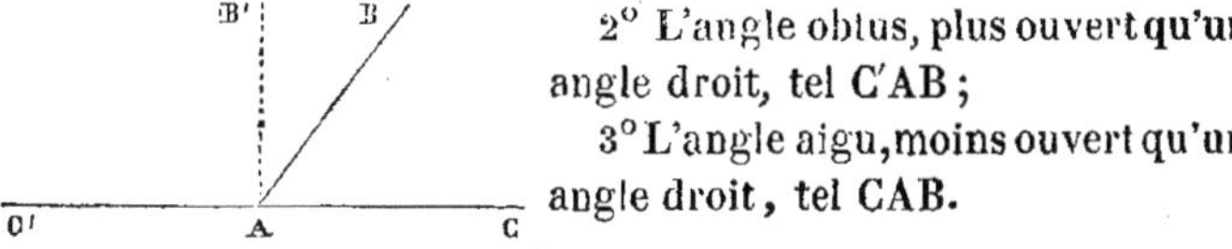

2° L'angle obtus, plus ouvert qu'un angle droit, tel C'AB ;

3° L'angle aigu, moins ouvert qu'un angle droit, tel CAB.

La figure précédente fait voir qu'avec deux droites, telles que BA et C'C, on forme deux angles, l'un aigu, l'autre obtus, qui se tiennent par un de leurs côtés et ont le sommet au même point, leurs seconds côtés AC, AC' étant le prolongement l'un de l'autre.

Ces angles ont reçu le nom d'adjacents.

Ils se nomment aussi supplémentaires, parce qu'en redressant la droite AB, l'angle aigu s'ouvre au détriment de l'angle obtus, qui se ferme. Il arrive un moment où la droite AB prenant la position AB', les deux angles deviennent droits. Mais la somme de ces nouveaux angles est égale à celle des premiers, puisqu'on n'a fait qu'ôter à l'un pour donner à l'autre. On dit en conséquence que deux angles adjacents sont supplémentaires, c'est-à-dire que leur somme est égale à celle de deux angles droits.

Il résulte de là,

1° Que si deux droites, telles que AB, CD, se traversent, les

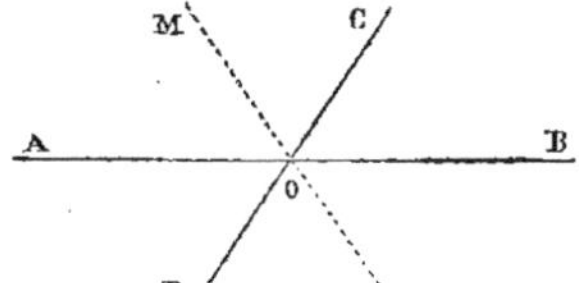

quatre angles valent autant que la réunion de quatre angles droits, puisque la réunion des deux au-dessus de AB vaut deux droits, et qu'il en est de même pour les deux au-dessous de AB ;

Qu'il en serait de même des six angles formés, si une troisième droite MN venait passer par le point O ;

2° Que les angles COB, AOD, dits opposés au sommet, sont égaux, car ils sont tous deux supplémentés par le même angle AOC.

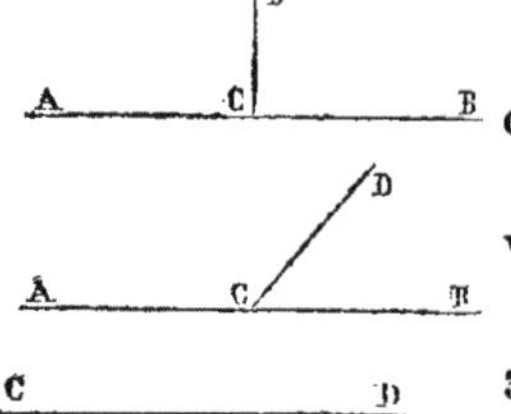

L'angle DAB qu'il faudrait ajouter à celui aigu BAC pour le rendre droit, et l'angle BAD qu'il faudrait retrancher à l'angle obtus BAC pour le rendre droit, se nomment tous deux angles complémentaires, l'un de l'angle aigu, l'autre de l'angle obtus.

Lorsqu'un angle n'est pas droit, ses côtés sont dits obliques l'un à l'autre.

Lorsque deux droites ne peuvent, étant tracées sur le même tableau, se rencontrer à quelque distance qu'on les suppose prolongées, elles sont dites parallèles.

Ainsi on conçoit que deux droites puissent occuper à l'égard l'une de l'autre trois positions distinctes :

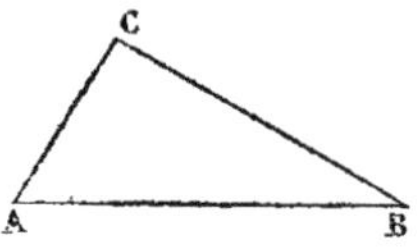

1° Perpendiculaires, lorsque DC ne s'incline pas plus vers CB que vers CA ;

2° Obliques, lorsque CD s'incline plus vers CB que vers CA ;

3° Parallèles, lorsque entre CD et AB on ne peut concevoir aucun point commun, à quelque distance que ces droites soient supposées prolongées.

On nomme triangle la figure fermée, composée de trois lignes droites qui se rencontrent deux à deux. Ainsi, ABC est un triangle ; et l'on peut, pour l'énoncer, mettre les lettres A, B, C, qui sont au sommet des trois angles, dans un ordre quelconque. On a pris l'habitude de représenter par a, b, c, les côtés opposés aux trois angles, qu'on peut désigner chacun par la seule lettre écrite au sommet. Ainsi, on dit : Les trois angles A, B, C, et les trois côtés a, b, c.

Si les trois côtés sont de même longueur, le triangle prend le nom d'équilatéral.

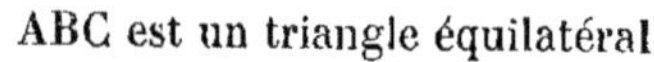

ABC est un triangle équilatéral.

Si les deux côtés AB, BC sont seuls égaux, le triangle se nomme isocèle.

Enfin, si un des angles était droit, le triangle prendrait le nom de triangle rectangle, et le côté BC, opposé à l'angle droit, se nommerait hypothénuse.

On nomme hauteur d'un triangle une perpendiculaire (*) abaissée du sommet d'un de ses angles sur le côté opposé.

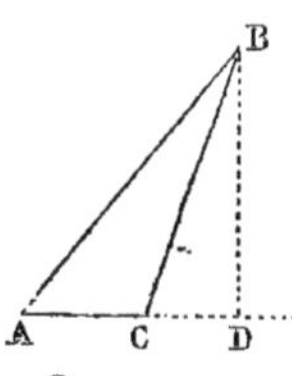

Ainsi, dans le triangle ABC, il existe trois hauteurs, qui sont les perpendiculaires BD, CK, AO. Le côté du triangle sur lequel tombe la hauteur se nomme base. Un triangle a donc trois bases et trois hauteurs.

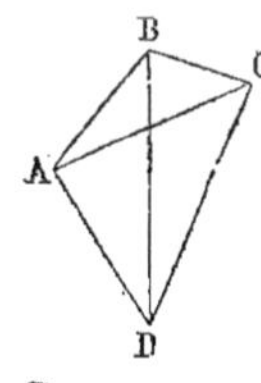

La hauteur d'un triangle peut ne pas être contenue dans son intérieur. Ainsi, BD est une des hauteurs du triangle ABC. Dans ce cas, elle se termine sur le prolongement de la base AC.

On nomme quadrilatère la figure fermée composée de quatre lignes droites limitées. ABCD est un quadrilatère; et les droites AC, BD, qui joignent les sommets de deux angles opposés, portent le nom de diagonales.

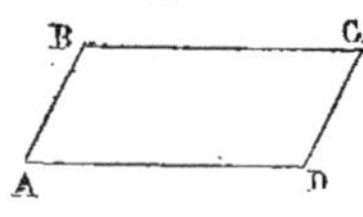

Si les côtés d'un quadrilatère sont parallèles deux à deux, il prend le nom de parallélogramme. ABCD est un parallélogramme.

(*) Le mot *abaissée* a été adopté pour indiquer une perpendiculaire conduite à une droite par un point extérieur; et celui *élevée*, pour la perpendiculaire partant d'un point de la droite.

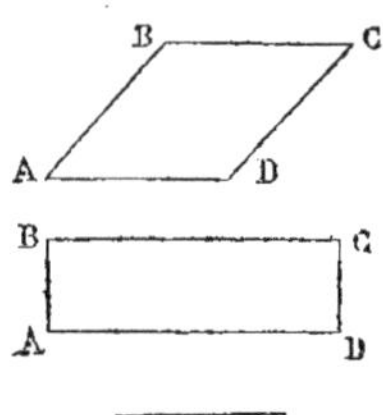

Il porte le nom de losange si, restant parallèles deux à deux, les côtés deviennent égaux tous les quatre. ABCD est un losange.

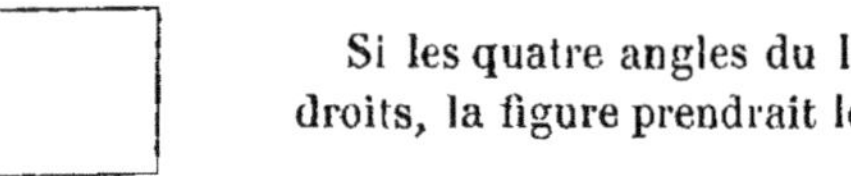

Si les quatre angles du parallélogramme devenaient droits, il se nommerait rectangle. ABCD est un rectangle.

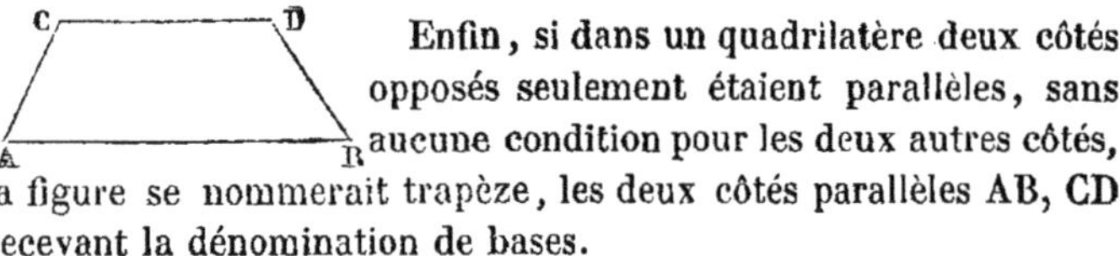

Si les quatre angles du losange devenaient droits, la figure prendrait le nom de carré.

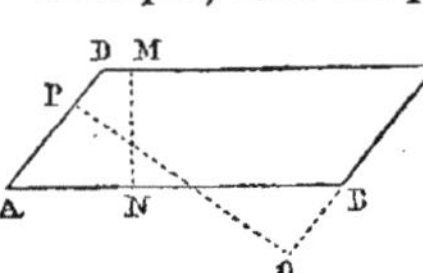

Enfin, si dans un quadrilatère deux côtés opposés seulement étaient parallèles, sans aucune condition pour les deux autres côtés, la figure se nommerait trapèze, les deux côtés parallèles AB, CD recevant la dénomination de bases.

Dans un parallélogramme, deux des côtés parallèles portent aussi le nom de bases.

Ainsi, dans le parallélogramme, il y a deux systèmes de bases, comme dans le losange, le rectangle et le carré. Dans le trapèze, il n'y a qu'un système de bases; et dans le quadrilatère quelconque, il n'y en a pas.

Lorsque, dans un rectangle ou un carré, on a choisi les bases, on nomme hauteur un des deux autres côtés.

Lorsque, dans un parallélogramme ou un losange, on a choisi le

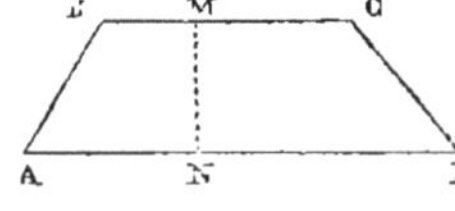

système des bases, la hauteur est une perpendiculaire abaissée sur la base inférieure d'un point de la base supérieure. Ainsi, MN est la hauteur du parallélogramme ABCD.

Comme on pouvait prendre pour bases les côtés AD et CB, la droite PQ serait la hauteur correspondante. Les figures nommées carrés, rectangles, parallélogrammes, losanges, ont donc deux systèmes de bases et deux hauteurs.

Le trapèze ABCD n'a qu'un seul système de bases, les droites BC, AD, et qu'une hauteur, MN.

Une figure ayant un nombre de côtés supérieur à quatre, a reçu le nom général de polygone.

Il y a cependant certains cas dans lesquels on désigne par les mots pentagone, hexagone, octogone, dodécagone, pentédécagone, les polygones ayant cinq, six, huit, douze, quinze côtés.

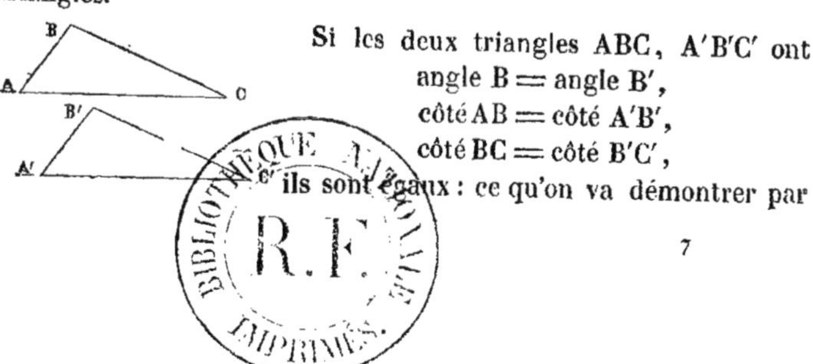

ABCDFGH est un polygone pour lequel les lignes nommées bases et hauteurs n'existent pas. Les droites CA, CH sont des diagonales.

On nomme théorème un principe ayant besoin de démonstration ; le raisonnement à faire pour établir la vérité du théorème doit dépendre des données de la question nommée hypothèse. Si on cherche à démontrer sans faire usage de l'hypothèse, on commet une faute capitale, car la vérité d'un principe ne peut dépendre que des données.

Dans un problème, au contraire, la vérité est acquise. On ne cherche donc pas une démonstration, mais bien les constructions nécessaires pour parvenir au résultat de la question.

ÉGALITÉ DES TRIANGLES.

Proposition (1).

Toutes les fois qu'il s'agira de démontrer l'égalité de deux angles ou côtés d'une figure, on cherchera si ces éléments font partie de deux triangles dont l'égalité soit manifeste.

Cette relation étant de toutes celles primitives la plus facile à établir, parce que le triangle est une figure fermée, et la plus simple, on commencera par la recherche des cas d'égalité des triangles.

Si les deux triangles ABC, A'B'C' ont
angle B = angle B',
côté AB = côté A'B',
côté BC = côté B'C',
ils sont égaux : ce qu'on va démontrer par

7

la superposition, en apportant le second triangle sur le premier. On commencera par poser A′B′ sur son égal AB; alors, en vertu de l'égalité donnée des angles B et B′, le côté B′C′ suivra la direction BC; et comme ces côtés sont égaux par hypothèse, les points C′ et C se superposeront. Alors les trois sommets étant confondus, les triangles se seront couverts. On énonce ainsi ce théorème:

Deux triangles sont égaux lorsqu'ils ont un angle égal *compris* entre côtés respectivement égaux.

De l'égalité de ces triangles on déduit les trois conséquences: angle A = angle A′; angle C = angle C′; AC = A′C′.

Réciproquement, si on suppose A = A′, C = C′, AC = A′C′,

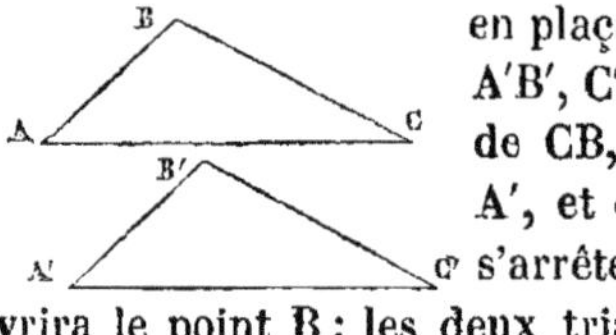

en plaçant A′C′ sur son égal AC, les droites A′B′, C′B′ prendront les directions de AB et de CB, en vertu de l'égalité des angles A, A′, et de ceux C, C′. Le point B′ devant s'arrêter à la fois sur AB et sur CB, couvrira le point B: les deux triangles sont donc égaux. On énonce ainsi ce théorème:

Deux triangles sont égaux lorsqu'ils ont un côté égal *adjacent* à deux angles respectivement égaux.

Proposition (2).

La superposition n'a réussi comme moyen de démonstration dans les deux cas précédents, que parce que certains angles supposés égaux forçaient les côtés non superposés à prendre la même direction.

Si on admettait l'égalité respective des trois côtés, ce moyen ne pourrait plus suffire.

Pour créer une nouvelle ressource, on va étudier ce qui arrive au côté opposé à un angle, lorsque la grandeur de cet angle se modifie.

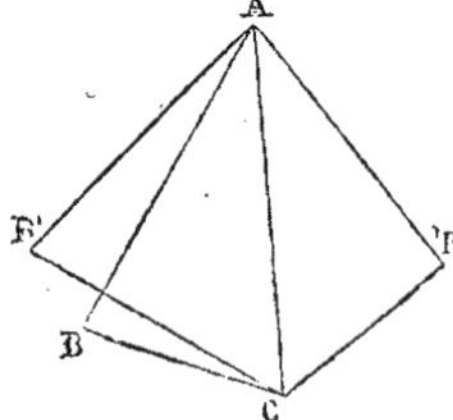

Si on suppose que l'angle BAC, fermé par BC, s'ouvre et devienne B′AC, ses côtés conservant leur grandeur primitive, le côté opposé devient B′C. Pour prouver qu'il a grandi, supposons que le triangle BAC tourne autour de AC pour s'appliquer en CAB″;

La figure se sera alors changée en celle ci-contre.

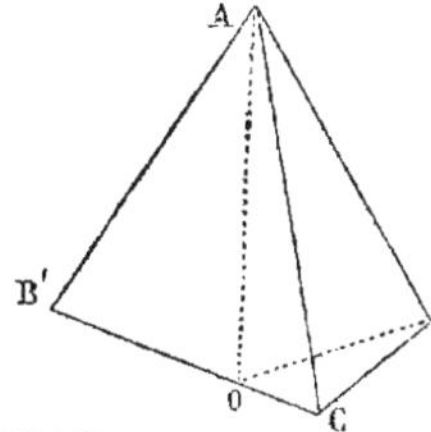

Si on partage l'angle total B'AB" en deux parties égales par une droite, elle sera forcée d'être telle que AO, située dans le plus grand des deux angles. En unissant les points O et B", les deux triangles B'AO, OAB" seront égaux comme ayant AB' = AB" par hypothèse, AO commun, et angle B'AO = angle OAB" par construction. Ils seront donc dans le cas de ceux démontrés proposition (1), et par suite OB" = OB'. Mais CB", ligne droite, est moindre que CO + OB", ou CO + OB', ou CB'.

Lorsque l'angle a grandi, la ligne qui le ferme a donc augmenté.

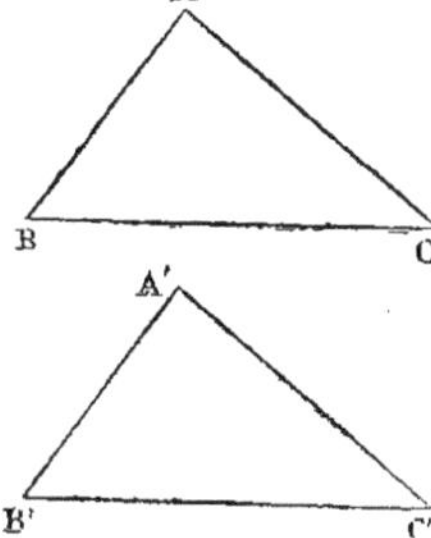

Si les deux triangles BAC, B'A'C' ont leurs trois côtés respectivement égaux, il suffit de prouver angle A = angle A', pour les ramener au cas des triangles de la proposition (1).

Or, si ces angles étaient inégaux, les côtés qui les forment étant égaux par hypothèse, les droites BC, B'C' seraient inégales, ce qui est contraire à l'hypothèse.

Ces triangles sont donc égaux.

On dit, en conséquence des principes démontrés, que deux triangles quelconques sont égaux dans trois cas :

1° Lorsqu'ils ont un angle égal *compris* entre côtés respectivement égaux ;

2° Lorsqu'ils ont un côté égal *adjacent* à deux angles respectivement égaux ;

3° Lorsqu'ils ont leurs trois côtés respectivement égaux.

Telle est la ressource à laquelle on aura fréquemment recours dans la suite.

Comme application, on va étudier les propriétés du triangle nommé isocèle.

7.

Proposition (3).

Dans un triangle isocèle, les angles opposés aux côtés égaux sont égaux.

En effet, en unissant le sommet A au point M, milieu de la base, les deux triangles partiels BAM, MAC rentreront dans le troisième cas d'égalité, et par suite angle B = angle C.

On voit incidemment que les deux angles en M sont égaux, et par suite droits ; que les deux angles en A sont aussi égaux, ce qui autorise cette conclusion :

Dans un triangle isocèle, la droite qui joint le sommet au milieu de la base est perpendiculaire à cette base, et partage en deux parties égales l'angle du sommet.

La réciproque est vraie ; et si les angles B et C sont égaux, les côtés AB, AC doivent l'être en effet.

Si BA pouvait surpasser AC en prenant BA′ = AC, et joignant les points A′ et C, les triangles A′BC et ACB seraient égaux comme ayant BC commun, BA′ = AC, et angle A′BC = angle ACB par hypothèse ; la partie devrait être égale au tout : résultat erroné, qui entraîne l'impossibilité d'admettre l'inégalité des lignes BA et AC.

Il résulte du théorème qui précède, qu'un triangle ne peut être équilatéral sans être équiangle, et que, réciproquement, il ne peut être équiangle sans être équilatéral.

On voit, en outre, que dans le triangle équilatéral les trois hauteurs aboutissent aux points milieux des trois côtés, et divisent les trois angles en deux parties égales. Elles sont en outre égales, car les triangles AMC, BCM′ sont égaux comme ayant AC = BC, MC = BM′ comme moitiés de côtés égaux, angle ACM = angle CBM′. Chacune des hauteurs est une ligne de symétrie.

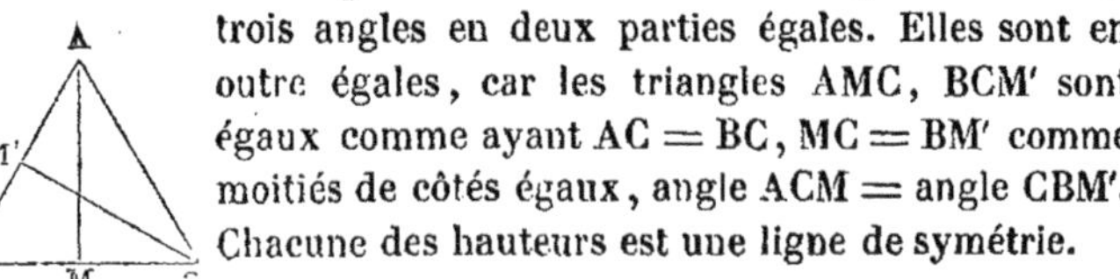

Proposition (4).

Dans un triangle, au plus grand angle est opposé le plus grand côté, et réciproquement.

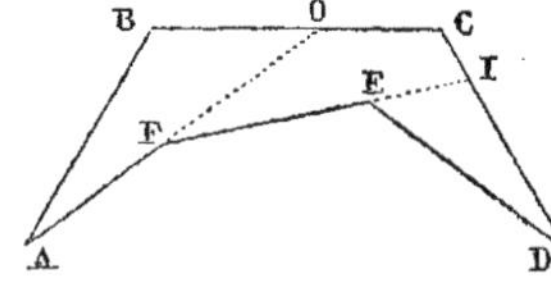

En effet, l'angle B étant supposé plus grand que l'angle C, on pourra toujours concevoir dans l'angle B un angle DBC égal à celui C. Alors BD sera égal à DC. Mais on a $AB < AD + BD$. Remplaçant DB par son égal DC, on obtient $AB < AD + DC < AC$; ce qu'il fallait démontrer.

Si on suppose $AB < AC$, il faut admettre $C < B$; car si on avait $C = B$, il s'ensuivrait $AB = AC$, égalité contraire à l'hypothèse. Si on suppose $C > B$, on aura $AB > AC$, l'inverse de l'hypothèse; donc $C < B$; ce qu'il fallait démontrer.

Proposition (5).

La ligne brisée ABCD, nommée enveloppante, est plus grande que celle AFED, nommée enveloppée (*).

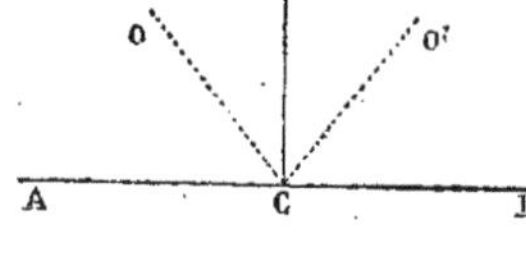

En effet, en prolongeant AF et FE, on a les inégalités:

$$AF + FO < AB + BO,$$
$$FE + EI < FO + OC + CI,$$
$$ED < EI + ID,$$

qui, ajoutées membre à membre, ce qui est permis, puisqu'elles sont de même sens, conduisent à

$$AF + FO + FE + EI + FD < AB + BO + FO + OC + CI + EI + ID,$$

inégalité qui devient $AF + FE + ED < AB + BC + CD$, en débarrassant les deux membres de leurs termes communs.

THÉORIE DES PERPENDICULAIRES ET OBLIQUES.

Proposition (6).

Il existe toujours une perpendiculaire élevée à une droite AB en un de ses points C; car on peut concevoir une droite CO quelconque qui forme à droite un angle OCB obtus, devenant aigu lorsqu'on lui fait prendre la position CO′ en tour-

---

(*) Deux lignes portent ces noms, sous la condition expresse de partir du même point, d'arriver au même point, d'être situées du même côté de la droite AD qui unit ces deux points, et de ne pas se rencontrer ailleurs.

nant autour du point C. Cet angle n'a pu passer d'obtus à aigu sans devenir droit. La droite mobile a donc été à ce moment unique perpendiculaire à AB.

Par un point O donné hors d'une droite, on peut toujours concevoir une perpendiculaire conduite à cette droite. En effet, si l'on admet

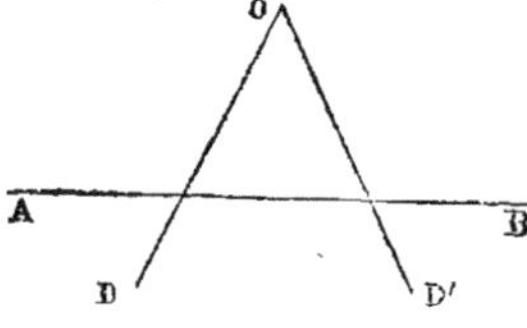

une droite quelconque OD tournant autour du point O, elle formait à droite, dans la position OD, un angle aigu, et dans celle OD′ un angle obtus. Elle a donc, à un moment donné de son mouvement, formé un angle droit.

Toute droite différente de la perpendiculaire se nomme oblique. Elle est plus longue que la perpendiculaire ; les obliques qui s'écartent également du pied de la perpendiculaire sont égales, et, de deux obliques, celle qui s'écarte le plus du pied de la perpendiculaire est la plus grande.

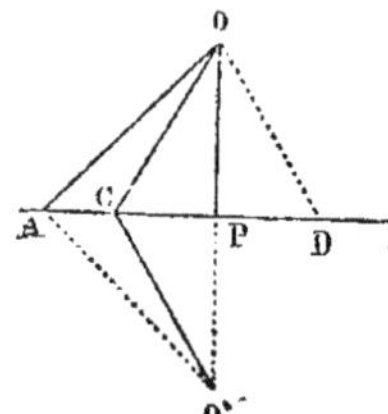

En effet, soit la perpendiculaire OI prolongée d'une longueur égale à elle-même PO′, et soit joint le point O′ à celui C, on aura OPO′ $<$ OCO′ ; donc OP $<$ OC.

Si PC $=$ PD, on aura OC $=$ OD, en vertu de l'égalité des triangles CPO, OPD.

PA étant plus grand que PC, si on unit A et O′, on aura OCO, $<$ OAO′, proposition (5) ; donc OC $<$ OA.

L'angle OAP est moindre que l'angle OCP, car angle OCP $=$ ODP ; or, dans le triangle AOD on a OD $<$ AO ; donc angle OAD $<$ angle ODA, ou que son égal OCP.

On peut donc dire que de deux obliques la plus grande est celle qui fait l'angle moindre avec la droite sur laquelle elle tombe, ces angles étant comptés dans le même sens.

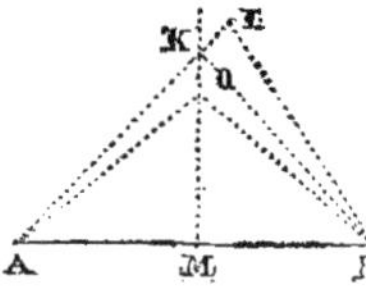

La droite perpendiculaire au point milieu d'une autre a chacun de ses points équidistants de ces deux extrémités.

En effet, OA, OB sont des obliques égales, parce qu'elles s'écartent également du pied M de la perpendiculaire.

Tout point I extérieur à MO est inégalement distant des points A et B, car on a $IB < IK + KB < IK + KA$.

Ce dernier fait établit qu'il n'y a que les points de la perpendiculaire qui jouissent exlusivement de la propriété d'être équidistants des extrémités A et B; et, par suite, on en peut conclure que tout point équidistant des extrémités d'une droite appartient à la perpendiculaire élevée en son milieu. On voit donc que la perpendiculaire élevée au point milieu d'une corde de la circonférence contient nécessairement le centre.

CAS D'ÉGALITÉ DES TRIANGLES RECTANGLES.

Dans tout triangle rectangle, l'hypoténuse est le plus grand des trois côtés, et, par suite, l'angle droit est le plus grand de trois angles.

Proposition (7).

Deux triangles rectangles sont égaux lorsque, outre leur angle droit, ils ont deux de leurs parties constituantes égales, pourvu que ces parties renferment au moins un côté. La restriction apportée aux cas d'égalité des triangles quelconques, par les mots compris et adjacents, n'est plus nécessaire lorsque les triangles deviennent rectangles.

En effet, si on admet angle $C = C'$, hypoténuse $BC =$ hypoténuse $B'C'$, on pourra placer ces deux lignes l'une sur l'autre. En vertu de l'hypothèse, $C'A'$ prendra la direction de CA, et le point A' s'arrêtera en A. Car s'il n'en était pas ainsi et que A' pût s'arrêter en A'', alors le triangle B'A'C' serait devenu BA''C, donc l'angle BA''C serait droit; mais BAC l'est déjà. Il y aurait donc deux perpendiculaires distinctes, BA'', BA, conduites du point B à la même droite.

Soit supposé $BC = B'C'$, $BA = B'A'$.

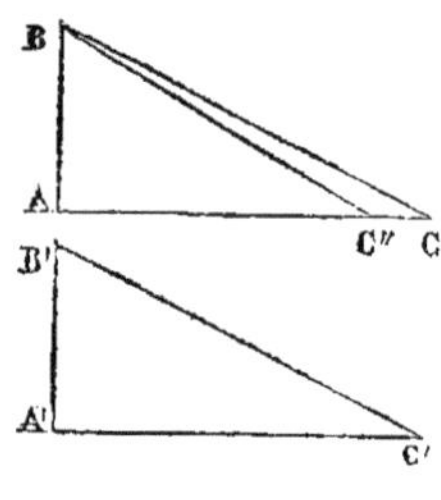

En superposant $B'A'$ à BA, le côté $A'C'$ suivra la direction AC, en vertu de l'égalité des angles droits A' et A. Le point C' s'arrêtera en C ; car s'il en était autrement et qu'il se fixât en C'', on aurait alors $BC'' = B'C'$, et par suite $= BC$; c'est-à-dire que deux obliques BC et BC'', inégalement distantes du pied A de la perpendiculaire, seraient égales, ce qui est impossible.

Soit supposé $BA = B'A'$, angle $C = $ angle C'.

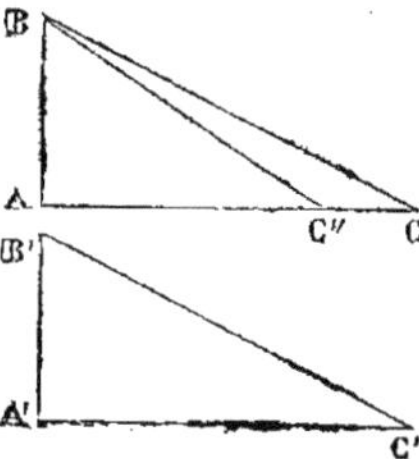

Si on superpose $B'A'$ à BA, $A'C'$ prendra la direction AC, en vertu de l'égalité des angles droits A' et A. Si le point C' pouvait s'arrêter en C'', alors angle BC''A serait égal à B'C'A', et par suite, d'après l'hypothèse, à BCA, résultat contraire aux théorèmes sur les perpendiculaires et les obliques.

C'est en utilisant les cas d'égalité des triangles quelconques et rectangles, qu'on démontre des propriétés qui permettront d'effectuer avec la règle et le compas, seuls instruments dont la géométrie élémentaire doive faire usage, les problèmes fondamentaux.

PROPRIÉTÉS DE LA CIRCONFÉRENCE.

Proposition (8).

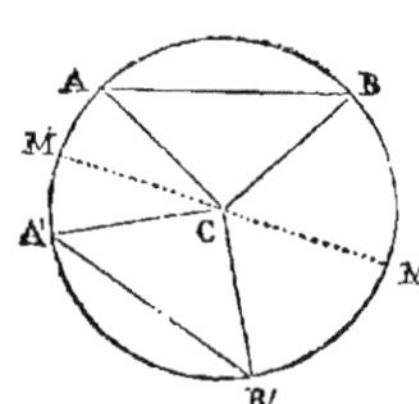

Dans une circonférence, deux cordes AB, A'B', supposées égales, soustendent des arcs égaux ; et réciproquement des arcs égaux sont soustendus par des cordes égales.

En effet, en traçant par le point M, milieu de AA', le diamètre MM', et conduisant les rayons CA, CB, CA', CB', il résultera, de l'égalité des triangles ACB, A'CB', celle des angles ACB, A'CB'.

Repliant donc la figure autour de MM', A' s'appliquera en A par suite de la position du point M. CA' couvrira donc CA. CB' prendra la direction CB, et B' s'arrêtera en B, les rayons étant égaux. Les points A' et B' couvrant les points A et B, les deux demi-circonférences se superposant d'ailleurs, on est en droit de conclure arc A'B' = arc AB.

Si, au contraire, ces deux arcs sont supposés égaux, la figure étant pliée suivant MM', en l'absence de toute considération de triangle, les points A', B' couvrent les points A et B par suite de l'hypothèse et de la position assignée au point M ; donc les cordes se superposent.

Proposition (9).

Les cordes égales sont à égale distance du centre, et réciproquement.

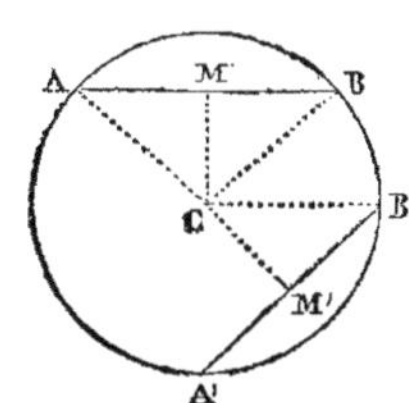

En effet, si on abaisse du centre des perpendiculaires sur ces cordes, elles mesureront les distances comme étant les plus courtes, et devront aboutir aux points milieux des cordes, puisque, dans un triangle isocèle ACB, la hauteur rencontre la base en son milieu. On peut dire aussi :

Les triangles rectangles MCB, M'CB', sont égaux comme ayant CB = C'B', MB = M'B'; donc CM = CM'.

Si on suppose, au contraire, CM = CM', les mêmes triangles seront égaux, et permettront de conclure MB = M'B', et par suite, AB, double de la première de ces lignes, égale à A'B', double de la seconde.

Proposition (10).

De deux cordes, la plus grande soustend le plus grand arc, et est plus rapprochée du centre

Soit supposé corde AB plus grande que corde A'B'.

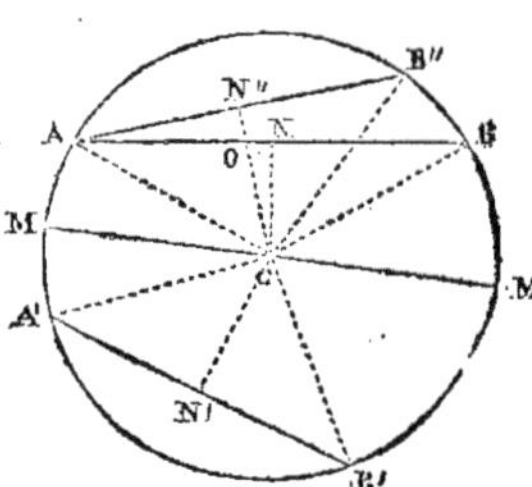

Alors les deux triangles ACB, A'CB', font voir que l'angle ACB est plus grand que l'angle A'CB'; donc en pliant, suivent MM', CA' s'appliquera sur CA, et CB' tombera en CB''; donc A'B' prendra, sans changer de grandeur, la position AB''; donc l'arc A'B' est moindre que AB.

Les deux perpendiculaires CN', CN, sont inégales, celle C N' étant la plus grande. En effet, CN' s'applique en CN'', sans changer de grandeur. Or, CN est moindre que CO, et *à fortiori* que CN''.

Proposition (11).

Lorsque deux circonférences se coupent, la droite qui unit les centres est perpendiculaire à la corde commune AA' en son milieu.

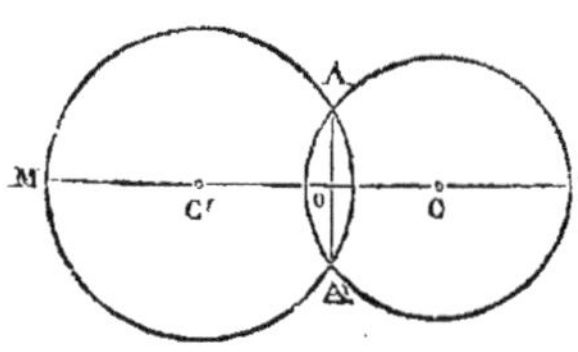

En effet, le centre C est équidistant des deux points A, A' de la circonférence. Il appartient donc à la perpendiculaire élevée au milieu de AA'. Le centre C' jouit de la même propriété; donc CC' est perpendiculaire au milieu de AA'.

Le point O n'est le milieu de CC' que si les circonférences sont égales.

La droite MN est une ligne de symétrie, et l'on voit que deux circonférences ne peuvent avoir un point commun A en dehors de la droite des centres, sans en avoir un symétrique de l'autre côté de cette droite, c'est-à-dire situé à égale distance, et sur une perpendiculaire abaissée du premier point.

La droite CC' des centres est moindre que la somme CA + C'A des rayons, et plus grande que leur différence; car de l'inégalité CC' + CA > C'A, on déduit, en passant CA dans le second membre, CC' > C'A — CA.

Deux circonférences inégales ne peuvent occuper à l'égard l'une de l'autre que les positions distinctes que l'on trouve en laissant la plus grande fixe, les plaçant extérieurement l'une à l'autre, et

faisant glisser le centre de la plus petite sur la droite qui unit les
deux centres. On obtient ainsi les positions suivantes:

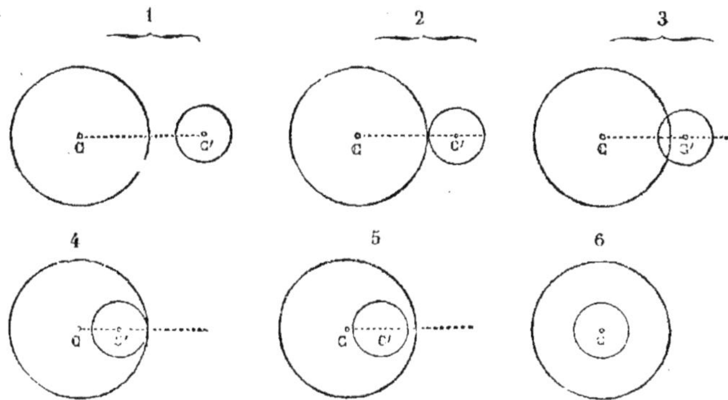

Dans la première position, la distance des centres est plus grande
que la somme des rayons.

Dans la seconde, la distance des centres est égale à la somme
des rayons.

Dans la troisième, plus petite que la somme, plus grande que
la différence.

Dans la quatrième, égale à la différence.

Dans la cinquième, moindre que la différence.

Dans la sixième, nulle.

Toutes ces relations sont distinctes, et, par suite, la distance des
centres et les rayons de deux circonférences étant des longueurs
données, on peut déterminer, sans décrire ces circonférences, quelle
position, une fois tracées, elles occuperont à l'égard l'une de l'autre.

Si les circonférences étaient égales, elles ne pourraient occuper
aucune des trois dernières situations.

Proposition (12).

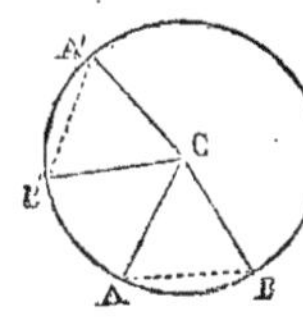

Deux angles égaux, ayant leurs sommets au centre,
interceptent sur la circonférence des arcs égaux, et
réciproquement.

En effet, soit supposé angle ACB = angle A'CB'.

Les triangles ACB A'CB', seront égaux; donc corde
AB = corde A'B', et par suite arc AB = arc A'B'.

Si on suppose arc AB = arc A'B', les cordes AB, A'B', qui les soustendent, seront égales; les triangles ACB, A'C'B', auront leurs trois côtés respectivement égaux; leurs angles ACB, A'CB', le seront donc.

Proposition (13).

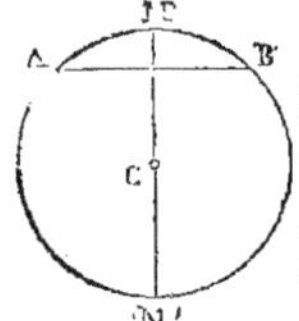

La perpendiculaire abaissée du centre sur la corde passe par le milieu de chacun des deux arcs soustendus; car le point M est équidistant des points A et B, et l'égalité des cordes entraîne celle des arcs. Il en est de même du point M'.

PROBLÈMES GRAPHIQUES.

Trouver le point milieu de la droite AB.

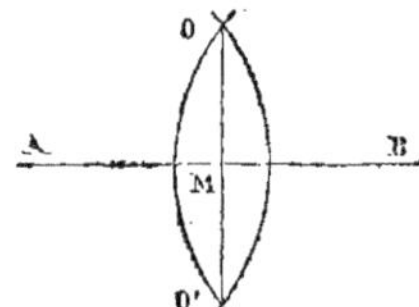

Si des points A et B comme centres, avec un rayon arbitraire, mais suffisamment grand, presque égal à AB par exemple, on décrit deux arcs, on est certain qu'ils se couperont, puisque la distance AB des centres sera moindre que la somme des rayons, et plus grande que leur différence qui est nulle. Les points O et O', équidistants de A et de B, appartiennent à la perpendiculaire élevée au milieu de cette droite. Le point M est donc son milieu.

Par un point O d'une droite non limitée AB, lui élever une perpendiculaire.

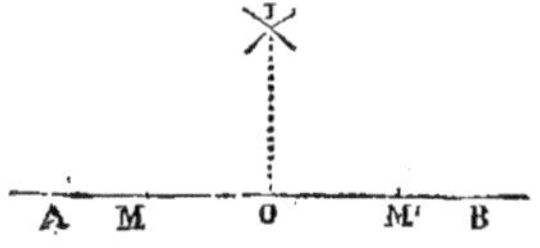

Si on prend, à partir du point O, deux longueurs égales, OM, OM', et que des points M, M' comme centres on décrive, avec un rayon plus grand que OM, deux arcs qui se couperont nécessairement, les deux points O et I seront équidistants des points M et M'; la droite qui les unit sera donc perpendiculaire en O, à la droite AB.

Per un point O donné hors d'une droite indéfinie AB, lui abaisser une perpendiculaire.

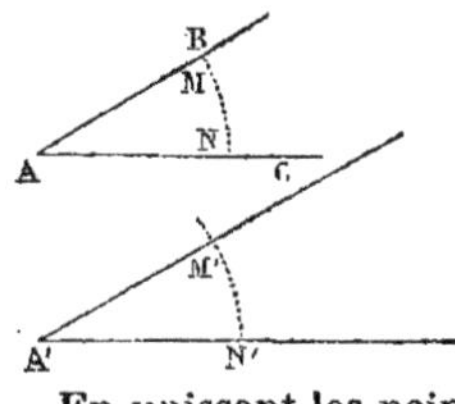

Si du point O comme centre, avec un rayon suffisamment grand, on trace un arc qui coupe AB en deux points M et N, et que de ces points comme centres on trace deux arcs qui se coupent en O′, les points O et O′ seront individuellement à égale distance des points M et N. La droite qui les joindra sera donc perpendiculaire à AB, et conduite par le point O.

Faire en un point A′, d'une droite donnée A′B′, un angle égal à l'angle donné BAC.

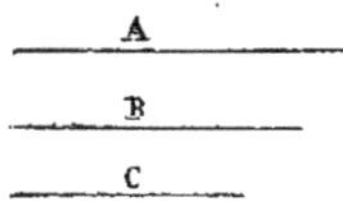

On tracera du point A comme centre, avec un rayon quelconque, un arc MN entre les côtés de l'angle A, et du point A′ comme centre, avec le même rayon, un arc indéfini, sur lequel on prendra un arc N′M′ $=$ NM.

En unissant les points A′ et M′, on formera ainsi l'angle M′A′N′, égal à MAN, puisque ces angles comprennent entre leurs côtés des arcs égaux décrits avec le même rayon, de leurs sommets comme centres.

Partager un angle donné BAC en deux parties égales.

Si entre les côtés de cet angle, et de son sommet comme centre, on trace avec un rayon arbitraire un arc MN, et que des points M et N comme centres, avec le même rayon, on trace deux arcs qui se rencontrent en O, la droite AO sera celle demandée, puisque, perpendiculaire à la corde MN, base du triangle isocèle MAN, elle partagera l'angle au sommet en deux parties égales.

Avec les trois droites A, B, C, de longueurs déterminées, construire un triangle.

Le problème ne sera possible qu'autant que la plus grande des trois sera moindre que la somme des deux autres, et que la plus petite surpassera la différence des deux autres.

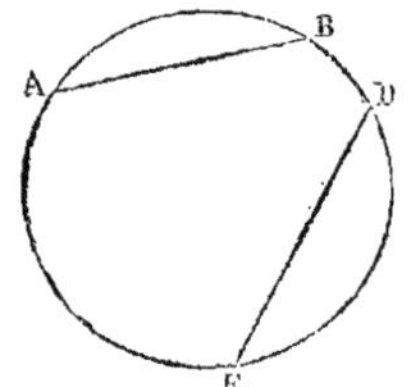

Sûr une droite indéfinie MN, on prendra une longueur PQ égale à A, et des points P et Q comme centres on tracera avec les rayons B et C deux arcs qui se couperont en un point O.

Le triangle OPQ sera la solution unique, parce que tout autre triangle construit avec les mêmes éléments serait égal à celui-ci, puisqu'ils auraient leurs côtés respectivement égaux.

Retrouver le centre perdu d'une circonférence.

Si au point milieu d'une corde quelconque on élève une perpendiculaire, elle contiendra le centre cherché.

Exécutant la même opération sur une seconde corde DE, le point de rencontre des deux perpendiculaires sera le centre.

Conduire une circonférence par trois points donnés non en ligne droite.

Les droites qui uniront les points donnés deux à deux seront des cordes de la circonférence à décrire; les perpendiculaires élevées en leurs milieux contiendront donc le centre, qui sera leur point d'intersection.

La perpendiculaire élevée au milieu de AC devrait également passer par le centre; observation qui permet d'énoncer que les trois perpendiculaires élevées sur les milieux des trois côtés d'un triangle se rencontrent en un même point.

THÉORIE DES PARALLÈLES.

Proposition (14).

Deux droites AB, A'B', perpendiculaires à une troisième CD, sont parallèles entre elles.

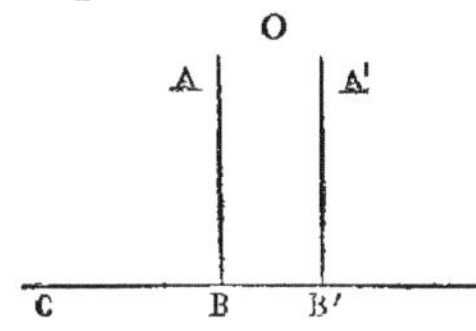

En effet, si elles pouvaient se rencontrer en un point quelconque O, il en résulterait que de ce point on aurait abaissé sur CD deux perpendiculaires distinctes, ce qu'on a démontré impossible.

On doit de là conclure qu'il existe toujours une parallèle à une droite AB, possible à conduire par tout point O extérieur à cette droite.

En effet, on peut toujours conduire la perpendiculaire OD à AB, et par le point O élever OC perpendiculaire à OD. Les droites AB, OC, perpendiculaires à la même OD, seront, d'après la proposition précédente, parallèles entre elles.

POSTULATUM.

On admet qu'il n'existe qu'une parallèle conduite par le point O à la droite AB.

Toute droite qui en coupe une autre rencontre donc sa parallèle.

Proposition (15).

Deux droites parallèles ont leur perpendiculaire commune.

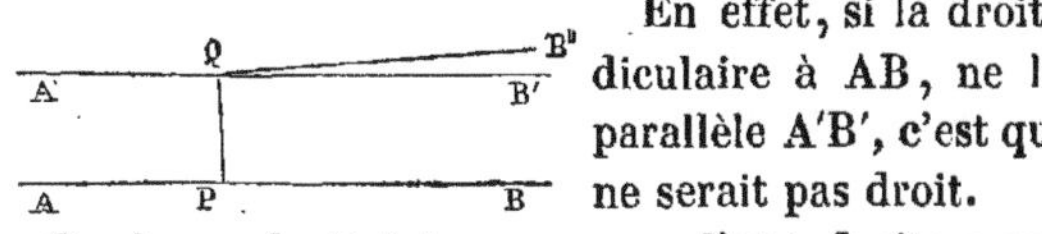

En effet, si la droite PQ, perpendiculaire à AB, ne l'était pas à sa parallèle A'B', c'est que l'angle B'QP ne serait pas droit.

On le rendrait tel au moyen d'une droite nouvelle QB'', qui serait alors parallèle à AB d'après la proposition (14); et il y aurait deux parallèles QB', QB'' conduites à AB par le point O, ce qui est contraire au *postulatum.*

Proposition (16).

Lorsque deux droites parallèles sont coupées par une transversale nommée sécante, il se forme huit angles, quatre aigus, quatre obtus, qui reçoivent des noms particuliers, eu égard à leur position relative.

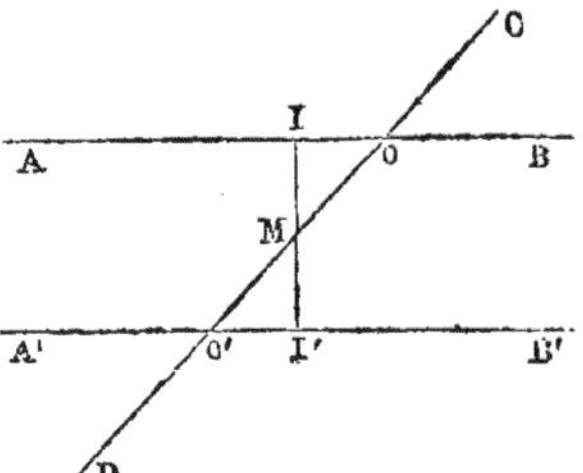

Les angles AOO', OO'B' se nomment alternes internes

Ceux COB, OO'B', correspondants.

Ceux COB, A'O'D, alternes externes.

Ces angles sont tous égaux. En effet :

Si du point **M**, milieu de OO', on abaisse **MI'** perpendiculaire sur A'B', prolongée en **I**, elle sera perpendiculaire à AB, puisque deux parallèles ont leur perpendiculaire commune. Les triangles rectangles IMO, I'MO' sont égaux d'après la construction ; leurs angles IOM, MO'I' sont donc égaux. Mais ils sont les mêmes que ceux COB, A'O'D, comme opposés au sommet ; et par suite les angles alternes internes sont démontrés égaux, aussi bien que ceux alternes externes et correspondants.

Les angles BOO', OO'B', intérieurs d'un même côté, sont supplémentaires, puisque BOO' a pour supplément O'OA, l'égal de OO'B', comme alternes internes.

Réciproquement, si les angles AOO', OO'B' sont égaux, les droites AB, A'B' sont parallèles. En effet, si du point M, milieu de OO', on abaisse MI' perpendiculaire sur A'B', et qu'on prolonge cette droite jusqu'en I, les deux triangles IMO, MO'I' seront égaux comme ayant O'M = MO par construction, l'angle O'MI' = l'angle IMO comme opposé au sommet, et les angles IOM, MO'I' égaux par hypothèse.

De l'égalité des deux triangles on déduit celle des angles MI'O', MIO. Or, le premier est droit par construction, le second l'est donc aussi ; et par suite les droites AB, A'B', perpendiculaires à la même II', sont parallèles entre elles.

De la vérité de cette réciproque, on déduit un moyen de conduire par un point donné une parallèle à une droite donnée.

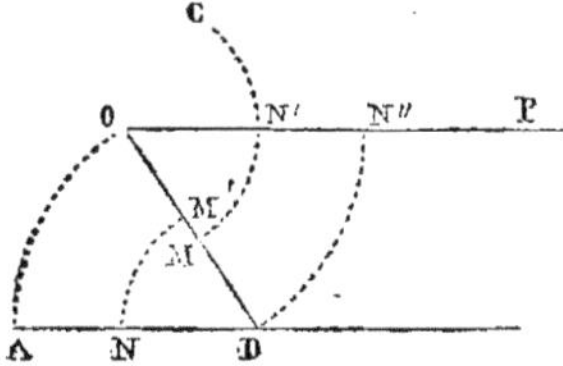

Conduisons du point O la transversale quelconque OD. Si du point D comme centre, avec un rayon quelconque, on trace l'arc MN entre les côtés de l'angle ODA, et que du point O, avec le même rayon, on décrive l'arc indéfini M'C, il suffira de prendre arc M'N' = arc MN, pour qu'en joignant les points O, N' par une droite, elle soit parallèle à AB.

En effet, les angles N'OD, ODA, dans la position d'alternes internes, sont égaux, comme comprenant entre leurs côtés des arcs égaux, décrits de leurs sommets comme centres avec le même rayon.

La construction se simplifie, et surtout atteint un plus grand degré d'exactitude, en prenant le rayon des arcs égal à OD, parce qu'alors le point N' s'éloigne davantage du point O, et qu'une même erreur faite dans la position de ce point en N″ en produit une moindre sur la direction de OP, que si ce point était en N'.

CONSÉQUENCES IMMÉDIATES DE LA THÉORIE
DES PARALLÈLES.

Proposition (17).

Deux angles ayant leurs côtés respectivement parallèles ou perpendiculaires, sont égaux ou supplémentaires.

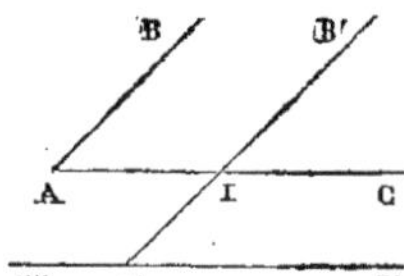

1er *cas*. Les deux angles BAC, B'A'C', à côtés respectivement parallèles, sont égaux; car on a BAC = B'IC comme correspondants, et B'IC égal lui-même à B'A'C' par la même raison.

Les angles BAC, B'A'C″, à côtés parallèles aussi, sont supplémentaires l'un de l'autre.

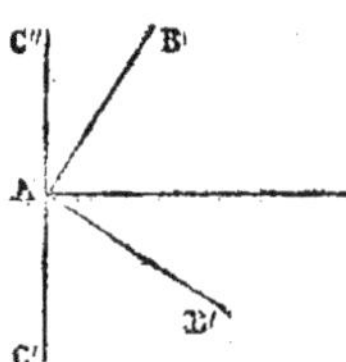

2ᵉ cas. Les deux angles BAC, B'A'C', à côtés respectivement perpendiculaires et de même sommet **A**, sont égaux comme ayant le même complément CAB'. Ils auraient pu n'être que supplémentaires, tels les angles BAC et B'AC".

Si les sommets n'étaient pas au même point, les mêmes relations existeraient cependant.

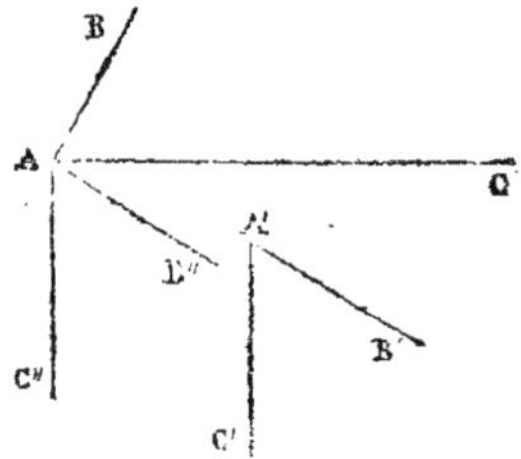

Soient les angles BAC, B'A'C' à côtés respectivement perpendiculaires. En conduisant par le point A les droites AB", AC", parallèles à A'B', A'C', on aura angle C"AB" égal à C'A'B', 1ᵉʳ cas, et C"AB" égal à CAB, 2ᵉ cas; donc angle BAC = angle B'A'C'.

Pour discerner si deux angles dont les côtés occupent une des positions précitées sont égaux ou supplémentaires, il faut regarder s'ils sont de même espèce ou d'espèces différentes, deux angles soit aigus soit obtus, étant dits de même espèce.

Proposition (18).

La somme des angles d'un triangle est égale à la somme de deux angles droits.

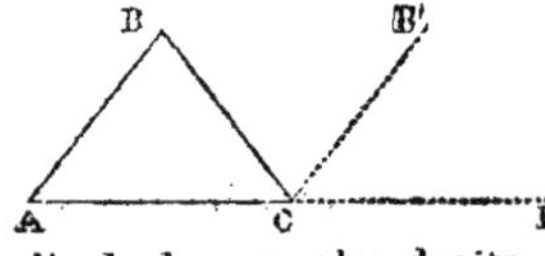

En effet, si, prolongeant AC, on conduit par le point C la droite CB' parallèle à AB, la somme des trois angles formés au point C est égale à celle de deux angles droits. Mais ces angles sont les mêmes que ceux du triangle, puisque B'CD est égal à BAC comme correspondants, et BCB' égal à CBA comme alternes internes. Donc, etc. L'angle BCD, formé par le côté BC du triangle et le prolongement du côté contigu AC, se nomme angle extérieur. Il est composé des deux angles BCB', B'CD, égaux individuellement à ceux en B et en A, ce qui permet de dire, que dans tout triangle, un angle extérieur est égal à la somme des deux angles intérieurs qui lui sont opposés.

De la proposition qui précède, on déduit que, dans un triangle équilatéral, chaque angle est égal au tiers de deux angles droits ; que, dans un triangle rectangle, la somme des deux angles aigus est équivalente à un angle droit ; et qu'enfin si le triangle rectangle était isocèle, chacun de ses angles aigus serait égal à la moitié d'un angle droit.

Deux triangles ne peuvent avoir deux de leurs angles respectivement égaux, sans qu'il en soit de même des troisièmes.

Proposition (19).

La somme des angles d'un polygone ne dépend que du nombre des côtés, et est égale à autant de fois deux angles droits que ce polygone a de côtés, moins deux.

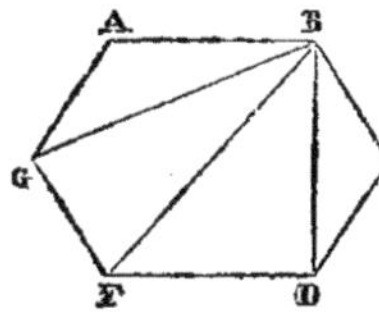

En effet, si par un des sommets on conduit les diagonales BG, BF, BD, on forme autant de triangles qu'il y a de côtés moins deux, parce que le premier et le dernier triangle formés emploient deux des côtés, alors que les autres n'en emportent qu'un seul.

Mais la somme des angles d'un triangle est équivalente à deux droits, et la somme des angles de tous les triangles constitue celle du polygone ; donc la somme des angles du polygone vaut autant de fois deux angles droits qu'il y a de triangles, ou de côtés moins deux.

Si donc on désigne par n le nombre des côtés d'un polygone, on a, pour exprimer la somme de ses angles, la formule $S = 2^d (n - 2)$. Si tous ces angles étaient égaux, l'un d'eux aurait pour valeur $A = \dfrac{2^d (n - 2)}{n}$.

La somme des angles d'un quadrilatère vaut donc quatre droits.

Proposition (20).

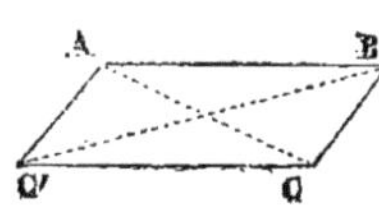

Dans un parallélogramme ABCD, 1° les côtés opposés sont égaux ; 2° les angles opposés sont égaux ; 3° les diagonales sont inégales, et se coupent mutuellement en deux parties égales ;

4° les distances entre les bases sont égales dans toute leur étendue.

En effet, les deux triangles ADC, ABC sont égaux comme ayant un côté égal adjacent à deux angles respectivement égaux. Donc AB = DC, AD = BC, et angle ABC = angle ADC.

Les deux triangles ADC, BCD ont deux côtés respectivement égaux, et les angles compris supplémentaires.

Les diagonales, qui sont les troisièmes côtés de ces triangles, sont donc inégales.

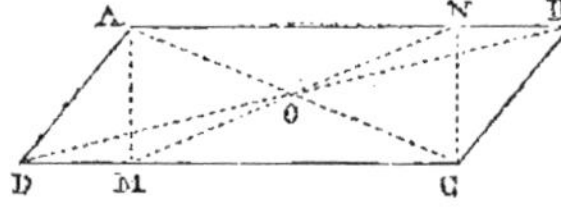

Le point O est le milieu de chacune des diagonales, en vertu de l'égalité des triangles AOB, COD.

Les deux perpendiculaires AM, CN sont égales, en vertu de l'égalité des triangles AMD, BNC.

On formule souvent ainsi le premier de ces principes : Deux droites parallèles comprises entre parallèles sont égales.

Proposition (21).

Si deux côtés opposés d'un quadrilatère sont égaux et parallèles, les deux autres sont forcés de jouir des mêmes propriétés

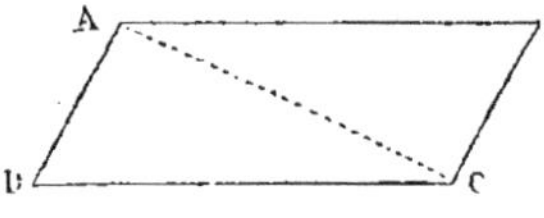

En effet, si on suppose AB égal et parallèle à CD, les deux triangles ABC, ADC sont égaux comme possédant un angle égal compris entre côtés respectivement égaux. Donc AD = BC.

Et, de plus, angle DAC = angle ACB. Or, ils ont la position d'alternes internes. Donc AD est parallèle à BC.

Dans le losange, les diagonales sont perpendiculaires l'une à l'autre.

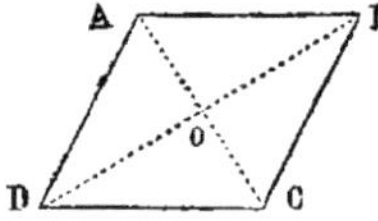

En effet, les points B et D étant équidistants des points A et C, la droite qui les joint doit être perpendiculaire à la droite AC en son point milieu. Les diagonales sont donc dans cette figure, des lignes de symétrie.

Dans le rectangle, les diagonales sont égales et non perpendiculaires l'une à l'autre.

QUARTIER DE RÉDUCTION.

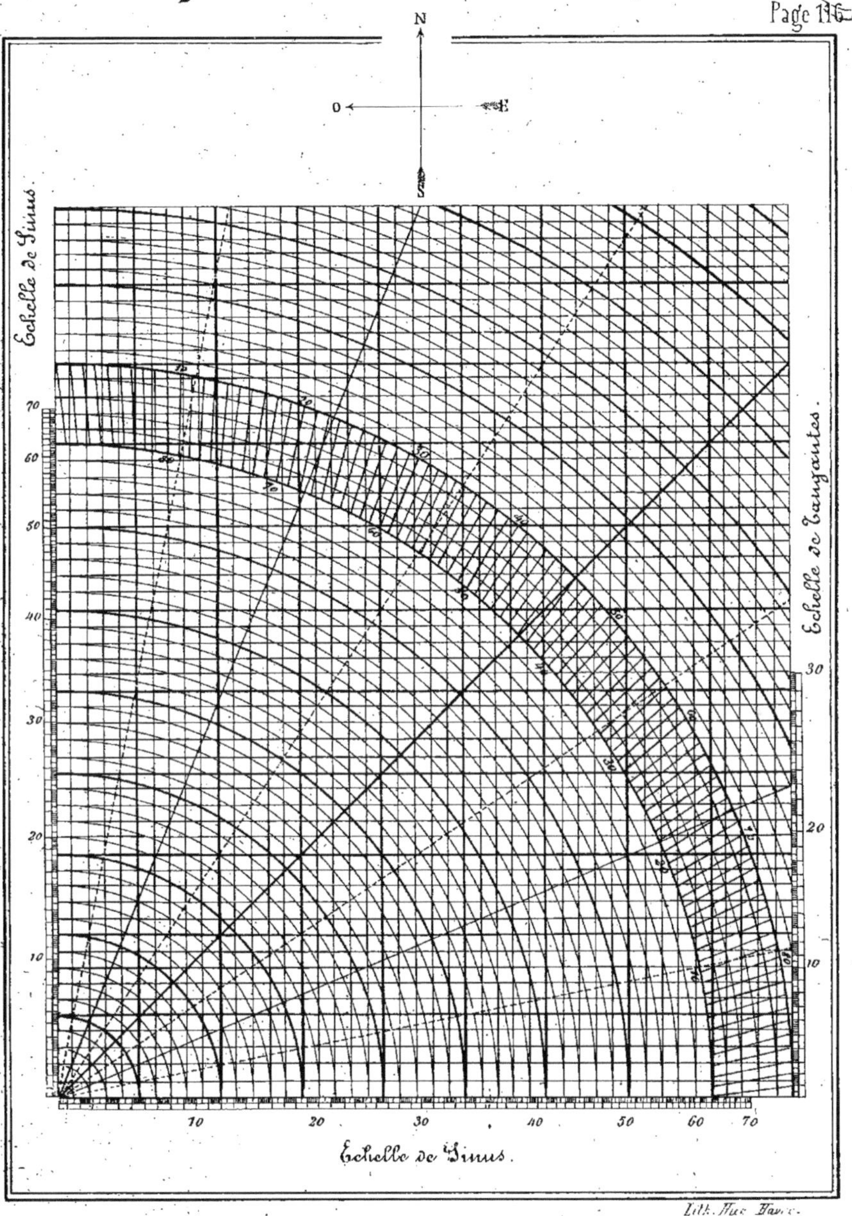

Lith. Rue Havre.

Dans le carré, elles sont égales et perpendiculaires entre elles ; elles sont donc lignes de symétrie.

Le carré possède encore, comme droites de cette espèce, celles qui joignent les milieux des côtés opposés.

Proposition (22).

Diviser une droite donnée AB en cinq parties égales.

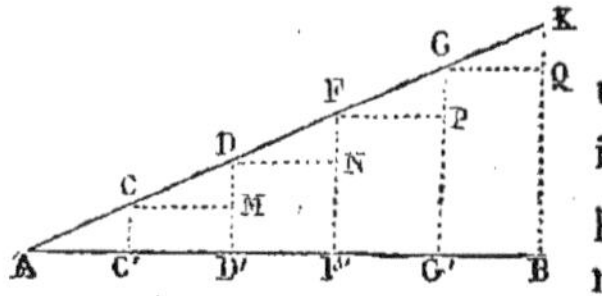

Si, par le point A, on trace dans une direction quelconque une droite indéfinie AK, et qu'on porte du point A cinq longueurs arbitraires mais égales, AC, CD, DF, FG, GK, il suffira de joindre le point K au point B, et de conduire par les autres points de division des droites GG′, FF′, DD′, CC′, parallèles à KB, pour que la droite AB soit divisée de la manière demandée.

On le démontre en traçant les parallèles CM, DN, FP, GQ à AB.

Les cinq triangles ACC′, CDM, FGP, GKQ sont égaux comme ayant un côté égal par construction, adjacent à deux angles respectivement égaux.

Les droites AC′, CM, DN, FP, GQ sont donc égales, et par suite aussi celles AC′, C′D′, D′F′, etc., égales aux précédentes, comme parallèles comprises entre parallèles.

Si la division AC est arbitraire dans sa longueur, il faut cependant la prendre telle, que la droite AK soit d'une longueur qui permette à KB de ne pas couper AB sous un angle très-différent d'un angle droit, afin d'éviter l'incertitude de la vraie position des points C′, D′, F′, G′.

Proposition (23).

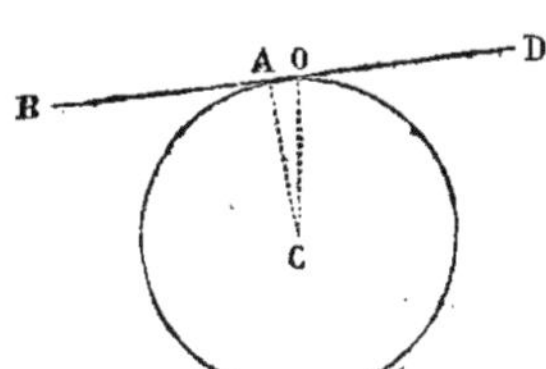

Toute droite tangente à la circonférence est perpendiculaire à l'extrémité du rayon.

En effet, si CA n'était pas perpendiculaire, soit CO, on aurait CO $<$ CA ou moindre qu'un rayon. La prétendue tangente entrerait donc dans la circonférence.

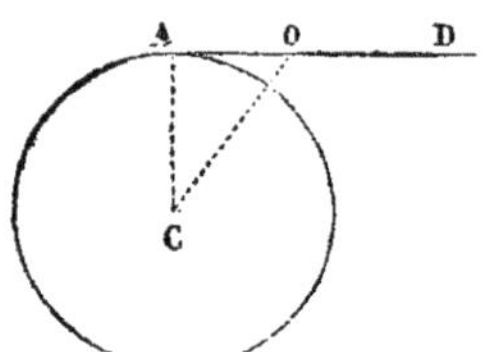

Réciproquement, la perpendiculaire DA au rayon CA à son extrémité A, est une tangente ; car toute droite CO sera plus grande que la perpendiculaire CA ou qu'un rayon. Tout point de AD sera donc extérieur à la circonférence, le point A excepté, et, par suite, la droite AD sera tangente.

Proposition (24).

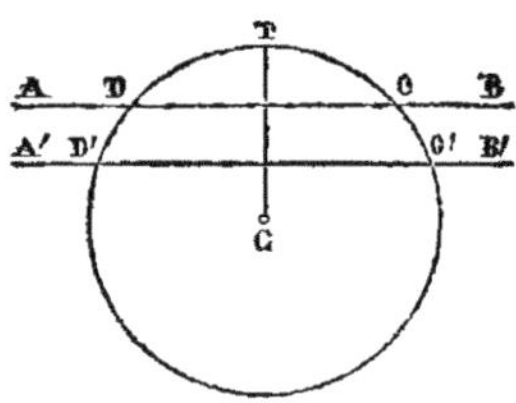

Deux parallèles AB, A'B', interceptent sur la circonférence des arcs DD', OO', égaux entre eux.

En effet, si du centre on abaisse CI perpendiculaire à A'B', elle le sera aussi à sa parallèle AB, et par suite on aura arc ID' = arc IO',

arc ID = arc IO.

Retranchant ces deux égalités membre à membre, on obtiendra donc arc DD' = arc OO'.

Ce principe existerait encore si l'une de ces droites, restant parallèle à l'autre, devenait tangente.

La droite qui unit les points de tangence de deux tangentes parallèles est un diamètre.

Proposition (25).

Tout angle inscrit est moitié de l'angle au centre s'appuyant sur le même arc.

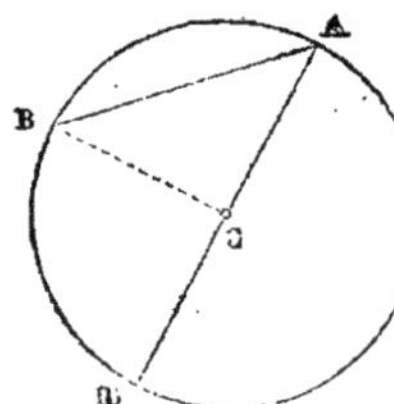

On nomme angle inscrit celui ayant pour sommet un point de la circonférence, et pour côtés, soit deux cordes, soit une corde et un diamètre.

Si un angle inscrit BAD a pour côtés une corde AB et un diamètre AD, l'angle BCD, extérieur au triangle BCA, sera égal à la somme des angles en B et en A, ou au double de l'un d'eux, le triangle BCA étant isocèle.

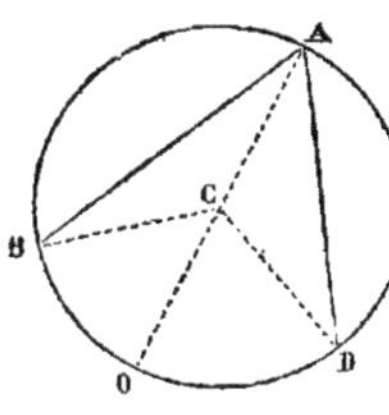

Si les côtés de l'angle inscrit sont deux cordes comprenant entre elles le centre, en traçant le diamètre AO on voit, d'après le cas précédent, que chacun des angles BCO, OCD est double de chacun des angles BAO, OAD; donc l'angle total BCD est double de BAD.

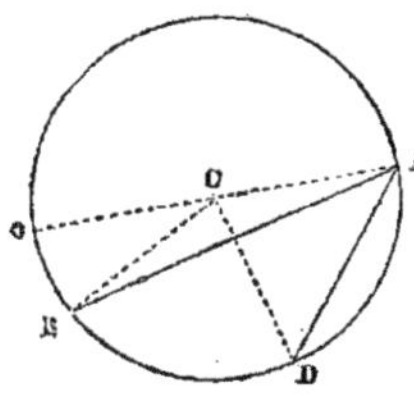

Si les côtés de l'angle inscrit BAD ne comprennent pas le centre C, en traçant le diamètre AO on voit que chacun des angles au centre OCB, OCD est double de chacun des angles inscrits OAB, OAD; donc la différence des deux premiers, ou l'angle BOD, est double de BAD, différence des deux derniers.

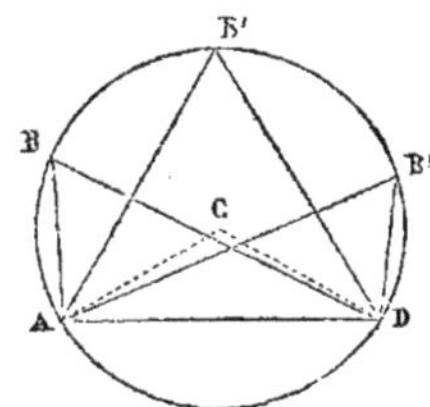

Il suit de là que tous les angles tels que ABD, AB'D inscrits et s'appuyant sur le même arc AD, sont égaux comme moitiés du même angle au centre ACD.

L'espace compris entre l'arc et la corde portant le nom de segment, on dit que tous les angles inscrits dans le même segment sont égaux.

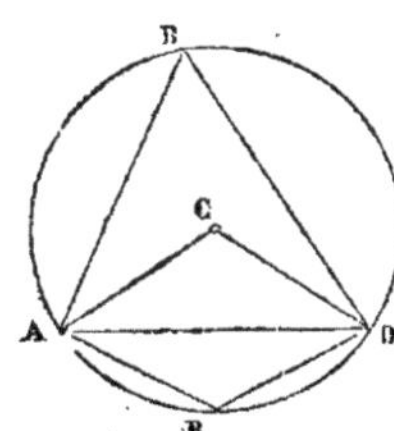

Ils sont aigus si le segment est plus grand qu'un demi-cercle, comme moitiés d'un angle au centre ACD, moindre que deux droits.

Ils sont obtus si le segment est plus petit qu'un demi-cercle, l'angle AB'D étant moitié de l'angle ACD, plus grand que deux droits, qui correspond à l'arc ABD.

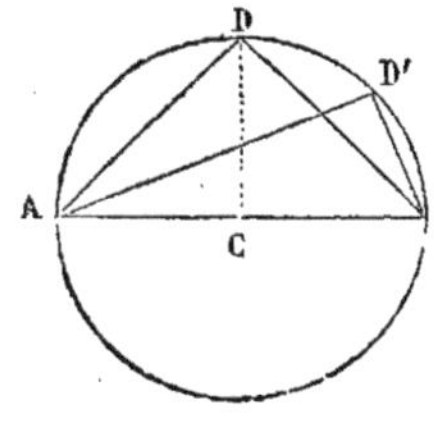

Si le segment est égal à un demi-cercle, les angles qu'on y inscrit sont droits. En effet, si au centre C on élève la perpendiculaire CD au diamètre, et qu'on trace les cordes DA, DB, les deux triangles DCA, DCB sont rectangles et isocèles; donc chacun des angles ADC, CDB est égal à un demi-droit. Leur somme ADB forme donc un angle droit.

Mais tout autre angle AD'B, inscrit dans le même segment que ADB, lui est égal, et par suite est droit.

Proposition (28).

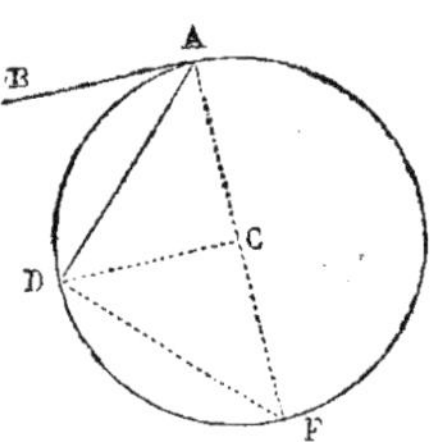

Tout angle BAD, formé par une corde et une tangente, est moitié de l'angle au centre, comprenant l'arc AD entre ses côtés.

En effet, l'angle AFD, formé par le diamètre conduit du point A et la corde DF, est égal à l'angle en discussion BAD, comme ayant ses côtés respectivement perpendiculaires aux siens.

Mais l'angle DFA est moitié de DCA, donc son égal BAD est aussi moitié de DCA ; ce qu'il fallait démontrer.

Proposition (29).

La droite qui divise un angle en deux parties égales a chacun de ses points équidistants des deux côtés de l'angle ; et tout point n'appartenant pas à cette droite est inégalement distant des deux côtés.

Proposition (30).

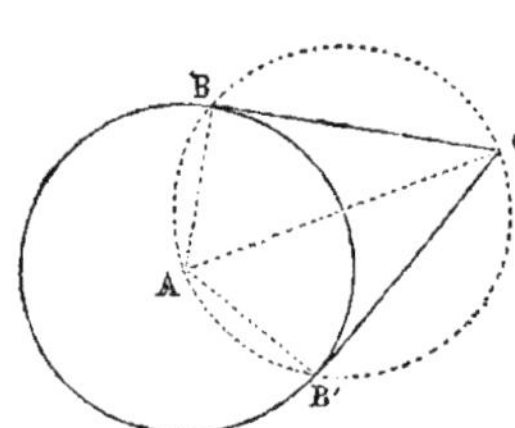

Pour conduire une tangente à une circonférence par un point extérieur O, il suffira de décrire sur AO comme diamètre une circonférence qui coupera celle proposée aux points B et B', qui, unis au point O, fourniront les deux droites OB, OB' tangentes ; car les angles ABO, AB'O, étant droits comme inscrits dans un demi-cercle, ces lignes seront perpendiculaires aux extrémités des rayons. On voit en outre que ces deux tangentes sont égales, par suite de l'égalité des triangles OBA, OB'A.

THÉORIE DES MESURES.

MESURE DES ANGLES.

Mesurer, en général, c'est faire choix d'une unité de grandeur variable, mais de forme déterminée et de même espèce que l'objet en discussion; puis compter combien de fois et parties de fois cette unité est renfermée dans l'objet à mesurer, ou plus généralement, c'est chercher le rapport entre cet objet et son unité.

Mesurer un angle, c'est donc faire choix d'un nouvel angle, et chercher le nombre abstrait expression du rapport du premier au second.

Afin d'obtenir habituellement pour mesures des angles des nombres entiers ou fractionnaires, on a fait choix, pour unité, de l'angle nommé degré, quatre-vingt-dixième partie de l'angle droit.

Il comprend entre ses côtés un arc, trois-cent-soixantième partie de la circonférence, nommé arc de un degré.

Proposition (31).

Le rapport d'un angle à celui de un degré est égal au rapport de son arc à l'arc de un degré.

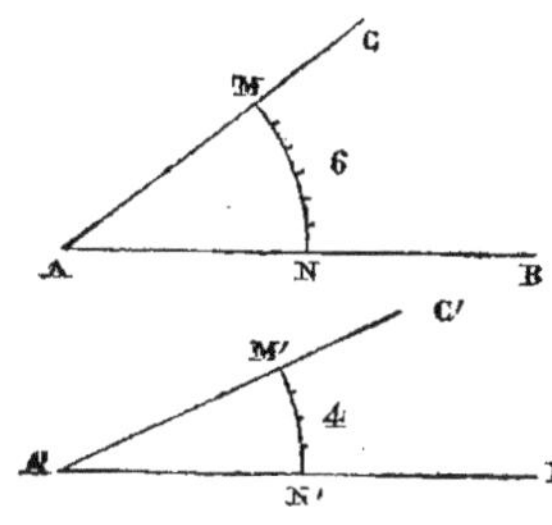

En effet, si entre les côtés de deux angles, et de leurs sommets comme centres avec le même rayon, on décrit deux arcs MN, M'N', il sera toujours possible de concevoir le premier MN divisé en assez d'arcs égaux pour que l'un d'eux soit contenu sensiblement un nombre exact de fois sur M'N'. Supposons les nombres 6 et 4.

En nommant a un de ces arcs élémentaires, on aura

$$\text{MN} = 6a, \quad \text{M'N'} = 4a, \quad \text{et par suite (1)} \quad \frac{\text{MN}}{\text{M'N'}} = \frac{6a}{4a} = \frac{6}{4}.$$

En joignant les divers points de division aux sommets, l'angle BAC contiendra six angles élémentaires égaux entre eux, et à ceux qui composent l'angle M'A'N'. Proposition (14). Et en nommant b un de ces angles élémentaires, on aura

$$\text{MAN} = 6b, \quad \text{M'A'N'} = 4b, \quad \text{et par suite} \quad \frac{\text{MAN}}{\text{M'A'N'}} = \frac{6b}{4b} = \frac{6}{4}.$$

Rapprochant cette égalité de celle (1), on en déduit

$$\frac{\text{MN}}{\text{M'N'}} = \frac{\text{MAN}}{\text{M'A'N'}}.$$

Le rapport de grandeur de deux angles est donc le même que celui des longueurs des arcs décrits entre leurs côtés de leurs sommets comme centres, avec le même rayon.

On dit en conséquence que la mesure d'un angle est égale à celle de son arc, et, par corruption, qu'un angle a pour mesure l'arc compris entre ses côtés, et décrit de son sommet comme centre avec un rayon quelconque.

Pour obtenir la mesure d'un arc tel que AB, au moyen de l'unité a, on porte a sur AB avec un compas.

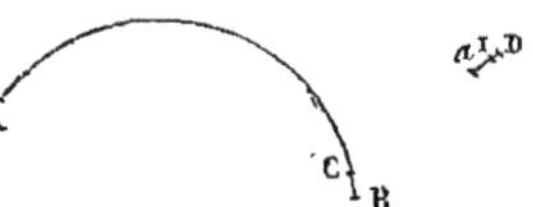

Supposons $AB = 40a + CB$, CB étant un arc moindre que a.

En portant à son tour l'arc CB sur celui a, supposant qu'il y soit contenu 2 fois sans reste, on aura $a = 2CB$.

Rapprochant les deux égalités $AB = 40a + CB$, $a = 2CB$, on en déduit $AB = 40a + \dfrac{a}{2} = \dfrac{81}{2}\,a$, d'où $\dfrac{AB}{a} = \dfrac{81}{2}$.

MESURES DES SURFACES.

Tout polygone ABCDEG peut se décomposer en triangles, à l'aide de diagonales conduites d'un de ses sommets A.

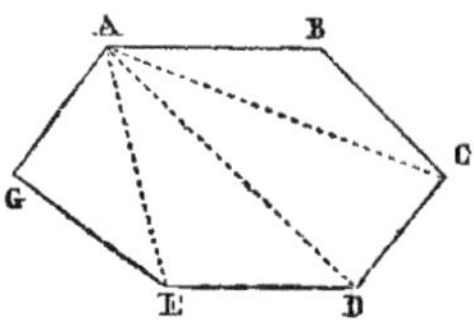

Si donc on savait obtenir la mesure de l'aire d'un triangle, il suffirait d'additionner les mesures des aires des triangles élémentaires pour avoir celle d'un polygone quelconque.

Mais le triangle s'éloignant trop par sa forme de celle du carré (choisi invariablement pour unité de surface), on observe qu'il est

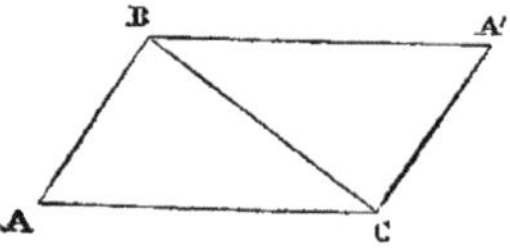

moitié du parallélogramme de même base et de même hauteur que lui, obtenu en conduisant par les sommets B et C des droites parallèles aux côtés BA et AC.

Si donc on pouvait trouver l'aire du parallélogramme en fonction de sa base et de sa hauteur, on en déduirait celle du triangle.

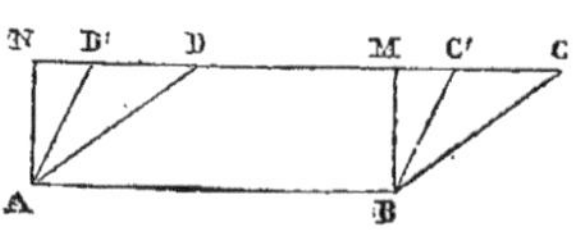

Mais deux parallélogrammes ABCD, A'B'C'D' sont équivalents lorsqu'ils ont même base et des hauteurs égales, puisqu'on obtient l'aire de chacun d'eux en ajoutant au trapèze DABC′ successivement chacun des triangles C′BC, D′AD, égaux eux-mêmes.

Or, le rectangle ABMN jouit des propriétés du parallélogramme, et est par conséquent équivalent à celui ABCD, de même base et de même hauteur que lui.

Tout revient donc à connaître la mesure d'un rectangle en fonction de ses deux dimensions ; et l'on remarquera que cette figure est celle qui se rapproche le plus, par sa forme, de l'unité de surface.

Proposition (32).

Puisque mesurer la surface d'un rectangle, c'est découvrir combien de fois et parties de fois cette surface renferme celle d'un carré pris pour unité, si on porte le côté a de ce carré sur la base

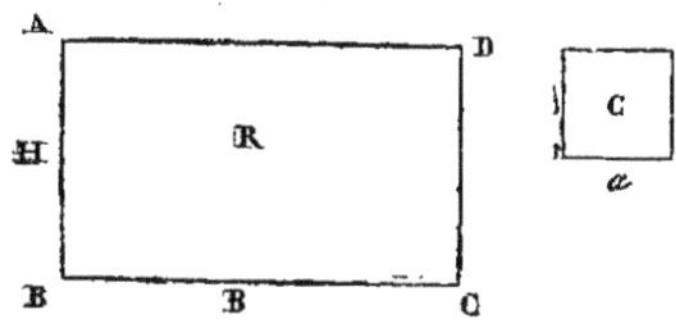

BC et sur la hauteur AB, et qu'on l'y suppose contenu exactement, savoir, sur la base 4 fois, sur la hauteur 3 fois, on verra qu'en conduisant par les points de division des parallèles aux côtés du rectangle, il renfermera trois tranches horizontales de quatre carrés chacune.

On aura donc 12 pour mesure de sa surface, nombre qu'on eût obtenu immédiatement en multipliant 4, mesure de la base, par 3, mesure de la hauteur.

Le même résultat se produirait, si le côté du carré n'était pas contenu un nombre entier de fois sur la base et la hauteur. On dit en conséquence que :

La mesure de l'aire du rectangle est égale à la mesure de sa base multipliée par la mesure de sa hauteur, énoncé que, par corruption, on a transformé en cet autre :

Un rectangle a pour mesure le produit de sa base par sa hauteur.

Cette expression n'est vraie qu'à la condition de prendre pour unité de surface le carré ayant pour côté la droite choisie pour unité de longueur.

On voit donc que, pour obtenir l'aire d'un rectangle, il faut faire choix d'une unité de longueur, mesurer avec cette unité la base et la hauteur, et faire le produit de ces deux mesures. Le résultat exprime combien de fois et parties de fois la surface du rectangle contient celle du carré, unité de surface. Ainsi que la base renferme 72 millimètres, et la hauteur 23 millimètres, la mesure de la surface sera 72×23, ou 1656, et sa grandeur sera 1656 millimètres carrés.

Si la base et la hauteur d'un rectangle n'étaient pas mesurées avec la même unité, on ne pourrait, d'après le théorème précédent, faire le produit pour avoir la mesure de l'aire. Il faudrait commencer par transformer l'une de ces deux mesures, pour l'obtenir avec la même unité qui a servi à trouver celle de l'autre dimension.

On voit qu'il ne faut pas confondre un décimètre carré avec un dixième de mètre carré. Le premier énoncé indique en effet un carré ayant un décimètre de côté, et le second un rectangle ayant un mètre de base, un décimètre de hauteur, et par suite composé de dix décimètres carrés.

Le parallélogramme a pour mesure, d'après ce qui a été démontré précédemment, le produit de la mesure de sa base par la mesure de sa hauteur.

Le triangle a pour mesure le produit de la mesure de sa base par la moitié de la mesure de sa hauteur.

Proposition (33).

Le trapèze, qu'on peut considérer comme un triangle tronqué par une droite parallèle à un de ses côtés, a une expression spéciale qui ne convient à ce quadrilatère que par suite du parallélisme de deux de ses côtés.

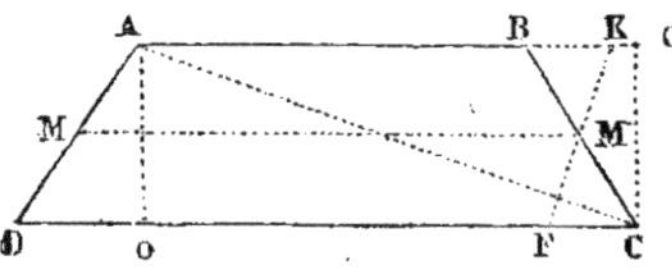

En traçant une diagonale AC, on trouve :

$$\text{mesure DAC} = \frac{\text{DC}}{2} \times \text{AO};$$

$$\text{mesure ACB} = \frac{\text{AB}}{2} \times \text{CO}';$$

ajoutant membre à membre, mesure $\text{ABCD} = \left(\dfrac{\text{CD} + \text{AB}}{2}\right) \text{AO}$, les deux hauteurs AO, CO' étant égales comme parallèles comprises entre parallèles. On dit, en conséquence, que

Le trapèze ou tronc du triangle à bases parallèles a pour mesure la demi-somme des bases, multipliée par la hauteur.

Proposition (34).

Deux triangles de bases égales et de hauteurs égales sont équivalents ou ont les mêmes aires, puisqu'ils sont moitiés de deux parallélogrammes démontrés équivalents.

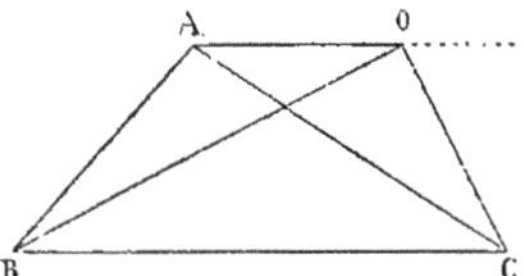

Il en résulte que si, par le sommet A d'un triangle BAC, on conduit une droite parallèle à BC, tout triangle formé par la jonction d'un point O de cette parallèle aux extrémités de la base, sera équivalent au premier.

On déduit de là le moyen de transformer un polygone quelconque ABCDFG en un triangle équivalent.

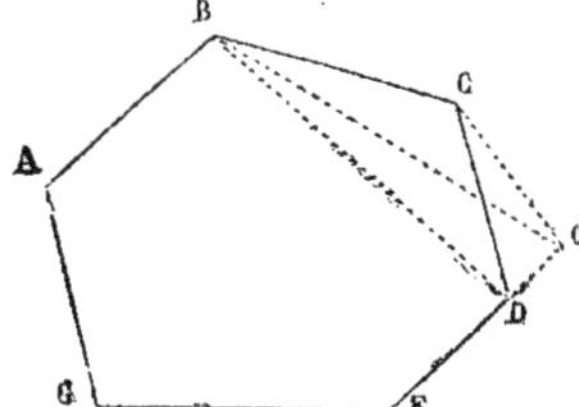

Car, après avoir tracé la diagonale BD qui détache le triangle BCD, et la droite CO, parallèle à cette diagonale, jusqu'à la rencontre du prolongement de FD au point O, en unissant ce dernier point à ceux B et D, on pourra substituer au triangle BCD son équivalent BOD. Par là, le polygone, sans changer de surface, aura changé de forme, et le nombre de ses côtés aura diminué d'un.

Il sera donc possible, par des opérations successives analogues, de ramener le nombre des côtés à trois.

Cette opération a de l'importance lorsqu'on veut mesurer l'aire d'un polygone tracé sur le papier. Car si, pour exécuter cette opération, on le décomposait en triangles dont on devrait mesurer les deux dimensions, on obtiendrait des erreurs de mesure qui affecteraient chaque produit, et par suite leur somme. Il y avait donc intérêt à diminuer le nombre des dimensions à mesurer; et l'avantage de cette transformation devient d'autant plus marqué, que le nombre des côtés du polygone proposé est plus grand.

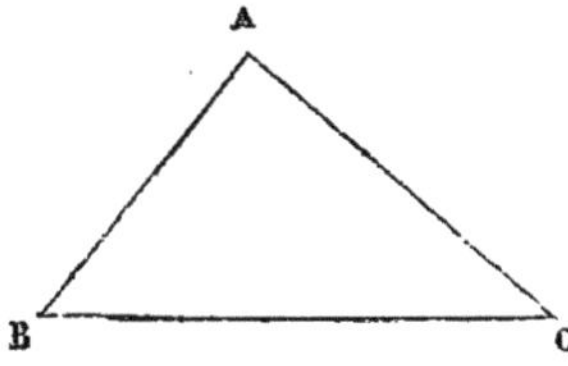

On voit, d'après ce qui précède, qu'on double l'aire d'un triangle en doublant la base et laissant le sommet au même point, ce qui n'altère pas la hauteur.

On construit un rectangle équivalent à un triangle en prenant pour base du rectangle celle du triangle, et pour hauteur la moitié de sa hauteur.

LIGNES PROPORTIONNELLES.

Proposition (35).

Lorsqu'on dit que quatre droites sont proportionnelles entre elles, on entend par là que le nombre abstrait, rapport des deux premières, est égal au nombre abstrait rapport des deux dernières.

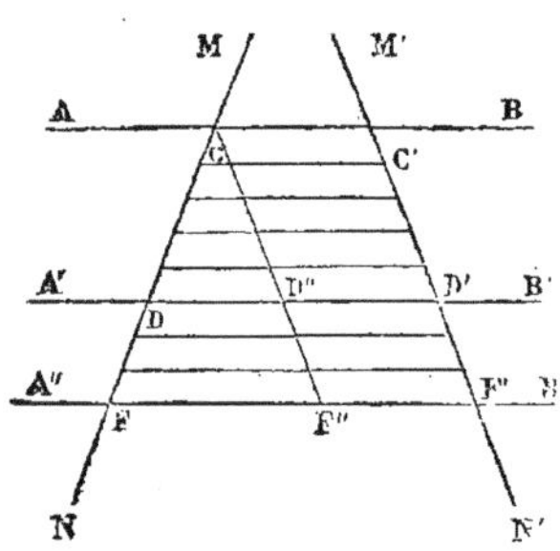

Si deux droites quelconques MN, M'N' sont coupées par trois parallèles AB, A'B', A"B", les quatre parties interceptées CD, DF, C'D', D'F', fournissent la proportion CD : DF :: C'D' : D'F'.

En effet, si l'on conçoit CD partagé en assez de parties égales pour que l'une d'elles soit contenue exactement sur DF, et que, par les différents points de division, on conduise des droites parallèles au système AB, A'B', A"B", les parties interceptées sur M'N' seront égales entre elles, mais non aux précédentes. Et si on désigne par a une des parties de CD, et par b une de celles de C'D', on aura, d'après la construction,

$$\text{CD} = 5a, \quad \text{DF} = 3a, \quad \text{d'où} \quad \frac{\text{CD}}{\text{DF}} = \frac{5a}{3a} = \frac{5}{3};$$

$$\text{C'D'} = 5b, \quad \text{D'F'} = 3b, \quad \text{d'où} \quad \frac{\text{C'D'}}{\text{D'F'}} = \frac{5b}{3b} = \frac{5}{3}.$$

Les deux rapports $\dfrac{\text{CD}}{\text{DF}}$, $\dfrac{\text{C'D'}}{\text{D'F'}}$, égaux au même, sont égaux entre eux, et forment par suite la proportion énoncée.

Si par le point C on conduisait CF" parallèle à M'N', les segments CD", D'F" seraient égaux à ceux C'D', D'F'; d'où la proportion

$$\text{CD} : \text{DF} :: \text{CD"} : \text{D"F"};$$

ce qui permet de dire que si, dans un triangle FCF", on conduit une droite DD″ parallèle à l'un des côtés, elle divise les deux autres en parties proportionnelles.

On peut, par *componendo*, déduire de la proportion

$$CD : DF :: CD'' : D''F'',$$

les deux nouvelles proportions

$$CD + DF : CD :: CD'' + D''F'' : CD'', \text{ ou } CF : CD :: CF'' : CD'';$$

et aussi

$$CD + DF : DF :: CD'' + D''F'' : D''F'', \text{ ou } CF : DF :: CF'' : F''D''.$$

Proposition (36).

Deux triangles sont dits semblables, lorsque les angles du premier sont respectivement égaux à ceux du second.

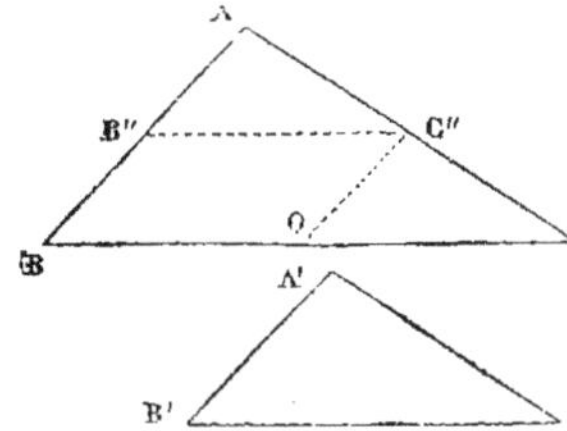

Soient donnés les deux triangles ABC, A′B′C′, dans lesquels on suppose $A = A'$, $B = B'$, $C = C'$.

Si, prenant sur AB une longueur AB″ égale à A′B′, on conduit B″C″ parallèle à BC, on aura, d'après la proposition (35),

$$AB : AB'' :: AC : AC''.$$

Mais $AB'' = A'B'$ par construction, et $AC'' = A'C'$ par suite de l'égalité des triangles B″AC″, B′A′C′, qui ont $A = A'$, hypothèse ; $AB'' = A'B'$, construction, et angle $B'' = B'$, comme tous deux égaux à B. La proportion trouvée devient donc

$$AB : A'B' :: AC : A'C'.$$

Si par C″ on conduit C″O parallèle à AB, on aura

$$AC : AC'' \text{ ou } A'C' :: CB : BO \text{ ou } B''C'' \text{ ou } B'C'.$$

Cette nouvelle proportion étant liée à la précédente par un rapport commun, on a donc la suite :

$$AB : A'B' :: AC : A'C' :: BC : B'C';$$

relation qu'on énonce ainsi :

Dans deux triangles semblables, les côtés forment une suite proportionnelle.

Il faut remarquer que, dans cette suite, les côtés affectent un ordre spécial : ceux qui composent un même rapport sont opposés aux angles supposés égaux. Ils ont reçu le nom de côtés homologues.

Proposition (37).

Si deux triangles, dont on désigne les angles analogues par les lettres A, A′, B, B′, C, C′, ont leurs côtés respectivement parallèles ou perpendiculaires, ils sont semblables.

En effet, les angles de ces triangles, d'après les positions relatives de leurs côtés, sont égaux ou supplémentaires. Il suffit donc de démontrer qu'ils ne peuvent être supplémentaires, pour être assuré qu'étant alors respectivement égaux, les triangles auxquels ils appartiennent sont semblables.

Or, s'il était possible d'admettre

$$A + A' = 2^d, \quad B + B' = 2^d, \quad C + C' = 2^d,$$

il en résulterait, en additionnant ces trois égalités membre à membre, $A + B + C + A' + B' + C' = 6^d$, ou la somme des angles de deux triangles égale à six angles droits, résultat inadmissible.

Si on supposait $A + A' = 2^d$, $B + B' = 2^d$, $C = C'$, on trouverait, en additionnant de nouveau, $A + B + C + A' + B' = 4^d + C'$, résultat encore impossible.

Puisque ni les trois angles, ni deux des trois, ne peuvent être respectivement supplémentaires, ces angles sont forcés d'être égaux, et, par suite, leurs triangles d'être semblables.

Les côtés homologues sont, dans ce cas, ceux qui sont, soit respectivement parallèles ou perpendiculaires.

Pour que deux triangles rectangles soient semblables, il suffit qu'ils aient un angle aigu égal.

Si les deux triangles rectangles ABC, A′B′C′, avaient les quatre côtés AB, A′B′, BC, B′C′, proportionnels, ils seraient semblables, bien que n'ayant pas leur angle droit, et par suite leur angle égal, compris entre les côtés supposés proportionnels; car, si on prend $BA'' = B'A'$, en conduisant A″C″ parallèle à AC, on aura la proportion $BA : BA''$ ou $B'A' :: BC : BC''$, qui, comparée à celle donnée, apprend que

BC″ = B′C′; les deux triangles BA″C″, B′A′C′, sont donc égaux. Mais le premier est semblable à ABC par construction ; le second l'est donc aussi.

Proposition (38).

Deux polygones sont dits semblables lorsqu'ils sont composés d'un même nombre de triangles semblables chacun à chacun, et semblablement disposés.

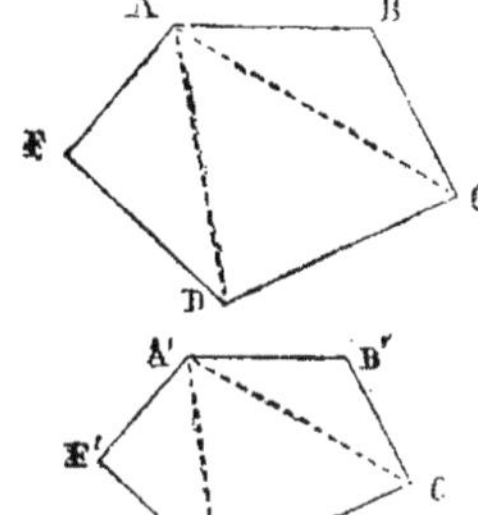

Soient donc deux polygones semblables ABCDF, A′B′C′D′F′.

On a, d'après la définition précédente,

$$AB : A′B′ :: BC : B′C′ :: AC : A′C′$$
$$:: CD : C′D′ :: DA : D′A′ ::, \text{ etc.}$$

Toutes les lignes homologues de deux polygones semblables sont donc proportionnelles.

Leurs angles sont d'ailleurs respectivement égaux, comme composés d'un même nombre d'angles élémentaires égaux chacun à chacun, d'après l'hypothèse de la similitude des triangles constituants.

Il n'en est point ici comme dans les triangles : l'égalité respective des angles de deux polygones n'entraîne pas la proportionnalité de leurs lignes homologues, ni par conséquent la similitude des polygones.

Ainsi, tous les rectangles ne sont pas semblables, quoique ayant leurs angles respectivement égaux.

Deux polygones ayant leurs angles respectivement égaux, et leurs côtés homologues formant une suite proportionnelle, sont composés d'un même nombre de triangles respectivement semblables, et semblablement disposés.

Proposition (39).

Si du sommet de l'angle droit d'un triangle rectangle on abaisse une perpendiculaire sur son hypoténuse, il est décomposé en deux triangles rectangles semblables entre eux et au triangle total.

En effet, les angles ABD, DAC sont égaux comme ayant pour complément le même angle BAD. Il en est de même des angles BAC, ACD, qui ont le même complément DAC.

Ces deux triangles semblables présentent une particularité. Un côté leur est commun, relation tout exceptionnelle, et qui introduit dans la suite une modification importante. On a

AB : AC :: BD : DA :: DA : AC.

Les quatre derniers termes forment une proportion à moyens égaux ou continue, et qui s'énonce ainsi : La perpendiculaire abaissée du sommet de l'angle droit d'un triangle rectangle sur son hypoténuse, est moyenne proportionnelle entre les segments de l'hypoténuse.

La similitude évidente de chacun des triangles partiels au triangle total fournit les suites

BC : BA :: BA : BD :: AC : AD ;
BC : AC :: AC : DC :: AB : AD.

Et en n'utilisant que les quatre premiers termes de chaque, on reconnaît qu'un des côtés de l'angle droit est une ligne moyenne proportionnelle entre l'hypoténuse entière, et le segment de l'hypoténuse adjacent à ce côté.

Proposition (40).

Transformer le triangle ABC en un carré équivalent.

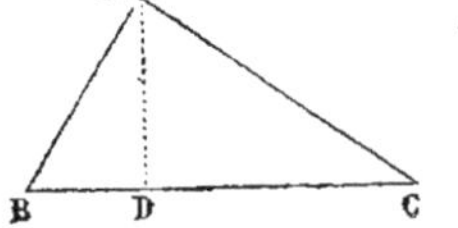

Soit x le côté du carré inconnu. On devra avoir l'équation

$$BC \times \frac{AD}{2} = x \times x,$$

ou

$$BC : x :: x : \frac{AD}{2}.$$

Il faudra donc, pour résoudre graphiquement ce problème, chercher une ligne moyenne proportionnelle à la base et à la moitié
de la hauteur du triangle donné BAC, ce qui s'exécutera en mettant bout à bout la base et la moitié de la hauteur, décrivant sur
cette droite une demi-circonférence, et traçant enfin jusqu'à sa
rencontre une perpendiculaire au diamètre par le point de division.
Cette perpendiculaire sera le côté du carré cherché.

Comme on sait transformer tout polygone en un triangle équivalent, le problème précédent apprend que par des opérations
consécutives, toutes de la règle et du compas, un polygone donné
quelconque peut toujours se convertir en un carré équivalent.

Proposition (41).

Des deux proportions

$$\text{BC} : \text{AB} :: \text{AB} : \text{BD} \rbrace \text{ déduites du trian-}$$
$$\text{BC} : \text{AC} :: \text{AC} : \text{DC} \rbrace \text{ gle rectangle BAC,}$$

on tire les deux égalités

$$\overline{\text{AB}}^2 = \text{BC} \times \text{BD}, \quad \overline{\text{AC}}^2 = \text{BC} \times \text{DC},$$

qui, ajoutées membre à membre, conduisent à

$$\overline{\text{AB}}^2 + \overline{\text{AC}}^2 = \text{BC} \times \text{BD} + \text{BC} \times \text{DC} = \text{BC}\,(\text{BD} + \text{DC}) = \text{BC} \times \text{BC};$$

donc $\overline{\text{AB}}^2 + \overline{\text{AC}}^2 = \text{BC}^2$. On dit, par suite, que le carré fait sur
l'hypoténuse d'un triangle rectangle est égal à la somme des
carrés construits sur les deux autres côtés.

En passant $\overline{\text{AC}}^2$ du premier membre dans le second, on obtient
$\overline{\text{AB}}^2 = \overline{\text{BC}}^2 - \overline{\text{AC}}^2$, relation qui s'énonce ainsi : Le carré d'un côté
de l'angle droit est égal au carré de l'hypoténuse, diminué du carré
de l'autre côté de l'angle droit.

La réciproque est vraie, c'est-à-dire que le carré d'un côté d'un
triangle ne peut pas être égal à la somme des carrés des deux autres, sans que le triangle soit rectangle.

Ainsi, que les trois côtés d'un triangle soient 3 mètres, 4 mètres
et 5 mètres, comme le carré de 5 est 25, nombre égal à la somme
des deux, 9 et 16, carrés de 3 et de 4, le triangle formé par ces
trois lignes sera rectangle, et aura 5 mètres pour hypoténuse.

Il en résulte que si trois cordes dont les longueurs sont composées de trois fois, quatre fois et cinq fois la même unité, sont
accouplées deux à deux par des anneaux, le triangle qu'elles formeront, les cordes étant tendues, sera rectangle.

9.

Cet instrument, propre à tracer sur le sol une droite perpendiculaire à une autre en un de ses points, pourra servir à calculer à peu près, soit la largeur d'une rivière, soit la distance à laquelle on est d'un point inaccessible. Il suffira de se placer sur une des

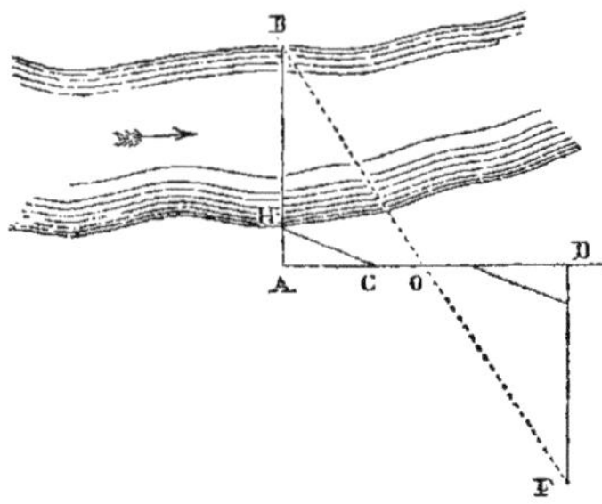

rives en A, vis-à-vis d'un point quelconque B, distinct sur l'autre bord.

Tendant le trianglede corde de manière à ce que le sommet de l'angle droit soit en A, et un des côtés dans la direction AB, l'autre côté AC de l'angle droit sera perpendiculaire à AB.

Si on prend sur AC prolongé une longueur quelconque AD, non disproportionnée avec AB, et qu'on remette de nouveau le triangle de corde en D dans la position indiquée sur la figure, la droite DF sera perpendiculaire à AD, et, par suite, parallèle à BA.

Si, prenant DF arbitraire, on vise le point B, et l'on constate la distance OD, les deux triangles semblables BAO, ODF, fourniront la proportion OD : OA :: DF : AB, dont les trois premiers termes mesurés permettront de calculer AB, qui, diminué de la distance AH, fournira la largeur BH. Cette opération, faite en l'absence d'instruments de précision, n'est certes pas rigoureuse, mais suffisamment exacte.

POLYGONES RÉGULIERS.

Proposition (42).

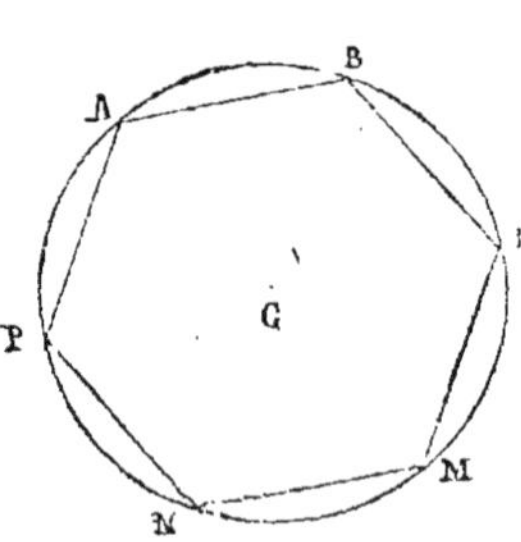

Si on joint par des droites les points M, N, P, A, B, D, auxquels une circonférence est supposée divisée en parties égales, le polygone ainsi formé aura ses côtés égaux, comme cordes qui soustendent des arcs égaux. Ses angles seront tous aussi de même grandeur, comme inscrits et comprenant entre leurs côtés des arcs de même longueur. Il existe donc des polygones à angles et côtés égaux, dont deux étaient déjà connus, le triangle équilatéral et le carré. Les polygones de cette nature se nomment réguliers, et il en existe de tout nombre de côtés. En effet, on peut toujours concevoir l'espace autour du centre de la circonférence partagé en un nombre quelconque d'angles égaux. Il suffira de joindre les extrémités des rayons qui opéreront ce partage, pour former un polygone régulier.

Réciproquement, on peut toujours conduire une circonférence par tous les sommets d'un polygone régulier.

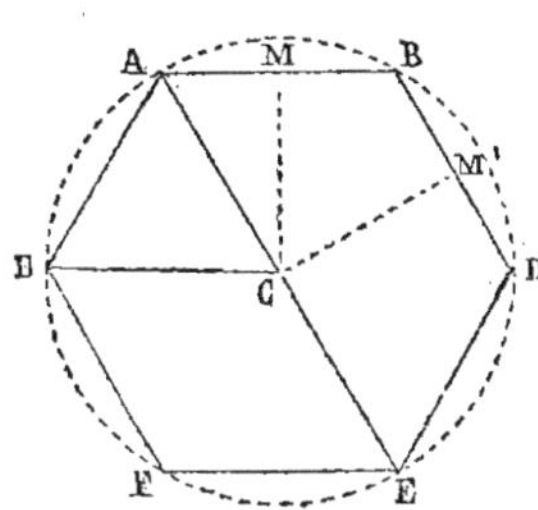

En élevant par les points milieux M et M' de deux côtés contigus deux perpendiculaires, le point de leur rencontre sera le centre, et CA le rayon d'une circonférence passant par les trois points A, B, D. Par suite de la régularité du polygone, les deux quadrilatères M'CED, M'CAB se superposeront, CM' servant de pli. Car M'D prendra la direction de M'B, en vertu de l'égalité des angles droits en M'. Le point D s'arrêtera en B, puisque M'D = M'B. DE prendra la direction BA en vertu de l'égalité supposée des angles en D et en B, et enfin le point E s'arrêtera en A, puisque DE = BA par hypothèse; donc CE = CA. La circonférence qui, décrite du point C avec CA pour rayon, devait, d'après la construction, passer par les trois points A, B, D, est donc assujettie à passer par le sommet suivant E, et, par suite, par tous.

Proposition (43).

On partage une circonférence en quatre parties égales en traçant deux diamètres perpendiculaires entre eux.

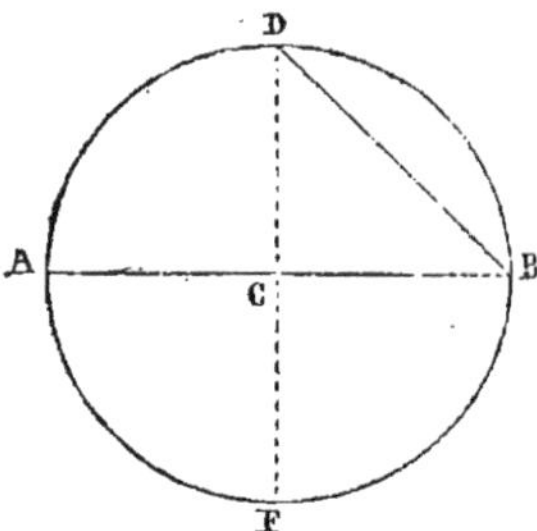

DB est le côté du carré inscrit, et le triangle rectangle DCB fournit l'égalité

$$DB^2 = 2R^2, \text{ d'où } \frac{DB}{R} = \sqrt{2}.$$

Ainsi, le rapport du côté du carré inscrit au rayon est égal à $\sqrt{2}$. Il est donc incommensurable. En divisant chacun des angles au centre en deux angles égaux, la circonférence sera partagée en huit arcs égaux, ainsi de suite. On sait donc partager une circonférence en un nombre de parties égales, déterminé par un des termes de la série 2, 4, 8, 16, etc.

Proportion (44).

Pour diviser une circonférence en six parties égales, supposons le problème résolu, et que l'arc AB soit la sixième partie de la circonférence.

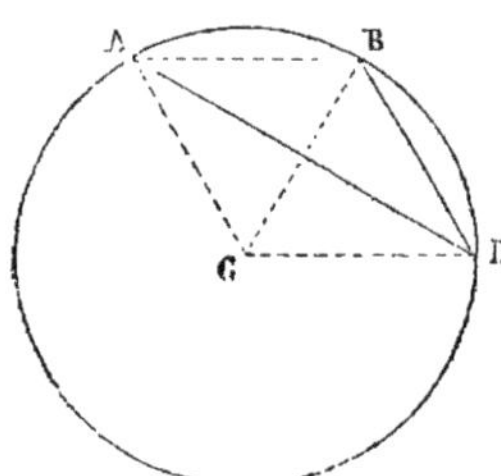

En joignant entre eux et au centre les points A et B, le triangle isocèle ACB aura son angle en C égal à $\frac{4^d}{6}$, ou $\frac{2^d}{3}$.

Les angles A et B vaudront donc aussi individuellement le tiers de 2^d, et par suite, étant équiangle, ce triangle sera aussi équilatéral ; donc $AB = R$.

Ainsi on est en droit de dire que le côté de l'hexagone régulier inscrit est égal au rayon, ou qu'on trouve l'arc sixième partie de la circonférence en traçant une corde de longueur égale au rayon ; l'arc sous-tendu est alors celui cherché.

Proposition (45).

Un polygone régulier a pour mesure de sa surface le produit de son contour par la moitié du rayon du cercle inscrit.

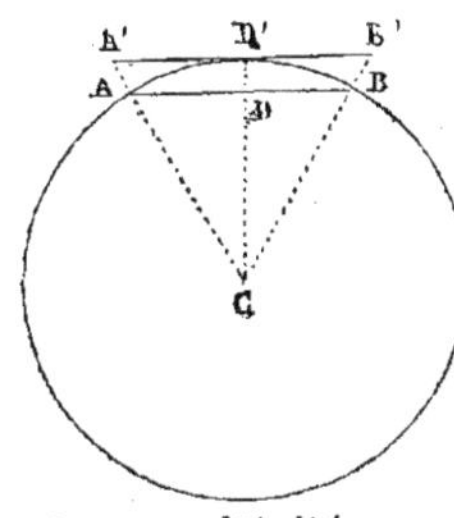

En effet, l'union du centre à tous les sommets décompose la surface en autant de triangles isocèles égaux qu'il y a de côtés. Or la surface de l'un d'eux a pour mesure $AB \times \dfrac{CD}{2}$; donc la somme de leurs surfaces sera égale à 6 fois $AB \times \dfrac{CD}{2}$, ou contour multiplié par $\frac{1}{2}$ apothème.

Le cercle a donc pour mesure son contour ou circonférence multiplié par demi-rayon.

La longueur d'une circonférence dépend uniquement de celle du rayon, et toutes les circonférences se composent avec leur rayon ou leur diamètre de la même manière. On a représenté par la lettre grecque π, le nombre décimal abstrait 3,14159, qui est celui par lequel on doit multiplier le diamètre ou 2R pour obtenir la circonférence. On écrit en conséquence circonférence $= \pi \times 2R$.

Comme on a surface cercle $=$ circonférence $\times \dfrac{R}{2}$, si on remplace circonférence par son expression, on obtient :

$$\text{surface cercle} = \pi \times 2R \times \frac{R}{2} = \pi R^2.$$

Proposition (16).

On a souvent besoin de construire une ligne droite égale en longueur à une circonférence.

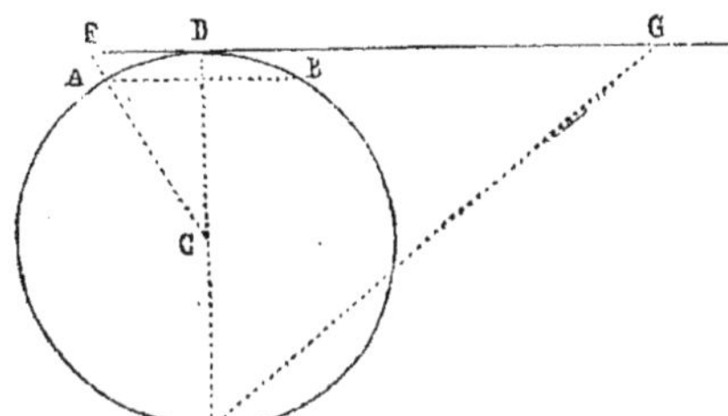

Soit donc CA le rayon d'une circonférence à développer. Soit pris AB égal au côté de l'hexagone régulier, et tracé le diamètre DH perpendiculaire à AB.

Si l'on conduit par le point D une tangente indéfinie terminée dans un sens au prolongement du rayon CA, et que l'on prenne FG égal à trois rayons, la droite qui unira le point G au point H aura une longueur sensiblement égale à la demi-circonférence.

Une circonférence de 4 mètres de rayon a pour longueur

$$3,14159 \times 2 \times 4^m = 25^m,13272.$$

Réciproquement, connaissant la longueur d'une circonférence, on peut se procurer la longueur de son rayon :

Car, d'après la formule circonf. $= \Pi \times 2R$, si on divise les deux membres par 2Π, on aura :

$$\frac{\text{circonf.}}{2\Pi} = R.$$

Exemple. D'après la définition du mètre, la circonférence de la terre est de $40,000000^m$. Si donc on divise ce nombre par $6,28318$, on trouve $6,366203$ mètres ou $636^{myriam.},6203$ pour longueur du rayon terrestre.

FIN DES ÉLÉMENTS DE LA GÉOMÉTRIE PLANE.

GÉOMÉTRIE DE L'ESPACE.

THÉORIE DES PLANS.

PRÉLIMINAIRES.

Une surface est dite plane, lorsqu'une ligne droite peut s'y appliquer exactement en tous sens. Les miroitiers, les marbriers, les ébénistes, dressent constamment de ces sortes de surfaces, et s'assurent de leur exactitude en y promenant en tout sens le tranchant d'une règle droite.

Dans tout ce qui va suivre il ne sera pas question de la grandeur de la surface, mais seulement de sa direction dans l'espace.

Une surface plane, d'après sa définition, peut toujours être conduite par une ligne droite, et occuper, en tournant autour d'elle, une infinité de positions, comme font les feuillets d'un livre. Mais si, dans ce mouvement de rotation, la surface rencontre un point immobile, elle se trouve fixée.

On dit, en conséquence, qu'une surface plane assujettie à contenir une droite et un point extérieur, est fixée de position.

Il en est de même si on l'oblige à renfermer, soit trois points non en ligne droite, soit deux droites qui se coupent.

Deux droites parallèles déterminent la position d'une surface plane.

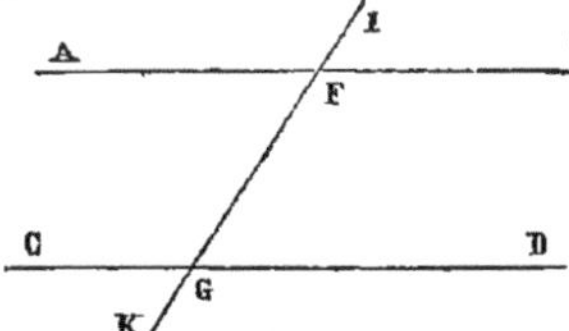

En effet, d'après la définition des droites parallèles, AB et CD sont dans un même plan, renfermant d'ailleurs les deux points F et G, et par suite la sécante IK. Il est donc fixé.

Les figures de cette partie de la géométrie, étant dans l'espace, ne peuvent être construites exactement à la règle et au compas; elles ne doivent donc être considérées que comme des dessins d'imitation.

Deux surfaces planes ont toujours pour lieu de leur rencontre une ligne qui est droite.

L'esprit admet facilement que la rencontre de deux surfaces est composée d'une suite de points. Le seul fait à constater, c'est que cette ligne est droite.

Et, en effet, s'il pouvait en être autrement, on aurait, en choisissant sur cette intersection trois points non en ligne droite, deux surfaces planes différentes, fixées par ces trois points; ce qui est contraire à ce qu'on a dit précédemment.

Trois surfaces planes se rencontrent généralement en un point.

En effet, deux d'entre elles ont pour rencontre une droite perçant généralement la troisième en un point qui est le seul renfermé à la fois dans les trois plans.

Il peut arriver que cette première droite ne rencontre pas le troisième plan, auquel cas il n'y aura pas d'intersection commune, comme aussi cette droite peut être renfermée dans le troisième plan, et par suite être commune aux trois.

On peut regarder une surface plane comme engendrée par une droite glissant parallèlement à elle-même le long d'une droite donnée.

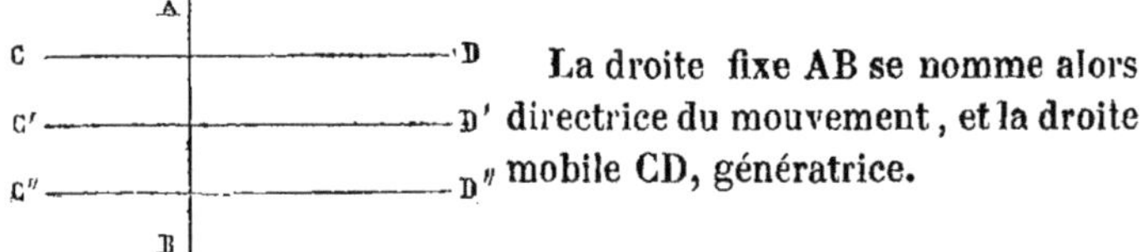

La droite fixe AB se nomme alors directrice du mouvement, et la droite mobile CD, génératrice.

POSITIONS DIVERSES D'UNE DROITE A L'ÉGARD D'UN PLAN.

Proposition (47).

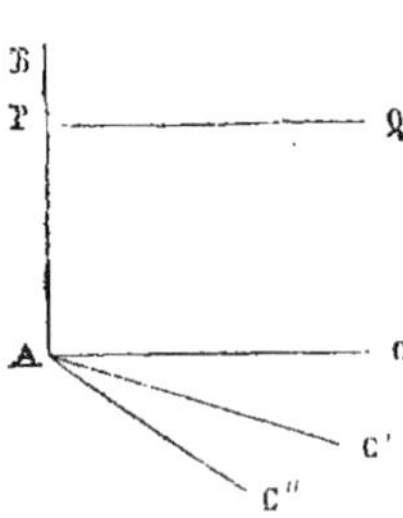

Si un angle droit BAC tourne autour de son côté immobile BA, le côté mobile prend les positions successives AC', AC'', et ne cesse pas d'être perpendiculaire à BA. On dit, en conséquence, qu'on peut élever dans l'espace une infinité de perpendiculaires à une droite BA en un de ces points, et que deux perpendiculaires PQ, AC' à la même droite peuvent n'être pas parallèles entre elles.

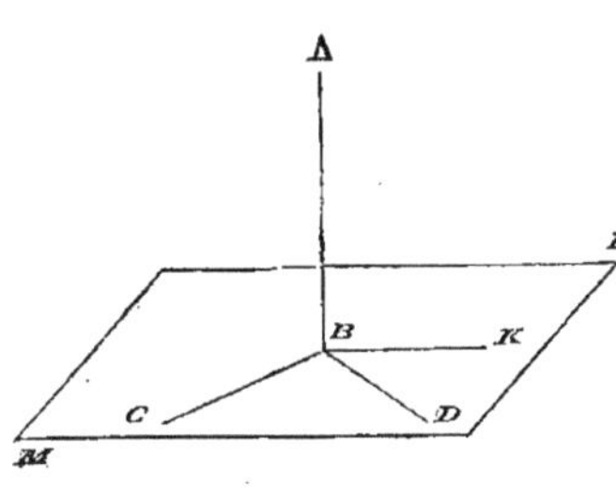

On nomme droite perpendiculaire à un plan une droite telle que AB, qui n'incline dans aucun sens par rapport à ce plan, et est par suite perpendiculaire à toutes les droites, telles que BC, BD, BK, qui passent par son pied dans ce plan.

Proposition (48).

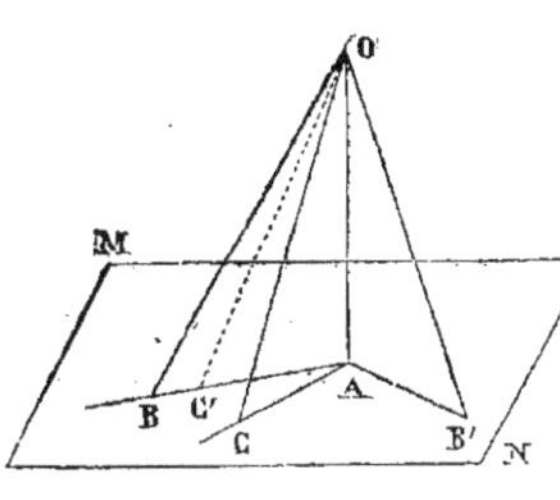

D'un point O placé hors d'un plan MN, on ne peut lui abaisser qu'une seule perpendiculaire. Des droites telles que OB, OC, sont dites obliques au plan.

Elles sont égales, si elles s'écartent également du pied A de la perpendiculaire ; et de deux obliques celle qui s'écarte le plus du pied de la perpendiculaire est la plus longue.

Proposition (49).

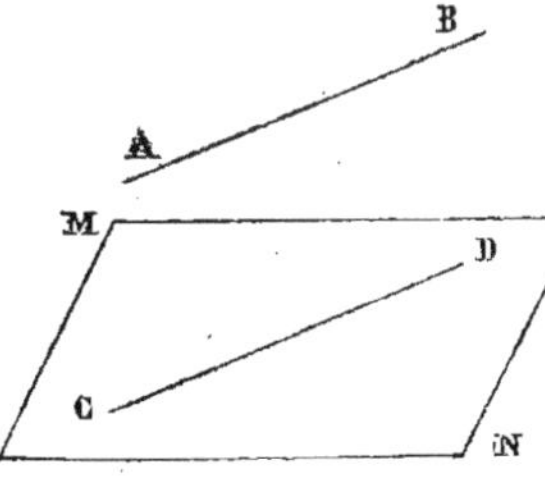

Une droite qui ne peut rencontrer un plan, quelque prolongés qu'on les suppose tous deux, est dite parallèle à ce plan.

Pour qu'une droite AB soit parallèle au plan MN, il faut et il suffit qu'elle soit parallèle à une droite CD de ce plan.

Proposition (50).

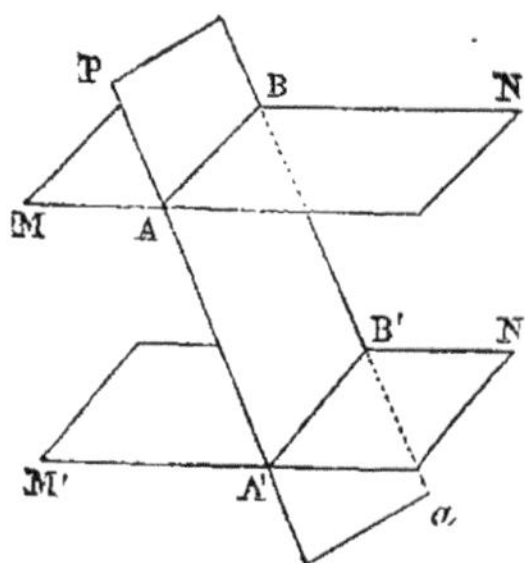

Les intersections AB, A'B', de deux plans parallèles MN, M'N', par un troisième PQ, sont deux droites parallèles entre elles.

Car la rencontre des droites AB, A'B', situées dans le plan PQ, entraînerait celle des plans MN, M'N', dans lesquels elles sont individuellement situées.

Proposition (51).

Deux plans parallèles ont leurs perpendiculaires communes.

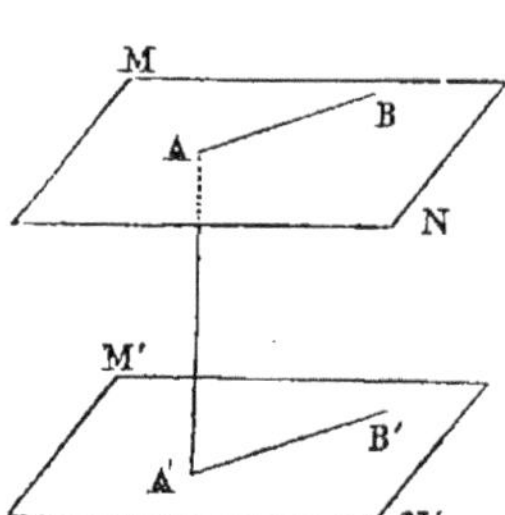

En effet, si on suppose les deux plans MN, M'N' parallèles entre eux, et la droite A'A perpendiculaire au plan MN, elle sera perpendiculaire à toute droite AB de ce plan.

Le plan des deux droites BA, AA, coupera M'N' suivant A'B' parallèle à AB, proposition (50).

La droite AA' est donc perpendiculaire à toute droite du plan M'N'. C. Q. F. D.

Proposition (52).

Deux droites parallèles comprises entre plans parallèles sont égales.

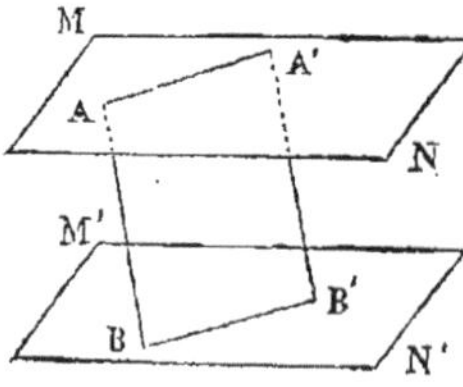

En effet, les droites AA', BB', intersections des plans parallèles MN, M'N', par le plan des droites AB, A'B', seront parallèles, proposition (50). La figure ABB'A' est donc un parallélogramme, et par suite AB = A'B'. C. Q. F. D.

Proposition (53).

Deux plans renfermant deux angles à côtés respectivement parallèles sont parallèles.

Proposition (54).

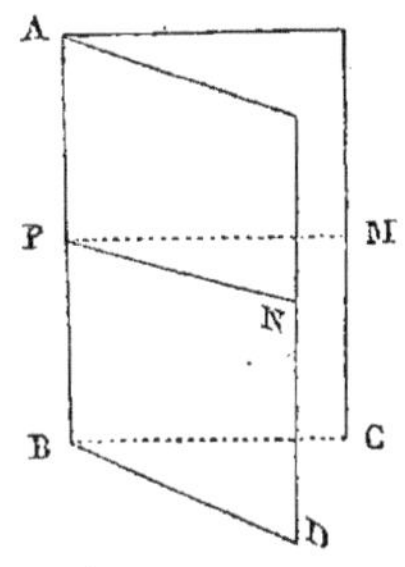

L'inclinaison mutuelle de deux plans qui se coupent suivant AB, se nomme angle dièdre ou simplement dièdre.

On se fait une idée exacte de sa grandeur, en traçant sur chacune des deux faces les droites PM, PN, perpendiculaires au même point P de l'arête.

L'angle rectiligne MPN, image fidèle de la grandeur du dièdre, sert à le remplacer, et se nomme son rectiligne.

S'il est droit, les deux plans sont dits perpendiculaires l'un à l'autre.

Cet angle MPN est celui que les charpentiers forment avec l'instrument nommé fausse équerre, dont ils ont bien le soin de diriger les côtés perpendiculairement à l'insertion AB.

Proposition (55).

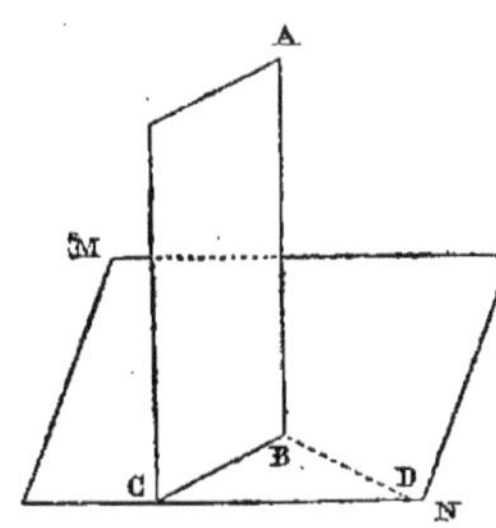

Lorsqu'une droite AB est perpendiculaire à un plan MN, tout plan AC qu'on fait glisser le long de AB est perpendiculaire au plan MN.

Car, en élevant en B une perpendiculaire à BC dans le plan MN, le rectiligne ABD sera droit, puisque AB est supposé perpendiculaire au plan MN, et par conséquent à BD qui y est située. Le dièdre est donc droit. C'est ainsi qu'un plan passant par la verticale, direction du fil à plomb, est vertical, c'est-à-dire perpendiculaire au plan horizontal, surface des eaux tranquilles au lieu où l'on se trouve.

Proposition (56).

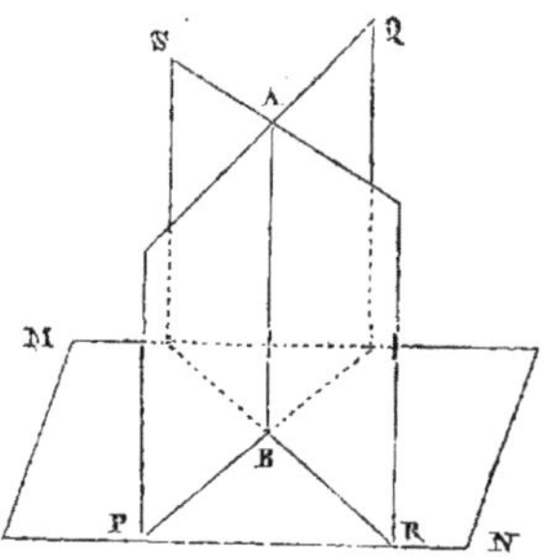

Lorsque deux plans PQ, RS, qui se coupent suivant une droite AB, sont tous deux perpendiculaires au plan MN, leur droite AB d'intersection est perpendiculaire à ce plan.

GÉOMÉTRIE DE LA SPHÈRE.

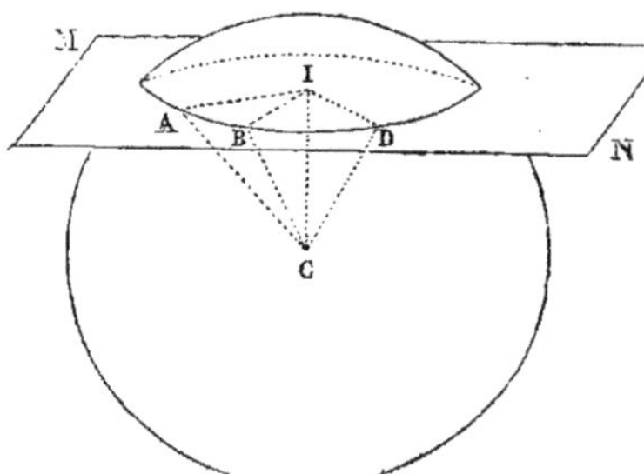

On nomme sphère le volume engendré par un demi-cercle tournant autour de son diamètre. La demi-circonférence engendre la surface de la sphère, dont tous les points sont équidistants du centre.

Dans cette partie de la géométrie, on conçoit les figures tracées sur un tableau sphérique, et participant de sa courbure.

Proposition (57).

Toute section faite dans la surface de la sphère par un plan est une circonférence.

En effet, si on conçoit une perpendiculaire abaissée du centre C sur le plan MN, et son pied I joint et au centre C et à différents points de la courbe d'intersection, les triangles CIA, CIB, CID seront égaux comme étant rectangles, ayant le côté CI commun, et les hypoténuses CA, CB, CD égales comme rayons de la même sphère. La ligne d'intersection étant plane, et ayant tous ses points équidistants d'un point intérieur, est donc une circonférence.

Corollaire. La perpendiculaire abaissée du centre de la sphère sur le plan d'une section passe par son centre; et réciproquement la perpendiculaire élevée au plan d'une section en son centre passe par le centre de la sphère.

Si le plan sécant est conduit par le centre de la sphère, le rayon de la section est celui de la sphère. Cette section, la plus grande de celles que l'on puisse effectuer, se nomme, par cette raison, circonférence de grand cercle. Jamais sur une sphère deux grands cercles ne peuvent avoir leurs plans parallèles, ou être parallèles. Le grand cercle est à la sphère ce que le diamètre est à la circonférence : il divise la sphère et sa surface en deux parties égales.

Si le plan sécant ne passe pas par le centre de la sphère, la circonférence détachée est dite de petit cercle. Il y a des circonférences de petit cercle de toute grandeur sur une sphère, depuis le rayon zéro jusqu'au rayon égal à celui de la sphère.

Le petit cercle est à la sphère ce que la corde est à la circonférence.

Par deux points pris sur la surface sphérique, il peut passer une foule de plans, et, par suite, de circonférences de petit cercle. On ne peut les joindre que par une circonférence de grand cercle, ces deux points et le centre de la sphère fixant la position d'un plan unique.

Ce principe souffre une exception. Lorsque les deux points donnés sont situés aux extrémités d'un diamètre, on peut les joindre par une infinité de circonférences de grand cercle; et leur union au moyen d'une circonférence de petit cercle est impossible.

Proposition (58).

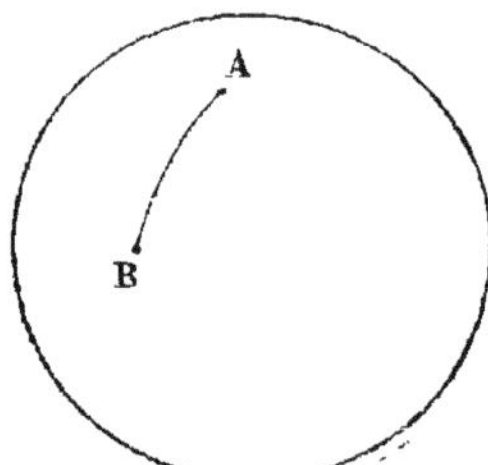

Le plus court chemin d'un point à un autre sur la surface de la sphère est l'arc de grand cercle qui les réunit; et l'on sait qu'il n'y en a qu'un plus petit qu'une demi-circonférence, et qu'on a l'habitude de nommer la distance entre les deux points.

THÉORIE DES POLES.

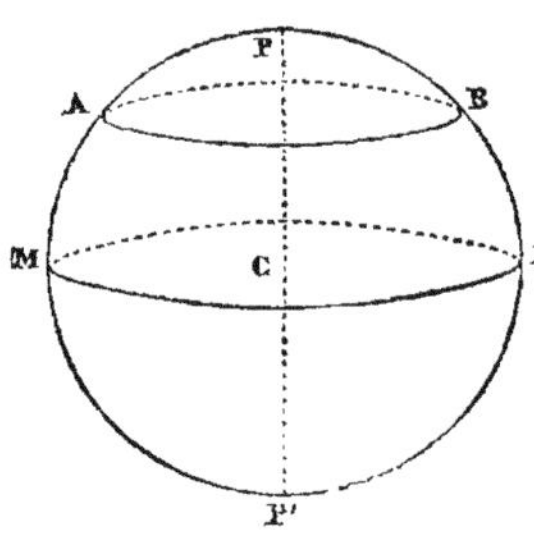

On nomme axe d'un cercle, grand ou petit, le diamètre de la sphère perpendiculaire à son plan.

Les extrémités de l'axe d'un cercle se nomment les pôles de ce cercle.

Ainsi les points P et P′ sont les pôles du petit cercle AB, et aussi les pôles du grand cercle MN, dont le plan est parallèle à celui de AB.

Proposition (59).

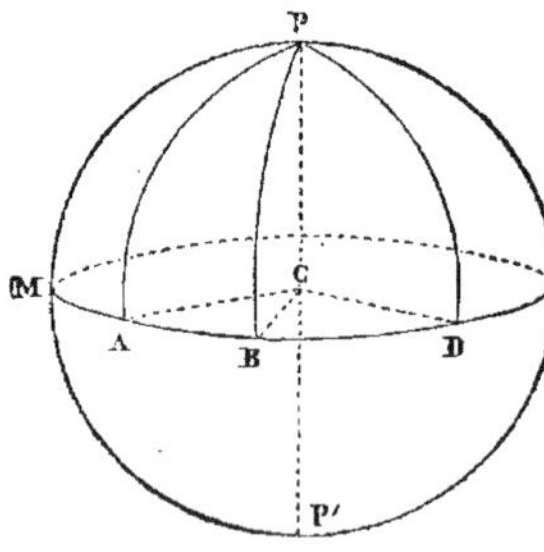

Chaque pôle d'un grand cercle est distant d'un quadrant de tous les points de sa circonférence, mesure prise sur la surface de la sphère.

En effet, les angles PCA, PCB, PCD, étant droits, les arcs PA, PB, PD, qui leur servent de mesure, sont nécessairement des quadrants.

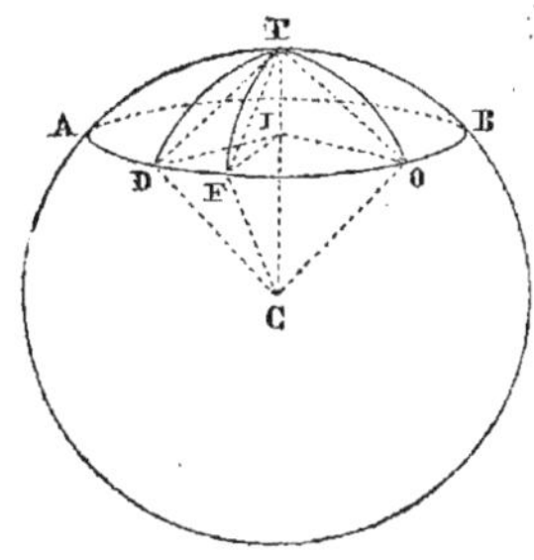

Chaque pôle d'un petit cercle est équidistant de tous les points de sa circonférence. Cette distance n'est pas d'un quadrant.

En effet, en joignant trois points quelconques, D, F, O, de la circonférence du petit cercle à son centre, et ces mêmes points au pôle P, on forme trois triangles rectangles PID, PIF, PIO, égaux, comme ayant un angle égal compris entre côtés respectivement égaux; les hypoténuses PD, PF, PO, sont donc égales; mais elles sont les cordes des arcs de grand cercle PD, PF, PO ; donc ces arcs sont égaux.

THÉORIE DE L'ANGLE SPHÉRIQUE.

L'angle sphérique est formé par deux arcs de grand cercle, prolongés jusqu'à un de leurs points de rencontre.

La différence essentielle qui existe entre l'angle rectiligne et l'angle sphérique, c'est que dans le premier les côtés s'éloignent l'un de l'autre sans retour, tandis que les côtés de l'angle sphérique, suffisamment prolongés, se rencontrent de nouveau, et forment un nouvel angle sphérique égal au premier.

Proposition (60).

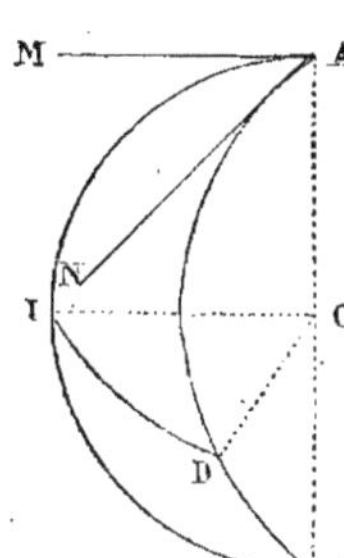

En conduisant au point A, sommet d'un angle sphérique, deux tangentes AM, AN, aux deux arcs qui le forment, l'angle de ces deux tangentes sera le même que l'angle sphérique ; car la circonférence pouvant être considérée comme un polygone régulier d'un nombre infini de côtés, la tangente est le prolongement de l'élément de la circonférence.

Mais ces droites AM, AN, contenues dans les plans AIA', ADA', et perpendiculaires au point A de l'arête AA', forment le rectiligne du dièdre AIA'D.

On peut donc dire que l'angle sphérique peut être regardé comme étant le dièdre formé par les plans de ses deux côtés.

Mais le rectiligne du dièdre pouvait se former au centre C, et ce nouvel angle ICD a pour mesure l'arc ID de grand cercle, dont le point A est le pôle, puique les arcs AI, AD, sont des quadrants comme étant les mesures des angles droits ACI, ACD.

On peut donc dire,

1° Qu'un angle sphérique est égal à l'angle rectiligne formé par deux tangentes conduites par son sommet aux deux arcs de grand cercle qui le forment ;

2° Qu'un angle sphérique a pour mesure l'arc de grand cercle compris entre ses côtés, et décrit de son sommet comme pôle;

3° Qu'un angle sphérique a pour mesure l'arc de grand cercle unissant les extrémités de ses côtés prolongés jusqu'à longueur de quadrant.

PLAN TANGENT.

On nomme plan tangent à la surface sphérique, un plan qui n'a avec cette surface qu'un point commun, quelque prolongé qu'on le suppose.

Proposition (61).

Tout plan perpendiculaire à l'extrémité du rayon est tangent à la sphère.

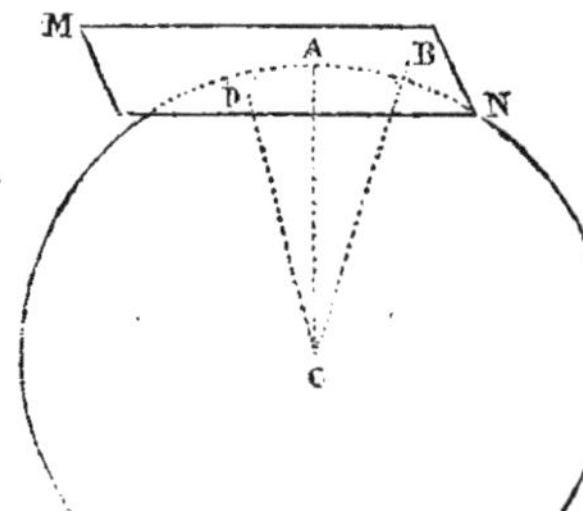

En effet, soit le plan MN perpendiculaire au point A, extrémité du rayon CA. Toute droite CB, unissant le centre à un point quelconque B du plan MN, sera une oblique au plan ; elle sera donc plus longue que CA, rayon de la sphère, et, par suite, le point B quelconque du plan sera extérieur à la sphère.

Réciproquement, si le plan MN est supposé tangent en A, il sera perpendiculaire au rayon CA.

En effet, s'il en était autrement, on pourrait conduire la perpendiculaire CD au plan. Elle serait plus courte que CA, ou le rayon ; le prétendu plan tangent entrerait donc dans la sphère.

TRIANGLES SPHÉRIQUES.

On nomme triangle sphérique la partie de la surface de la sphère comprise entre trois arcs de grand cercle prolongés jusqu'à leurs points de rencontre.

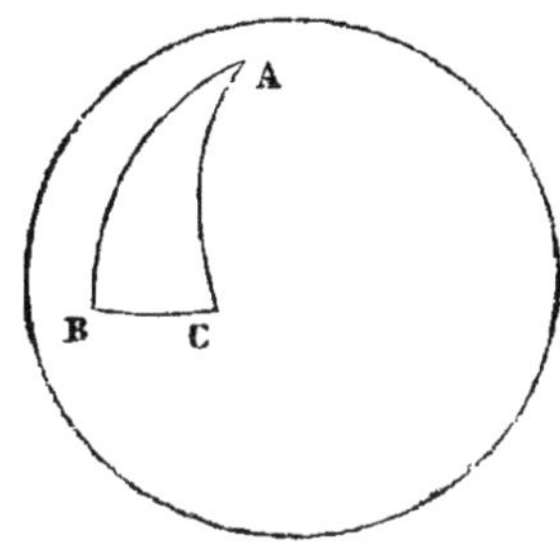

Ainsi ABC est un triangle sphérique, composé, comme le triangle rectiligne, de trois côtés et de trois angles.

Chacun des trois côtés est plus petit que la somme des deux autres, et la somme des trois côtés est toujours moindre qu'une circonférence entière de grand cercle.

La somme des trois angles a toujours une valeur supérieure à deux angles droits, ce qui fait que deux des angles d'un triangle sphérique peuvent être individuellement droits.

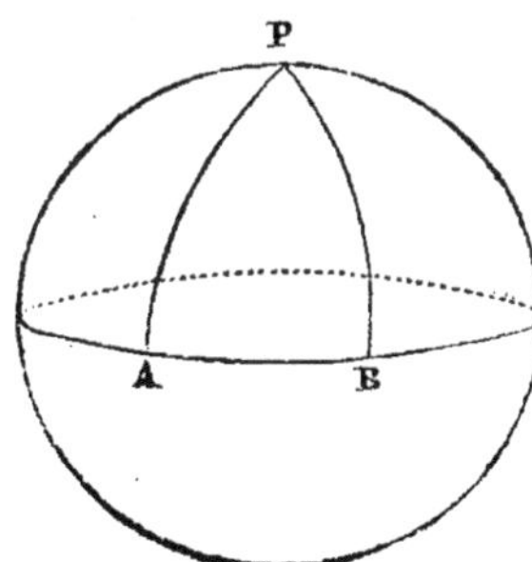

Tels les deux angles A et B du triangle sphérique PAB, dont les hypoténuses PA et PB sont alors de longueur de quadrant.

Les trois angles pourraient aussi être individuellement droits. Alors le triangle prend le nom de trirectangle, et est la huitième partie de la surface de la sphère.

Proposition (62).

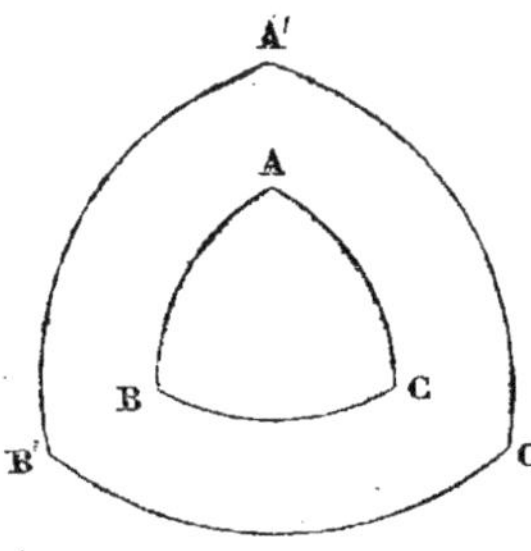

Si des trois sommets A, B, C, d'un triangle sphérique, pris pour pôles, on décrit trois arcs de grand cercle A′B′, A′C′, B′C′, on forme un nouveau triangle sphérique A′B′C′, nommé polaire du premier, parce que ses sommets A′, B′, C′ sont forcément, par la nature de la construction, les pôles des côtés du premier.

Il porte en outre le nom de supplémentaire du premier, parce que le nombre de degrés de chacun de ses côtés est supplément de celui de chaque angle opposé du premier.

Et aussi le nombre de degrés de chacun de ses angles est supplément du nombre des degrés de chacun des côtés opposés du premier.

Le triangle supplémentaire d'un triangle donné ne l'enveloppe pas toujours. Il faut, pour que cela soit, que chacun des côtés du premier soit moindre que 90°.

ÉLÉMENTS

DE

TRIGONOMÉTRIE.

(1) La trigonométrie a pour but principal d'établir des combinaisons de calcul entre les angles et les côtés des figures.

On ne peut y parvenir qu'à l'aide de conventions qui permettent de substituer aux angles certains rapports de lignes droites qui les caractérisent.

La mesure connue des angles, au moyen des arcs, ne saurait être utilisée, par suite de l'impossibilité où l'on est de mêler ensemble des unités de natures différentes.

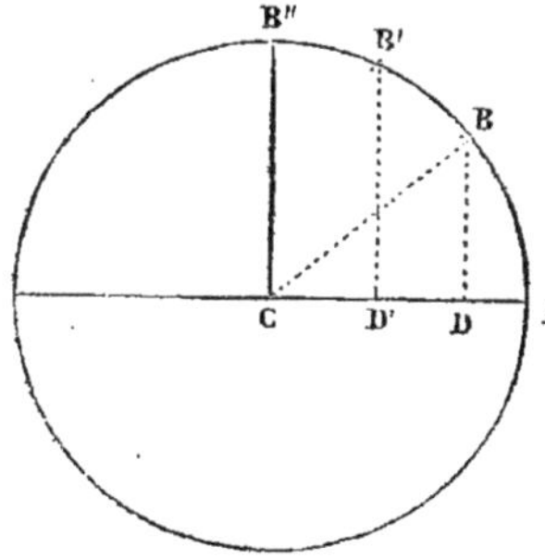

On nomme sinus de l'arc AB, mesure de l'angle BCA, la perpendiculaire BD abaissée d'une des extrémités B de l'arc sur le rayon CA, passant par l'autre extrémité du même arc.

Si l'arc grandit et devient AB′, le sinus augmente et devient B′D′.

On voit que cet accroissement progressif du sinus se prolonge jusqu'au moment où, l'angle devenant droit, le sinus atteint une longueur CB″ égale au rayon.

A partir de cet instant, le sinus va diminuer à mesure que l'arc augmentera ou que l'angle s'ouvrira, et redeviendra presque nul, comme à la naissance de l'arc, lorsque celui-ci sera très-voisin d'une demi-circonférence.

On peut donc établir les trois relations

$$\text{sin. } 0° = 0,$$
$$\text{sin. } 90° = R,$$
$$\text{sin. } 180° = 0.$$

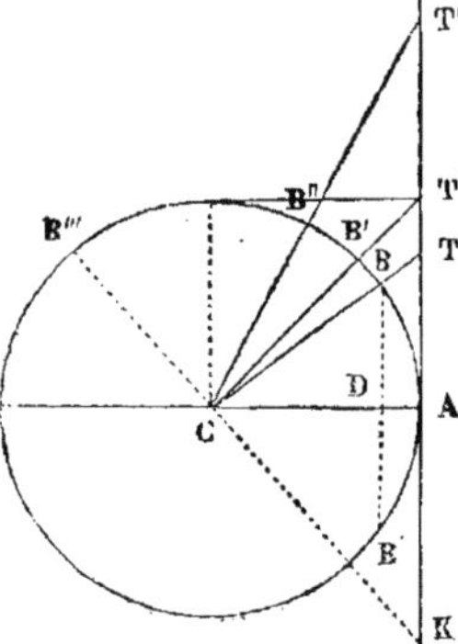

(2) On voit qu'en prolongeant le sinus BD jusqu'en B′, la corde BD′ sous-tend l'arc BAB′, double de BA.

On peut donc dire que le sinus d'un arc est la moitié de la corde qui sous-tend un arc double.

Si donc l'arc AB était de 30°, celui BAB′ serait de 60°, ou la sixième partie de la circonférence. Alors BDB′, côté de l'hexagone régulier inscrit, serait égal au rayon. Donc BD ou sin. 30° est égal à la moitié du rayon.

Les trois relations sin. 0° = 0, sin. 30° = $\dfrac{R}{2}$, sin. 90° = R, font reconnaître que la ligne nommée sinus ne croît pas proportionnement à l'arc ou à l'angle, et, par suite, ne saurait servir à le mesurer.

(3) Une droite telle que AT, élevée perpendiculairement à l'extrémité du rayon, et terminée au prolongement du rayon CB, a reçu le nom de tangente de l'angle BAD, ou de son arc BA.

On voit, 1° que cette nouvelle ligne, toujours parallèle au sinus, est nulle à l'origine A, ou lorsque l'angle est nul lui-même; 2° que, très-petite à la naissance, elle grandit avec lui, et prend la longueur AT′ égale au rayon lorsqu'il atteint 45°; 3° qu'à partir de cet instant, elle croît très-rapidement, et atteint enfin la limite infinie à l'instant où l'arc devient droit, puisqu'à ce moment elle ne peut plus être limitée par le rayon CB prolongé, qui lui est devenu parallèle.

Si l'arc dépasse 90°, la tangente, d'après sa définition, devient la droite AK, comptée en sens inverse des précédentes.

Pour introduire dans le calcul ce changement de sens, on a attribué par convention le signe + aux tangentes des arcs aigus, et le signe — à celles des arcs obtus.

On peut donc établir les relations suivantes :

$$\text{tang. } \quad 0° = 0.$$
$$\text{tang. } 45° = R.$$
$$\text{tang. } 90° = \text{infini.}$$
$$\text{tang. d'un arc obtus, négative.}$$
$$\text{tang. } 180° = 0.$$

(4) La distance du sommet de l'angle à l'extrémité de la tangente trigonométrique reçoit le nom de sécante.

Égale au rayon lorsque l'angle est nul, elle grandit avec lui, et devient infinie en même temps que la tangente, puis reprend une valeur finie lorsque l'angle passe de droit à obtus.

Mais comme elle se compte dans des directions sans cesse variables, on ne peut lui attribuer de signe comme aux tangentes, car ce serait appliquer la même convention à des choses qui ne sont pas analogues.

(5) Tout angle est lié à un second angle, nommé son complément, par une relation telle, que si le premier est désigné par la lettre a, son complémentaire sera nécessairement représenté par $90° - a$.

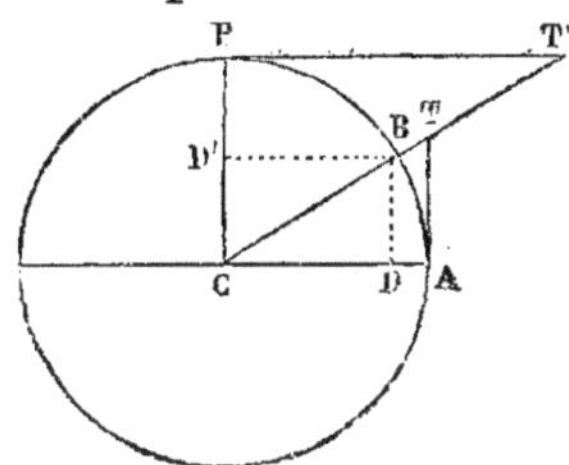

L'angle BCA a pour complémentaire celui PCB, possédant, comme le premier, ses trois lignes trigonométriques, savoir, son sinus BD', sa tangente T'P, sa sécante T'C.

Ces trois lignes s'attribuent au premier angle sous les noms de cosinus, cotangente, cosécante, du premier.

On dit en conséquence qu'un angle BCA possède six lignes trigonométriques, trois principales et trois secondaires, savoir :

$$\text{BD} \ldots \ldots \text{ sinus.}$$
$$\text{AT} \ldots \ldots \text{ tangente.}$$
$$\text{CT} \ldots \ldots \text{ sécante.}$$
$$\text{BD'} \ldots \ldots \text{ cosinus.}$$
$$\text{T'P} \ldots \ldots \text{ cotangente.}$$
$$\text{T'C} \ldots \ldots \text{ cosécante.}$$

On voit, 1° que le sinus se compte toujours dans le même sens, que l'angle soit aigu ou obtus: aussi fait-on toujours précéder cette ligne trigonométrique du signe $+$;

2° Que la tangente a le signe $+$ pour les angles aigus, et le signe $-$ pour ceux obtus;

3° Qu'on ne peut attribuer les mêmes signes de convention aux sécantes;

4° Que le cosinus égal à la distance CD du centre au pied du sinus est positif ou compté à droite pour les angles aigus, et négatif ou compté dans le sens inverse pour les angles obtus;

5° Que la cotangente parallèle au cosinus, de même que les deux lignes sinus et tangentes l'étaient, portent toujours simultanément le même signe;

6° Qu'enfin les cosécantes ne rentrent pas plus que les sécantes, et par la même raison, dans la convention des signes.

(6) En résumant donc ce qui a été dit précédemment, on peut dresser le tableau suivant :

$$\text{sin. } 0° = 0, \qquad \text{tang. } 0° = 0, \qquad \text{séc. } 0° = R,$$
$$\text{sin. } 30° = \frac{R}{2}, \qquad \text{tang. } 45° = R,$$
$$\text{sin. } 90° = R, \qquad \text{tang. } 90° = \text{infini, séc. } 90° \text{ infini,}$$
$$\text{cos. } 0° = R, \text{ cot. } 0° = \text{infini,} \qquad \text{coséc. } 0° = \text{infini,}$$
$$\text{cos. } 60° = \frac{R}{2}, \text{ cot. } 45° = R,$$
$$\text{cos. } 90° = 0, \text{ cot. } 90° = 0, \qquad \text{coséc. } 90° = R,$$

sin. de 90° à 0 $=$ de R à 0, tang. de 90° à 180° négative dep. infini jusqu'à zéro,

$$\text{sin. } 180° = 0, \qquad \text{tang. } 180° = 0,$$

cos. de 90° à 180° négatif et croissant de zéro à R,

$$\text{cos. } 180° = -R, \text{ cot. } 180° = -\text{ infini.}$$

$$\text{cos. } a = \text{sin. } (90° - a), \qquad \text{cot. } a = \text{tang. } (90° - a),$$
$$\text{coséc. } a = \text{séc. } (90° - a).$$

(7) La figure fait voir, 1° que le rayon est l'hypoténuse d'un triangle rectangle ayant pour côtés de l'angle droit le sinus et le cosinus;

2° Que la sécante est l'hypoténuse d'un triangle rectangle dont le rayon et la tangente sont les côtés de l'angle droit;

3° Que la cosécante est l'hypoténuse d'un triangle rectangle dont la cotangente et le rayon sont les deux côtés de l'angle droit.

Appliquant donc à chacun de ces triangles le théorème de géométrie connu sous le nom de carré de l'hypoténuse, on aura

$$R^2 = \sin.^2 + \cos.^2, \text{ et aussi } \cos.^2 = R^2 - \sin.^2, \cos. = \sqrt{R^2 - \sin.^2},$$
$$\sec.^2 = R^2 + \tang.^2,$$
$$\cosec. = R^2 + \cot.^2.$$

Elles s'énoncent ainsi :

Le carré du rayon est égal au carré du sinus, augmenté de celui du cosinus ;

Le cosinus est égal à la racine carrée du carré du rayon, diminué du carré du sinus ;

Le carré de la sécante est égal au carré du rayon, augmenté de celui de la tangente ;

Le carré de la cosécante est égal au carré du rayon, augmenté de celui de la cotangente.

(8) Ayant comparé les lignes trigonométriques d'un angle à celles de son complément, il est naturel de chercher leurs relations de grandeur et de sens avec celles de l'angle supplémentaire.

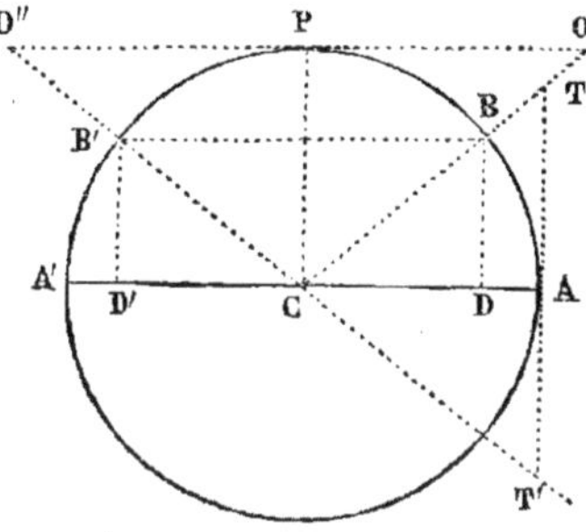

Pour atteindre le but qu'on se propose, il est nécessaire de compter les arcs de la même manière, c'est-à-dire dans le même sens, et à partir du même point A nommé origine des arcs.

Soit donc AB un arc. Son supplément, compté dans le même sens à partir du même point A, sera l'arc ABB', obtenu en conduisant par le point B une parallèle BB' au diamètre AA' passant par l'origine ; car les arcs AB, A'B' sont égaux comme compris entre droites parallèles ; et puisque ABB' + B'A' = $\frac{1}{2}$ cir. ou 180°, de même AB + ABB' = 180°.

Les lignes trigonométriques de l'arc AB sont........		Les lignes trigonométriques de l'arc ABB' sont........	
sinus,	BD.	sinus,	B'D'.
tangente,	AT.	tangente,	AT'.
sécante,	CT.	sécante,	CT'.
cosinus,	CD.	cosinus,	CD'.
cotang^te,	PO.	cotang^te,	PD''.
cosécante,	CO.	cosécante,	CD''.

Or, les égalités des triangles BCD, B'C'D',

TCA, T'CA,

PCO, PCD",

permettent de reconnaître que, 1° les deux sinus sont **égaux** et de même signe;

2° Les deux tangentes égales et de signes contraires;

3° Les deux cosinus égaux et de signes contraires;

4° Les deux cotangentes égales et de signes contraires.

Quant aux sécantes et aux cosécantes, on reconnaît qu'elles sont égales deux à deux; mais ces lignes n'étant pas, comme les précédentes, soumises à la convention des signes, on ne peut leur appliquer les mêmes conclusions qu'aux quatre précédentes, les seules usuelles.

Si un angle est représenté par a, son supplément le sera par $180° - a$, et par suite les résultats suivants donnent naissance aux quatre formules

$$\sin. a = \sin. (180° - a),$$
$$\cos. a = -\cos. (180° - a),$$
$$\tan. a = -\cot. (180° - a),$$
$$\cot. a = -\cot. (180° - a).$$

(9) Les six lignes trigonométriques d'un angle sont liées entre elles par des relations qui permettent de les déduire toutes de la connaissance d'une d'entre elles.

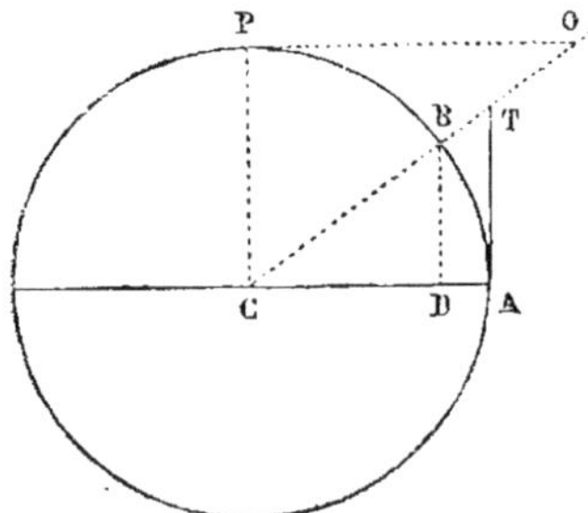

En effet, les deux triangles CDB, CAT, sont semblables, leurs angles étant respectivement égaux. Il en est de même des triangles PCO, CBD, qui, rectangles tous deux, ont leurs angles POC, BCD, égaux comme alternes internes. En comparant les côtés homologues des deux premiers, on obtiendra CD : CA :: DB : AT, ou, en substituant à chacun de ces termes sa signification trigonométrique, cos. : R :: sin : tang.;

$$\text{d'où } \tang. = R \times \frac{\sin.}{\cos.},$$

$$CB : CD :: CT : CH,$$

$$\text{ou } R : \cos. :: \sec. : R ; \quad \text{d'où } \sec. = \frac{R^2}{\cos.};$$

en comparant les triangles TCO, BCD,

$$CP : BD :: PO : CD,$$

$$\text{ou } R : \sin. :: \cot. : \cos.; \quad \text{d'où } \cot. = R \times \frac{\cos.}{\sin.};$$

$$CP : BD :: CO : CB,$$

$$\text{ou } R : \sin. :: \cosec. : R ; \quad \text{d'où } \cosec. = \frac{R^2}{\sin.}.$$

En unissant à ces formules celle déjà trouvée, $\cos. = \sqrt{R^2 - \sin.^2}$, on voit qu'il suffit de connaître le rayon et le sinus d'un angle pour en déduire les cinq autres lignes trigonométriques par des formules qui s'énoncent ainsi :

Le cosinus d'un angle est égal à la racine carrée du carré du rayon, diminué du carré du sinus ;

La tangente d'un angle est égale au quotient que l'on obtient en divisant par le cosinus le produit du rayon par le sinus ;

La sécante d'un angle est égale au quotient que l'on obtient en divisant par le cosinus le carré du rayon ;

La cotangente d'un angle est égale au quotient que l'on obtient en divisant par le sinus le produit du rayon par le cosinus.

La cosécante d'un angle est égale au quotient obtenu en divisant par le sinus le carré du rayon.

(10) Les lignes nommées trigonométriques sont propres à caractériser les angles, à la condition de ne pas les employer isolément, mais d'utiliser leurs rapports avec le rayon.

Ce principe sera démontré, s'il est possible de constater qu'à un angle il ne répond qu'une valeur de $\dfrac{\sin us}{R}$, et que, réciproquement à une valeur donnée de $\dfrac{\sin.}{R}$, il ne correspond qu'un angle, et si l'on peut étendre la démonstration aux rapports $\dfrac{\tang.}{R}$, etc.

Or, si un angle BCA étant donné, on décrit entre ses côtés les
arcs de rayons différents BA, B'A', les sinus
BD, B'D' correspondants feront partie de deux
triangles semblables BCD, B'CD', qui fourniront
entre leurs côtés homologues la proportion

$$BD : BC :: B'D' : B'C.$$

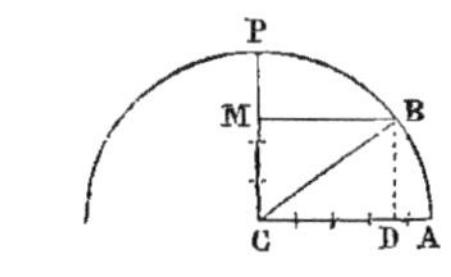

Le rapport du premier sinus à son rayon étant
égal à celui du second sinus à son rayon, il en résulte que ce
rapport est constant pour un même angle. Il est d'ailleurs variable
avec l'angle, puisque, ce dernier changeant, le sinus se modifiera,
bien qu'on ne change pas le rayon.

Réciproquement. Soit $\frac{3}{5}$ le rapport donné du sinus d'un angle
inconnu à son rayon : si l'on décrit une circonférence avec un rayon
composé de cinq parties quelconques, mais égales, et qu'on en
prenne trois à partir du centre sur le rayon vertical, l'angle BCA,

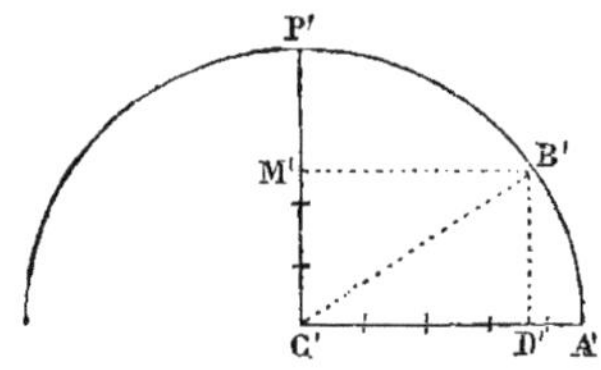

déterminé en unissant au centre le
point B, extrémité de la parallèle
MB à CA, sera bien tel que le
rapport de BD à BA sera égal
à $\frac{3}{5}$.

En renouvelant la même construction avec un rayon C'A' plus
grand que le précédent, le nouvel
angle B'C'A' ainsi déterminé est
égal au premier.

Car les deux triangles BCD,
B'C'D' sont semblables, puisque,
rectangles tous deux, ils sont assujettis à la proportion

$$CB : C'B' :: BD : B'D',$$

le premier de ces rapports étant, par suite de la construction, égal $\frac{5}{3}$
comme le second.

Une démonstration analogue pourrait s'appliquer au rapport
de tangente à rayon. Les lignes nommées cosinus et cotangentes
étant des sinus et tangentes d'angles, jouiront des mêmes propriétés
que les précédentes.

(11) Pour dresser un tableau des nombres abstraits, rapports des sinus successifs à rayon, on conçoit qu'on puisse, après avoir divisé un quart de circonférence OP en degrés, par exemple, abaisser des perpendiculaires, sur le rayon vertical CP, des différents points de division.

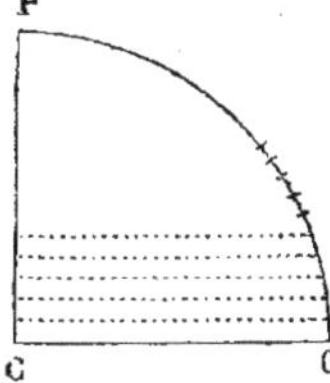

Les parties du rayon CP comprises entre le centre et le pied de ces perpendiculaires, seront les longueurs des sinus de degré en degré.

Si donc le rayon a été préalablement divisé en 1000 parties égales, et qu'un de ces sinus en contienne 237, le rapport de ce sinus à son rayon sera $\frac{237}{1000}$, à moins de 1 millième.

On voit que l'exactitude de ce procédé dépendra du soin du dessinateur et de la grandeur du rayon, qu'il faudra prendre tel, que sa division en un très-grand nombre de parties égales soit une opération exécutable.

Une fois cette table dressée, on en déduira les autres par les formules du n° 9.

Mais on voit que chaque rapport calculé de sinus à R, tel que

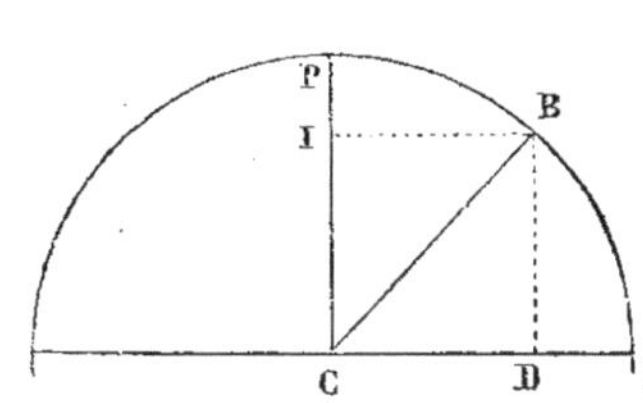

$\frac{BD}{BC}$, est le même que celui $\frac{CI}{CB}$. Or, si l'arc AB est de 40° par ex., PB est de 50°, et $\frac{BD}{BC}$ exprime $\sin.\frac{40°}{R}$, de même que $\frac{CI}{CB}$ exprime $\cos.\frac{50°}{R}$.

C'est ce qui fait dire que chaque sinus calculé fait connaître le cosinus de l'arc complémentaire.

Donc, lorsqu'on aura calculé le rapport de sinus à rayon de zéro degré à 45°, on connaîtra les rapports de cosinus à rayon pour tous les arcs compris depuis 90° jusqu'à 45°.

C'est par suite de cette observation qu'on s'est borné à calculer directement une table de sinus de 0° à 45°; on en déduit celle des cosinus entre les mêmes limites, à l'aide de la formule

$$\cos. = \sqrt{R^2 - \sin.^2}.$$

Alors il suffit d'inscrire la table des cosinus de 45° à 0 à la suite de celle des sinus de 0° à 45°, pour compléter la première jusqu'à 90°, et réciproquement.

Dans le but de simplifier considérablement les calculs trigonométriques, on a inséré dans les tables, non les rapports précédents, mais leurs logarithmes.

Alors les rapports des lignes trigonométriques au rayon présenteraient un inconvénient grave. Étant pour la plupart moindres que l'unité, leurs logarithmes seraient négatifs, et les combinaisons qui s'établiraient entre ces signes et ceux propres aux formules seraient des sources d'erreurs qu'on a dû chercher à éviter.

Or, comme un angle est aussi bien caractérisé par le rapport du sinus à une partie du rayon qu'au rayon tout entier, on a choisi pour mettre dans les tables les logarithmes des rapports des lignes trigonométriques à une partie du rayon marquée par la fraction $\frac{1}{10000000000}$.

Alors le plus petit de ces rapports usités devenant plus grand que l'unité, tous les logarithmes ont été positifs.

Cela revient alors à multiplier les premiers analysés par le nombre 10000000000, dont le logarithme est 10, raison qui lui a fait donner la préférence sur tout autre.

On peut donc regarder les tables comme renfermant les logarithmes des lignes trigonométriques elles-mêmes, en considérant dans toutes les formules le rayon comme ayant pour logarithme invariable le nombre 10.

C'est dans ce système que sont construites les tables ordinaires, qui ne renferment ni sécantes ni cosécantes, lignes inusitées.

Parmi les quatre lignes trigonométriques usuelles, la tangente est celle dont l'emploi est le plus avantageux. Cela tient à ce qu'elle peut passer par tous les états de grandeur, tant positivement que négativement, depuis zéro jusqu'à l'infini.

La figure fait reconnaître en effet que, pour des angles très-petits, le cosinus a l'inconvénient de ne pas éprouver de modification sensible de grandeur pour un accroissement notable de l'arc;

Que le même fait se reproduit pour les sinus des arcs très-voisins de 90°, alors que la tangente échappe à ces deux imperfections.

RÉSOLUTION DES TRIANGLES.

TRIANGLES RECTILIGNES RECTANGLES.

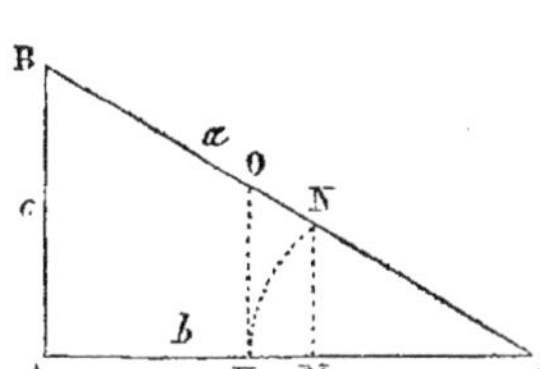

(12) Dans un triangle rectiligne rectangle, on écrit invariablement la lettre A au sommet de l'angle droit, et les lettres B, C, aux sommets des deux angles aigus.

Alors on désigne chaque côté par chacune des lettres a, b, c, en ayant le soin d'appliquer chacune de ces lettres au côté opposé à l'angle désigné par la même lettre majuscule.

D'après la géométrie élémentaire, on a les deux relations :

$$(1) \quad B + C = 90°,$$
$$(2) \quad a^2 = b^2 + c^2.$$

Si entre les côtés de l'angle C, et de son sommet comme centre, on décrit avec un rayon quelconque l'arc NH, dont on trace le sinus NM, la similitude des deux triangles CMD, CBA fournit les proportions :

CN : MN :: CB : BA, $\left\{\begin{array}{l}\text{En remplaçant chaque terme par}\\ \text{sa signification trigonométrique,}\\ \text{elles deviennent}\end{array}\right.$
CN : CM :: CB : CA.

$$(3) \quad R : \sin. C :: a : c,$$
$$(4) \quad R : \cos. C :: a : b.$$

En conduisant la tangente HO, la similitude des deux triangles CHO, CAB conduit à la proportion CH : HO :: CA : AB, ou

$$(5) \quad R : \tan g. C :: b : c.$$

Les proportions (3), (4), (5), qui viennent d'être établies, pouvaient aussi bien s'appliquer à l'angle aigu B, qui entre dans la constitution du triangle au même titre que celui C. Par suite de cette remarque, on peut énoncer ces trois formules de la manière suivante :

Dans tout triangle rectiligne on a les relations suivantes:

Le rayon est au sinus d'un des angles aigus comme l'hypoténuse est au côté opposé à cet angle aigu.

Le rayon est au cosinus d'un des angles aigus, comme l'hypoténuse est au côté adjacent à cet angle aigu.

Le rayon est à la tangente d'un des angles aigus, comme le côté de l'angle droit adjacent à cet angle aigu est au côté opposé.

En dressant le tableau des formules précédemment découvertes, il est facile de reconnaître qu'elles répondent à tous les cas.

$$(1) \quad B + C = 90,$$
$$(2) \quad a^2 = b^2 + c^2.$$

(3) $\cdot$ R : sin. C :: $a : c$.   (3') R : sin. B :: $a : b$,

(4) R : cos. C :: $a : b$.   (4') R : cos. B :: $a : c$.

(5) R : tang. C :: $b : c$.   (5') R : tang. B :: $c : b$.

(13) Les divers cas de résolution d'un triangle rectiligne rectangle sont les suivants :

Étant donné

     un angle aigu et le côté adjacent de l'angle droit,
     un angle aigu et le côté opposé,
     un angle aigu et l'hypoténuse,
     les deux côtés de l'angle droit,
     l'hypoténuse et un côté de l'angle droit.

Dans le 1er cas,   la formule 4 fera trouver l'hypoténuse ;
     la formule 5, l'autre côté de l'angle droit;
     la formule 1, le second angle aigu.

Dans le 2e cas,   la formule 3 donnera l'hypoténuse ;
     la formule 5, l'autre côté de l'angle droit;
     la formule 1, l'autre angle aigu.

Dans le 3e cas,   la formule 3 donnera un côté de l'angle droit;
     la formule 4 donnera l'autre côté de l'angle droit;
     la formule 1 donnera le second angle aigu.

Dans le 4e cas,   la formule 2 ferait connaître l'hypoténuse;
     la formule 5, un des angles obliques;
     la formule 5', l'autre angle oblique.

Dans le 5e cas, la formule 2 ferait connaître l'autre côté de l'angle droit,

la formule 3 ferait connaître un des angles aigus ;

la formule 4' ferait connaître l'autre angle aigu.

On n'utilise pas la formule (2), parce que les carrés qu'elle renferme rendent souvent son emploi pénible, lorsque les nombres donnés sont composés de beaucoup de chiffres. On préfère, dans les 4e et 5e cas, commencer par trouver un angle au moyen d'une des formules 3, 4 ou 5, déduire de la formule 1 la connaissance de l'autre angle, et alors chercher le troisième côté inconnu par celle des formules 3, 4 ou 5, qui s'adapte au cas en discussion, en s'appuyant sur un angle déjà calculé.

EXEMPLES NUMÉRIQUES.

1er *exemple.*

Étant donnés :
$$A = 90°$$
$$B = 37° \ 58' \ 20''$$
$$c = \ 728{,}4.$$

La formule (1) donne $C = 52° \ 01' \ 40''$.

La formule (5') ou $R : tang. \ B :: c : b$ donne $b = c \times \dfrac{tang. \ B}{R}$.

$$\log. c = \ 2{,}8623699$$
$$\log. tang. B = \ 9{,}8923758$$
$$\overline{ 12{,}7547457}$$
$$\log. R = 10$$
$$\overline{ \log. b = \ 2{,}7547457} \qquad b = 568{,}50.$$

La formule 4', $R : cos. \ B :: a : c$, donne $a = \dfrac{R \times c}{cos. \ B}$.

$$\log. R = 10$$
$$\log. c = \ 2{,}8623699$$
$$c^t \log. cos. B = \ 0{,}1033034$$
$$\overline{ 12{,}9656733}$$
$$- \ 10 \qquad \text{à cause du complément.}$$
$$\log. a = \ 2{,}9656733 \qquad a = 924{,}03.$$

2e exemple.

Données : $A = 90$
$B = 41°\ 20'\ 30''$
$b = 854,5$

$C = 48°\ 39'\ 30''$

$$R : \sin. B :: a : b ; \qquad a = \frac{R \times b}{\sin. B} ;$$

$$R : \text{tang.} B :: c : b ; \qquad c = \frac{R \times b}{\text{tang.} B}.$$

$\log. b = 2,9317121$	$\log. b = 2,9317121$
$c^t \log. \sin. B = 0,1800957$	$c^t \log. \text{tang.} B = 0,0556107$
$\log. a = 3,1118078$	$\log. c = 2,9873228$
$a = 1293,62$	$c = 971,23.$

3e exemple.

Données : $A = 90°$
$B = 38°\ 55'\ 40''$
$a = 2412,5$

$C = 51°\ 04'\ 20''$

$$R : \sin. B :: a : b ; \qquad b = \frac{a \times \sin. B}{R} ;$$

$$R : \cos. B :: a : c ; \qquad c = \frac{a \times \cos. B}{R}.$$

$\log. a = 3,3824673$	$\log. a = 3,3824673$
$\log. \sin. B = 9,7981949$	$\log. \cos. B = 9,8909453$
$13,1806622$	$13,2734126$
$\log. R = -10$	$\log. R = -10$
$\log. b = 3,1806622$	$\log. c = 3,2734126$
$b = 1515,87$	$c = 1876,77.$

$$4^e \ exemple.$$

Données :
$$A = 90°$$
$$b = 2515,9$$
$$c = 3512,7$$

$$R : \text{tang.} B :: c : b; \qquad \text{tang.} B = \frac{R \times b}{c};$$

$$R : \text{tang.} C :: b : c; \qquad \text{tang.} C = \frac{R \times c}{b}.$$

log. R = 10	log. R = 10
log. b = 3,4006934	log. c = 3,5456411
c^t log. c = 6,4543589	c^t log. b = 6,5993066
19,8550523	20,1449477
— 10	—10
long. tang. B = 9,8550523	log. tang. C = 10,1449477
B = 35° 36′ 40″,9	C = 54° 23′ 19″,1

$$R : \text{sin.} B :: a : b; \qquad a = \frac{R \times b}{\text{sin.} B}.$$

log. R = 10
log. b = 3,4006934
c^t log. sin. B = 0,2348647

log. a = 3,6355581 $\qquad$ a = 4320,74.

RÉSOLUTION DES TRIANGLES RECTILIGNES QUELCONQUES.

Lorsqu'on veut résoudre un triangle rectiligne quelconque ABC, 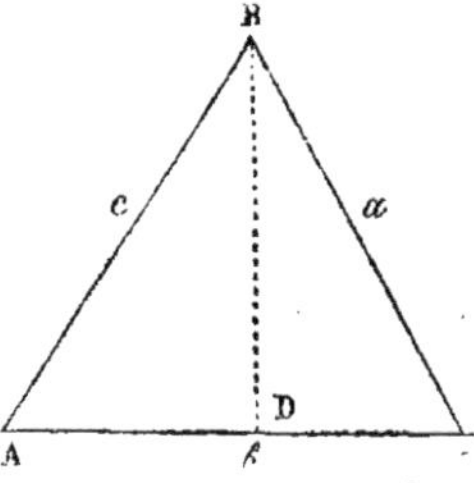on entend par là qu'étant donnés numériquement trois des six éléments de ce triangle, on doit calculer les trois autres.

Or, de même que la géométrie a démontré que le carré de l'hypoténuse, ou, ce qui est la même chose, du côté opposé à un angle droit, est égal à la somme des carrés des deux autres côtés, elle fait voir que le carré du côté opposé à un angle aigu est égal à la somme des carrés des deux autres côtés, diminuée du double produit de la base par la distance du pied de la hauteur au sommet de l'angle aigu; c'est-à-dire que l'on aurait $a^2 = c^2 + b^2 - 2b \times \mathrm{DA}$.

Dans le triangle ABC, dont l'angle est obtus, on aurait
$$a^2 = b^2 + c^2 + 2b \times \mathrm{DA}.$$

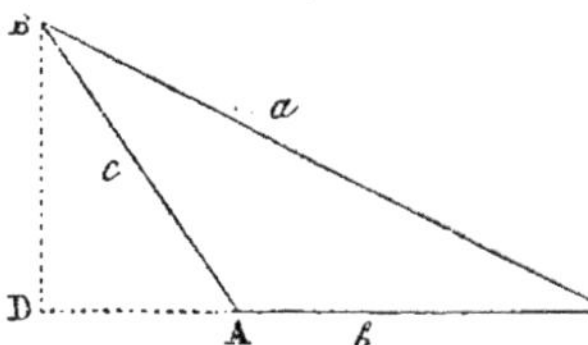Cette distance CA nommée segment, étant dans l'un et l'autre cas remplacée par sa valeur déduite du triangle rectangle BDA, ramène ces deux formules à l'expression unique
$$a^2 = b^2 + c^2 - 2bc \, \frac{\cos.\ \mathrm{A}}{\mathrm{R}}.$$

Résolue par rapport à $\dfrac{\cos.\ \mathrm{A}}{\mathrm{R}}$, elle devient
$$\frac{\cos.\ \mathrm{A}}{\mathrm{R}} = \frac{b^2 + c^2 - a^2}{2cb}.$$

Cette formule permettrait, connaissant les trois côtés a, b, c, de déterminer l'angle A. Mais les logarithmes ne pouvant s'y appliquer immédiatement d'une manière suffisamment exacte, à cause du signe $+$ qui sépare deux carrés dans le second membre, on la transforme, par des méthodes algébriques, en cette autre:

$$\cos. \frac{A}{2} = R \sqrt{\frac{S\,(S-a)}{bc}},$$

S exprimant la demi-somme des trois côtés du triangle.

Pour y appliquer les logarithmes, il faut donc, après avoir calculé S et S $-a$, poser

$$\log. \cos. \frac{A}{2} = 10 + \frac{\log. S + \log.(S-a) + c^t\log. b + c^t\log. c - 20}{2},$$

ou, en divisant par 2 le nombre 20 qui termine le second membre,

$$\log. \cos. \frac{A}{2} = 10 + \frac{\log. S + \log.(S-a) + c^t\log. b + c^t\log. c}{2} - 10,$$

et en simplifiant,

$$\log. \cos. \frac{A}{2} = \frac{\log. S + \log.(S-a) + c^t\log. b + c^t\log. c}{2}.$$

On aurait de même pour chacun des autres angles du triangle les formules analogues

$$\cos. \frac{B}{2} = R \sqrt{\frac{S\,(S-b)}{ac}},$$

$$\cos. \frac{C}{2} = R \sqrt{\frac{S\,(S-c)}{ab}}.$$

Application.

Soit donné
$$a = 2512,4$$
$$b = 2916,5$$
$$c = 1649,7$$

La somme des trois côtés $= 7078,6$

Préparation.

La demi-somme ou

S $= 3539,3$	$\log. S = 3,5489174$	$c^t\log. a = 6,5999112$
S $-a = 1026,9$	$\log. S - a = 3,0115282$	$c^t\log. b = 6,5351380$
S $-b = 622,8$	$\log. S - b = 2,7943486$	$c^t\log. c = 6,7825950$
S $-c = 1889,6$	$\log. S - c = 3,2763699.$	

$$\text{Calcul de } \frac{A}{2}.$$

$$
\begin{aligned}
\log. S &= 3,5489174 \\
\log. S - a &= 3,0115282 \\
c^{t} \log. b &= 6,5351380 \\
c^{t} \log. c &= 6,7825950 \\
\hline
&\quad 19,8781786
\end{aligned}
$$

$$\log.\cos.\frac{A}{2} = 9,9390893 \; ; \; \frac{A}{2} = 29^\circ\,38'\,28'',50.$$

$$\text{Calcul de } \frac{B}{2}.$$

$$
\begin{aligned}
\log. S &= 3,5489174 \\
\log. S - b &= 2,7943486 \\
c^{t} \log. a &= 6,5999112 \\
c^{t} \log. c &= 6,7825950 \\
\hline
&\quad 19,7257722
\end{aligned}
$$

$$\log.\cos.\frac{B}{2} = 9,8628861 \; ; \; \frac{B}{2} = 43^\circ\,10'\,30'',21.$$

$$\text{Calcul de } \frac{C}{2}.$$

$$
\begin{aligned}
\log. S &= 3,5489174 \\
\log. S - c &= 3,2763699 \\
c^{t} \log. a &= 6,5999112 \\
c^{t} \log. b &= 6,5351380 \\
\hline
&\quad 19,9603365
\end{aligned}
$$

$$\log.\cos.\frac{C}{2} = 9,9801682 \; ; \; \frac{C}{2} = 17^\circ\,11'\,1'',24.$$

$$\textit{Vérification} \ldots\ldots\ldots\ 89^\circ\,59'\,59'',95.$$

Avant de doubler chacun de ces résultats, il sera bon de s'assurer de leur exactitude. On fera, à cet effet, leur somme, qu'on trouve égale à 90°. Satisfaisant donc à la condition d'être égale à

1 droit, chacun d'eux est probablement exact, et l'on a pour résultat final

$$A \;=\; 59^\circ \; 16' \; 57'', 00$$
$$B \;=\; 86^\circ \; 21' \; 00'', 42$$
$$C \;=\; 34^\circ \; 22' \; 02'', 48$$

$$\overline{\;A + B + C \;=\; 179^\circ \; 59' \; 59'', 90.\;}$$

Soit à résoudre un triangle ABC, dans lequel on donne

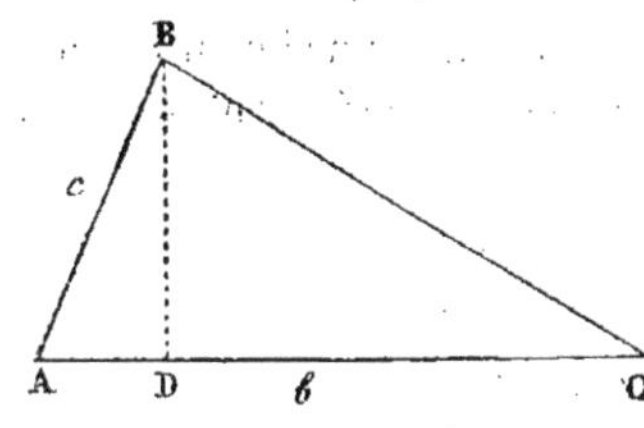

$$A \;=\; 59^\circ \; 16' \; 56'', 4$$
$$b \;=\; 2916, 5$$
$$c \;=\; 1649, 7.$$

Si, du sommet de l'angle inconnu B, on conçoit une perpendiculaire BD abaissée sur le côté opposé, on aura formé un triangle rectangle BAD, dans lequel on connaîtra l'angle A donné, ainsi que l'hypoténuse c; on pourra donc y calculer le côté AD par la formule connue des triangles rectangles R : cos. A :: c : AD; d'où

$$AD = c \times \frac{\cos. A}{R}.$$

Appliquant les logarithmes à cette formule, on aura

$$\log. c \;=\; 3,2174050$$
$$\log. \cos. A \;=\; 9,7082578$$
$$\overline{ 12,9256628}$$
$$\log. R \text{ à retrancher} - 10$$
$$\overline{\log. AD \;=\; 2,9256628 \qquad AD = 842,68.}$$

Ce segment étant moindre que b, on sait par là que la perpendiculaire conçue tombe à l'intérieur du triangle.

L'autre partie, ou segment DC, sera donc égale à 2916,5—842,68, ou 2073,82.

Si actuellement on applique aux deux triangles rectangles ABD, DBC, la formule connue des triangles rectilignes rectangles R : tang. B :: c : b, on aura

$$R : \text{tang. A} :: AD : BD,$$
$$R : \text{tang. C} :: DC : BD.$$

Les extrêmes de ces deux proportions étant égaux, les moyens fourniront la proportion

$$\text{tang. A} : \text{tang. C} :: DC : AD,$$

ou les segments de la base inversement proportionnels aux tangentes des angles adjacents; proportion dans laquelle on connaît actuellement trois termes à la faveur du calcul précédent des deux segments, et de laquelle on déduit

$$\text{tang. C} = \text{tang. A} \times \frac{AD}{DC}.$$

Appliquant les logarithmes à cette formule, on trouve

$$\text{log. tang. A} = 10,2260866$$
$$\text{log. AD} = 2,9256627$$
$$\text{c}^{t} \text{log. DC} = 6,6832289$$
$$\overline{\phantom{\text{log. tang. A} = } 19,8349782}$$

à retrancher pour le compl^{t} — 10

$$\text{log. tang. C} = \overline{9,8349782}. \quad C = 34° \, 22' \, 02'',6.$$

On déduira l'angle inconnu B des deux actuellement déterminés A et C par la formule $A + B + C = 180°$.
Elle donnera

$$B = 180° - 59° \, 16' \, 54'',4 - 34° \, 22' \, 02'',6 = 86° \, 21' \, 01''.$$

Il ne reste plus à calculer que le côté a.

On pourra appliquer, à cet effet, au triangle BDC, la formule connue

$$R : \cos. C :: a : CD;$$

on en déduit $$a = \frac{R \times CD}{\cos. C}.$$

Appliquant les logarithmes à cette formule, on aura

$$\log. \ R \ = 10$$
$$\log. \ CD = \ 3,3167711$$
$$\text{c}^t \log. \ \cos. \ C = \ 0,0833171$$
$$\overline{13,4000882}$$

à retranch^r p^r le compl^t — 10

$$\log. \ a \ \ \ = \ 3,4000882$$
$$a = 2512,4.$$

Ces résultats sont exacts, puisque ce sont des éléments du premier triangle résolu, dans lequel on avait choisi les trois données du problème actuel.

Soient donnés dans un triangle les trois éléments

$$A = \ 28^\circ \ 10' \ 30''$$
$$c = \ 2416$$
$$b = \ 852.$$

On suivra la même marche que dans la résolution précédente, en concevant une perpendiculaire abaissée du sommet de l'angle B sur le côté connu b.

Calcul du premier segment.

$$AD = C \times \frac{\cos. \ A}{R},$$
$$\log. \ c = \ 3,3830969$$
$$\log. \ \cos. \ A = \ 9,9452270$$
$$\overline{13,3283239}$$

à retrancher le log. R — 10

$$\log. \ A = \ 3,3283239; \qquad AD = 2129,73.$$

Ce segment étant plus grand que b, la perpendiculaire conçue tombe donc en dehors de ce triangle, dont on peut tracer approximativement la forme, soit celui **ABC**.

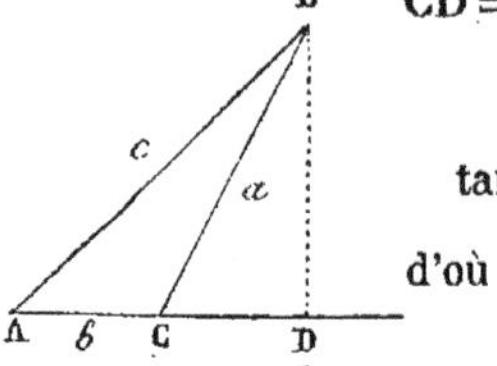

$$CD = AD - b = 1277,73.$$

Calcul de l'angle C.

$$\text{tang. } A : \text{tang. } BCD :: CD : AD;$$

$$\text{d'où} \quad \text{tang. } BCD = \text{tang. } A \times \frac{AD}{CD};$$

$$\begin{aligned}
\text{log. tang. } A &= 9,7288679 \\
\text{log. } AD &= 3,3283239 \\
c^t \text{ log. } CD &= 6,8935609 \\
\hline
&19,9507527
\end{aligned}$$

à retranch. pour compl^t —10

$$\text{log. tang. } BCD = 9,9507527; \quad BCD = 41° 45' 30''.$$

Donc l'angle C du triangle supplément de BCD est égal à . . . . $C = 138° 14' 30''.$

Calcul du côté a.

$$R : \cos. BCD :: a : CD;$$

$$\text{d'où} \quad a = R \times \frac{CD}{\cos. BCD};$$

$$\begin{aligned}
\text{log. } R &= 10 \\
\text{log. } CD &= 3,1063391 \\
c^t \text{ log. } BCD &= 0,1272842 \\
\hline
&13,2337233
\end{aligned}$$

à retrancher pour compl^t —10

$$\text{log. } a = 3,2337233; \quad a = 1712,86.$$

On calculerait comme précédemment l'angle B, en retranchant les deux angles connus A et C de 180°.

Vérification.

On peut vérifier ce cas de résolution, en calculant l'angle A au moyen de la formule déjà employée

$$\cos. \frac{A}{2} = R \sqrt{\frac{S(S-a)}{bc}},$$

que l'on utilisera en employant les deux côtés donnés b et c, et celui calculé a.

$$a = 1712,86$$
$$b = 852 \qquad \text{c}^t \log. \ b = 7,0695604$$
$$c = 2416 \qquad \text{c}^t \log. \ c = 6,6169031$$
$$\overline{2S = 4980,86}$$
$$S = 2490,43 \qquad \log. \ S = 3,3962743$$
$$S-a = 777,57 \qquad \log. \ S - a = 2,8907395$$
$$\overline{19,9734773}$$
$$\log. \cos. \frac{A}{2} = 9,9867386 ; \quad \frac{A}{2} = 14^\circ\ 05'\ 15''$$
$$A = 28^\circ\ 10'\ 30''.$$

Cette valeur de A étant bien celle donnée, on peut en inférer que a avait été obtenu exactement.

RÉSOLUTION DES TRIANGLES SPHÉRIQUES.

TRIANGLES SPHÉRIQUES RECTANGLES.

En assimilant un triangle sphérique rectangle à certains triangles rectilignes ayant avec lui des relations déterminées, on a obtenu les formules

$$R : \sin. B :: \sin. a : \sin. b ; \qquad R : \sin. C :: \sin. a : \sin. c ;$$
$$R : \cos. B :: \tang. a : \tang. c ; \qquad R : \cos. C :: \tang. a : \tang. b ;$$
$$R : \tang. B :: \sin. c : \tang. b ; \qquad R : \tang. C :: \sin. b : \tang. c ;$$
$$R : \cos. b :: \cos. c : \cos. a.$$

Les trois premières de ces formules, en tout analogues à celles de la rectiligne, s'énoncent ainsi :

Le rayon est au sinus d'un des angles obliques comme le sinus de l'hypoténuse est au sinus du côté opposé.

Le rayon est au cosinus d'un des angles obliques comme la tangente de l'hypoténuse est à la tangente du côté de l'angle droit adjacent à cet angle oblique.

Le rayon est à la tangente d'un des angles obliques comme le sinus du côté adjacent de l'angle droit est à la tangente du côté opposé.

La quatrième remplace celle de la rectiligne tirée du carré de l'hypoténuse ; elle lie en effet entre eux les trois côtés du triangle sphérique rectangle, et s'énonce ainsi :

Le rayon est au cosinus d'un des côtés de l'angle droit comme le cosinus de l'autre côté de l'angle droit est au cosinus de l'hypoténuse.

Il ne faut pas oublier que dans un triangle sphérique la somme des trois angles n'est pas constante, et que, par suite, la connaissance de deux des angles n'entraîne pas, comme en rectiligne, celle du troisième.

Mais ces formules, quelque simples qu'elles soient, ne peuvent être utilisées sans précautions.

Les éléments qu'elles font connaître étant en effet donnés par une ligne trigonométrique, du signe de laquelle les logarithmes ne peuvent tenir compte, il faut, par un raisonnement préalable, découvrir si l'élément cherché doit être aigu ou obtus.

On place à cet effet, au-dessus de chacun des termes connus de la formule, le signe qui convient à la ligne trigonométrique de l'arc qu'il représente. Alors trois des termes sur quatre étant accompagnés d'un signe, le signe du quatrième, et par suite l'espèce de l'arc cherché, sera déterminé avant tout emploi des tables.

Exemple.

Etant donnés
$$a = 78° \, 54' \, 20''$$
$$b = 118° \, 19' \, 30''$$
$$A = 90°.$$

Calcul du côté c.

On fera usage de la formule
$$R : \cos. \, b :: \cos. \, c : \cos. \, a.$$

R a toujours le signe $+$, cos. b a le signe $-$, cos. a a le signe $+$. Inscrivant ces signes au-dessus de ces termes, on a

$$\overset{+}{\text{R}} : \cos. \overset{-}{b} :: \cos. c : \overset{+}{\cos. a}.$$

On reconnaît que, pour que le produit des extrêmes soit égal à celui des moyens, il faut que cos. *c* porte le signe —, ce qui annonce que le côté *c* est obtus.

Le calculant, alors on obtient

$$\log. \text{R} = 10$$
$$\log. \cos. a = \quad 9,2842656$$
$$\text{c}^\text{t} \log. \cos. b = \quad 0,3237891$$

$$\overline{ 19,6080547}$$

à retr. p$^\text{r}$ compl$^\text{t}$—10

$$\overline{}$$

$$\log. \cos. c = \quad 9,6080547; \quad \text{suppl. } c = 66°4'25'',7; \quad c = 113°55'34'',3.$$

On reconnaît déjà que l'hypoténuse ayant été donnée aiguë, et un des côtés de l'angle droit obtus, l'autre a été forcé de l'être.

C'est ce que la formule permet d'apercevoir, en variant de toutes les manières possibles les signes des deux moyens; elle donne

$$\text{R} : \cos. \overset{+}{b} :: \cos. \overset{+}{c} : \cos. a; \qquad a \text{ aigu.}$$

$$\text{R} : \cos. \overset{-}{b} :: \cos. \overset{-}{c} : \cos. a; \qquad a \text{ aigu.}$$

$$\text{R} : \cos. \overset{+}{b} :: \cos. \overset{-}{c} : \cos. a; \qquad a \text{ obtus.}$$

$$\text{R} : \cos. \overset{-}{b} :: \cos. \overset{+}{c} : \cos. a; \qquad a \text{ obtus.}$$

On résume ces divers résultats en disant :

Lorsque les deux côtés de l'angle droit sont de même espèce, l'hypoténuse est aiguë;

Lorsque les deux côtés de l'angle droit sont d'espèce différente, l'hypoténuse est obtuse.

————

Soit proposé de trouver l'angle B d'un triangle sphérique rectangle, dans lequel on donne les deux côtés de l'angle droit.

$$b = 118° \ 56' \ 20''$$
$$c = \ 82° \ 12' \ 40''.$$

On emploiera la formule

$$\text{R} : \text{tang. B} :: \sin. c : \text{tang. } b.$$

On reconnaît que, puisque les deux antécédents R et sin. c sont toujours positifs, tang. B et tang. b sont toujours de même signe, et par suite B et b de même espèce. On dit en conséquence que, dans un triangle sphérique rectangle, un angle oblique et le côté opposé sont toujours de même espèce.

Puisque le côté b est obtus, l'angle B le sera.

En appliquant les logarithmes à la formule citée, on a

$$\text{log. R} = 10$$
$$\text{log. tang. } b = 10,2573412$$
$$c^{t} \text{ log. sin. } c = \underline{0,0040253}$$
$$20,2613665$$

log. tang. C $= 10,2613665$; suppl. C$=61°17'7'',5$; C$=118°42'52'',5$.

On pourrait évidemment, par la même proportion, calculer b, si on donnait B et c.

Connaissant dans un triangle sphérique rectangle

$$B = 67°\ 20'\ 10''$$
$$a = 107°\ 12'\ 40''$$

on veut calculer c.

On a pour résoudre le problème la formule

$$R : \cos. B :: \text{tang. } a : \text{tang. } c.$$

En plaçant les signes convenables au-dessus de chacun des termes connus, on obtient

$$\overset{+}{R} : \overset{+}{\cos. B} :: \overset{-}{\text{tang. } a} : \text{tang. } c.$$

Tang. c devra donc avoir le signe —, pour que le produit des extrêmes puisse être égal à celui des moyens, qui est négatif. c sera donc obtus.

Appliquant les logarithmes, on obtient

$$\text{log. cos. B} = 9,5858267$$
$$\text{log. tang. } a = 10,5089687$$
$$\text{log. R à retr. } \underline{-10}$$

log. tang. $c = 10,0947954$; suppl. $c=51°12'14'',5$; $c=128°47'45'',5$.

Il existe deux autres formules nécessaires pour résoudre tous les cas des triangles sphériques rectangles. Elles renferment chacune les deux angles obliques, et un côté, soit de l'angle droit, soit de l'hypoténuse.

Les trois que nous venons d'appliquer étant celles dont le besoin se fait sentir au marin dans les calculs de navigation, nous nous en contenterons pour passer aux cas usuels de résolution des triangles sphériques quelconques.

RÉSOLUTION DES TRIANGLES SPHÉRIQUES QUELCONQUES.

Lorsqu'on veut résoudre un triangle sphérique quelconque dont les trois côtés sont connus, on a une formule analogue à celle qui a servi pour le même cas de résolution des triangles rectilignes ;

elle est $$\cos.\frac{A}{2} = R \sqrt{\frac{\sin. S \sin. (S-a)}{\sin b \sin. c}},$$

qui s'applique à chacun des trois angles indistinctement, en changeant convenablement les facteurs qui sont placés sous le signe radical, la lettre S désignant toujours la demi-somme des trois côtés du triangle.

Exemple :

$$a = 72° \ 30' \ 20''$$
$$b = 58° \ 21' \ 30''$$
$$c = 86° \ 15' \ 10''$$
$$2S = 217° \ 07' \ 00''$$
$$S = 108° \ 33' \ 30''$$
$$S - a = 36° \ 03' \ 10''$$
$$S - b = 50° \ 12' \ 00''$$
$$S - c = 22° \ 18' \ 20''$$

Préparation complète pour le calcul des trois angles.

$$\log.\sin. S = 9,9768084$$
$$\log.\sin. (S-a) = 9,7697688$$
$$\log.\sin. (S-b) = 9,8855215$$
$$\log.\sin. (S-c) = 9,5792643$$
$$c^t \log.\sin. a = 0,0205672$$
$$c^t \log.\sin. b = 0,0698941$$
$$c^t \log.\sin. c = 0,0009295$$

Calcul de A.

$$\log.\sin. S = 9,9768084$$
$$\log.\sin. (S-a) = 9,7697688$$
$$c^t \log.\sin. b = 0,0698941$$
$$c^t \log.\sin. c = 0,0009295$$
$$\overline{\hphantom{xxxxxx} 19,8174008}$$
$$\log.\cos.\frac{A}{2} = 9,9087004 ; \quad \frac{A}{2} = 35° \ 51' \ 53'',3 ; \quad A = 71° \ 43' \ 46'',6.$$

Calcul de B.

$$\log. \sin. S = 9,9768084$$
$$\log. \sin. (S - b) = 9,8855215$$
$$c^t \log. \sin. a = 0,0205672$$
$$c^t \log. \sin. c = 0,0009295$$
$$\overline{ 19,8838266}$$
$$\log. \cos. \frac{B}{2} = 9,9419133 ; \quad \frac{B}{2} = 28° \; 58' \; 39'',3 ; \; B = 57° \; 57' \; 18'',6.$$

Calcul de C.

$$\log. \sin. S = 9,9768084$$
$$\log. \sin. (S - c) = 9,5792643$$
$$c^t \log. \sin. a = 0,0205672$$
$$c^t \log. \sin. b = 0,0698941$$
$$\overline{ 19,6465340}$$
$$\log. \cos. \frac{C}{2} = 9,8232670 ; \quad \frac{C}{2} = 48° \; 15' \; 54'',3 ; \; C = 96° \; 31' \; 48'',6.$$

L'addition des trois angles ne serait pas ici un moyen de vérification, puisque la somme des trois angles d'un triangle sphérique n'est pas constante, mais variable entre les limites 180° et 540°.

Recherche du troisième côté d'un triangle sphérique, dans lequel on donne deux côtés et l'angle compris.

Soit donné :

$$B = 57° \; 57' \; 18'',6,$$
$$a = 72° \; 30' \; 20'',$$
$$c = 86° \; 15' \; 10''.$$

Si on conçoit un arc abaissé perpendiculairement du sommet de l'angle inconnu A sur le côté opposé a, on aura, pour calculer le segm. BD, la formule

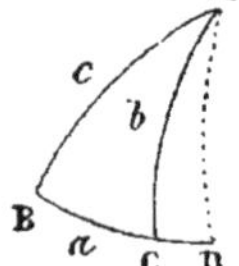

$$R : \cos. B :: \tang. c : \tang. BD ;$$

$$\text{d'où } \tang. BD = \tang. c \times \frac{\cos. B}{R}.$$

Appliquant les logarithmes, après avoir remarqué

que BD est aigu, puisque tang. c et cos. B sont positifs, c et B étant aigus, on a

$$\text{log. tang. C} = 11,1837934$$
$$\text{log. cos. B} = 9,7247531$$

$$20,9085465$$

A retrancher log. R, ou — 10

$$\text{log. tang. BD} = 10,9085465$$
$$\text{BD} = 82^\circ\ 57'\ 46'',9.$$

BD étant plus grand que BC, l'arc perpendiculaire tombe donc à l'extérieur du triangle.

Le segment DC est alors égal à BD — a, ou DC $= 10^\circ 27'\ 26'',9$.

Or, on a dans le triangle rectangle BAD,

$$R : \cos. BD :: \cos. AD : \cos. c\ ;$$

on a aussi dans le triangle ACD,

$$R : \cos. CD :: \cos. AD : \cos. b.$$

Les antécédents de ces deux proportions étant égaux, les conséquents forment la proportion

$$\cos. BD : \cos. CD :: \cos. c : \cos. b,$$

ou les cosinus des segments proportionnels aux cosinus des côtés adjacents.

On en déduit
$$\cos. b = \cos. c\ \frac{\cos. CD}{\cos. BD}.$$

Appliquant les logarithmes à cette formule, qui doit donner pour b un arc aigu, puisque les trois cosinus du second membre appartiennent à des arcs aigus, et sont par suite positifs, on a

$$\text{log. cos. } c = 8,8152772$$
$$\text{log. cos. CD} = 9,9927257$$
$$c^t \text{ log. cos. BD} = 0,9118292$$

$$19,7198321$$

A retrancher pour c^t — 10

$$\text{log. cos. } b = 9,7198321$$
$$b = 58^\circ\ 21'\ 30''.$$

12

Retrouvant le côté b qui était déjà connu, ce calcul est donc exact, et sert de vérification au premier.

Quelquefois on a besoin de trouver le troisième côté d'un triangle, connaissant deux côtés et l'angle compris, alors que les côtés donnés sont égaux.

Dans ce cas, l'arc perpendiculaire abaissé du sommet de l'angle donné sur le côté opposé partage l'angle et le côté en deux parties égales.

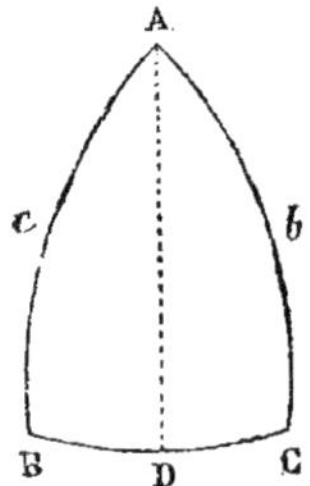

Le côté BC ou a peut, dans ce cas, se calculer plus simplement que précédemment;

Car on trouve, dans le triangle sphérique rectangle BAD,

$$R : \sin.\,BAD :: \sin c : \sin.\,BD,$$

ou

$$R : \sin.\,\frac{A}{2} :: \sin.\,c : \sin.\,\frac{a}{2} ;$$

donc

$$\sin.\,\frac{a}{2} = \sin.\,c \times \frac{\sin.\,\dfrac{A}{2}}{R}.$$

Les trois premiers termes de cette proportion étant connus, on en pourra déduire la valeur du quatrième, et par suite $\frac{a}{2}$, dont le double sera l'élément cherché a.

Si les deux côtés b et c, sans être rigoureusement égaux, ne différaient que d'un petit nombre de minutes, on pourrait encore suivre la simplification indiquée, à la condition de prendre c égal à $\frac{b+c}{2}$ ou à la moyenne des deux côtés.

La formule qui a servi précédemment à calculer la moitié d'un des angles d'un triangle, dont on connaissait les trois côtés, a été modifiée. En y introduisant les compléments des côtés de l'angle cherché, et non les côtés eux-mêmes, elle est plus en harmonie avec les données des calculs nautiques; elle devient

$$\cos.\frac{A}{2} = R \sqrt{\frac{\cos.\left(\dfrac{b'+c'+a}{2}\right)\cos.\left(\dfrac{b'+c'-a}{2}\right)}{\cos.b'\cos.c'}},$$

les lettres b' et c' tenant la place des compléments des côtés b et c de l'angle cherché A.

En nommant S' la quantité $\dfrac{b'+c'+a}{2}$, elle peut s'écrire

$$\cos.\frac{A}{2} = R \sqrt{\frac{\cos.S'\cos.(S'-a)}{\cos.b'\cos.c'}}.$$

Nota. Cette formule ne doit être utilisée que lorsque chaque côté du triangle est moindre que 90°.

FIN DE LA TRIGONOMÉTRIE.

12.

TRAITÉ ÉLÉMENTAIRE

DE

NAVIGATION.

PREMIÈRE PARTIE.

GUIDE PRATIQUE.

INTRODUCTION.

1. *De la terre.* A la simple inspection, la surface de la terre paraît plane et terminée de toutes parts à l'horizon, sur lequel la voûte céleste semble s'appuyer. Mais en avançant vers un point de cet horizon, on voit le ciel se détacher des objets sur lesquels il paraissait reposer ; et en suivant longtemps une même direction, on ne tarde pas à reconnaître que si réellement la terre a des limites que l'on ne peut franchir, elles sont bien plus reculées qu'on ne se l'était d'abord imaginé.

De plus, la surface ne peut être plane ; car si l'on regarde les différents aspects sous lesquels se présente un navire qui s'éloigne, on remarque qu'après avoir monté jusqu'à la ligne de l'horizon, il semble s'enfoncer derrière jusqu'à ce qu'il disparaisse entièrement.

La mer s'abaisse donc au delà de sa partie visible ; et comme ce phénomène se représente en tous lieux et dans toute direction, on peut en conclure que la surface de la mer est bombée ou convexe.

De la convexité de la mer, il est facile de déduire celle de la terre; et l'on comprend que si les irrégularités du terrain n'apportaient un obstacle, le phénomène qui nous frappe en mer se reproduirait en rase campagne.

Or, si la terre est convexe, et qu'en même temps les bornes qu'on lui suppose reculent sans cesse devant les navigateurs et les explorateurs, il devient certain qu'elle est tout à fait ronde, et entièrement détachée du ciel qui l'environne.

Nous admettrons donc que la terre est un corps rond, entièrement isolé dans l'espace, au centre d'une sphère concave nommée ciel, qui l'enveloppe à une grande distance.

2. *Pesanteur.* On se demande naturellement comment il se fait alors que des objets situés en dessous de nous restent sur la surface de la terre, et ne tombent point dans l'abîme. Il est facile de répondre à cette question.

La pesanteur, dont on se forme généralement une fausse idée, est une force qui attire tous les corps vers le centre de la terre.

Les points situés sur la partie de la surface qui nous est opposée, et situés par suite sous nos pieds, sont, comme tout ce qui nous entoure, soumis à l'action de cette force qui les maintient à la surface, ou les y fait revenir avec promptitude, lorsqu'ils en sont écartés. C'est le mouvement que cette force attractive leur imprime que l'on appelle tomber.

Ainsi, sur toute la surface de la terre, dans nos parages comme dans ceux sous nos pieds, les corps tombent en se précipitant sur le sol.

3. *Rotation de la terre sur son axe.* La simple vue nous apprend que les étoiles dont la voûte nocturne du ciel est parsemée semblent se mouvoir d'orient en occident, en décrivant des parties de circonférence. En observant plus attentivement ce mouvement, il paraît s'accomplir autour d'un point qui seul reste immobile. Il a reçu le nom de pôle; et l'étoile la plus voisine, celui de polaire.

On conçoit que la voûte céleste se présentant à nous sous l'aspect d'une sphère, il doit y avoir, dans la moitié qui est invisible pour nous, un autre point immobile. C'est le pôle céleste austral, celui que nous voyons se nommant boréal. La ligne imaginaire qui passe par ces deux points et le centre de la terre est l'axe du monde.

C'est autour de cette ligne que la voûte céleste semble tourner.

Elle trace sur la surface de la terre qu'elle traverse deux points correspondant aux pôles célestes, et qu'on nomme pôles terrestres.

Celui qui répond à l'étoile polaire se nomme boréal, ou arctique, ou nord; et celui opposé, austral, ou antarctique, ou sud. En regardant le nord, un observateur a l'est à sa droite, l'ouest à sa gauche.

4. *Axe.* De ce que le ciel paraît tourner autour d'un axe, il n'en faut pas conclure que ce mouvement soit réel. Le ciel est au contraire immobile; et s'il nous semble tourner de l'est à l'ouest, c'est la rotation de la terre, de l'ouest à l'est, qui produit cette illusion. Le marin, qui est plus souvent que tout autre sous l'impression d'illusions semblables, est à même de bien se rendre compte de ce phénomène. Aucun en effet n'a été sans remarquer que lorsque le navire, cédant aux oscillations de la houle, se balance au roulis, les étoiles paraissent se mouvoir en sens contraire, avec d'autant plus de vitesse que les mouvements du navire sont plus vifs. Plus on s'habitue au roulis, plus on perd le sentiment de l'oscillation du pont, et plus aussi il semble raisonnable d'attribuer ce mouvement à la voûte céleste. C'est donc une illusion de même nature que celle produite par la rotation de la terre.

5. *Équateur.* Si par le centre de la terre on imagine un plan perpendiculaire à l'axe, il coupera la surface de la sphère suivant une circonférence nommée équateur, dont tous les points sont à 90° des pôles, et qui divise la surface terrestre en deux hémisphères. Celui sur lequel se trouve le pôle nord porte le nom d'hémisphère nord ou boréal, l'autre étant l'hémisphère sud ou austral.

6. *Méridien.* Tout grand cercle qui passe par les pôles se nomme méridien.

Tous les méridiens se rencontrent aux pôles.

Le méridien d'un lieu est donc un grand cercle conduit **par les** deux pôles et ce lieu.

Ainsi le méridien du Havre passe par les pôles et le Havre.

On nomme méridien principal ou premier méridien celui à partir duquel on est convenu de compter l'élément nommé longitude,

Les Français ont pris pour méridien principal celui de Paris.

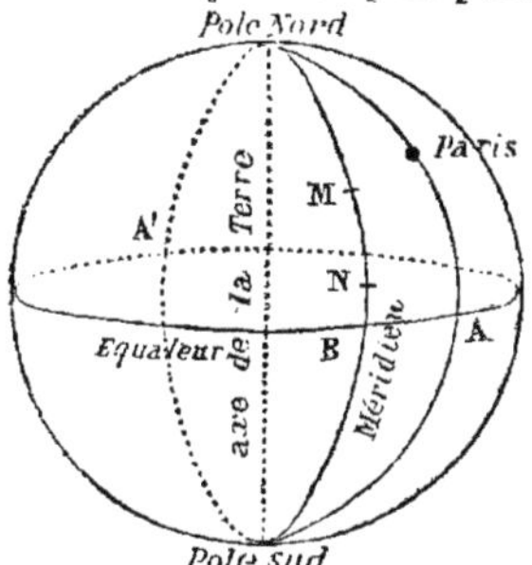

7. *Longitude*. L'arc de l'équateur, compris entre le premier méridien et le méridien du lieu, se nomme longitude de ce lieu.

Tous les points situés sur le même méridien ont la même longitude. Ainsi, les lieux M, N, ont pour longitude AB.

La longitude se compte à partir du premier méridien. Elle augmente depuis ce point, où elle est zéro, jusqu'en A', où elle devient de 180 degrés. Elle est Est ou Ouest, suivant que le lieu est à l'est ou à l'ouest du méridien de Paris.

8. *Latitude*. On nomme latitude d'un lieu l'arc de méridien compris entre ce lieu et l'équateur.

Elle se compte à partir de l'équateur, et augmente depuis cette ligne, où elle est zéro, jusqu'à l'un ou l'autre pôle, où elle devient égale à 90 degrés.

La latitude est Nord ou Sud, suivant que le lieu est situé dans l'hémisphère nord ou sud.

9. *Parallèles*. On nomme parallèles des circonférences de petits cercles parallèles à l'équateur, et qui par conséquent ont tous leurs points également éloignés de cette ligne.

Tous les lieux situés sur un même parallèle ont la même latitude.

Les circonférences des parallèles sont d'autant plus petites, qu'elles sont plus rapprochées des pôles : comme elles contiennent toutes le même nombre de degrés, il en résulte que les degrés de parallèles sont d'autant plus petits que leurs plans se rapprochent du pôle.

Il faut donc faire moins de chemin pour parcourir un degré sur un parallèle voisin des pôles, que sur un parallèle plus rapproché de l'équateur.

10. *Moyen de déterminer la position d'un lieu*. La position d'un lieu sur la surface de la terre est parfaitement déterminée lorsqu'on connaît sa latitude et sa longitude avec leurs dénomi-

nations; car la longitude fait connaître le méridien sur lequel il se trouve, et par sa latitude on connaît sa distance à l'équateur comptée sur ce méridien.

11. *Distances.* Dans la mesure des distances terrestres, on choisit pour unité le mille, longueur d'une minute de méridien ou de tout autre grand cercle terrestre.

12. *Horizon.* On nomme ainsi le plan tangent à la surface de la terre, au lieu de l'observateur, et on le désigne sous le nom d'horizon sensible.

Un plan parallèle au précédent, et conduit par le centre de la terre, porte le nom d'horizon rationnel.

Enfin, le marin nomme aussi horizon la circonférence qui limite la partie visible de la mer, et le désigne sous le nom d'horizon visible.

On donne des noms particuliers aux différents points de l'horizon. Ainsi, les points où il est coupé par le méridien se nomment nord et sud, le premier étant celui qui correspond à l'étoile polaire.

Si donc on conduit le diamètre nord et sud de l'horizon, un nouveau diamètre perpendiculaire au précédent voit ses points extrêmes prendre les noms d'*est* et d'*ouest*, le premier étant celui situé à la droite de l'observateur qui regarde le nord.

Les extrémités des diamètres qui partagent en deux parties égales les angles formés par les deux premiers, prennent les noms N. E., N. O., S. E., S. O., composés de ceux des premiers entre lesquels ils sont situés.

Le point situé à égale distance du nord et du nord-est se nomme le nord-nord-est. On trouve de même entre l'est et le nord-est l'est-nord-est.

L'horizon est déjà par là divisé en seize arcs égaux.

Le point équidistant du nord et du nord-nord-est se désigne par l'appellation N. $\frac{1}{4}$ N. E.

Tous les rayons qui joignent le centre à ces 32 points de division se nomment des aires de vent ou rumbs de vent ou quarts. Chacun d'eux est de 11° $15'$, valeur de l'arc, trente-deuxième partie de 360 degrés.

Dans la pratique, on donne quelquefois des noms aux points intermédiaires. Celui qui tient le milieu entre le nord et le

N. ¼ N. E. se nomme le N. ½ E. ; celui à égale distance du S. S. O. et S. O. ¼ S. se désigne par S. S. O. ½ O.; les rayons qui aboutissent à ces nouveaux points se nomment demi-quarts ou demi-rumbs.

13. Pour désigner en général un point quelconque de l'horizon, on indique le rumb de vent le plus rapproché de ce point, et on y ajoute le nombre de degrés d'intervalle entre le rumb et le point de l'horizon que l'on veut désigner. Ainsi, on dira le S. S. E. 3° E., pour désigner le point de l'horizon qui se trouve à 3 degrés vers l'est du S. S. E.

14. On désigne encore un point de l'horizon par le nombre de degrés compris entre lui et le nord ou le sud. Ainsi, pour désigner le N. E., on peut dire N. 45° E.

Il est important de bien connaître ces deux manières de s'exprimer, et de savoir résoudre rapidement les deux questions suivantes :

15. *Un point de l'horizon étant exprimé au moyen de son aire de vent, le traduire en degrés.* On comptera le nombre de quarts contenus depuis ce point jusqu'à celui des deux nord ou sud qui en est le plus rapproché.

Puisque d'un quart à un autre il y a 11° 15′, l'arc sera égal à autant de fois 11° 15′ qu'il renfermera de quarts.

Exemple. On veut exprimer en degrés le O. S. O. 2° O.

Du sud au O. S. O., il y a 6 quarts ou 6 fois 11° 15′, ce qui donne 67° 30′; et comme le point désigné est à 2° au delà de l'O. S. O., l'arc cherché sera de 69° 30′, à partir du sud, ou S. 69° 30′ O.

16. *Un point de l'horizon étant désigné par le nombre de degrés dont il s'écarte du nord ou du sud, déterminer l'aire de vent à laquelle il répond.* Le moyen le plus simple à employer pour résoudre cette question, c'est de se rappeler que les quarts pris deux à deux, à partir du méridien, fournissent des arcs de 22° 30′, 45°, 67° 30′ et 90°, et que, d'un quart à l'autre, il y a toujours 11° 15′.

Exemple. Soit le N. 56° 15′ O.

Puisque le N. O. donne un arc de 45°, et qu'il y a encore 11° 15′ pour parvenir à 56° 15′, ce qui constitue un nouveau quart, le rumb cherché sera le N. O. ¼ O.

Pareillement, le N. 75° E. correspond à l'E. ¼ N. E. 3° 45′ vers le nord ; et comme, en général, on ne tient pas compte des minutes, on dira l'E. $\frac{1}{4}$ N. E. 4° N.

17. Les deux questions précédentes se résolvent sans calcul, lorsqu'on a une rose des vents graduée en degrés comme celle que représente la figure. On y lit d'un coup d'œil la réduction cherchée.

18. *Deuxième moyen de déterminer la position d'un lieu.* On a vu que les deux éléments nommés latitude et longitude suffisaient pour déterminer la position d'un lieu.

Il sera également fixé lorsqu'on connaîtra la direction de l'horizon sur laquelle il se trouve, par rapport à un autre lieu connu de position, ainsi que sa distance à ce lieu.

En disant, par exemple, que Barfleur se trouve à 54 milles du Havre, dans la direction du O. N. O $\frac{1}{2}$ O., on connaîtra évidemment la position de Barfleur, à la condition que celle du Havre soit déterminée *a priori*.

Les marins s'appuient sur ce principe pour déterminer par l'estime la position de leur navire à la mer.

19. *Représentation de la surface terrestre.* La terre étant sphérique, il était naturel de chercher à représenter les détails de sa surface sur un globe. Mais il eût fallu, pour rendre les détails un peu sensibles, lui donner des dimensions telles, qu'on a eu recours à des tableaux plans nommés cartes, destinés à indiquer les positions relatives des points de la surface terrestre.

20. *Cartes hydrographiques ou nautiques.* On désigne sous ce nom celles qui, omettant les détails de l'intérieur des terres, donnent avec un soin minutieux les configurations des côtes, les moindres écueils, les sondes ou profondeurs d'eau, enfin tous les renseignements qui peuvent intéresser le navigateur.

Pour rendre l'usage de ces cartes plus facile, on y a figuré les méridiens par des lignes droites parallèles entre elles.

Cette convention permet de représenter par une ligne droite la route que suit un navire qui, ne changeant pas d'aire de vent, croise tous les méridiens qu'il traverse sous le même angle.

Les parallèles étant sur la surface terrestre perpendiculaires aux méridiens, ont conservé sur la carte cette position relative, et y sont figurées au moyen de droites perpendiculaires aux premières.

L.

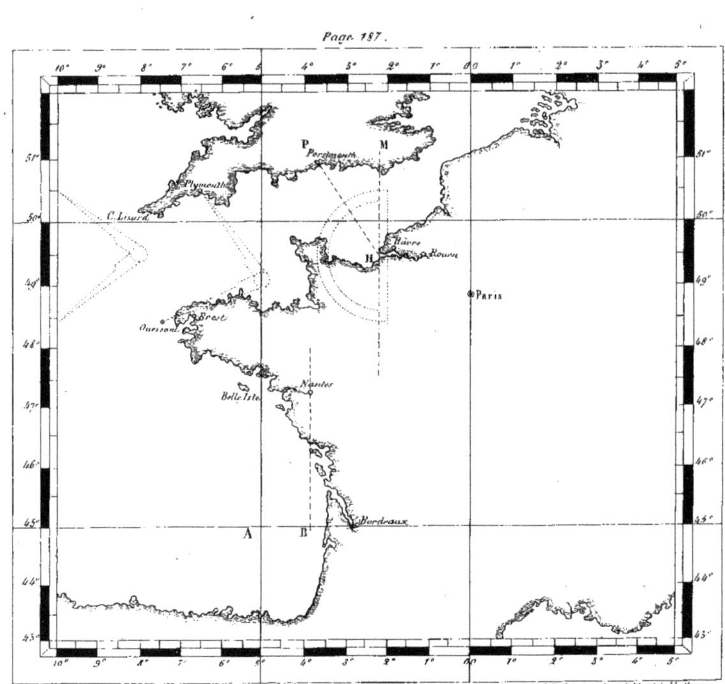
10° 9° 8° 7° 6° 5° 4° 3° 2° 1° 0 0 1° 2° 3° 4° 5°
51°
50°
49°
48°
47°
46°
45°
44°
43°
P Portsmouth M
Plymouth
C. Lizard
Havre Rouen
H
Paris
Ouessant Brest
Nantes
Belle-Isle
Bordeaux
A B
10° 9° 8° 7° 6° 5° 4° 3° 2° 1° 0 0 1° 2° 3° 4° 5°

Ces cartes sont entourées d'un cadre gradué. Les deux côtés du cadre parallèles à l'équateur portent le nom d'échelles de longitude, et les deux autres, parallèles aux méridiens, sont les échelles de latitude.

Le haut de la carte représente le nord ; le bas, le sud ; la droite, le côté est ; la gauche, le côté ouest.

Au moyen d'une telle carte, il est facile de trouver les positions relatives des différents points du globe, c'est-à-dire, leurs distances respectives, ainsi que les directions dans lesquelles ils sont situés les uns à l'égard des autres.

Les graduations des échelles des longitudes sont telles, que leurs divisions sont constantes.

Au contraire, les graduations de l'échelle des latitudes augmentent progressivement depuis l'équateur, et sont toutes plus grandes que celles analogues de l'échelle des longitudes.

Cela tient à ce que, d'après la convention faite, les méridiens étant parallèles sur la carte, au lieu d'être convergents les uns vers les autres, ainsi que cela a lieu sur le globe, les degrés ou minutes de parallèles ont été de plus en plus agrandis.

Il fallait donc faire subir aux degrés et minutes de méridien des accroissements analogues, pour conserver autant que possible, entre les éléments de la carte, les rapports de grandeur qu'ils possédaient sur la terre.

C'est par suite de l'accroissement successif des divisions de l'échelle des latitudes, qu'on l'a nommée échelle des latitudes croissantes.

21. *Tracer le méridien d'un lieu sur la carte.* S'il s'agissait, par exemple, de porter sur la carte le méridien de Nantes, on prendrait avec un compas la distance de Nantes au méridien de la carte le plus voisin. On porterait cette distance de A en B sur le parallèle le plus proche. Joignant le point B à celui figurant la position de Nantes, on aura le méridien demandé.

22. *Distance de deux points.* Lorsqu'on voudra connaître la distance de deux points, celle d'Ouessant à Plymouth, par exemple, il suffira de poser une des pointes d'un compas sur Ouessant, l'autre sur Plymouth, puis de porter cette ouverture sur l'échelle des latitudes par le travers du parallèle milieu entre les deux points;

le nombre de minutes de l'échelle, compris entre les points du compas, fera connaître le nombre de milles de la distance.

23. *Gisement de deux points.* Si l'on voulait connaître dans quelle direction Portsmouth se trouve par rapport au Havre, on joindrait le Havre à Portsmouth, après avoir tracé le méridien du Havre ; puis, avec un rapporteur, on mesurerait l'angle PHM. On trouverait qu'il est de 28 degrés ; et comme le méridien de Portsmouth est situé à gauche de celui du Havre, on dirait que cette dernière ville est dans le N. 28° O. de la première, ou bien dans la direction du N. N. O. $\frac{1}{2}$ O.

24. *Trouver la latitude et la longitude d'un lieu marqué sur la carte.* On prendra avec un compas la distance du lieu au parallèle le plus voisin, puis on fera glisser le compas, le long de ce parallèle, sur l'échelle des latitudes. La pointe du compas qui était sur le lieu indiquera sa latitude sur l'échelle. La longitude se déterminera d'une manière analogue.

Supposons qu'on désire se procurer la latitude et la longitude du cap Saint-Vincent. Mettant la pointe de compas sur Saint-Vincent, on ouvrira ou fermera, jusqu'à ce que l'autre pointe puisse décrire un arc tangent au parallèle le plus voisin.

On portera cette ouverture sur l'échelle des latitudes, en posant une des pointes sur l'extrémité du parallèle dont on s'est servi ; l'autre pointe indiquera la latitude.

La figure indique le moyen analogue pour obtenir la longitude.

On trouvera ainsi que Saint-Vincent est par 37° 02′ latitude N., et 11° 22′ longitude O.

25. *Connaissant les latitudes et longitudes d'un lieu, le porter sur la carte.* Supposons qu'un navire soit situé par 23° 16′ latitude N., et 13° 30′ longitude O.

Il s'agit de placer sur la carte la position de ce navire.

On cherchera sur l'échelle des latitudes la division correspondante à celle du navire, et par ce point on conduira un parallèle : ce sera celui sur lequel il est situé. On conduira pareillement le méridien par la division connue de l'échelle des longitudes, et le point de rencontre de ces deux lignes sera celui cherché.

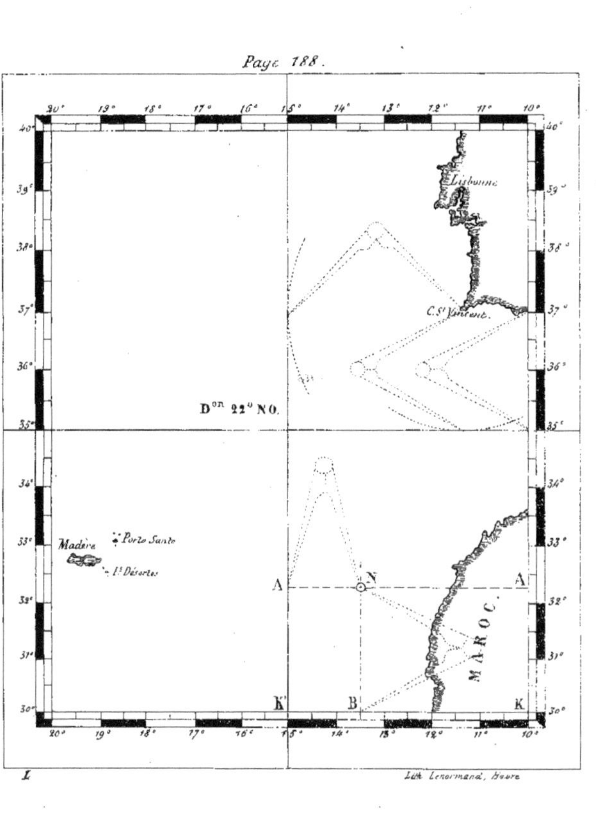
Lisbonne
C. St Vincent.
Don 22° NO.
Madère
Porto Santo
Is Désertes
A
N
A
K'
B
K
M A R O C.
I
Lith. Lenormand, Havre

26. Pour eviter de tracer deux lignes sur la carte, on peut employer le moyen suivant :

On prendra sur l'échelle des latitudes la distance AK de la latitude du navire au parallaxe le plus voisin, et, avec un autre compas, la distance BK′ de la longitude au méridien le plus proche.

On apportera la distance AK sur le méridien qui passe par K′; au point A′, on appuiera une des pointes du compas des longitudes; en B, une des pointes du compas des latitudes; et le point N où les deux autres se rencontreront sera celui cherché.

La figure indique cette construction.

FIN DE L'INTRODUCTION

NAVIGATION

PAR L'ESTIME.

27. On a dit que, pour connaître leur position à la mer, les navigateurs déterminaient la direction dans laquelle ils se trouvaient du point de départ, ainsi que la distance qui les en séparait.

Pour arriver à cette détermination, il suffit de tenir compte de la direction dans laquelle le navire s'éloigne, et de la longueur du chemin qu'il parcourt.

DIRECTION DE LA ROUTE.

28. *Boussole.* Pour se diriger en mer, on se sert d'un instrument nommé boussole. Il est composé d'une aiguille d'acier aimantée, qui, librement supportée par son milieu, jouit de la propriété de se diriger constamment vers le même point de l'horizon.

Elle supporte un cercle en carton ou en talc sur lequel est collée une rose des vents tracée sur papier, de manière à ce que la ligne nord et sud corresponde à l'axe de symétrie de l'aiguille.

On conçoit que cette rose, invariablement fixée à l'aiguille, prenne, sous l'influence de celle-ci, une position particulière. Si l'aiguille prenait la direction de la ligne méridienne, il en serait de même de la ligne nord et sud de la rose, et le même fait se reproduirait pour toutes les aires de vent.

29. *Variation.* La direction prise par l'aiguille, et que l'on nomme méridienne magnétique, s'écarte, de la vraie ligne nord et sud, d'un angle qui dépend des lieux et varie avec le temps.

Cet angle s'appelle variation. Lorsque l'écart se fait à gauche, c'est-à-dire lorsque le point vers lequel se dirige l'aiguille est entre le nord et l'ouest de l'horizon, la variation est dite nord-ouest. Elle est, au contraire, nord-est lorsque le nord de l'aiguille se dirige vers un point situé entre le nord et l'est de l'horizon.

L'aiguille, en s'écartant, par l'effet de la variation, de la vraie ligne nord et sud, entraîne avec elle la rose du compas, en sorte ʝue les aires de vent de cette rose ne correspondent plus aux mêmes aires de vent de l'horizon. Tous s'en écartent d'une quantité précisément égale à la variation. Il sera donc possible de connaître l'aire de vent de l'horizon qui correspond à un de ceux du compas, lorsque la variation sera donnée.

30. *Corriger une aire de vent de la boussole des effets de la variation.* Supposons que, dans un lieu dont la variation a été reconnue de deux quarts N. O., on veuille déterminer l'aire de vent de l'horizon sur lequel est dirigé le O. $\frac{1}{4}$ S. O. de la boussole.

Toutes les aires de vent du compas s'écartent de deux quarts vers la gauche de celles réelles de l'horizon qui portent le même nom.

Le O. $\frac{1}{4}$ S. O. du compas s'écarte donc de deux quarts vers la gauche, et répond par suite au S. O. $\frac{1}{4}$ O. de l'horizon.

Règle générale. On peut déduire de cet exemple, que, pour corriger une aire de vent de la boussole, il suffit de compter sur la rose à partir de ce point, et dans le sens de la variation, un arc égal à cette dernière quantité.

Comme on ne saurait faire cette correction avec trop de facilité, on fera bien de s'exercer sur les exemples suivants :

Variation, 18° N. O.		Variation, 22° N. E.	
Aires de vent de la boussole.	Aires de vent du monde.	Aires de vent de la boussole.	Aires de vent du monde.
N. 25° E.	N. 7° E.	N. 30° E.	N. 52° E.
N. 46° O.	N. 64° O.	N. 75° E.	S. 83° E.
N. 80° O.	S. 82° O.	N. 10° O.	N. 12° E.
S. 64° O.	S. 46° O.	S. 15° E.	S. 37° E.
S. 10° O.	S. 8° E.	S. 12° E.	S. 20° O.
S. 85° E.	N. 77° E.	S. 45° O.	S. 67° O.
N. 8° E.	N. 10° O.	S. 82° O.	N. 76° O.

Ces conversions devront d'abord être faites avec une rose sous les yeux. Plus tard, avec un peu d'habitude, la réflexion suffira.

On ne saurait trop se tenir en garde contre certaines règles pratiques qui, par leur simplicité, semblent faciliter les progrès des commençants, et leur éviter même le travail de la réflexion.

Toutes ces règles routinières peuvent être d'autant plus nuisibles qu'elles sont moins réfléchies.

31. Avec une boussole dont la variation est déterminée, on peut donc reconnaître les différents points de l'horizon , et savoir d'une manière certaine vers lequel se dirige le navire.

Mais la boussole devient un instrument inutile lorsqu'on n'en connaît pas la variation ; on doit se demander par quel moyen on peut se procurer cet élément.

On verra, dans la deuxième partie, comment on peut l'obtenir par des observations astronomiques. Qu'il nous suffise, pour le moment, de remarquer que les cartes nautiques font connaître la variation pour les divers points du globe.

32. *Compas de route.* Les boussoles dont on fait usage à la mer reçoivent une disposition particulière.

L'aiguille est placée en équilibre sur un pivot, de manière à pouvoir tourner librement dans tous les sens. Ce pivot est fixé au fond d'une boîte en cuivre de forme cylindrique, nommée cuvette.

La cuvette est entourée d'un balancier circulaire, mobile autour de deux tourillons A et B. Elle tient elle-même au balancier par deux tourillons *a, b,* diamétralement opposés aux premiers.

Ainsi suspendue, la cuvette plombée par le fond se maintient dans une position horizontale. Le pivot de l'aiguille reste alors vertical, en dépit des mouvements du navire.

L'instrument prend alors le nom de compas de route.

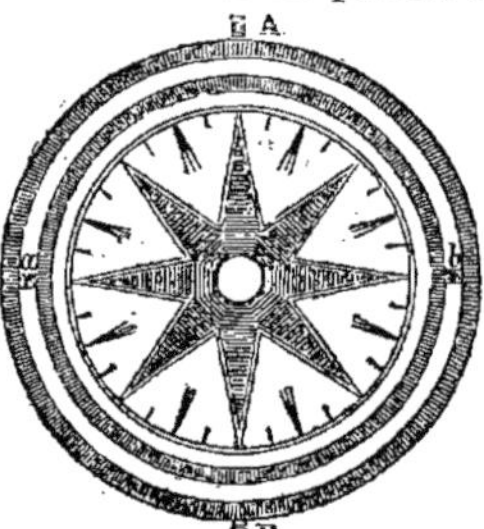

On le place sur l'avant du gouvernail, afin que le timonier puisse, en ayant l'œil dessus, maintenir le navire dans la route qu'il faut suivre. Une ligne noire verticale, nommée ligne de foi, tracée dans l'intérieur de la cuvette, indique la position de la proue du navire, et permet d'apprécier d'un coup d'œil la direction de la route.

33. *Orienter le compas de route.* Puisque la ligne de foi permet de juger la direction courue, il est important de s'assurer d'avance, et de pouvoir vérifier de temps à autre, si elle correspond exactement à l'avant.

Lorsque le compas est à son poste, et qu'il s'agit de le vérifier, il suffit de relever alternativement chacun des deux bossoirs, ou deux autres points quelconques occupant tribord et bâbord des

positions symétriques. Il faut que la ligne de foi se trouve au milieu de l'arc compris entre les deux relèvements.

34. *Dérive.* Si le navire suivait la direction indiquée par la
proue, il suffirait de corriger de la variation l'aire de vent du
compas qui répond à cette direction, pour connaître la véritable
route.

Mais le navire, obéissant à l'impulsion oblique du vent, est re-
foulé latéralement, et dévie ainsi de la direction qu'il paraît
suivre.

Le sens et la grandeur de cette déviation, nommée dérive, dépendent de l'état de la mer, de l'intensité du vent, et de sa direction
par rapport au plan vertical de la quille.

La véritable route accomplie est évidemment indiquée par la
trace d'écume nommée houache, que le bâtiment laisse après lui
comme souvenir de son passage.

Si donc on relève au compas l'angle qu'elle fait avec la quille du
navire, la dérive sera connue.

Il est clair qu'elle est toujours du bord opposé à celui d'où vient
le vent. Si le vent vient de tribord, la dérive porte à bâbord. Elle
porterait à tribord, si les amures étaient à bâbord.

35. *Corriger une route des effets de la dérive.* Supposons
qu'ayant fait route au S. S. E. avec deux quarts de variation nord-
ouest, la dérive soit de un quart à bâbord.

La route corrigée (30) est le S. E. Mais, par l'effet de la dérive,
le navire s'écartant de cette route d'un quart vers la gauche, on
doit compter pour la vraie route le S. E. $\frac{1}{4}$ E.

On voit donc que, pour corriger de la dérive, on agit comme
si c'était une nouvelle variation, en considérant la dérive bâbord
comme une variation N. O., et celle tribord comme une variation N. E.

36. *Corriger simultanément de la dérive et de la variation.*
Comme ordinairement une route est affectée à la fois de variation
et de dérive, on fait les deux corrections simultanément. Si la dérive et la variation sont dans le même sens, on les ajoute, et on
corrige de leur somme. Si, au contraire, la dérive et la variation
se contrarient dans leurs effets, on corrige de leur différence, dans
le sens de la plus grande de ces deux quantités.

Exemples.

Route suivie,	N. 38° E.
Variation, 15° à gauche.	
Dérive, 8° à gauche.	
Correction, 23° à gauche ;	23° à gauche
Route corrigée,	N. 15° E.

Route suivie,	S. 15° O.
Variation, 12° à gauche.	
Dérive, 20° à droite.	
Correction, 8° à droite ;	8° à droite
Route corrigée,	S. 23° ouest.

MESURE DU CHEMIN.

37. *Du loch*. Pour mesurer la vitesse du navire, on se sert d'un instrument nommé loch, qui se compose de trois parties.

Le bateau de loch est une planchette de la forme A, plombée à sa partie inférieure *ab*, afin qu'elle soit immergée verticalement aux $\frac{2}{3}$ de sa hauteur pendant l'expérience. Aux deux extrémités *a* et *b* de la base, sont fixés les deux bouts d'une patte d'oie portant en son milieu une cheville.

La ligne de loch est d'une soixantaine de brasses fixée au sommet *c* du bateau, et supportant un étui placé à la même distance que la cheville qu'on y introduit avec un peu d'effort. Sur cette ligne, après une longueur égale à celle du navire, est fixé un morceau de drap ou d'étamine nommé houache, à partir duquel sont marquées des longueurs égales à la cent-vingtième partie du mille. Ces distances se nomment nœuds, et sont divisées elles-mêmes en deux parties égales.

Enfin, le tour de loch est un cylindre mobile autour d'un axe, et sur lequel la ligne est enroulée.

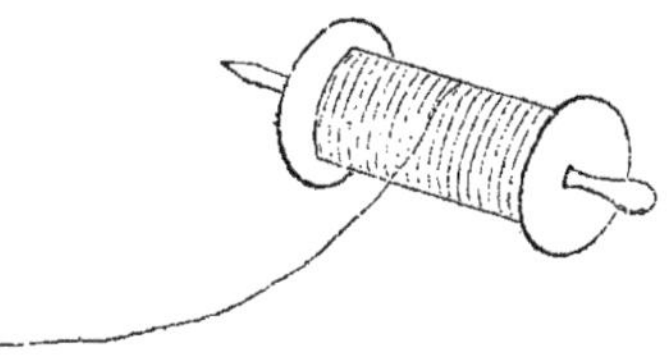

38. *Jeter le loch.* Cette opération nécessite le concours de trois personnes. L'une, qui dirige l'opération, s'empare du bateau, le mâte, c'est-à-dire met la cheville, et, après avoir déroulé une certaine quantité de ligne, en fait une glène qu'elle tient à la main.

La seconde saisit le tour par les deux poignées, de manière à laisser la ligne se dérouler librement, à la volonté de celui qui la file.

La troisième enfin tient à la main un sablier dont la durée, de 30 secondes, fixe celle de l'expérience.

Lorsque les préparatifs sont terminés, celui qui dirige l'opération lance le bateau à la mer sur l'arrière du navire, du côté opposé au vent, en laissant filer librement la ligne entre ses doigts. Il prévient par le mot *Attention!* et lorsqu'il sent passer la houache, il commande *Vire!* Celui qui tient le sablier le retourne subitement à ce commandement, et veille le moment où le sable est totalement écoulé; cet instant venu, il en fait le signal par le mot *Stop!*

Aussitôt celui qui a lancé le bateau lui donne, à l'aide de la ligne, une forte secousse, pour faire sortir la cheville de l'étui, et ramener l'instrument à plat.

Comptant alors les nœuds et fractions de nœud filés, on a le chemin fait par le navire pendant la durée du sablier; et comme elle est la cent-vingtième partie de l'heure, de même que le nœud la cent-vingtième partie du mille, on a obtenu le nombre de milles filés par le navire dans l'espace d'une heure.

39. La longueur à donner au nœud, cent-vingtième partie du mille, serait de 47 pieds $\frac{1}{2}$. Mais des expériences répétées ont appris qu'elle devait être réduite à 45 pieds, parce que le bateau de loch ne reste pas parfaitement stationnaire.

La ligne est sujette à s'allonger et à se raccourcir irrégulièrement, et doit être souvent rectifiée.

A cet effet, deux clous en cuivre, éloignés de 45 pieds, sont fixés sur un bordage du gaillard d'arrière. On peut ainsi vérifier promptement si la longueur du nœud est bien de 45 pieds.

40. *Autre moyen de mesurer la vitesse.* On peut, connaissant la longueur du navire, ainsi que le nombre de secondes que met l'écume de la mer à se rendre de l'avant à l'arrière, déterminer assez exactement la vitesse. Pour cela on multipliera par 2 la longueur du navire exprimée en pieds, par 3 le nombre de secondes, et on divisera le premier produit par le second ; le quotient fera connaître le nombre de nœuds filés.

Exemple. Un navire de 90 pieds de long est parcouru sous le vent par l'écume en 12^s ; on demande la vitesse du navire.

$$\text{Longueur du navire,} \quad 90^p \quad \text{par} \quad 2 \quad 180 ;$$
$$\text{nombre de secondes,} \quad 12 \quad \text{par} \quad 3 \quad 36 ;$$
$$\text{quotient de } 180 \quad \text{par} \quad 36 \quad 5.$$

La vitesse est de 5 milles à l'heure.

Pour démontrer cette règle, il suffit du raisonnement suivant : Puisqu'en S'' il parcourt l pieds,

en 1^s il parcourt $\dfrac{l^p}{S''}$;

en 1^h ou $3600''$, il parcourt $\dfrac{l^p \times 3600}{S}$ en pieds ;

en 1^h il parcourt $\dfrac{l \times 3600}{S \times 5500}$ en milles, puisque le mille vaut 5500 pieds ;

en simplifiant $\dfrac{l \times 36}{S \times 55}$;

et divisant par 18 le numérateur et le dénominateur, le nombre de milles filés à l'heure $= \dfrac{l \times 2}{S \times 3}$.

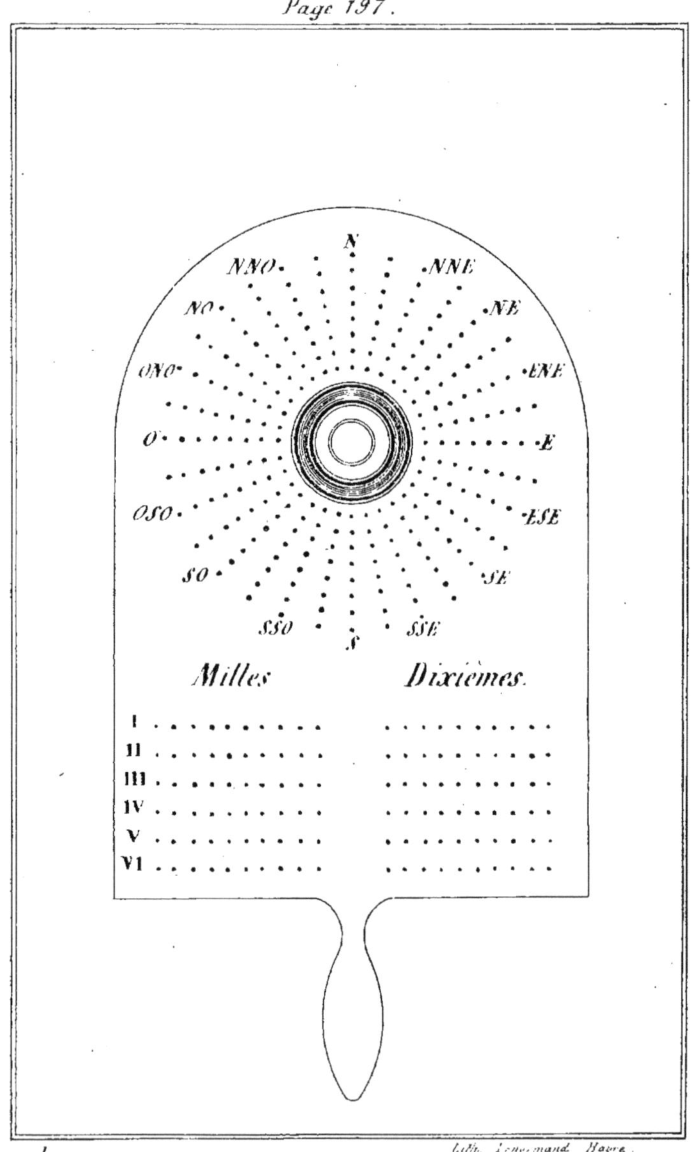

Lith. Lenormand Havre.

DU RELEVÉ DES ROUTES.

41. *Renard.* Le renard est un instrument servant de registre, sur lequel on note d'heure en heure la route du navire, ainsi que le nombre des milles courus dans l'heure qui vient de s'écouler.

Cet instrument est composé d'une planchette percée de huit trous dans chacune des trente-deux directions représentant chacun des trente-deux rumbs de vent du compas.

Deux tableaux auxiliaires sont destinés, l'un à marquer les milles, l'autre les dixièmes. On y joint quelquefois un troisième tableau, destiné à inscrire la dérive.

Lorsqu'on ne suit qu'une seule route dans toute la durée du quart, il suffit de marquer la route suivie pendant la première heure, ce qui se fait en plantant une cheville nommée poule dans le premier trou de la ligne représentant cette direction.

Si la route était comprise entre deux rumbs de vent, le N. N. E. $\frac{1}{2}$ N., par exemple, on planterait une poule dans le premier trou du N. $\frac{1}{4}$ N. E., et une autre dans le premier trou du N. N. E.

Cette notation indique par convention que, pendant la première heure, on a suivi une route comprise entre ces deux aires de vent.

Après chaque heure écoulée, on note sur les deux tableaux les milles et dixièmes de milles parcourus.

42. Lorsqu'on tient le plus près avec des vents variables, la route suivie change à chaque instant; on doit alors surveiller attentivement les variations de la route, noter le temps pendant lequel on gouverne à une même aire de vent. Il sera facile d'avoir, à la fin de l'heure, une moyenne entre toutes les routes.

Pour rendre l'appréciation de cette moyenne plus facile, on estimera après chaque quart d'heure ce que vaut la route variable du navire, et on écrira cette valeur sur le renard; à la fin de l'heure, on prendra la moyenne des quatre quantités.

Lorsque les écarts que fait la route du navire sont considérables, il faut avoir soin de compter un peu moins de chemin que n'indique le loch; car le navire suivant une route sinueuse, on estimerait trop de chemin si l'on comptait tous les milles parcourus comme ayant été faits sur une droite qui serait la direction moyenne.

Les huit trous de chaque aire de vent sont destinés à marquer les routes suivies pendant les huit demi-heures du quart.

43. *Journal.* A la fin de chaque quart, on fait le relevé des routes et des milles marqués sur le renard, et on les porte sur un journal destiné à cet usage.

La forme des journaux employés à bord des bâtiments de commerce est entièrement arbitraire; cependant on peut dire qu'ils sont généralement distribués par colonnes, destinées à enregistrer

1° La direction du vent ;

2° La route suivie ;

3° Les milles courus;

4° La dérive ;

5° La voilure.

Dans une autre colonne, on écrit toutes les circonstances de la navigation.

Le modèle suivant, ordonné pour les bâtiments de guerre, donnera un aperçu suffisant de tous les autres, quelle que soit la distribution adoptée.

Chaque page, comme on le voit, commence à minuit, et finit au minuit suivant.

A midi, on porte sur le journal la position du navire déduite de l'estime et des observations astronomiques, la route directe qui conduirait du point où l'on était la veille à celui où l'on est arrivé, ainsi que les milles qu'il faudrait faire dans cette direction.

Le vendredi 26 janvier 1844.

TABLE DE LOCH.					VOILURE du bâtiment.	VUES ET RELÈVEMENTS de terres, de voiles, etc.
Heures.	Vents.	Routes.	Milles.	Dérive.		
1	E.	S 79° O.	4,8	0°	Bonnettes haut. et bass.	
2	»	»	4,8	»	Tribord et bâbord, le ris de chasse pris.	
3	»	»	4,7	»		
4	»	»	5,0	»		
5	»	»	5,5	»		
6	»	»	5,8	»	Largué le ris de chasse.	A 6 h., aperçu la terre d'Espagne sur plusieurs points, depuis le N. N. E. jusqu'au O. N. O.
7	»	»	6,0	»		
8	»	»	6,5	»		
9	»	»	6,5	»		
10	»	»	6,5	»		
» ½	»	»	3,2	»		
11	»	S. 85° O.	3,3	»		
midi.	»	»	6,4	»		

Route corrigée.	Distance corrigée.	LATITUDE		LONGITUDE		VARIATION.
		observée.	estimée.	observée.	estimée.	
S. 66° O.	111 milles.	36° 43′ N.	36° 50′ N.	4° 16′ O.	3° 59′ O.	20° N. O.

					VOILURE du bâtiment.	VUES ET RELÈVEMENTS de terres, de voiles, etc.
1	E.N.E	S. 85° O.	7,5	0°	Toutes voiles, bonnettes de tribord.	A 1 h. 15 m., bâtiments en vue dans plusieurs directions.
2	»	»	7,7	»		
3	»	N. 85° O.	7,9	»		A 1 h. 25 m., le cap de Gate, au N. du monde
4	»	»	7,8	»		
5	»	N. 79° O.	8,0	»		
6	»	»	8,0	»		A 5 h., un trois-mâts en vue par le bossoir de tribord.
7	»	»	7,5	»		
8	»	»	7,5	»		
9	E.	»	7,5	»		
10	»	»	7,5	»		A 10 h. 3o m., un brig passe à contre-bord.
11	»	»	8,0	»		
minuit.	»	»	8,0	»		

Exercices, mouvements, événements, observations.

Beau temps, — nuageux par intervalles, — bonne brise, — diverses manœuvres
de bonnettes toute la journée, etc.

On va actuellement procéder à la détermination de **toutes ces** quantités.

DU POINT.

44. *Problème direct.* Le but de ce problème est le suivant :

Connaissant la direction dans laquelle un navire s'est éloigné du point de départ, ainsi que le chemin qu'il a parcouru, trouver le point du globe où il est arrivé.

C'est cette opération qu'à proprement parler on nomme faire le point.

Il y a différents moyens de l'exécuter.

45. *Solution sur la carte.* Supposons qu'un navire, parti de Sainte-Marie (îles Açores), ait constamment gouverné au S. S. E. $\frac{1}{2}$ E. avec 10 degrés de dérive, les amures étant à bâbord, et que le chemin parcouru dans cette direction soit de 135 milles.

On commencera par chercher la véritable direction suivie, et, pour cela, on remarquera que la variation signalée par la carte est de 22° N. O. pour les parages en question.

On corrigera donc comme il a été dit au n° 36, et l'on trouvera pour route corrigée le S. 40° E.

Le navire s'étant éloigné de Sainte-Marie dans la direction du S. 40° E., on portera cette direction sur la carte. A cet effet, on tracera le méridien du point de départ, et on placera un rapporteur de telle sorte que le centre se trouve sur Sainte-Marie, et que le diamètre se confonde avec le méridien, en ayant soin de faire tomber le demi-cercle du côté de l'est.

On comptera sur ce rapporteur 40° à partir du sud, et on marquera au crayon le point correspondant. L'unissant à Sainte-Marie, après avoir enlevé le rapporteur, on aura la direction de la route.

Il n'y a plus qu'à prendre sur l'échelle des latitudes, par le travers de Sainte-Marie, une distance égale à 135 minutes de l'échelle des latitudes, et porter cette distance sur la direction obtenue, à partir du point de départ.

On trouvera, de cette manière, que le navire est arrivé au

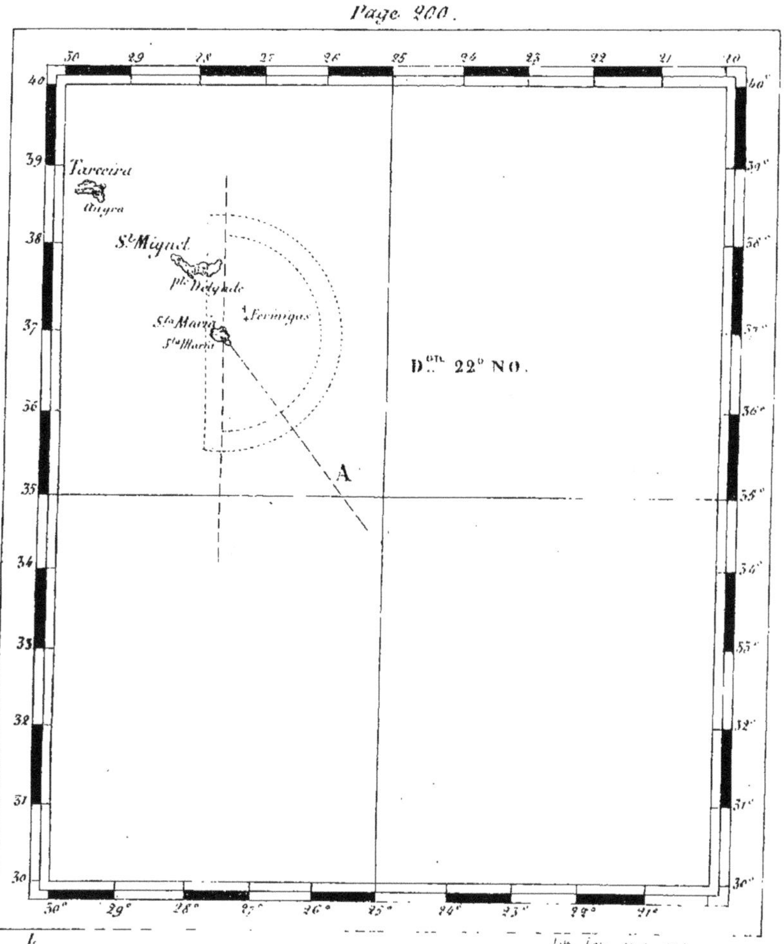

Tarceira
Angra
St Miguel
pta Delgade
Sta Maria
Sta Maria
Formigas
Dte 22° NO.
A
1.

point A, dont la latitude et la longitude relevées, comme il a été prescrit au n° 22, sont :

$$\text{latitude}, \quad 35^\circ \ 13' \ \text{N.};$$
$$\text{longitude}, \ 25^\circ \ 39' \ \text{O.}$$

46. *Quartier de réduction.* Le quartier de réduction est un rectangle ABCD, divisé en carrés égaux par des droites parallèles à deux côtés contigus.

Par tous les points de division de CB, qu'on nomme côté nord et sud, passent des arcs dont le centre est en C, point qu'on nomme centre du quartier.

L'arc ED est divisé en degrés de 0 à 90, à partir du point E; et celui FG, qui passe par la 5ᵉ division en dessous de E, est divisé de même à partir du point G.

Des transversales, qui joignent les points de division de ces deux arcs, donnent le moyen d'évaluer les minutes de 12 en 12; et les droites CH, CI, CK, etc., qui partagent tous les arcs concentriques en parties de $11^\circ \ 15'$, représentent les rumbs de vent intermédiaires entre le nord et l'est, ou entre le nord et l'ouest.

Enfin, on attache au point C un fil qui peut être tendu sur tous les points de l'arc gradué, et par conséquent faire un angle quelconque avec le côté nord et sud ou le côté est et ouest, pourvu que cet angle ne surpasse pas 90 degrés. On voit que sur le quartier les divisions du méridien sont égales à celles de l'équateur, ce qui n'a pas lieu sur la carte. Le quartier n'est donc qu'un instrument destiné à remplacer à la fois la règle, l'équerre, le rapporteur et le compas.

Ainsi, les divisions du méridien sur le quartier représentant des minutes de latitude, les divisions de la ligne est et ouest sont moindres que les minutes de longitude, résultat inverse de celui fourni par une carte.

47. *Solution du problème direct sur le quartier de réduction.* On arrive à la solution de ce problème par une suite d'opérations que nous allons apprendre à effectuer séparément.

48. *Trouver combien une route porte vers le nord ou vers le sud, vers l'est ou vers l'ouest.* On corrigera la route de toutes les causes qui l'altèrent, et on tendra le fil dans une direction telle, qu'il fasse avec le côté nord et sud du quartier un angle égal à celui de route corrigé.

On comptera le long du fil, à partir du centre du quartier, un nombre d'intervalles circulaires égal au nombre des milles parcourus. A l'extrémité du chemin, on plantera une aiguille.

Le nombre des espaces horizontaux compris entre cette aiguille qui représente la position actuelle du navire, et le bas du quartier, indiquera le nombre des milles dont le navire se sera avancé dans le nord ou dans le sud (suivant la direction de la route).

Le nombre d'espaces verticaux compris entre l'aiguille et le côté nord et sud indiquera le nombre de milles dont le navire se sera éloigné du méridien de départ, soit dans l'est, soit dans l'ouest.

Si l'étendue du quartier ne permettait pas de compter un nombre de divisions égal aux milles parcourus, on ferait exprimer à chaque division du quartier une valeur de deux, de trois, etc., milles.

Exemple. Un navire ayant constamment gouverné S. 56° O., avec 15° de variation N. O. et 8° de dérive bâbord, a fait dans cette direction 60 milles. On demande le nombre de milles dont il s'est avancé dans l'ouest.

En corrigeant la route de la dérive et de la variation, on trouve qu'elle vaut le S. 33° O.

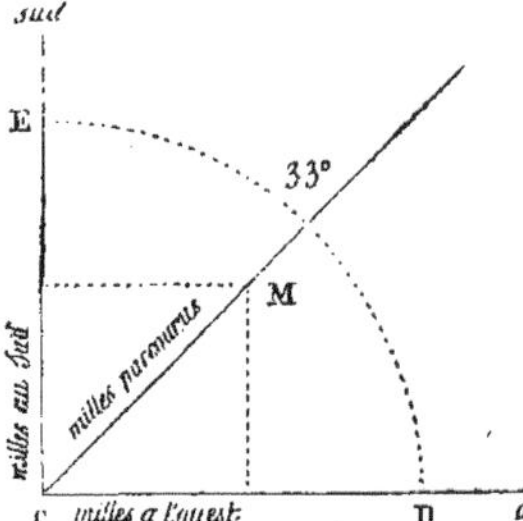

On comptera 33° sur l'arc ED à partir du point E, le côté CE représentant dans ce cas la direction du sud ; et on tendra le fil sur le point de division correspondant.

Comme le quartier n'est pas assez étendu pour qu'on puisse compter 60 divisions sur le fil, on fera exprimer à chaque intervalle circulaire une longueur de deux milles, et il n'en faudra alors que 30 pour représenter les 60 milles de la route. A l'extrémité M du chemin, on plantera l'aiguille, et l'on comptera sur le côté nord et sud le nombre de division compris entre cette aiguille et le côté E. O.

On trouvera 25,2, qui, doublé, donne 50^{milles},4 pour le nombre des milles courus au sud.

En comptant de la même manière sur le côté est-ouest, on trouvera que le navire s'est avancé vers l'ouest de 32 milles 6 dixièmes.

49. *Connaissant le nombre des milles dont on s'est déplacé sur la ligne nord et sud, déterminer le nombre des minutes dont la latitude a changé.* Puisque sur un méridien la longueur de la minute est égale à un mille, il est clair que le nombre des milles dont on s'est avancé dans le nord ou le sud est égal au nombre des minutes du changement en latitude.

50. *Déterminer combien un certain nombre de milles faits sur un parallèle, donnent de changement en longitude.* La conversion des milles à l'ouest ou à l'est en minutes de longitude n'est pas tout à fait aussi simple; car nous savons que les minutes d'un parallèle sont d'autant plus petites que le parallèle est plus éloigné de l'équateur, et que par conséquent il faut moins de milles pour faire un degré sur un parallèle situé par une grande latitude, que sur un parallèle de latitude moindre.

Une opération particulière est donc indispensable pour changer en minutes de longitude des milles faits sur un parallèle.

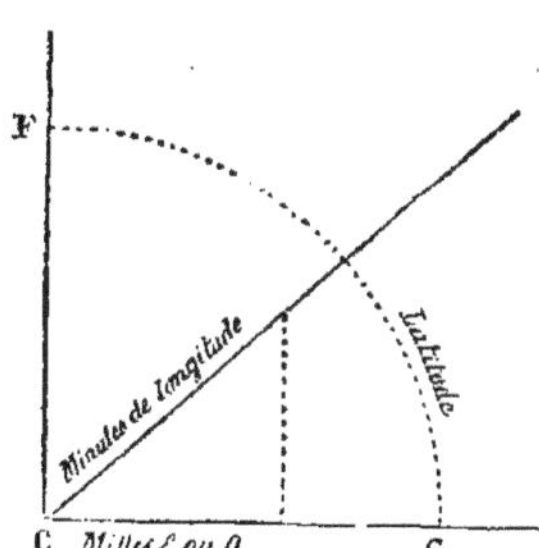

On comptera à cet effet le chemin est et ouest sur le côté CG du quartier, et au point où il se terminera on plantera une aiguille ; on comptera ensuite sur l'arc GF, à partir du point G, un nombre de degrés égal à la latitude, et on tendra le fil sur le point de division correspondant.

On fera remonter l'aiguille parallèlement au côté nord et sud du quartier, jusqu'à la rencontre du fil.

Le nombre d'espaces circulaires compris entre le centre du quartier et l'aiguille indiquera le nombre de minutes en longitude qui correspond aux milles est et ouest.

51. *Prendre la latitude moyenne.* Lorsqu'on fait route directement à l'est ou à l'ouest, la réduction des milles parcourus se fait par la latitude du parallèle où l'on est, ainsi que l'on vient de l'exécuter ; mais si on a couru sur une route oblique, comme, par

exemple, N. E. ¼ N., les milles est qui en proviendront n'auront été faits ni sur le parallèle de départ ni sur celui d'arrivée ; ils auront été accomplis en partie sur chaque parallèle compris entre eux. Alors on fait la réduction sur le parallèle qui tient le milieu entre les deux latitudes, et qu'on nomme le moyen parallèle.

Pour trouver la latitude de ce parallèle, on fera la somme des latitudes de départ et d'arrivée, si elles sont de même dénomination, et on en prendra la moitié.

Si, au contraire, les latitudes de départ et d'arrivée sont de différentes dénominations, on prendra la moitié de leur différence.

Exemples.

Latitude de départ,	25°	4′ N.;	latitude de départ,	1° 05′ N.	
Latitude d'arrivée,	27°	15′ N.;	latitude d'arrivée,	0° 46′ S.	
Somme,	52°	19′;	différence,	0° 19′.	
Latitude moyenne,	26°	09′ N.;	latitude moyenne,	9′ 30″.	

52. *Combiner les changements en latitude et longitude avec les latitudes et longitudes de départ, pour avoir celles d'arrivée.* Si la latitude de départ et le changement en latitude sont de même dénomination, on les ajoutera, et leur somme fera connaître la latitude d'arrivée. Si la latitude de départ et le changement sont de différentes dénominations, on retranchera ces deux quantités l'une de l'autre, et la différence fera connaître la latitude d'arrivée, qui sera de même dénomination que la plus grande de ces deux quantités.

Pour combiner la longitude avec son changement, on suivra la même règle.

Exemples.

Latitude de dép.,	40° 14′ N.;	longitude de départ,	33° 54′ O.;	
changement,	50′ S.	changement,	42′ O.	
Lat. d'arr. (diff.),	39° 24′ N.;	long. d'arr. (somme),	34° 36′ O.	
Latitude de dép.,	1° 06′ S.	longitude de départ,	0° 54′ O.;	
changement,	56′ S.	changement,	1° 18′ E.	
Lat. d'arr. (somme),	2° 02′ S.	long. d'arr. (différ.),	0° 24′ E.	

53. *Résumé.* Pour résoudre le problème direct par le quartier, on commencera par corriger la route de la dérive et de la variation.

On tendra le fil sur le rumb de vent corrigé ; on comptera le long de ce fil le chemin parcouru par le navire, et à son extrémité on plantera une aiguille.

On comptera sur le côté nord et sud le nombre des divisions comprises entre l'aiguille et le côté est et ouest ; ce nombre sera celui des milles nord et sud ; le nombre de divisions comprises entre l'aiguille et le côté nord et sud sera celui des milles est et ouest.

Les milles nord et sud constituent le nombre des minutes du changement en latitude. Combinées avec la latitude de départ, elles donnent celle d'arrivée.

On prendra la latitude moyenne, sur laquelle on tendra le fil. On comptera sur le côté est et ouest du quartier un nombre de divisions égal à celui déterminé précédemment, et de l'extrémité remontant parallèlement au côté nord et sud jusqu'à la rencontre du fil, on plantera une aiguille en ce point.

Le nombre de divisions comptées sur le fil entre l'aiguille et le centre du quartier, fera connaître le nombre de minutes du changement en longitude.

On combinera la longitude de départ avec le changement en longitude, et l'on obtiendra la longitude d'arrivée.

PROBLÈME DIRECT COMPOSÉ.

54. Lorsque l'on est en pleine mer hors des approches de terre, on se contente de déterminer la position du navire tous les jours à midi. Or, il arrive que, dans l'espace de 24 heures, on est souvent obligé, soit à cause des changements de vent, soit par d'autres considérations, de gouverner successivement à différentes aires de vent. Ayant estimé le chemin fait sur chacune de ces routes, il s'agit de trouver le point d'arrivée.

Il est évident qu'on parviendrait à la solution en déterminant le point d'arrivée après chaque route. Le problème composé a pour but de trouver le point d'arrivée après la dernière route, sans passer par les points intermédiaires. On détermine en outre la route directe qui aurait pu mener du point de départ à celui d'arrivée, ainsi que le nombre des milles qu'il aurait fallu parcourir dans cette direction.

Ce problème se résout ordinairement sur le quartier, et voici comment on doit opérer :

Après avoir corrigé chaque route de la dérive et de la variation, on cherchera (48) les milles au nord ou au sud, ainsi que ceux à l'est ou à l'ouest correspondant à chacune d'elles.

On dressera quatre colonnes, et l'on mettra, dans la première, les milles au nord correspondant à chaque route ; dans la deuxième, les milles au sud ; dans la troisième, les milles à l'est ; dans la quatrième, ceux à l'ouest.

On fera la somme des milles contenus dans chaque colonne, puis on fera la différence entre la totalité des milles au nord et de ceux au sud ; le reste sera le nombre des milles au nord ou au sud correspondant à l'ensemble de toutes les routes. Les milles à l'est ou à l'ouest se détermineront par une opération analogue.

On considérera ces milles comme provenant d'une seule route, et on achèvera le problème comme le précédent.

Pour trouver la route directe, on comptera les milles nord et sud sur le côté nord et sud du quartier, et les milles est et ouest sur l'autre côté ; puis on tendra le fil sur le point de rencontre des parallèles conduites par les points qui terminent chacun de ces nombres de milles.

L'angle que formera le fil avec le côté nord ou sud sera l'angle du rumb de vent direct. Le nombre de divisions comptées sur le fil depuis le centre du quartier jusqu'à l'aiguille sera le nombre de milles directs.

Voici la disposition du calcul :

Exemple. Un navire est parti de 46° 30′ de latitude N., et de 40° de longitude O. ; il a couru les routes suivantes :

Au N. 22° O. avec 11° de dérive T, il a fait 15 milles.

S.	34° E.	17°	B	25
S.	45° O.	15°	T	62
N.	56° E.	18°	T	54
S.	67° O.	10°	B	75

La variation était de 20° N.-E.

TYPE DE CALCUL.

Routes suivies.	Dérive.	Rontes corrigées.	Milles.	N.	S.	E.	O.
N. 22° O.	11° T.	N. 9° E.	15	14,8	»	2,3	»
S. 34° E.	17° B.	S. 31° E.	25	»	21,5	12,8	»
S. 45° O.	15° T.	S. 80° O.	62	»	10,7	»	61,0
N. 56° E.	18° T.	S. 86° E.	54	»	4,0	53,8	»
S. 67° O.	10° B.	S. 77° O.	75	»	16,2	»	73,2

			14,8	52,4	68,9	134,2
Route directe ,	S. 60° O.			14,8		68,9
Milles ,	75,5.			37,6		65,3

Latitude de départ ,	46° 30′ N.	Longitude de départ, 40° 0′ O.
Changement ,	38′ S.	Changement , 1° 35′ O.
Latitude d'arrivée ,	45° 52′ N.	Longitude d'arrivée , 41° 35′ O.
Somme des latitudes,	92° 22′	
Latitude moyenne ,	46° 11′.	

55. *De l'influence des courants.* Le loch et le compas de route ne font connaître que le mouvement propre du navire par rapport à la mer. Mais si le bâtiment naviguait dans les eaux d'un courant, il serait entraîné par elles dans leur propre direction, avec la vitesse qui les anime. Il est facile de tenir compte de ce déplacement, et de connaître le mouvement absolu du navire.

Pour mieux faire comprendre l'opération qui conduit à ce résultat, on raisonnera sur l'exemple suivant :

Un navire a fait une première route au nord 56° E. avec 15 degrés de dérive bâbord ; il a parcouru 35 milles dans cette direction.

Il a ensuite fait 40 milles au S. 40° E. avec 5 degrés de dérive tribord, la variation dans les parages où il a navigué étant de 20° N O.

Il a mis 18 heures à faire ces deux routes.

De plus, il a été reconnu qu'un courant portait dans le O. S. O. avec une vitesse de $\frac{1}{2}$ mille par heure.

On demande la quantité de milles nord ou sud, et de milles est ou ouest, correspondant au mouvement absolu du navire.

Après avoir corrigé les deux routes de la dérive et de la variation, on cherchera la quantité de milles, tant nord ou sud que est ou ouest, correspondante.

On trouvera que, par la première route, le navire s'est avancé de $32^{milles},7$ dans le nord, et de $12^{milles},5$ dans l'est.

Par la seconde route, il s'est avancé de 23 milles dans le sud, et de $32^{milles},8$ dans l'est.

Mais puisque le navire a été soumis pendant 18 heures à l'influence d'un courant portant au O. S. O. à raison de $\frac{1}{2}$ mille par heure, il aura été drossé de 9 milles dans cette direction, ce qui équivaut à $3^{milles},5$ dans le sud, et $8^{milles},2$ dans l'ouest.

Si donc on joint ces quantités aux milles au sud et aux milles à l'ouest provenant du mouvement propre du navire, on aura son mouvement absolu.

On trouvera ainsi que, par l'effet des routes et du courant réunis, il a fait $32^{milles},7$ dans le nord, $25^{milles},5$ dans le sud, $45^{milles},3$ dans l'est, et $8^{milles},2$ dans l'ouest ; ou, toutes réductions faites, que le mouvement absolu du navire aura été de 36,2 dans le nord, et de $37° 1'$ dans l'est. Il sera facile d'en conclure la route et les milles directs, et par suite les changements en latitude et longitude.

On voit que, pour tenir compte des effets d'un courant, il n'y a à la fin de toutes les routes qu'à en joindre une dernière pour représenter l'action particulière de ce courant.

Voici comment on dispose le calcul :

	Route suivie.	Dérive.	Route corrigée.	Milles.	N.	S.	E.	O.
1re route.	N. 56° E.	15° B.	N. 22° E.	35	32,7	n	12,5	»
2e route.	S. 40° E.	5° T.	S. 55° E.	40		23,0	32,8	»
Courant.			O. S. O.	9		3,5	»	7,7
					32,7	26,5	45,3	7,7
Route directe, N. 45° E.					26,5		8 2	
Milles, 37,5.					6,2		37,1	

PROBLÈME INVERSE.

56. On a pour but dans ce problème, connaissant le point où l'on se trouve en mer, de déterminer la route qu'il faut suivre

Page 209.

St Antonio
St Nicolas
I de Sel
Boavista
St Yago
I de Mai
Praya
Fogo
D.on 16° N O.
N
19
18
17
16
15
14
13
12
11
29   28   27   26   25   24   23   22   21
Lith Lemermand, Havre.

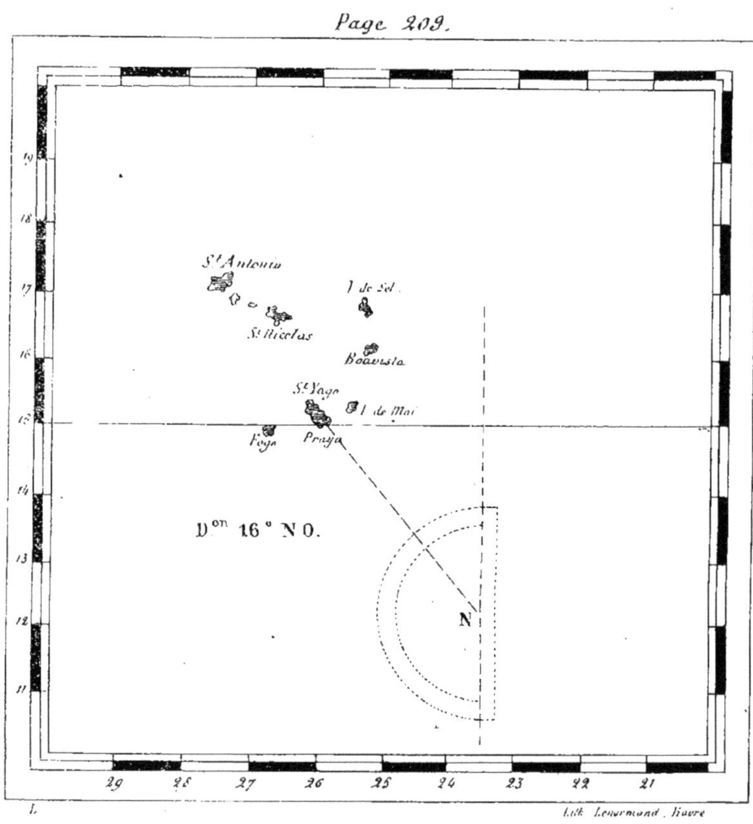

pour se rendre à un point donné du globe, ainsi que la distance qui sépare le navire de ce point.

57. *Solution du problème inverse sur la carte.* Un navire est situé par 12° 15' de latitude N., et 23° 30' de longitude O.; il s'agit de déterminer la route qu'il devra suivre pour se rendre à la Praya (îles du cap Vert), ainsi que le chemin direct qu'il lui faudra parcourir.

On portera le point du navire sur la carte, comme il a été prescrit n° 25 ; on cherchera par le procédé du n° 23 dans quelle direction la Praya se trouve par rapport au navire, et l'on trouvera le N. 41° O. C'est donc cette direction qu'il faudra suivre pour se rendre en ce lieu; mais comme la carte signale 16° de variation N. O., il s'ensuit que la direction suivie par le navire dévierait de 16° à gauche de celle que marquera le compas. Pour se garantir de cette déviation, on devra gouverner 16° plus à droite que le N. 41° O., c'est-à-dire qu'on devra se diriger au N. 25° O. du compas. Si durant le trajet on constatait de la dérive, on s'en garantirait en gouvernant plus au vent, de manière à la compenser.

On trouvera (n° 22) que la distance du navire à la Praya est de 213 milles.

CORRECTION DU POINT.

58. Malgré tous les soins que l'on apporte à l'estime de la route d'un navire, il se glisse fréquemment des erreurs, soit dans le rumb de vent, soit dans les milles. La latitude et la longitude du point d'arrivée, déterminées par les problèmes précédents, sont donc défectueuses dans ce cas.

Mais comme à la mer on se procure facilement la latitude par des observations astronomiques, l'erreur commise sur la latitude du point d'arrivée est découverte immédiatement. On se propose, par les problèmes nommés *correction*, de déterminer la longitude probable du navire, lorsque l'on a découvert l'influence qu'une erreur d'estime exerce sur la latitude.

59. *Premier problème de correction.* Dans ce problème, on suppose que l'erreur d'estime a été commise dans l'évaluation des milles. On cherche alors le point d'arrivée sans avoir égard aux milles courus, et le problème qu'on se propose est le suivant:

14

Étant donnés le point de départ, la route suivie et la latitude du point d'arrivée, trouver la longitude.

60. *Solution de ce problème sur la carte.* On y marquera le point de départ par le procédé du n° (25). Soit N ce point. On conduira la direction de la route corrigée N A par la méthode expliquée n° (44) : le point d'arrivée devra se trouver évidemment sur cette direction.

On cherchera sur l'échelle des latitudes celle qui correspond au point d'arrivée, et par cette latitude on mènera une ligne est et ouest, qui sera le parallèle du point d'arrivée. L'intersection A de ce parallèle avec la route sera le point d'arrivée.

On trouvera la longitude de ce point par le procédé du n° 24.

Pour connaître le nombre des milles parcourus, on prendra avec un compas la distance du point de départ à celui d'arrivée, et cette distance sera portée sur l'échelle des latitudes par le travers du parallèle milieu entre ceux des deux points extrêmes. Le nombre des minutes comprises entre les deux pointes fera connaître le nombre des milles du chemin.

Afin de ne pas tracer de trop grandes lignes sur la carte, on marquera le parallèle du point d'arrivée de la manière suivante :

On prendra la distance LK de la latitude d'arrivée au parallèle le plus proche, et on portera cette distance en L'K' sur le plus proche méridien du point d'arrivée ; puis, par le point L', on conduira une ligne est et ouest, qui sera le parallèle cherché.

61. *Premier problème de correction sur le quartier.* On déterminera le changement en latitude, en faisant la différence des latitudes de départ et d'arrivée, si elles sont de même dénomination, et la somme dans le cas contraire.

On tendra le fil sur le rumb de vent corrigé. On comptera sur le côté nord et sud du quartier un nombre de divisions égal au nombre de minutes du changement en latitude, soit CL.

Par le point L, on conduira une parallèle au côté est et ouest ; et au point R où cette parallèle rencontrera le fil, on plantera une aiguille.

Page 210.
L
L'
A
K
K'
N

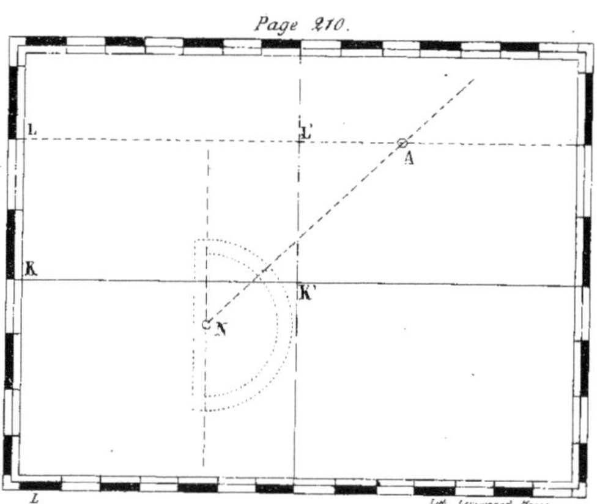

Le nombre d'arcs de cercle compris depuis le centre jusqu'à l'aiguille sera celui des milles de la route parcourue.

Pour avoir le changement en longitude, on cherchera la latitude moyenne, et on tendra le fil dans cette direction ; soit CI. On fera alors descendre ou remonter l'aiguille parallèlement au côté nord et sud du quartier de R en K, jusqu'à la rencontre du fil.

Le nombre de divisions comptées sur le fil de C en K sera celui des minutes du changement en longitude.

En combinant ce changement avec la longitude du départ, on aura celle d'arrivée.

Exemple. La latitude de départ étant de 1° 04′ S., et la longitude de 0° 30′ E., on a couru au S. O. $\frac{1}{4}$ S. du compas avec 10° 15′ de variation N. E. et 16° de dérive bâbord ; on est arrivé par la latitude de 2° 07′ S. On demande le chemin, et la longitude d'arrivée.

Route au compas. . . . . S. 33° 45′ O.
Var^lion^, 10° 15′, à droite.
Dérive, 16°   à gauche.

    5° 45′, à gauche.   5° 45′, à gauche.
Route corrigée,   S. 28°   O.

Latitude de départ,	1° 04′ S.	
Latitude d'arrivée,	2° 07′ S.	
Changement,	1° 03′	= 63′
Somme des latitudes,	3° 11′	
Latitude moyenne,	1° 35′	

Chemin parcouru,	71 milles.
Changement en longitude,	33′ O.

Longitude de départ,	0° 30′ E.	
Changement,	0° 33′ O.	
Longitude d'arrivée,	0° 3′ O.	

62. *Deuxième problème de correction.* Dans ce problème, on suppose que l'erreur d'estime commise porte sur l'appréciation du

rumb de vent suivi. On cherche alors le point d'arrivée sans avoir égard à la direction de la route, et le problème qu'on se propose est le suivant :

Étant donnés le point de départ, les milles parcourus, et la latitude d'arrivée, trouver la longitude ?

63. *Solution de ce problème sur la carte.* On marquera le point de départ sur la carte par la méthode connue. On conduira, comme dans le problème précédent, le parallèle du point d'arrivée sur lequel devra se trouver ce point. On prendra sur l'échelle des latitudes une distance égale au chemin parcouru, et, du point de départ comme centre, on décrira un arc de cercle qui coupera le parallèle en deux points, l'un à l'est, l'autre à l'ouest du méridien du point de départ. Comme on sait toujours si le navire s'est dirigé du côté de l'est ou de celui de l'ouest, on ne sera pas embarrassé pour savoir lequel de ces points il convient de prendre pour point d'arrivée.

64. *Solution du même problème sur le quartier.* On déterminera le changement en latitude comme il a été dit précédemment. On comptera ce changement sur le côté nord et sud, du centre C au point L.

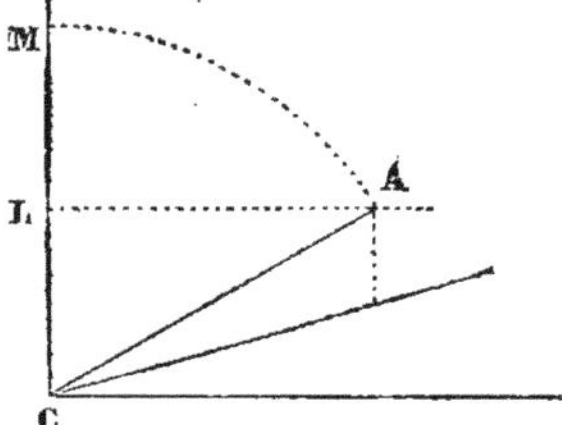

On comptera de même sur le côté nord et sud un nombre de divisions égal au nombre de milles parcourus de C en M, et on décrira un arc avec le point C pour centre et CM pour rayon. L'intersection de cet arc avec la parallèle qui passe par le point L déterminera le point A d'arrivée. On plantera une aiguille en ce point, et on tendra le fil sur l'aiguille ; l'angle formé par le fil et le côté nord et sud du quartier sera l'angle de rumb de vent.

Pour avoir le changement en longitude, on se conduira comme dans le problème précédent.

Ce changement en longitude, combiné avec celle de départ, fournira celle d'arrivée.

Exemple. Étant parti d'un lieu situé par 4° 20′ de latitude nord et 0° 14′ de longitude O., on a couru 112 milles du côté de

l'est, et on est arrivé par 3° 10′ de latitude nord. On demande
le rumb de vent et la longitude d'arrivée.

Latitude de départ, 4° 20′ N.;
latitude d'arrivée, 3° 10′ N.

Changement, 1° 10′ = 70′ S
Somme des latitudes, 7° 30′;
latitude moyenne, 3° 45′.

Angle de rumb de v., S. 51° 14′ E.

Chang^t en longitude, 87′,5 = 1° 27′ 30″ E.
Longitude de départ, 0° 14′ O.

Longitude d'arrivée, 1° 13′ 30″ E.

65. *Dans quelles circonstances on doit employer les pro-*
blèmes précédents. Les erreurs d'estime ne se laissent le plus souvent découvrir que par l'influence qu'elles exercent sur la latitude
du point d'arrivée.

En conséquence, lorsque l'existence d'une erreur commise sur
l'estime a été reconnue, on est encore indécis sur la partie qu'elle
affecte. Suspectera-t-on le rumb de vent ou l'évaluation du nombre
des milles parcourus? Le choix n'est pas indifférent; et à moins
de motifs préalables, on ne devra se prononcer que d'après les considérations suivantes :

66. Si on a couru sur un rumb de vent très-voisin du nord ou
du sud, c'est-à-dire depuis le N. N. E. jusqu'au N. N. O., ou depuis le S. S. E. jusqu'au S. S. O., et que l'observation ait signalé
une différence sur la latitude, il faudra remarquer qu'une grande
erreur sur un rumb de vent ainsi placé n'en produira qu'une très-
légère sur la latitude, tandis que cette dernière quantité se trouvera sensiblement affectée par une très-petite erreur commise
dans l'évaluation du nombre des milles. On devra donc, dans ce
cas, suspecter le chemin parcouru, de préférence au rumb.

Supposons la route faite au S. S. E. du monde d'une longueur
de 45 milles; admettons en outre que la véritable différence entre
les latitudes de départ et d'arrivée soit reconnue de 45 milles. En
faisant le point par estime, on ne trouve que 41′,5 de change-

ment en latitude. Il y a donc une erreur commise qui en produit une de 3′,5 sur le changement en latitude.

Or, il est facile de voir sur le quartier que, pour produire une semblable différence, il suffit d'une erreur de 3,7 sur le nombre de milles, tandis que si on supposait les milles exacts, il faudrait, pour influencer la latitude de la même manière, commettre une erreur de deux quarts sur le rumb de vent, c'est-à-dire qu'au lieu d'avoir couru au S. S. E., il eût fallu courir au sud, erreur peu probable.

Donc lorsque le rumb de vent ne s'écartera du nord ou du sud au plus que de deux quarts, si on reconnaît une erreur commise dans l'estime, on devra l'attribuer exclusivement au chemin estimé, et se servir du premier problème de correction pour la détermination de la longitude rectifiée.

67. Si au contraire le rumb de vent était très-voisin de l'est ou de l'ouest, c'est-à-dire, entre l'E. N. E. et l'E. S. E., ou entre le O. N. O. et l'O. S. O., il suffirait d'une très-petite erreur sur la direction pour influencer sensiblement le changement en latitude; tandis qu'en supposant le rumb de vent bien apprécié, il faudrait une erreur considérable sur le nombre des milles parcourus, pour altérer d'une manière notable la latitude d'arrivée.

On admettra dans ce cas que l'erreur provient de la direction de la route et non de sa longueur; et par suite, en utilisant le deuxième problème de correction, on parviendra à la correction de la longitude estimée.

68. Le choix à faire de la correction applicable dans chaque cas ne dépend pas uniquement de la direction de la route. L'allure du bâtiment, l'état de la mer, l'intensité du vent, sont autant d'indices à consulter.

On sait, par exemple, qu'un fort vent n'agit pas seulement sur le navire, mais aussi sur les molécules d'eau qu'il chasse devant lui, et occasionne un courant que les marins nomment *poussée de la houle*.

Il suit de là qu'un navire qui fait route vent arrière avec forte brise et mer houleuse parcourt un chemin plus grand que celui accusé par le loch; et comme la direction de ce courant qui est dans le lit du vent n'altère pas la direction, on pourra regarder l'erreur comme provenant uniquement de l'élévation du nombre des milles parcourus.

Si dans les mêmes circonstances atmosphériques le navire faisait route sur la perpendiculaire au vent, le courant n'aurait que peu d'influence sur les milles estimés, et en aurait au contraire beaucoup sur le rumb suivi.

69. Si cependant l'erreur trouvée sur la latitude était en sens contraire de celle que la houle aurait dû produire, il ne faudrait plus avoir égard à ces dernières considérations, et, faisant abstraction de la poussée, revenir aux corrections des n°ˢ 66 et 67.

Supposons, par exemple, qu'ayant gouverné à l'E. N. E. du monde avec de forts vents de S. O., l'estime donne 160 milles dans cette direction. On devrait alors obtenir 61′,5 de changement en latitude. Si l'observation n'en donne que 52, la houle et la direction devant concourir à donner plus de 61′,5, l'erreur ne peut plus provenir de la poussée; il ne faut pas en tenir compte, et corriger la longitude en la calculant au moyen du vrai rumb fourni par les milles considérés comme appréciés exactement.

1ᵉʳ *Exemple*, applicable au n° 68.

On a fait route au O. S. O. du monde avec de forts vents de N. E.; on a couru 150 milles estimés dans cette direction. La véritable différence entre la latitude de la veille et celle du jour est trouvée, par observation, de 54 minutes; on demande la longitude d'arrivée?

Le point fait avec les données du problème ne fournit que 58 minutes de changement en latitude.

Les circonstances de la question font reconnaître qu'il faut regarder le rumb comme exact. Alors le calcul donnera 166,5 pour le nombre des milles parcourus, et 154 milles pour chemin E. et O. Il sera facile, avec ces données nouvelles, de se procurer la longitude rectifiée.

2ᵉ *Exemple.* On a fait route au N. E. ¼ N. du monde, avec de très-forts vents de N. O. On a estimé 151 milles dans cette direction, et l'observation a fourni 112 milles pour chemin N. et S. Quelle est la longitude d'arrivée?

Par les règles ordinaires du point, on trouve pour changement en latitude, correspondant à l'estime, 121ᵐⁱˡˡᵉˢ,6; et comme l'état de la mer et la direction du vent donnent à penser que le navire a été sousventé, on considérera les milles comme exacts, le rumb comme mal mesuré; et le calculant alors, on trouvera qu'il devait être le N. E. 3° N., et les milles à l'est correspondant de 101. La longitude se calculera alors d'après ces données.

70. *Correction composée.* En général, on diminuera les causes d'erreur en faisant concourir toutes les considérations précédentes; si les paragraphes 66 et 67 sont en désaccord avec ceux 68 et 69 sur la nature de l'erreur probable, on opérera une double correction, nommée correction composée.

On commencera par regarder le rumb comme exact, et à chercher le nombre des milles correspondant au changement en latitude observée.

Une moyenne entre les milles calculés et ceux observés servira à calculer un rumb de vent nouveau, à l'aide duquel on calculera la longitude finale.

Exemple. On a fait route au N. N. O. avec forte brise du N. E., et on a couru 130 milles.

On a trouvé par l'observation 108 minutes de changement en latitude; on demande la longitude?

Le point fait par estime donne 120 minutes pour changement en latitude. Il y a donc erreur dans l'estime.

En ayant égard à la direction de la route seule, il semble que l'erreur doive être attribuée au chemin.

Mais d'un autre côté, en ayant égard au vent, c'est de la direction du rumb que l'on doit se défier. Il y a donc désaccord entre ces conclusions.

En acceptant d'abord le rumb comme une vérité, on trouve pour nombre de milles parcourus 116,7. La moyenne des milles calculés et mesurés est donc 123,3.

Ces milles, admis comme exacts, permettent de calculer pour vrai rumb le N. N. O. $\frac{1}{2}$ O. et 58 milles de chemin O., correspondant à la route probable. Il sera facile de conclure de ces résultats la longitude d'arrivée.

71. On utilise encore la correction composée lorsque le rumb de vent suivi n'est pas compris parmi ceux qui, d'après les paragraphes 66, 67, désignent celui des deux éléments estimés dont l'exactitude doit être mise en doute.

72. *Application des problèmes de correction aux routes com-*

posées. Lorsqu'on a suivi plusieurs routes dans les 24 heures, on trouve le point estimé au moyen du procédé analysé n° 54.

Si la latitude obtenue ainsi ne s'accorde pas avec celle fournie par l'observation, on appliquera les problèmes de correction en considérant la route directe trouvée par le problème composé, comme étant une route unique suivie par le navire, ce qui ramène la question à l'un des cas prévus précédemment. Il n'y a pas lieu cependant d'appliquer les prescriptions des n°⁵ 68 et 69, et la règle à suivre peut s'énoncer ainsi :

Si la route directe tombe entre le N. N. E. et le N. N. O., ou entre le S. S. E. et le S. S. O., on déterminera par le premier problème de correction les milles directs et la longitude.

Si, au contraire, la route directe tombe entre l'E. N. E. et l'E. S. E., ou entre l'O. S. O. et l'O. N. O., on déterminera la longitude par le second problème de correction, en se servant de la latitude observée, et des milles directs trouvés par le problème composé.

Enfin, si le rumb de vent direct n'est pas compris dans les précédents, on fera la correction composée pour trouver la longitude.

Des longitudes comptées à partir de différents méridiens.

73. Chaque nation prend assez ordinairement pour méridien de départ celui qui passe par l'observatoire principal de sa capitale.

Il en résulte que la longitude d'un même lieu n'est pas exprimée de la même manière chez des peuples différents.

Cette diversité d'expressions pour un même élément est sans inconvénient, parce qu'il est toujours facile de ramener les longitudes comptées à partir d'un certain méridien, à ce qu'elles seraient à partir d'un autre.

Si le nouveau premier méridien est situé à l'ouest de l'ancien, on comptera à partir du méridien du lieu, et en allant vers l'est, un nombre de degrés, minutes et secondes, égal à la longitude du nouveau premier méridien par rapport à l'ancien.

Si le nouveau premier méridien est situé à l'est de l'ancien, on effectuera la même opération que précédemment, mais en allant vers l'ouest.

Exemple. La longitude de Brest, comptée du méridien de Paris, est de 9° 49′ O. On demande la longitude du même lieu comptée à partir du méridien de Greenwich, qui a une longitude de 2° 20′ O. de Paris?

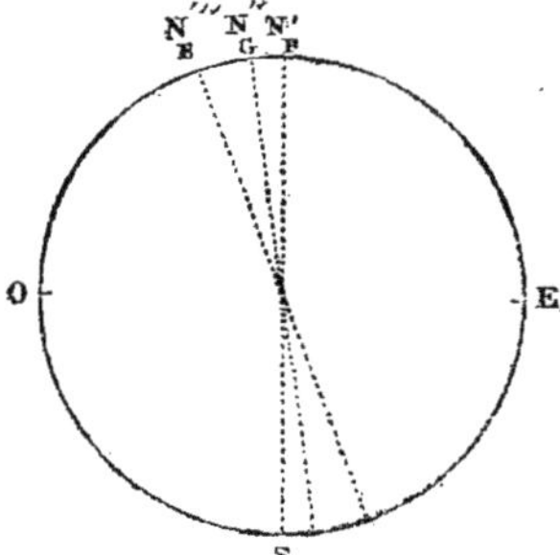

$$N_P N_B'' = 9° \ 49′ \ O.$$
$$N_P N_G'' = 2° \ 20′ \ O.$$
$$\overline{N_G N_B'' = 7° \ 29′ \ O.}$$

N_P, N_B'', N_G'', désignent ici les méridiens de Paris, de Brest, de Greenwich.

Exemple. Un lieu est situé par 12° 14′ de longitude E., comptée du méridien de Greenwich; on demande la longitude du même lieu, comptée du méridien de Paris?

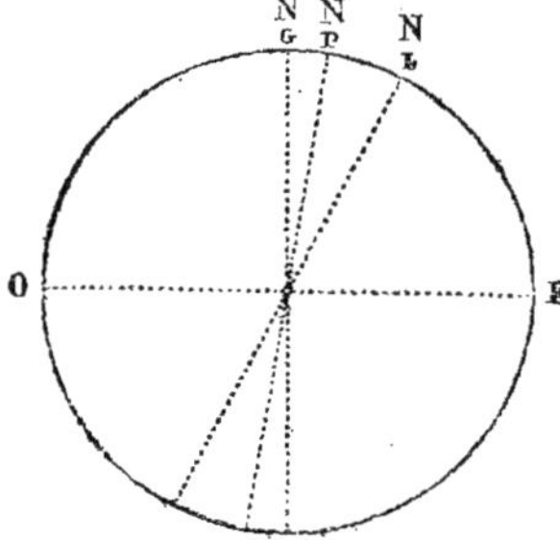

$$N_G N_L = 12° \ 14′ \ E.$$
$$N_G N_P = 2° \ 20′ \ E.$$
$$\overline{N_P N_L = 9° \ 54′ \ E.}$$

74. *Échanger la longitude à la mer*. On n'a pas à la mer, pour se procurer la longitude, de méthode aussi simple d'observation que celle qui fait connaître la latitude.

D'un autre côté, les circonstances favorables aux observations astronomiques qui permettent d'obtenir la longitude ne sont pas très-fréquentes.

On n'a donc souvent cet élément qu'au moyen de l'estime; et, quelque soin que l'on prenne de le corriger, on ne doit jamais lui accorder une confiance entière, surtout après plusieurs jours de mer.

Les navires qui se rencontrent, ont dans de telles circonstances l'habitude d'échanger leur longitude. A cet effet, passant assez près l'un de l'autre, chacun écrit sur un tableau en assez gros caractères la longitude à laquelle il s'estime, et place ce document dans une position telle, que du navire voisin on en puisse facilement distinguer les caractères.

Si on passe à portée de la voix, on a soin de s'informer mutuellement de la nature de la longitude énoncée. Est-elle fournie par des observations, par un chronomètre, par l'estime? Dans ce dernier cas, sur combien de jours d'estime est-elle fondée?

Chacun sait alors, si les deux longitudes ne sont pas d'accord, à laquelle il doit accorder la préférence. Si l'une ne présentait pas plus de garantie que l'autre, une moyenne arithmétique donnera un résultat plus probablement exact.

75. Si le navire avec lequel on échange la longitude bat un pavillon étranger, il ne faut pas oublier que le nombre accusé n'est pas compté du même premier méridien, et par suite la ramener au sien.

Exemple. Deux navires, l'un français, l'autre anglais, échangent leur longitude à la mer. Le premier signale 14° 57′ O., et le second 12° 11′ O. Le français ramènera la longitude anglaise au méridien de Paris, et, d'après le problème précédent, il trouvera 14° 30′ O.

Si toutes deux sont dues à une estime de plusieurs jours, leur moyenne arithmétique, ou 14° 43′,5 O., sera le résultat adopté.

76. *Comment on doit se servir des cartes des nations étrangères.* Il arrive quelquefois que, n'étant pas suffisamment muni de cartes au départ du navire, on est obligé de s'en procurer dans le cours du voyage. Les longitudes y sont comptées du méridien principal de la nation chez laquelle elles ont été publiées. Il faudra donc, lorsqu'on voudra porter son point sur une semblable carte, faire une opération préalable.

Exemple. Un Français est par 38° 15′ latitude N., et 1° 30′ longitude O.; il veut porter ce point sur une carte espagnole. L'équateur étant le lieu de départ des latitudes commun à tous les peuples, on n'a rien à y changer; mais il faudra ramener la longitude de 1° 30′ O. comptée de Paris, à être comptée de Madrid, qui est à 6° 2′ 30″ à l'ouest de Paris. La longitude madrilègne sera donc 4° 32′ 30″ E.

NAVIGATION EN VUE DES CÔTES, ATTERRISSAGES, ETC

77. Lorsqu'on arrive en vue d'une côte, on peut, au moyen de relèvements, déterminer à tout moment la position du navire sur la carte. Cette opération est d'autant plus importante, que généralement sur les côtes, et principalement sur celles où la marée se fait sentir, l'intensité des courants et l'inconstance de leurs directions rendent impossible l'estimation de la route. On devra donc assurer la position du navire aussi fréquemment que la prudence l'exigera, et ne jamais négliger d'ailleurs de le faire lorsqu'il s'agira de changer de route.

Cette détermination peut s'effectuer de plusieurs manières :

Par les relèvements de deux points.

78. Lorsqu'on distinguera clairement deux points remarquables marqués sur la carte, on les relèvera, et on corrigera les deux résultats de la variation. Par les deux points de la carte, on conduira deux rumbs de vent directement opposés à ceux relevés corrigés, et leur point de rencontre donnera la position qu'occupait le navire sur la carte au moment de l'opération.

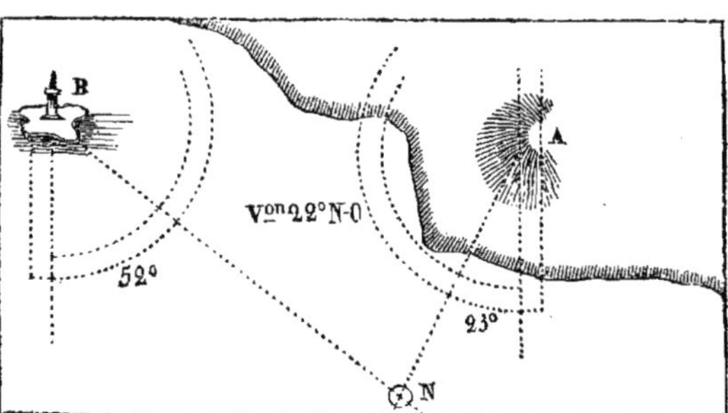

Exemple. Le point A a été relevé au N. 45° E., et le point B, au N. 30° O. Ces deux relèvements corrigés donneront, pour le point A, N. 23° E., et pour B, N. 52° O. Puisque le point A se trouve dans le N. 23° E. du navire, celui-ci doit être dans le S. 23° O. du point A, et, par la même raison, dans le S. 52° E. du point B.

Ces deux distances tracées déterminent le point N., position du navire sur la carte.

Par un relèvement et la distance au point relevé.

79. Si l'on n'a en vue qu'un seul objet terrestre marqué sur la carte , on pourra encore trouver la position du navire. On relèvera le point au compas, et on évaluera au même instant sa distance au navire.

Alors, après avoir corrigé le relèvement de la variation, on conduira sur la carte par le point relevé un rumb de vent directement opposé à celui relevé corrigé. On prendra ensuite sur l'échelle des latitudes, par le travers du point relevé, une ouverture de compas d'autant de minutes qu'il y a de milles estimés, et, la portant à partir du point relevé sur la direction tracée, son extrémité sera la position du navire.

80. Pour relever l'objet en vue et estimer sa distance, on attend souvent qu'il se trouve sur la ligne nord et sud du monde. Il n'est pas nécessaire alors de porter le relèvement sur la carte pour connaître la longitude du navire; et quant à sa latitude, on l'obtient en ajoutant ou retranchant à celle du point en vue autant de minutes que l'on estime de milles de distance.

Cette méthode, très-usitée, est excellente pour rectifier dans une traversée le point du navire lorsqu'on passe en vue d'une terre. On est certain de la longitude, élément le plus important de tous ceux que le navire doit se procurer.

Exemple. Un navire relève le cap Saint-Vincent, au nord du monde, à 5 milles de distance. On demande la latitude et la longitude du navire?

La carte donne pour le point du cap Saint-Vincent :

$$37° \ 2' \text{ latitude N.} ; \qquad 11° \ 22' \text{ longitude O.}$$

La longitude du navire sera donc la même, et la latitude moindre de 5'. Le point du navire sera donc : latitude, 36° 57' N.; longitude, 11° 22' O.

Au moyen de deux relèvements d'un même objet.

81. Si l'on n'a toujours en vue qu'un seul objet marqué sur la carte, et que les circonstances atmosphériques soient telles que la

distance ne puisse s'estimer sans s'exposer à commettre une erreur notable, on détermine la position du navire par l'opération suivante :

A un instant donné on prend le relèvement du point en vue, A par exemple; et à partir de ce moment, on estimera le plus exactement possible la route et la vitesse du navire.

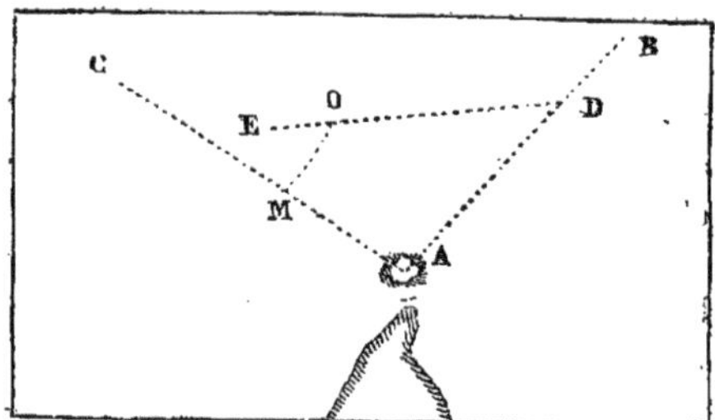

Après avoir fait un certain chemin, on relèvera de nouveau le point A, et ces éléments suffiront pour déterminer la position du navire.

On corrigera les deux relèvements de la variation, et la route de la variation de la dérive. On conduira ensuite, à partir du point A, deux rumbs directement opposés à ceux relevés corrigés : on prendra sur le premier un point quelconque D, par lequel on conduira une droite dans la direction de la route corrigée du navire; soit DE; on portera sur cette droite une ouverture de compas DO, comprenant autant de minutes de l'échelle des latitudes par le travers du point A, qu'il y avait de milles dans la route, et conduisant par le point O, OM, parallèle à AB. Le point M sera la position qu'occupait le navire lors de la seconde observation.

Par la latitude et un relèvement.

82. On détermine encore fréquemment la position du navire par la latitude observée et un relèvement pris à l'instant de la hauteur méridienne. Il suffit en effet de conduire sur la carte le parallèle correspondant à la latitude observée, et par le point relevé un rumb de vent directement opposé à celui trouvé corrigé de la variation, pour obtenir à la rencontre de ces deux lignes la position du navire.

Par un alignement et un relèvement.

83. On obtiendra encore un bon point de départ, lorsque, tenant deux points remarquables dans le même alignement, on relèvera un troisième point.

Exemple. Un navire passe dans l'alignement du cap Saint-Antoine au cap Saint-Paul ; au même instant il relève la Roche-Noire au N. 56° E.

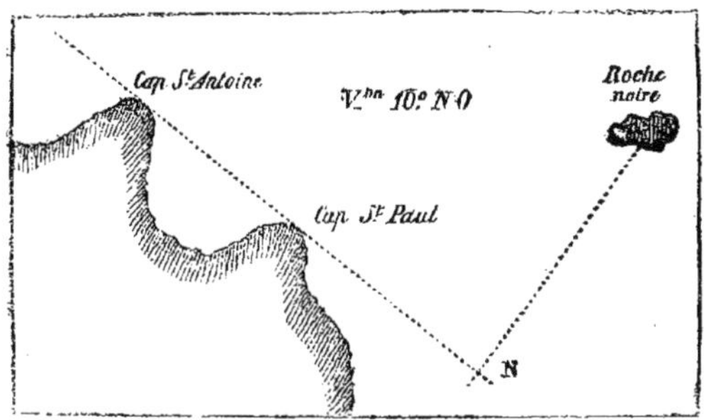

On joindra sur la carte les deux caps par une ligne droite.

On corrigera le relèvement de la variation, ce qui donnera le N. 46° E.

On conduira par le milieu de la Roche-Noire une droite dans la direction du S. 46° O., et le point de rencontre N des deux droites sera la position du navire sur la carte.

Remarque.

84. Quel que soit le moyen que l'on utilise pour déterminer la position du navire, il faudra toujours avoir le soin de choisir les relèvements de telle sorte, que les droites qui en résultent sur le tracé se coupent sous un angle qui s'écarte peu de 90°, afin qu'il n'y ait pas d'incertitude sur la vraie position du point d'intersection.

ATTERRISSAGES.

85. *Précautions à prendre.* Lorsqu'on se supposera près de terre, on commencera de bonne heure à se tenir sur ses gardes, et on

ne devra accorder qu'une médiocre confiance à son estime, qu'on cherchera à rectifier par tous les moyens possibles.

Lors donc qu'avant d'atterrir on rencontrera des bâtiments faisant route inverse, on devra penser qu'ayant quitté la terre depuis peu de temps, ils sont à même de fournir une assez bonne longitude. On ne devra donc pas hésiter à se déranger de sa route pour communiquer avec eux et recueillir leurs renseignements.

C'est en gouvernant de manière à relever un navire toujours à la même aire de vent, qu'on sera sûr de le joindre par le plus court chemin.

Une fois ces documents obtenus, on fera route de manière à reconnaître d'abord la terre la plus avancée, un cap ou une île, dont on puisse approcher sans risque, et qu'on puisse apercevoir de plus loin.

Il sera même prudent, lorsque la configuration des côtes le permettra, de se mettre sur la même latitude que la terre dont on veut prendre connaissance, et de gouverner sur le parallèle de cette latitude.

On sera certain, en opérant ainsi, de ne rencontrer d'autre terre que celle que l'on s'attend à apercevoir.

On devra, la nuit, faire peu de toile, et même prendre le travers si la brise fraîchissait.

On agira de la même manière dans le jour si le temps devenait brumeux.

Déterminer la position du navire par la sonde.

86. Dans certains parages, on trouve le fond à une très-grande distance au large.

On devra donc, dans les atterrissages, sonder de bonne heure, pour reconnaître à cet indice la proximité de la terre.

D'ailleurs, par la profondeur de l'eau et la nature du fond, on pourra reconnaître la position du navire lorsqu'on possédera une carte sur laquelle ces détails seront relatés.

Cependant, comme la nature du fond est souvent difficile à bien apprécier, et que d'ailleurs elle peut être la même sur une grande étendue, on devra, pour éviter les erreurs, faire concourir avec ces deux documents la latitude, que l'on connaîtra généralement avec assez de précision.

Exemple. Un navire dont la latitude est de 42° 15′ approche de la terre ferme, et trouve en sondant 45 brasses de fond : quelle est sa position sur la carte ?

On conduira le parallèle de 42° 15′, et le point où il rencontrera un brassiage signalé de 45 sera la position occupée par le navire. Si la latitude était inconnue, la position serait douteuse, parce qu'en plusieurs endroits de la carte la même profondeur peut se trouver signalée.

De la manière de sonder.

87. On remplira de suif la partie creuse du plomb, afin de rapporter l'empreinte du fond.

On fera passer le plomb de sonde de l'arrière à l'avant en dehors de toutes les manœuvres, et du côté du vent.

On disposera du monde de distance en distance. Le premier homme sur l'avant, qui est celui qui au commandement devra mouiller le plomb, fera avec la ligne une glène d'une dizaine de brasses, qu'il tiendra à la main. Immédiatement le second fera à son tour une glène semblable, et ainsi de suite jusqu'au dernier.

Lorsque tout sera prêt, on mettra en panne ; puis, au moment où le navire sera stationnaire (on choisira pour cela le moment où il termine une embardée), on fera mouiller le plomb.

Le premier homme sur l'avant filera la ligne au fur et à mesure que le plomb descendra ; et lorsque la ligne qu'il tient à la main sera sur le point d'être épuisée, il criera *Veille!* à son voisin.

Celui-ci se dispose à continuer l'opération, c'est-à-dire, à filer la ligne jusqu'à ce que le plomb arrive au fond.

Ce moment venu, on arrête la ligne, et on compte la quantité de brasses filées.

On capellera la ligne de sonde dans une poulie, et on rentrera le plomb à bord, en prenant assez de précautions pour que l'empreinte du fond sur le suif ne soit pas effacée par les chocs que le plomb pourrait recevoir.

Corriger une sonde de l'obliquité de la ligne.

88. Malgré les précautions que l'on prend pour rendre le navire stationnaire, il change cependant de place ; de sorte que la ligne

de sonde s'écarte souvent de la verticale, ce qui fait que la quantité de ligne filée est plus grande que la profondeur réelle.

Pour déterminer cette dernière, on agit de la manière suivante : On évalue l'angle que fait la ligne de sonde avec la verticale ; on tend le fil du quartier de réduction de manière à ce qu'il fasse, avec le côté nord et sud, un angle égal à celui estimé.

On compte sur le fil un nombre de divisions égal à celui des brasses filées, et à l'extrémité on plante l'aiguille.

Le nombre de divisions comprises entre l'aiguille et le bas du quartier fera connaître la véritable profondeur.

89. Il ne faut pas croire cependant qu'on puisse corriger une sonde avec toute la précision désirable.

La méthode précédente s'appuie sur la connaissance d'un angle évalué très-grossièrement, et sur l'hypothèse de la rectitude de la ligne de sonde, condition qui n'est jamais remplie ; aussi n'obtient-on qu'une évaluation grossière, mais cependant suffisante.

Reconnaître une terre.

90. Dès que l'on a la terre en vue, il faut s'empresser de la reconnaître, et de fixer la position du navire sur la carte.

Il peut se faire que le profil de cette terre présente des points remarquables faciles à apercevoir de loin, et que l'on puisse reconnaître à première vue.

Il n'en est pas ainsi généralement, et des détails de cette nature ne peuvent être utilisés d'ordinaire que par un pilote exercé.

Le marin qui vient du large doit donc s'attacher principalement à saisir la configuration de la côte ; et par les relèvements de ses différents caps fortement accusés, surtout au lever et au coucher du soleil, par les oppositions d'ombre et de lumière, il pourra déterminer quelle est la partie de la côte attaquée par le navire.

Les exemples suivants serviront de guide pour la marche à suivre en pareille circonstance.

91. Supposons qu'un navire ayant reconnu le cap *e* aperçoive la terre sous l'aspect que présente la vue n° 1.

On remarque que la terre se terminant brusquement à droite et à gauche, ses extrémités doivent être des caps ; la partie du milieu semble s'avancer, et témoigner de l'existence d'une autre pointe.

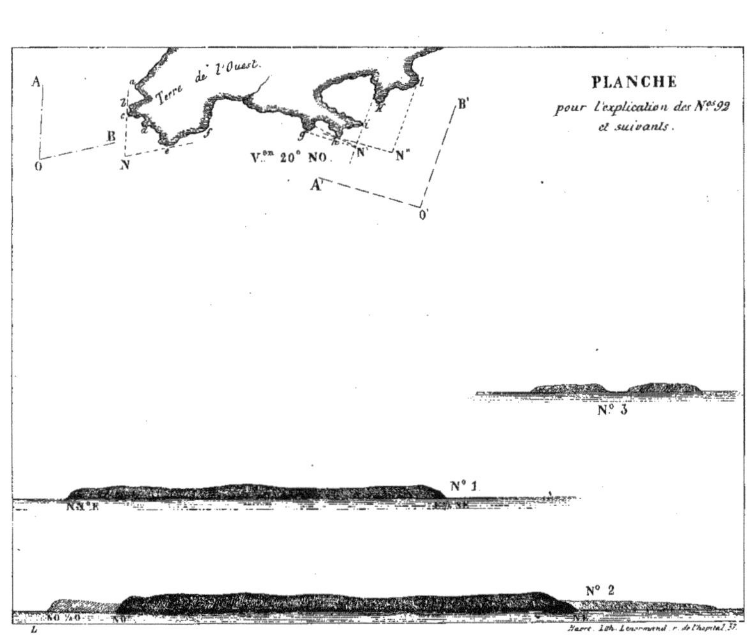

PLANCHE
pour l'explication des N.os 92
et suivants.
Terre de l'Ouest.
A
B
O
N
V.on 20° NO.
N'
N"
A'
B'
O'
N° 3
N° 1
NN°E
N° 2
NO ¾ O
NO
Havre. Lith. Lenormand r. de l'hopital 37.

Cette configuration étant reconnue, on relèvera les extrémités de droite et de gauche, et l'on trouvera l'E. $\frac{1}{4}$ S. E. pour la première, et le N. N. E. pour la seconde.

Après avoir corrigé les deux relèvements de la variation, on prendra un point quelconque o sur la carte, et par lui on conduira deux droites oA, oB dans ces deux directions. Traçant avec une règle et une équerre deux parallèles à ces deux droites tangentiellement aux deux caps en c et e, le point N de leur rencontre devra représenter la position du navire en vue de terre. Ce lieu est en effet le seul où les circonstances de vue et de relèvement obtenues puissent exister.

92. *Exemple.* Un navire faisant route pour reconnaître le cap h, aperçoit la terre sous l'aspect présenté par la vue n° 2.

On demande la position du navire sur la carte.

La terre se présente à l'œil sous l'aspect de deux plans bien distincts. Le premier se termine visiblement à droite et à gauche par deux caps bien distincts, qui laissent apercevoir de chaque côté des terres en second plan; celle de gauche se terminant elle-même par un cap, celle de droite par une terre qui semble fuir et disparaître dans l'éloignement.

On relèvera alors le cap le plus à gauche qui est au second plan, et celui le plus à droite qui appartient au premier : on ne s'occupera pas de la terre à droite, puisqu'elle n'a rien de bien déterminé.

Supposons que le relèvement de gauche soit le N. O. $\frac{1}{4}$ O., celui de droite le N. E. : d'un point quelconque o', on conduira deux parallèles o'A′, o'B′ à ces relèvements corrigés, on appliquera le côté d'une équerre sur o'A′, et on la fera glisser le long d'une règle jusqu'à ce qu'il devienne tangent à un cap voisin de h.

La première pointe rencontrée par l'équerre sera le cap g. On tracera cette droite au crayon. En agissant de la même manière pour o'B′, dont la parallèle sera tangente en i, la rencontre N′ de ces deux droites déterminera un point qui devra être la position du navire, car il répondra bien à toutes les conditions de relèvements et d'observations.

La partie comprise de h en i formera le premier plan, le cap g l'extrémité de gauche de la vue, et la terre en k, fort éloignée, l'extrémité de droite.

15.

Pour vérifier cependant la position, on relèvera aussi le cap du premier plan à gauche, et on verra que cette direction corrigée fournit le point h.

Si on avait regardé le premier cap à gauche comme devant être celui h et celui de droite le cap l, le navire eût dû se trouver au point N', d'après les relèvements; mais cette nouvelle solution ne saurait convenir, car elle ne répond pas aux apparences, puisque du point N" on devrait apercevoir la terre séparée en deux parties distinctes, celle de droite comprenant les terres de k en l, et celle de gauche, tout ce qui est compris entre h et i : la vue aurait l'aspect présenté par la figure 3.

Ces deux exemples suffiront pour prouver qu'en s'attachant aux configurations des côtes et à leur gisement, on peut, par les relèvements de leurs différents caps, déterminer d'une manière précise la position du navire sur la carte, et reconnaître la terre dans tous ses détails.

FIN DE LA PREMIÈRE PARTIE.

ÉLÉMENTS DE NAVIGATION.

DEUXIEME PARTIE.

NOTIONS ASTRONOMIQUES.

Le soleil est fixe dans l'espace. La terre tourne autour de lui dans un temps nommé année, son centre décrivant une courbe plane du genre de la circonférence, mais un peu plus longue que large, à laquelle on a donné le nom d'écliptique.

En même temps qu'elle circule dans l'écliptique, la terre tourne autour d'une droite idéale qui conserve toujours dans l'espace, non la même place, mais la même direction : c'est l'axe.

La terre accomplit 366 rotations et un quart dans l'espace d'une année.

Un plan mené par le centre du soleil perpendiculairement à l'axe terrestre se nomme plan de l'équateur céleste, et vient couper la sphère céleste, qui a pour centre le soleil suivant une circonférence.

Le plan de l'écliptique est incliné sur celui de l'équateur, et forme avec lui un angle de 23° 28′ environ. Ce plan prolongé coupe la surface de la sphère céleste suivant une circonférence de grand cercle, nommée écliptique céleste.

Les deux points où se coupent les circonférences de l'écliptique et de l'équateur se nomment points équinoxiaux. Les deux points de l'écliptique qui en sont à quatre-vingt-dix degrés se nomment solsticiaux.

Tels sont les véritables mouvements de l'espace représentés par la figure.

Pour rendre leur étude plus facile, en se conformant aux apparences, on a supposé le centre de la terre à la place occupée par celui du soleil.

Alors la terre se borne à accomplir son mouvement de rotation autour de l'axe 366 fois $\frac{1}{4}$, pendant que le centre du soleil parcourt l'écliptique entier.

Les points immuables de position auxquels l'axe de la terre prolongé perce la voûte céleste, se nomment pôles du monde.

L'équateur terrestre et celui céleste ne forment qu'un même plan, conduit par le centre de la terre perpendiculairement à l'axe du monde.

Afin de se rapprocher encore davantage des apparences, on suppose dans beaucoup de circonstances que la terre est totalement immobile, et que le soleil parcourt chaque jour autour de la terre une courbe sensiblement parallèle à l'équateur, mais non fermée, et partant chaque jour d'un point différent de l'écliptique.

Cette courbe diurne est nommée parallèle du soleil.

Ainsi, le soleil étant en B le jour de l'équinoxe, décrit sensiblement l'équateur, et revient le lendemain en c parcourir de nouvelles courbes quotidiennes, en s'éloignant continuellement de l'équateur, jusqu'à l'époque où, arrivé en F′, il parcourra la courbe F′HE′. Partant de nouveau de E′, il va dans chacune de ses révolutions s'approcher de l'équateur, jusqu'au jour où, arrivé en B′, second point équinoxial, il parcourra de nouveau l'équateur ; passé ce moment, ses courbes diurnes seront en dessous de l'équateur, tant qu'il décrira la partie B′Q′B de l'écliptique.

Le soleil n'a pas, par le fait, accompli ces circonférences successives ; mais le mouvement journalier de la terre a dû produire cette illusion.

Il résulte de ce qu'on vient de dire, que la terre doit tourner dans le sens inverse de celui dans lequel le soleil semble accomplir ce mouvement.

La distance à laquelle le soleil est de l'équateur est variable à tout moment, mais éprouve peu de changement d'un jour à l'autre, puisque dans l'espace de trois mois elle passe par tous les états de grandeur entre les limites 0° et 23° 28′. Elle se nomme déclinaison, change notablement en un jour vers le point équinoxial, et ne subit pas de variation sensible vers l'époque des solstices, les arcs d'écliptique situés vers les points E′ et Q′ étant sensiblement parallèles à l'équateur, c'est-à-dire, ne s'en rapprochant ni ne s'en éloignant d'une quantité sensible.

Système apparent.

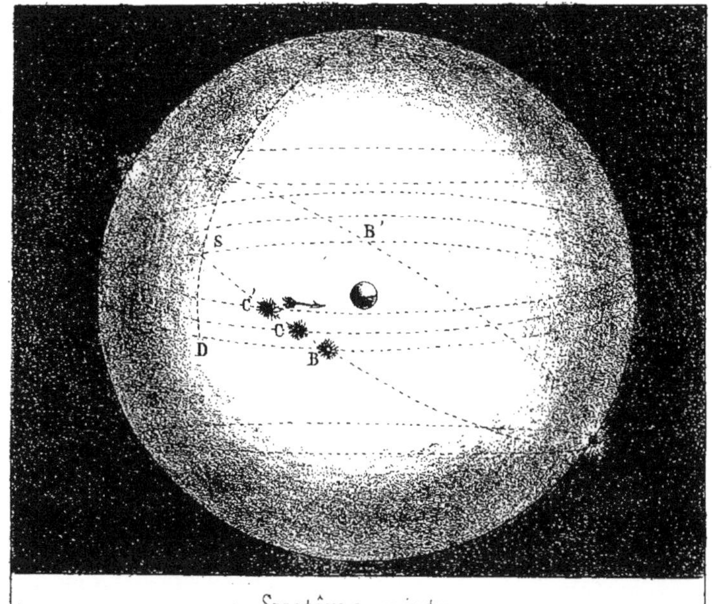

Système mixte.

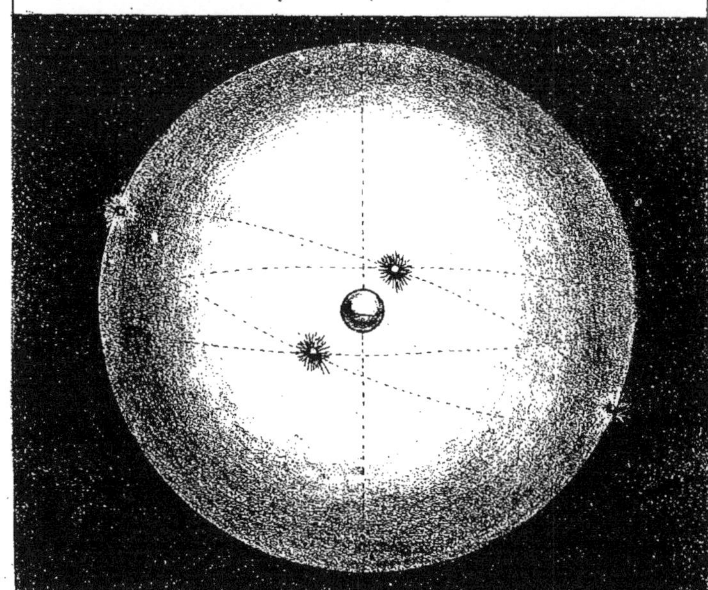

Cette déclinaison doit changer de nom le jour de chaque équinoxe, et prendre celui du pôle de l'hémisphère dans lequel le soleil accomplit son parallèle.

Elle se compte sur la circonférence nommée cercle de déclinaison, partant du pôle et passant par le centre du soleil. SD exprime sur la figure la déclinaison du soleil rendu au point S de l'écliptique.

L'arc d'équateur compris depuis le point équinoxial B du printemps jusqu'au pied du cercle de déclinaison, se nomme ascension droite du soleil, et se compte dans le sens réel du mouvement de la terre, ou dans le sens opposé du mouvement apparent du soleil. Celle correspondant à la déclinaison SD est donc sur la figure BD.

Cet élément varie de 0 à 360° dans le courant d'une année, est 0 le jour de l'équinoxe de printemps, 90° le jour du solstice d'été, 180° à l'équinoxe d'automne ; ainsi de suite.

La modification de grandeur, nommée mouvement diurne du soleil en ascension droite, que subit l'ascension droite du soleil d'un midi au midi suivant, n'est point une quantité constante, en admettant même que le soleil décrive sur l'écliptique des arcs égaux dans des intervalles de temps égaux. Cela tient à ce qu'on doit apporter ces arcs égaux d'écliptique sur l'équateur au moyen des cercles de déclinaison, et que ces arcs d'écliptique n'ont pas la même situation à l'égard de l'équateur, puisque le premier fait avec lui, le jour de l'équinoxe, un angle de 23° 28', alors que celui qui correspond au jour du solstice est parallèle à l'équateur, et en est éloigné de 23° 28'.

Aussi le mouvement diurne en ascension droite va-t-il en augmentant depuis le jour de l'équinoxe où il est le plus petit, jusqu'à celui du solstice, où il est le plus grand.

La moyenne entre ces mouvements diurnes d'une année s'obtient en divisant 360°, ou la circonférence de l'équateur, par le nombre des jours d'une année. Le résultat, converti en temps, est égal à $3^m 56^s$, et se nomme mouvement diurne moyen en ascension droite. Il y a dans l'année quatre jours différents, dont chacun est situé entre l'équinoxe et le solstice suivant, où ce mouvement moyen est égal à celui réel.

Si, le soleil restant fixe, la terre se bornait à tourner autour de son axe, le plan d'un méridien viendrait rencontrer le soleil au même point après chaque rotation terrestre ; mais puisque le soleil avance dans l'écliptique, lorsque la terre achève son mouvement de rotation le plan du méridien n'atteint pas encore le soleil, et il est nécessaire que le mouvement rotatif continue encore pour que le phénomène se produise. Donc ce que l'homme appelle jour solaire, ou le temps qui s'écoule entre deux passages consécutifs du méridien par le centre du soleil, se compose du temps que la terre met à tourner autour de son axe, augmenté d'un temps qui dépend de l'arc d'écliptique parcouru par le soleil dans ce temps, mais n'est pas cet arc réduit en temps, puisque l'axe du monde étant perpendiculaire à l'équateur et non à l'écliptique, c'est sur l'équateur que cet arc doit être compté. Le premier de ces temps se nomme jour sidéral ; le second, mouvement diurne en ascension droite.

Le premier élément étant fixe et le second inconstant, les jours solaires ou vrais ne sauraient être de même durée.

Or, le caractère principal de l'unité étant la constance, on n'a pu prendre le jour solaire pour unité de temps, et l'on a dû créer un jour uniforme, et nommé moyen.

Il se compose du jour sidéral augmenté de 3^m 56', mouvement diurne moyen en ascension droite.

Il existe en conséquence trois espèces de jours, savoir :

Jour sidéral, durée du mouvement de rotation de la terre autour de son axe. On le constate au moyen du retour d'une étoile au même point du méridien. L'année est composée de $366\frac{1}{4}$ de ces jours.

Le jour sidéral commence à l'instant où le plan du méridien passe par le point équinoxial du printemps ; on nomme par suite heure sidérale le temps qui s'est écoulé depuis cet instant.

Le jour solaire, temps qui s'écoule entre deux retours consécutifs du méridien au centre du soleil. Ce jour est inconstant, et de plus de durée que le précédent. L'année en renferme $365\frac{1}{4}$.

Le jour solaire moyen, uniforme ou de durée constante. Contenu 365 fois $\frac{1}{4}$ dans l'année, il est formé du jour sidéral, augmenté de 3^m 56^s.

De même qu'il y a trois espèces de jours, il y a trois sortes de

temps, composés chacun d'une somme de jours de même nature,
savoir :

Le temps sidéral,
Le temps vrai,
Le temps moyen.

Le temps vrai et le temps moyen sont d'accord quatre fois
dans l'année; à toute autre époque, la différence entre l'heure
temps moyen, et celle temps vrai, se nomme équation du temps.

Bien que la différence entre la durée du jour moyen et celle
du jour vrai correspondant soit peu considérable, comme c'est la
somme de ces différences depuis le jour où ces deux temps étaient
d'accord qui constitue l'équation du temps, cet élément peut être
assez grand, et s'élever jusqu'à plus de 16^{min}. L'équation du temps
atteint quatre fois dans l'année un état maximum, qui coïncide
avec le jour où le mouvement diurne réel en ascension droite est
égal à celui moyen. Si les jours précédents le jour moyen était
plus grand que le jour vrai, l'équation du temps s'accroissait chaque jour, mais de quantités de moins en moins grandes. Au jour
cité plus haut, l'accroissement cesse d'exister, pour faire place le
lendemain à une diminution.

Dans la *Connaissance des temps*, une colonne intitulée *Temps
moyen au midi vrai*, permet de se procurer l'équation du temps
qui est le nombre de la table. Lorsqu'il surpasse 12 heures, cette
quantité doit être additive ou ajoutée au midi vrai d'un lieu, pour
avoir l'heure correspondante en temps moyen.

Lorsqu'au contraire il est moins de midi temps moyen lorsqu'il est midi temps vrai, le temps moyen est en retard sur le
temps vrai; et l'on doit alors retrancher du midi vrai l'équation
du temps, qui est le complément à 12^h du nombre donné dans la
table, pour avoir l'heure temps moyen.

Pour réduire en temps moyen une heure quelconque vraie, différente de midi, il faut lui ajouter ou lui retrancher la partie de
l'équation du temps qui convient à l'heure de Paris, à laquelle on
ramène par la longitude l'heure du lieu.

Exemple. Quelle heure est-il en temps moyen, à 5^h soir, dans
un lieu situé par 60° longitude ouest, le 18 juillet 1850 ?

Heure vraie du lieu, 5ʰ soir.

Longitude en temps, 4ʰ.

Heure de Paris, temps vrai, 9ʰ soir.

Temps moy. au midi vrai à Paris le 8 juillet , 5ᵐ 50ˢ,43.

Variation en 24ʰ   + 4ˢ,45 ;

en 9ʰ   + 1ˢ,60.

Heure à Paris, temps moyen, le 18 juillet,

à 9ʰ soir, temps vrai,   9ʰ 5ᵐ 52ˢ,03.

Heure du lieu , temps moy., à 5ʰ soir, t. vr. 5ʰ 5ᵐ 52ˢ,03.

DE LA LUNE.

La lune est un corps opaque recevant la lumière du soleil et la réfléchissant. Son diamètre est de 347 myriamètres $\frac{1}{2}$; son volume est la 49ᵉ partie de celui de la terre, et sa masse cent fois moins grande.

Il en résulte que l'attraction qu'elle exerce sur notre globe n'est que la centième partie de celle qu'elle en reçoit.

Sa distance moyenne à la terre est de 38,196 myriamètres environ, ou 60 rayons terrestres.

Observée avec l'instrument nommé micromètre, qui sert à mesurer les petites distances angulaires, on voit le demi-diamètre changer dans un assez court espace de temps. La distance de la lune à la terre se modifie donc incessamment.

La lune ne reste pas un instant dans la même position à l'égard des étoiles , ce qui annonce qu'elle jouit d'un mouvement propre, tantôt passant entre le soleil et la terre, tantôt les laissant d'un même côté. La lune semble donc tourner autour de la terre.

Mais cette dernière circulant elle-même autour du soleil, on ne peut satisfaire à ce double mouvement qu'en admettant que la lune décrit autour du soleil une courbe à double courbure, analogue à celle indiquée par la figure :

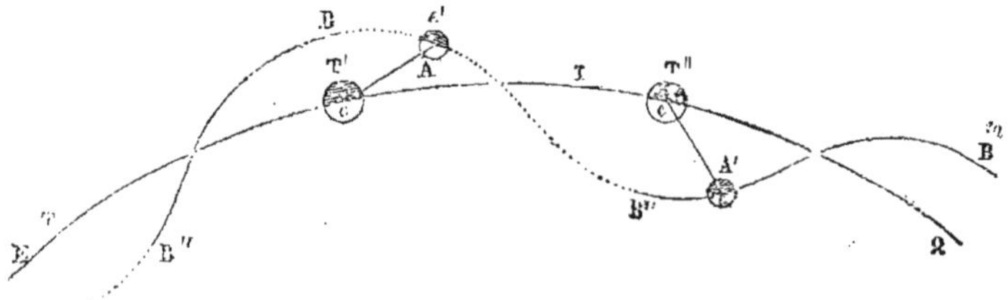

ElQ est un arc d'écliptique, B″BB′B‴ une partie de l'orbite lunaire.

Les points B″BB′B‴ sont dans le plan de l'écliptique, et se nomment nœuds. L'arc lunaire de B″ en B est au-dessus du plan de l'écliptique et au-dessous de B en B′, ainsi de suite.

Lorsque la lune est à ses nœuds intérieurs B″, B′, c'est la partie non éclairée qui est tournée vers la terre. Ce sont deux nouvelles lunes, et le temps que met l'astre à parcourir l'arc de B″ en B′ se nomme lunaison.

Au contraire, en B et B‴ la partie éclairée est tournée vers la terre; ce sont deux pleines lunes.

A l'époque des nœuds seulement, les centres des trois astres, soleil, terre, lune, se trouvent dans l'écliptique.

Après douze révolutions telles que B″BB′ autour de la terre, la révolution autour du soleil n'est point achevée; il s'en manque de onze jours environ. Ainsi, le dernier nœud de la douzième révolution est de 11 jours en retard sur le point B″.

Ce fait explique pourquoi les phases de la lune ne se renouvellent pas tous les ans aux mêmes dates.

Les nœuds d'une année ne se confondent pas sur l'écliptique avec ceux de l'année précédente, et il faut 19 ans pour que l'orbite se soit déplacée dans l'espace d'une quantité suffisante pour reprendre sensiblement la même position.

Cette période remarquable a reçu le nom de cycle d'or.

Pour suivre les divers phénomènes que la lune présente dans son cours, il sera plus simple d'étudier son mouvement dans le système où l'on admet que le soleil parcourt l'écliptique : alors elle sera supposée décrire autour de la terre, dont l'axe est immobile, une ellipse ayant pour excentricité 2102 myriamètres, et formant avec le plan de l'écliptique un angle d'environ 5 degrés.

*Phases et mouvements des nœuds, dans l'hypothèse de la fixité
de l'axe terrestre (système apparent).*

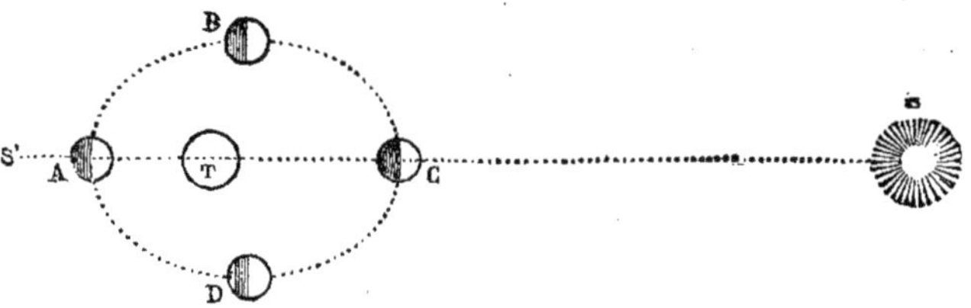

Soient T la terre, S le soleil, SS′ le plan du méridien, ABCD
l'orbite lunaire.

Lorsque la lune est en C, on dit qu'il y a nouvelle lune ou
conjonction. L'astre tourne vers la terre son hémisphère obscur.
Il est alors invisible, et passe au méridien en même temps que le
soleil, mais non devant lui nécessairement, le plan de l'orbite lunaire ne se confondant pas avec celui de l'écliptique, et formant
avec lui un dièdre d'environ 5 degrés.

Lorsque la lune est arrivée en D, la terre aperçoit la moitié de
l'hémisphère éclairé; c'est le premier quartier.

Le soleil tournant, dans ce système, en même temps que la
lune, s'en trouve dans ce cas à 90 degrés. La lune passe donc au
méridien lors du coucher du soleil aux équinoxes, et nous éclaire
pendant la première moitié de la nuit.

Du 14ᵉ au 15ᵉ jour, la lune se trouve en A; elle est alors pleine
ou en opposition. Étant à 180 degrés du soleil, elle se lève aux
environs de son coucher, et tourne toute la nuit vers la terre son
hémisphère éclairé.

Arrivée en B à 270 degrés du soleil, c'est le dernier quartier.
Elle se lève vers minuit.

En passant de C en D dans l'espace de 7 jours environ, la partie
éclairée présente un croissant étroit, dont les cornes sont tournées
à l'opposé du soleil, et qui s'élargit de plus en plus jusqu'à devenir

égal à un demi-cercle. De D en A le cercle se complète ; de A pour revenir en C, les mêmes apparences que celles produites en A se renouvellent.

Le plan de l'orbite lunaire coupe celui de l'écliptique suivant une droite qu'on nomme ligne des nœuds ; elle passe par le centre de la terre.

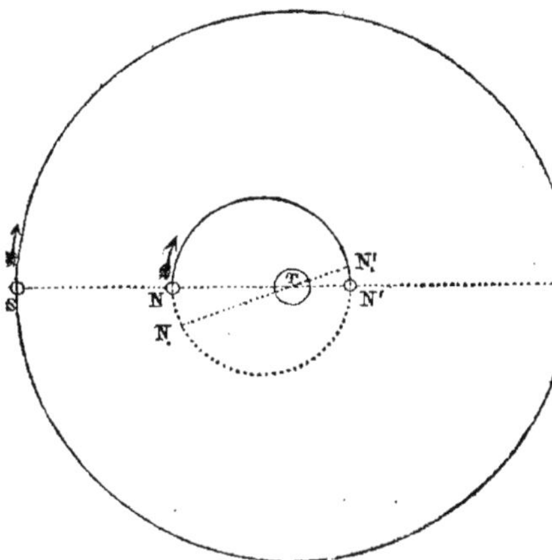

Les points où l'orbite lunaire perce le plan de l'écliptique se nomment nœuds : ce sont les points N, N'.

La droite NN' se déplace à chaque lunaison, et au bout d'une année elle prend la position $N_, N_,'$, formant avec NN' un angle de 19 degrés 20 minutes environ. Ce déplacement est connu sous le nom de rétrogradation des nœuds par suite du sens dans lequel il s'opère, et qu'indique la figure.

L'axe de la lune fait, avec le plan de l'écliptique, un angle de 88 degrés. Cette inclinaison produit sur les taches de la lune un phénomène d'oscillation de haut en bas, qui permet de voir tantôt un des pôles de la lune, tantôt l'autre. Ce phénomène est connu sous le nom de libration en latitude.

La lune est dépourvue d'atmosphère, et par suite ne peut renfermer de liquide qui s'évaporerait instantanément, de même qu'on voit l'eau d'un récipient disparaître lorsqu'on enlève l'air de la cloche qui le recouvre. Elle possède enfin, dans l'hémisphère observé, des montagnes quatre fois plus élevées que les plus hautes de notre globe.

Éclipses.

Les eclipses proviennent, soit du passage de la lune entre la terre et le soleil, soit de celui de la terre entre le soleil et la lune. Les centres de la terre et du soleil étant constamment dans le plan de l'écliptique, il faut, pour qu'une éclipse s'accomplisse, que le centre de la lune soit dans ce plan, ou s'en éloigne peu ; ce qui n'a lieu qu'aux nœuds, c'est-à-dire lors de la conjonction et de l'opposition.

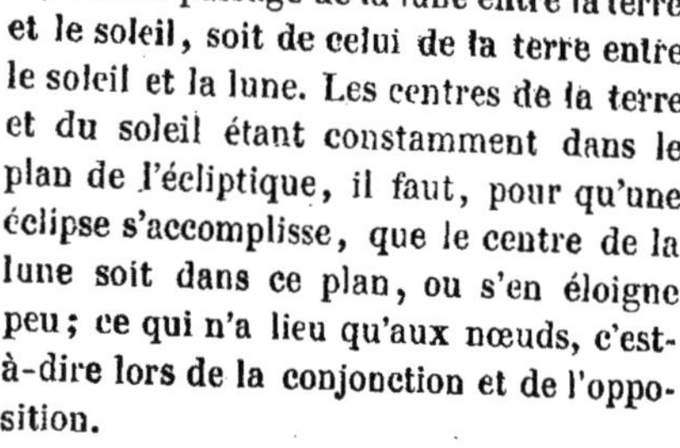

A la nouvelle lune, on observe l'éclipse de soleil, si la terre est rendue à un point convenable de son orbite. Le retour du même accord de position ayant lieu après une période de 233 lunaisons, les éclipses se renouvellent après ce laps de temps, plusieurs pouvant être observées dans le cours d'une année, qui comprend douze nouvelles lunes.

L'éclipse de lune, qui a toujours lieu lors de l'opposition, est due à l'immersion du satellite dans le cône d'ombre que la terre traîne après elle, et dont l'axe est dans le plan de l'écliptique. Cette figure représente les particularités de l'éclipse de soleil. Les habitants de la zone ab ont l'éclipse totale ; ceux qui habitent de ab en $a'b'$ l'ont partielle, et enfin, au delà de $a'b'$, elle est invisible.

Lors de l'éclipse de soleil, la lune pénètre dans le cône de rayons solaires ayant pour base la terre ; et dans l'éclipse de lune, la terre entre dans le cône ayant pour base la lune.

L'angle au sommet du premier de ces cônes étant plus grand que l'angle au sommet du second, il y a dans un même espace de temps plus de chances de productions d'éclipse de soleil que de lune.

Des marées.

On nomme marées les fluctuations périodiques et régulières des eaux de l'Océan, qui s'élèvent et s'abaissent alternativement.

Le retour du phénomène de la haute mer a lieu deux fois, non dans un jour, mais dans 24 heures 50 minutes 30 secondes, temps approximatif qui s'écoule entre deux passages consécutifs de la lune au méridien. Il est hors de doute, par conséquent, que la lune ne soit, sinon le seul, au moins le principal agent.

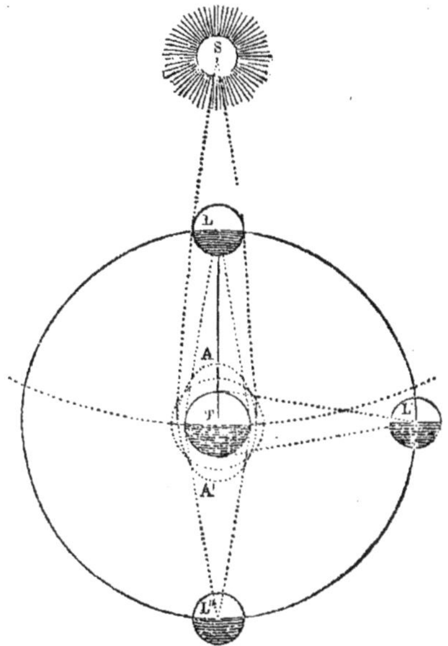

Lorsque la lune passe dans la partie supérieure du méridien, elle exerce son action attractive sur tous les points de la surface de la terre, mais plus énergiquement sur ceux qui lui sont soumis immédiatement, puisque les attractions varient en raison inverse des carrés des distances. Les parties solides résistent, celles liquides sont soulevées au-dessus de leur niveau naturel, et cette action se propageant, élève les eaux en A.

Le même effet se reproduit en A'. Le centre de la terre, subissant une attraction plus considérable que les points de sa surface, s'en éloigne pour ainsi dire, et, par suite, les eaux prennent la forme d'un sphéroïde dont le grand axe passe par les centres des deux planètes.

Le phénomène se renouvelle deux fois par jour en un même lieu, en vertu du mouvement de rotation de la terre.

Ce qu'on vient de dire de l'action de la lune s'applique aussi au soleil, qui produit des marées plus faibles que les précédentes, par suite de la diminution d'attraction provenant de la grande distance de l'astre.

Les marées lunaires et solaires se combinent entre elles pour former la marée totale : elle est donc maximum lors des syzygies, et minimum à l'époque des quadratures.

Les marées sont d'ailleurs d'autant plus fortes dans un lieu, que les eaux y ont plus de profondeur et d'étendue. Aussi sont-elles peu sensibles dans la Méditerranée.

Elles ne se produisent pas à l'instant même du passage de la lune au méridien, l'action de soulèvement qui se développe de proche en proche, et non instantanément, employant un certain temps à se manifester. A Saint-Malo, la marée arrive six heures après le passage au méridien ; et au cap de Bonne-Espérance, une heure trois quarts seulement après cet instant.

L'heure de la pleine mer, le jour de la syzygie se nomme établissement du port.

On a pour le Havre 9 heures 26 minutes, et pour Honfleur 10 heures 30 minutes. Cette différence pour des lieux si voisins tient à des causes locales, qui ont une grande influence sur l'heure de la marée et sa hauteur.

DES PLANÈTES.

Les planètes sont des corps opaques qui circulent comme la terre autour du soleil, dans des orbites inclinées à l'écliptique. L'œil les distingue des étoiles par la nature de leur lumière uniforme et tranquille, alors que celle des étoiles est tremblante et scintillante.

Leurs distances relatives, et leurs positions à l'égard des étoiles, changent par suite de leurs mouvements propres.

Cinq d'entre elles étaient connues des anciens, savoir : Mercure, Vénus, Mars, Jupiter, et Saturne. Il y en a cinq autres invisibles à l'œil, et dont la plus importante est Uranus.

Elles ont des phases comme la lune, mais on ne les observe que pour Mercure et Vénus ; celles des autres sont insensibles, par suite de leur grande distance au soleil.

Mercure.

Cette planète se présente sous l'apparence d'une étoile de moyenne grandeur. Elle se montre à l'horizon le matin, un peu avant le lever du soleil; et le soir, un peu après son coucher. Presque toujours engagée dans ses rayons, elle est difficile à observer sans instruments.

Quelquefois elle passe devant le soleil, et y produit une tache noire; d'autres fois elle passe derrière. Elle tourne donc autour de cet astre, et accomplit ce mouvement en 88 jours, dans une orbite dont le plan est incliné de 7 degrés environ sur celui de l'écliptique.

Sa distance moyenne au soleil est de 5,922,600 myriamètres. Son diamètre est de 508 myriamètres, et son volume dix fois moindre que celui de la terre. Le retour de certaines taches dans la même position, après 24 heures, prouve qu'elle emploie ce temps pour accomplir une rotation autour de son axe.

Décrivant son orbite entre la terre et le soleil, elle prend par ce motif le nom de planète inférieure.

Vénus.

Cette planète, dont la lumière est d'une grande vivacité, se nomme vulgairement étoile du matin lorsqu'elle précède le lever du soleil, étoile du berger lorsqu'elle brille après son coucher.

D'un diamètre à peu près égal à celui de la terre, elle tourne autour d'un axe en 23 heures, et autour du soleil, dont elle est distante de 11,066,973 myriamètres, en 225 jours.

Elle est, par la même raison que la précédente, nommée planète inférieure. La chaleur et la lumière y sont une fois plus intenses que sur la terre.

La plus grande durée de son apparition, le matin ou le soir, est de 4 heures au plus.

Mars.

Cette planète, de couleur rougeâtre, ne passe jamais entre la terre et le soleil.

16

Elle tourne autour d'un axe en 24 heures $\frac{1}{2}$, et en 687 jours autour du soleil, dont elle est distante de 23,312,492 myriamètres.

Son diamètre est de 659 myriamètres.

Il y a peu de chose à dire sur les quatre télescopiques Vesta, Junon, Cérès, Pallas.

Les dimensions de Pallas sont presque égales à celles de la lune; les trois autres sont beaucoup plus petites.

D'après certains astronomes, elles devraient être considérées comme les débris d'une même planète. D'après d'autres, cette opinion est peu admissible, deux des fragments ayant une atmosphère, que les deux autres ne possèdent pas.

Jupiter.

Cette planète se montre à nous sous l'aspect d'une belle étoile se levant au moment du coucher du soleil.

Son diamètre est de 13,831 myriamètres, onze fois plus grand environ que celui de la terre. Elle tourne autour de son axe en 10 heures, et accomplit sa révolution autour du soleil en 4,332 jours.

Son équateur étant sensiblement dans le plan de l'écliptique pendant son jour de 10 heures, la durée de la présence du soleil est sensiblement constante.

Sa distance au soleil est de 79,502,473 myriamètres, ou cinq fois plus grande environ que celle de la terre; ce qui fait que la chaleur et la lumière doivent y avoir une intensité 27 fois moindres que sur notre globe.

Elle est accompagnée de quatre satellites ou lunes qui s'éclipsent en passant dans le cylindre d'ombre qu'elle traîne après elle.

Ces lunes tournent dans le même sens que tous les astres.

Traversée par des bandes obscures faciles à constater avec une bonne lunette, elle doit son grand éclat à l'atmosphère qui l'environne, et réfléchit vivement la lumière.

Saturne.

Cette planète, dont le diamètre est de 12,737 myriamètres, tourne autour de son axe en 10 heures $\frac{1}{2}$, et en 10,759 jours autour du soleil, dont elle est distante de 145,943,427 myriamètres.

Aussi la chaleur et la lumière doivent y être 90 fois moindres que sur la terre.

Accompagné de sept satellites, Saturne est en outre entouré d'un vaste anneau formé de deux autres étroits, plats et concentriques.

L'anneau situé dans le plan de l'équateur de la planète est incliné de 23 degrés 28 minutes sur l'écliptique, et tourne en même temps que la planète et dans le même sens. La plus grande ouverture de l'anneau est donc de 23 degrés 28 minutes pour la terre, qui passe dans son plan tous les quinze ans environ.

Il se présente alors sur son tranchant, et paraît comme un filet lumineux traversant la planète, sur la surface de laquelle il projette son ombre.

Cet anneau doit offrir aux habitants de Saturne le spectacle d'un arc partageant le ciel en deux bandes, et conservant toujours à l'égard des étoiles la même position.

Uranus.

Cette planète, découverte par Herschell dont elle a longtemps porté le nom, est à 293,490,567 myriamètres du soleil, distance 19 fois plus grande que celle de la terre au même astre.

Ainsi la chaleur et la lumière versées par le soleil doivent y être environ 300 fois moindres que sur notre globe.

Quoique son diamètre soit de 5,525 myriamètres, son éloignement lui donne l'apparence d'une très-petite étoile.

Cette planète est accompagnée de satellites, dont deux bien constatés circulent de l'orient à l'occident, dans un plan presque perpendiculaire à l'écliptique.

Ces deux lois, directement contraires à celles suivies par les autres satellites, annoncent, soit le voisinage d'une cause perturbatrice puissante, soit la limite de notre système planétaire.

Grandeurs comparatives de la Terre, d'Uranus, de Saturne, de Jupiter, et du Soleil.

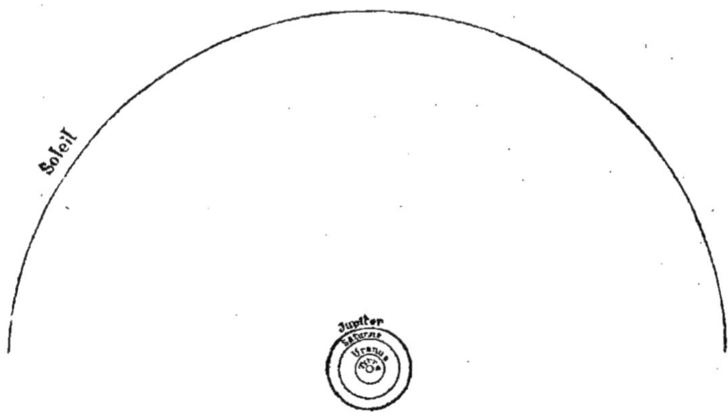

Comètes.

La comète ou astre chevelu se compose ordinairement d'un noyau terminé d'une manière indécise, et accompagné d'une traînée diffuse, nommée queue.

La chevelure, dirigée à l'opposé du soleil, embrasse quelquefois un arc immense, s'élargit en s'éloignant de la tête, et se courbe vers la partie de l'orbite que l'astre vient de décrire.

On sait peu de chose sur la constitution intime de ces corps, en admettant même qu'on puisse leur donner ce nom.

Leurs mouvements comparés présentent de grandes irrégularités; ils ont lieu dans toutes les directions, et dans des plans qui ont avec l'écliptique des inclinaisons diverses.

Cependant, chacune d'elles en particulier semble décrire une ellipse de très-grande excentricité, dont le soleil serait le foyer commun.

Lorsqu'une comète apparaît, elle présente l'aspect d'une nébulosité avec queue peu sensible.

En s'approchant du soleil, le mouvement s'accélère, la queue se développe rapidement et semble se diviser en deux branches, après avoir dépassé le soleil. Elle atteint alors son plus grand éclat, et la queue sa longueur maximum.

Le nombre des comètes déjà observées est d'environ 700 ; 125 d'entre elles ont eu leurs orbites calculées.

Les comètes périodiques, au nombre de trois, sont celles dont le retour a été constaté.

La première, celle de Halley, a pour période 75 ou 76 ans. Elle parut la dernière fois en 1835.

La comète d'Encke fait son retour après 1207 jours.

Celle de Biella fait sa révolution en 6 ans $\frac{3}{4}$; elle passa, en 1832, un mois après la terre, au même point de l'espace.

On a cherché, dans la figure 4, à représenter l'ensemble des mouvements des planètes, en conservant les relations de grandeur et de distance, le soleil excepté, réduit à un point.

Les principales figures d'astronomie existent à l'école du Havre; elles sont exécutées sur toile à une grande échelle.

DE LA LUMIÈRE.

(13) L'œil, instrument de perception, est destiné à recevoir les rayons lumineux, et non à en émettre, en regardant la lumière comme un fluide impondérable qui se transporte de son foyer sous forme de rayons rectilignes.

Un corps n'est visible que lorsqu'il renvoie vers l'œil des rayons qu'il ne possédait pas en propre, mais qui lui étaient transmis, soit directement, soit indirectement.

Les rayons lumineux qui tombent sur une surface, suivant son état, sont donc repoussés, régulièrement ou irrégulièrement d'ailleurs.

Lois de la réflexion.

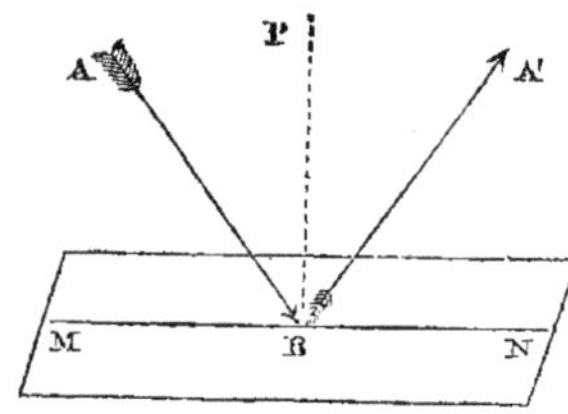

(14) Lorsqu'un rayon lumineux AB tombe sur une surface plane polie MN, il est repoussé en BA', de telle sorte que,

1° Le rayon incident et le réfléchi sont dans un plan perpendiculaire à celui MN, et contenant par suite la normale BP au point B d'incidence ;

2° Les angles ABP, PBA', sont égaux ; ils se nomment, le premier d'incidence, le second de réflexion, et l'on dit que l'angle d'incidence est égal à celui de réflexion.

Tout le phénomène s'accomplissant dans un plan spécial, toutes les figures subséquentes seront conçues tracées dans ce plan.

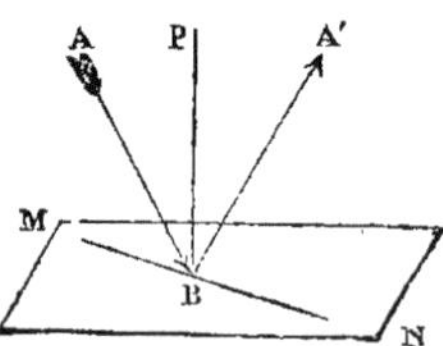

Si on voulait, en utilisant les lois précédentes, trouver la direction du réfléchi d'un rayon donné AB, il faudrait conduire la normale BP à MN, faire passer un plan par ces deux droites, et conduire dans ce plan BA', de telle sorte que les deux angles ABP, PBA', fussent égaux.

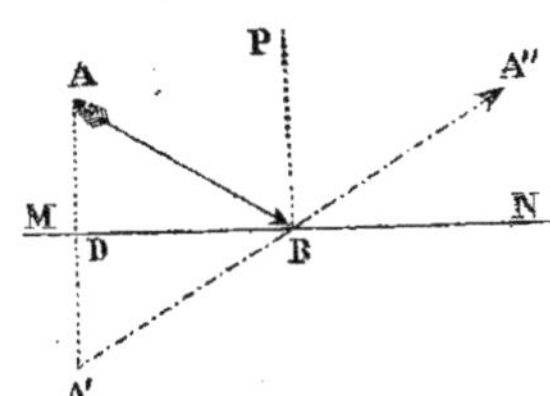

On aurait pu aussi abaisser du point A une perpendiculaire au plan MN, la prolonger au delà d'une longueur DA' égale à elle-même, et joindre le point A' à celui B. BA" eût été le rayon réfléchi. En effet,

Les angles ABD, DBA', sont égaux d'après la construction ; mais DBA' $=$ A"BN ; donc angle ABD $=$ angle A"BN. Tout se passant d'ailleurs dans un plan conduit suivant ABA", et par suite perpendiculaire à celui MN, la normale à MN sera dans ce plan, et les angles d'incidence et de réflexion ABP, PBA", seront égaux comme complémentaires de ceux DBA, NBA", démontrés égaux eux-mêmes.

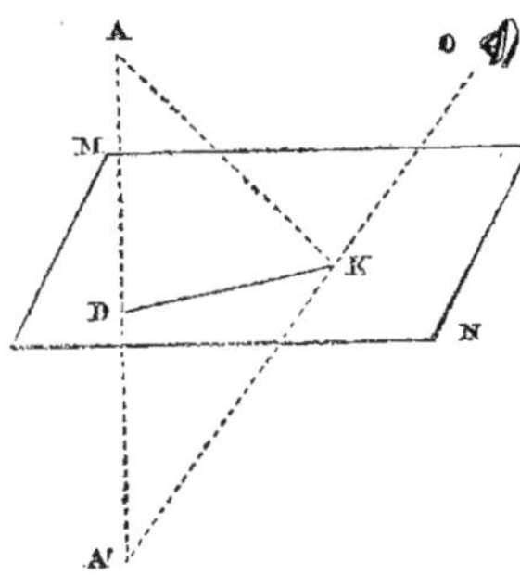

Si un corps A étant en présence d'une surface réfléchissante MN, un œil était en O ; pour trouver comment l'image du point A lui arriverait par l'intermédiaire de la surface, il faudrait abaisser du point A la normale AD, la prolonger d'une longueur DA' égale à DA, et joindre le point A' au point O. Cette droite percerait le plan MN au point K, et, parmi tous les rayons lancés sur MN par le point A, ce serait celui AK seul qui, par la réflexion, arriverait à l'œil, suivant KO.

L'œil ne pouvant juger la position d'un objet que par la direction du rayon qu'il perçoit, verra le point A en A'. C'est ce qui fait dire que l'image d'un point se peint dans une glace en arrière de son plan, à une distance égale à celle à laquelle le point se trouvait en avant.

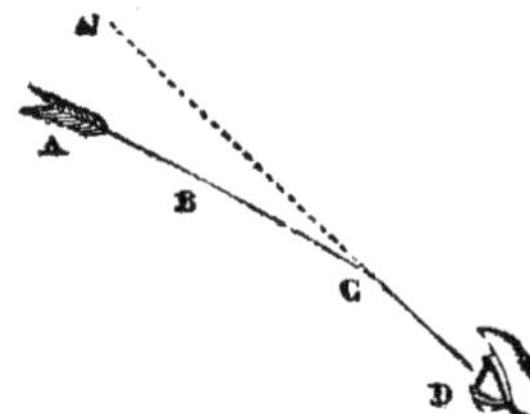

Si un rayon ABCD, brisé par une cause quelconque, arrivait à l'œil en D, le point A serait jugé dans la direction DA', parce que, rien ne pouvant annoncer à la vue la brisure, la partie CD produirait la même sensation que le rayon rectiligne A'D.

(15) D'après les principes précédents, si un miroir plan ABCD

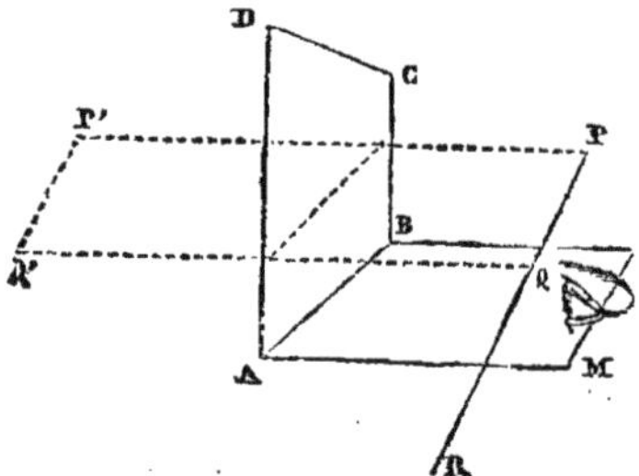

étant perpendiculaire à un plan BM, une droite PR était située dans l'espace parallèlement à BM, l'image de la partie PQ de cette droite se trouverait en abaissant des points P et Q des perpendiculaires sur AC, et les prolongeant au delà de longueurs égales à elles-mêmes; elles seraient renfermées dans un plan parallèle à BM. P'Q', image de PQ, serait aperçue par l'œil placé dans ce plan, comme le prolongement de la partie QR de la droite.

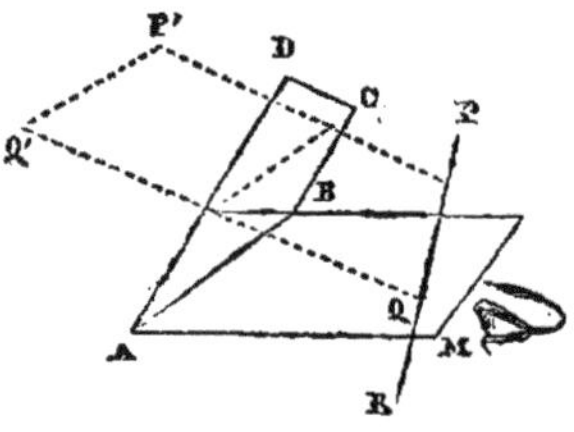

Si le miroir AC et le plan BM formaient un dièdre aigu, l'œil verrait l'image réfléchie P'Q' de PQ au-dessus du prolongement QR de cette droite.

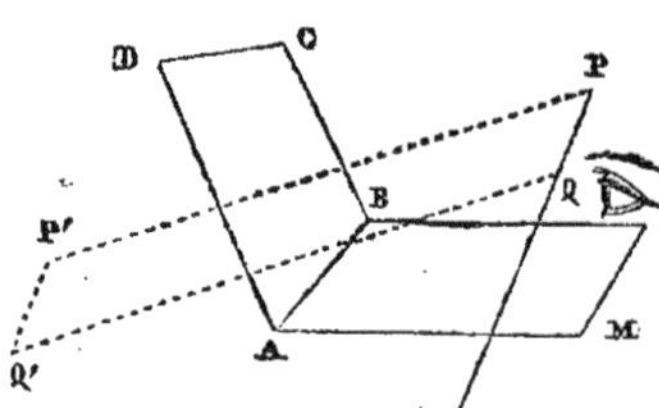

Si le miroir et le plan formaient un dièdre obtus, une droite PR, tracée parallèlement au plan BM, aurait pour l'œil son image P'Q' placée en dessous de QR.

Il n'y a donc que pour le cas du miroir perpendiculaire au plan, que la droite prolongée, et son image, sont le prolongement l'une de l'autre.

On doit donc admettre la réciproque, et dire que, pour qu'un miroir soit perpendiculaire à un plan, il faut et il suffit que les images directe et réfléchie d'une droite parallèle au plan se prolongent l'une l'autre pour un œil placé au-dessus du plan à une hauteur égale à celle de la droite.

RÉFRACTION.

(16) Lorsqu'un rayon lumineux pénètre d'un milieu dans un autre différent, soit par sa nature, soit par son état, il ne continue pas sa route en ligne droite, et se brise à la surface de séparation.

Si le rayon lumineux se meut dans un milieu composé de couches qui diffèrent par leur état physique, il se brise à chaque surface de séparation.

Ce phénomène est connu sous le nom de réfraction.

Lois de la réfraction.

Soient MN la surface de séparation de deux milieux, AB un rayon incident, PP' la normale au point d'incidence, et enfin BA' le réfracté.

L'angle ABP se nomme angle d'incidence, et celui P'BA' angle de réfraction.

1° L'incident, le réfracté, et la normale à la surface de séparation, sont trois droites situées dans le même plan ;

2° Le rapport entre les sinus des angles d'incidence et de réfraction est constant pour un même milieu, quelle que soit la direction du rayon incident.

Lorsqu'un rayon passe de l'air dans le verre ordinaire, ce rapport, nommé indice de réfraction, est égal à $\frac{3}{2}$.

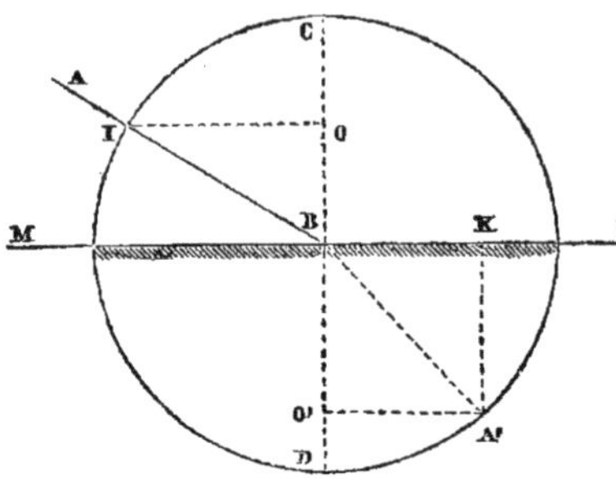

Il en résulte que, pour trouver la direction du réfracté de AB, il faut conduire la normale CD, décrire une circonférence du point B comme centre avec un rayon quelconque, puis tracer le sinus IO de l'angle d'incidence, porter les $\frac{2}{3}$ de ce sinus de B vers N en K, et conduire enfin KA′ parallèle à CD. BA′ sera le réfracté, parce qu'en effet le rapport de IO à A′O′ est égal à $\frac{3}{2}$.

Il n'y a qu'un seul cas où le rayon ne se brise pas : c'est lorsqu'il arrive normalement à la surface de séparation.

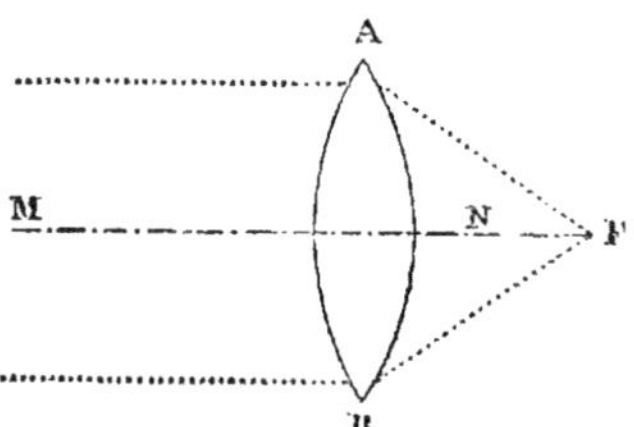

(17) C'est à la déviation des rayons lumineux changeant de milieu qu'est due la puissance des verres nommés lentilles.

Soit un verre AB composé de deux calottes sphériques de même rayon, MN l'axe de symétrie de cette lentille.

Un astre placé à gauche enverra un faisceau de rayons parallèles, parmi lesquels celui MN ne subira pas de déviation, puisqu'il arrive normalement à la surface ; tous les autres se briseront deux fois, et iront se réunir en un point F de l'axe, qui a reçu le nom de foyer principal, et est à une distance de la lentille égale au rayon de sa courbure.

Il existera donc au point F une image de l'astre, d'autant plus vive que l'ouverture de la lentille permettra l'admission d'un plus grand nombre de rayons lumineux. Tel est le motif qui, dans une lunette, fait grandir le plus possible le verre tourné vers l'astre, et nommé par ce motif objectif.

On vérifie le principe précédent en enflammant un morceau d'amadou à l'aide d'une lentille. La position à donner au corps combustible indique celle du foyer principal.

(18) Lorsqu'on place une lentille en présence d'un objet ter-

RÉFRACTION ASTRONOMIQUE.

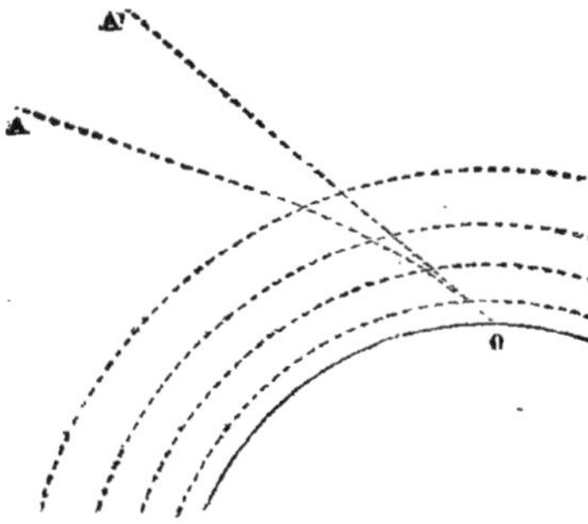

(20) Lorsqu'un rayon lumineux, parti d'un astre, arrive à l'œil, il a traversé d'abord un espace libre de tout milieu ; puis l'atmosphère terrestre, composée de couches successives dont la densité augmente.

Il a donc dû se briser, comme l'indique la figure, et prendre la forme OA.

Il produit sur l'œil placé en O la même sensation que s'il venait du point A, situé sur la tangente conduite par le point O à la courbe AO. La réfraction fait donc paraître les astres plus élevés qu'ils ne sont réellement.

Cette déviation est d'autant plus grande que l'astre est plus rapproché de l'horizon. En effet, le rayon arrivant plus obliquement sur les couches sphériques qu'il traverse, se brise davantage, en vertu de la relation $\dfrac{\sin. I}{\sin. R}$ = constante, qui exige entre l'angle d'incidence et celui de réfraction une différence d'autant plus grande que le premier de ces angles est plus grand.

Par la même raison, la réfraction diminue lorsque l'astre s'élève, et devient nulle lorsqu'il passe au zénith.

La réfraction astronomique étant dépendante des indications barométriques et thermométriques, on a construit une table dans l'hypothèse d'une pression de 0ᵐ76 et d'une température de 10 degrés centigrades. Elle se nomme table des réfractions moyennes.

Une seconde table donne les facteurs de correction pour les températures et pressions réelles au moment de l'observation.

La réfraction moyenne est de 33′ à l'horizon, c'est-à-dire qu'elle donne à l'astre une hauteur de 33′, lorsqu'il est réellement à l'horizon ; et comme ce nombre est à peu près égal au diamètre apparent du soleil, il en résulte que lorsque son bord supérieur est à l'horizon, son disque se voit en entier.

De même, au coucher du soleil, lorsque le bord inférieur est tangent à l'horizon, c'est le bord supérieur qui est en contact, et l'astre est réellement couché. Le soleil employant environ 3 minutes de temps pour parcourir un arc de 33' lors de son lever et de son coucher pour des latitudes moyennes, il en résulte que la durée de la présence visible du soleil surpasse de 6 minutes environ la durée de la présence réelle.

La lumière, quoique douée d'une vitesse excessive, ne possède pas l'instantanéité. Elle emploie 8′ 13″ en moyenne pour parvenir du soleil à la terre.

Le son, qui se propage par onde, parcourt en moyenne, dans l'air, 333ᵐ par seconde.

APPLICATION DES PRINCIPES D'OPTIQUE AUX INSTRUMENTS A RÉFLEXION.

(21) Si deux miroirs perpendiculaires à un même plan MN, et parallèles entre eux, sont tournés l'un vers l'autre, et qu'un rayon lumineux, parallèle à MN, vienne frapper l'un des miroirs non perpendiculairement, il sera repoussé du premier sur le second, et du second dans l'espace.

Le premier incident et le second réfléchi seront parallèles entre eux, et situés dans un plan parallèle à MN.

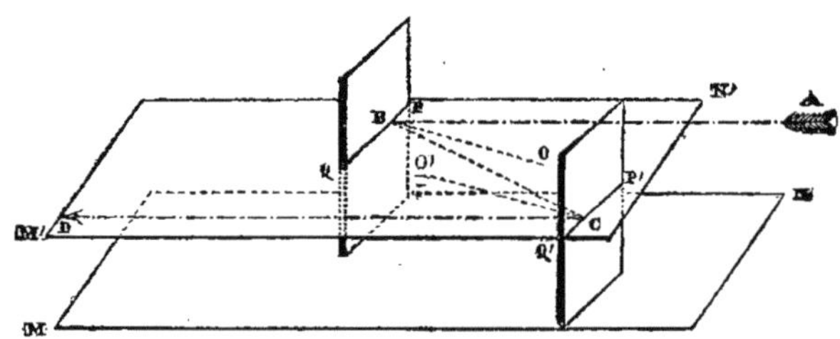

En effet, soient AB l'incident, et PQ, P′Q′, les intersections des plans des miroirs par un troisième plan M′N′ conduit par AB parallèlement à MN. Les droites PQ, P'Q', seront parallèles entre elles comme intersections de deux plans parallèles par un troisième.

Le réfléchi de AB sera BC, nécessairement situé dans le plan M'N'; le repoussé de ce dernier sera CD, contenu aussi dans ce plan. Les deux normales BO, CO', sont parallèles comme perpendiculaires à deux plans parallèles. On a, d'après les lois de la réflexion, les relations ABO = OBC; OBC = BCO', comme alternes internes; BCO' = O'CD : donc ABO = O'CD, et, par suite, 2ABO ou ABC = 2O'CD ou BCD. Les droites AB et CD sont donc parallèles, puisque, situées dans le même plan, elles forment avec BC des angles égaux, et dans la position d'alternes internes.

Réciproquement, si les deux miroirs étant toujours supposes perpendiculaires au plan MN, l'incident AB et le réfléchi CD, situés dans le plan M'N' parallèle à MN, sont parallèles entre eux, les deux miroirs le sont. En effet, d'après l'hypothèse ABC = BCD; donc QBC, demi-supplément du premier, est égal à BCP', demi-supplément du second; les droites PQ, P'Q', sont donc parallèles, et, par suite, les plans des miroirs le sont eux-mêmes, puisqu'ils sont, par hypothèse, perpendiculairès à M'N', et le coupent, d'après la démonstration, suivant des droites parallèles.

(22) Supposons deux miroirs MN, M'N', perpendiculaires à un plan et parallèles entre eux, tournés l'un vers l'autre. L'un d'eux, MN fixe, est moitié transparent, moitié étamé.

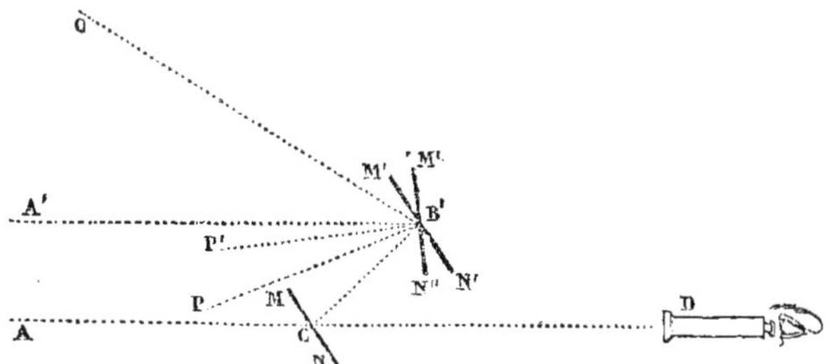

Parmi tous les rayons émanés de l'astre A, il y aura un pinceau AD qui arrivera directement à l'œil, en traversant à la ligne de séparation de la partie transparente et de la partie étamée.

Un autre pinceau A'B', marchant parallèlement au premier, se réfléchira suivant B'C, et une seconde fois suivant CD, près de la ligne de séparation : l'œil percevra donc à la fois deux images de l'astre A, celle directe et celle réfléchie, qui se superposeront.

Si un second astre se trouve en O et lance un pinceau OB', il faut, pour que son image réfléchie vienne couvrir la directe de A, forcer OB' à se réfléchir suivant B'C, par une position convenable du miroir. Pour la trouver, il suffit de partager l'angle OB'C en deux parties égales par une droite B'P', qui devra être la normale. M''N'' sera donc la nouvelle position que le miroir devra occuper.

Il faut rechercher la relation qui lie l'angle OB'A', soustendu par les deux astres, avec celui N'B'N'', dont le miroir a tourné depuis le point de parallélisme.

On peut remplacer l'angle N'B'N'' par celui P'B'P des normales, qui lui est égal ; ces deux angles de même espèce ayant leurs côtés respectivement perpendiculaires.

On a les égalités $\quad$ OB'P' = P'B'C et A'B'P = PB'C.
Retranchant membre à membre,

$$OB'P' - A'B'P = P'B'C - PB'C,$$

ou simplifiant, $\quad$ OB'P' − A'B'P = P'B'P.

Remplaçant OB'P' par OB'A' + A'B'P', et A'B'P par A'B'P' + P'B'P, cette égalité devient

$$OB'A' + A'B'P' - A'B'P' - P'B'P = P'B'P,$$

et simplifiant, OB'A' = 2P'B'P ; d'où enfin $P'B'P = \dfrac{OB'A'}{2}$.

L'angle parcouru par le miroir depuis la position du parallélisme est donc égal à la moitié de l'angle soustendu par les deux astres.

Instruments nautiques.

(23) La construction des instruments à réflexion est fondée tout entière sur les deux théorèmes qui viennent d'être démontrés. Les principes généraux qui les régissent sont les suivants :

Deux miroirs ont leurs faces réfléchissantes tournées l'une vers l'autre.

L'un d'eux est fixé sur une alidade à vernier, mobile autour de l'arc d'un limbe circulaire divisé en demi-degrés, comptés pour des degrés, afin d'éviter la peine à l'observateur de multiplier par deux l'arc parcouru par l'index depuis la position du parallélisme des deux miroirs. L'axe du limbe passe dans l'épaisseur du miroir, plus près de la face étamée que de celle transparente.

L'autre miroir, nommé petit, est plus étroit que le premier, de même hauteur que lui, et partagé en deux parties égales, l'inférieure étamée, la supérieure transparente, la ligne de séparation étant parallèle au plan du limbe.

Il se présente obliquement à une lunette dont l'axe, situé à gauche du grand miroir, est parallèle au plan du limbe, et passe très-près et un peu au-dessus de la ligne de séparation.

Enfin, des verres colorés ou s'interposent entre les deux miroirs ou se placent derrière le petit.

Ces instruments ne diffèrent les uns des autres que par leurs dimensions, et les dispositions relatives de leurs différentes pièces; ce qui permet de les utiliser dans des limites, soit restreintes, soit étendues, à tous les besoins des observations.

Ils conduisent à des mesures angulaires avec une approximation suffisante, en dépit de la mobilité du pont d'un navire, sol habitué de l'observateur.

Ils sont au nombre de trois : l'octant, le sextant, le cercle.

Les deux premiers ne se distinguent l'un de l'autre que par l'étendue de l'arc du secteur servant de limbe. Il est dans l'octant la huitième partie de la circonférence, et la sixième dans le sextant: telle est l'origine des noms que portent ces instruments.

Le sextant étant habituellement beaucoup plus soigné que l'octant, et généralement utilisé, c'est à sa description et à ses usages qu'on va principalement s'attacher. Tout ce qu'on dira de l'un sera vrai pour l'autre.

Le rayon du limbe étant toujours assez petit, sans quoi l'instrument serait inutilisable à cause de son poids, on ne peut graduer en un très-grand nombre de parties égales. En général, chaque demi-degré, compté pour un degré dans les observations, est composé de trois divisions, ce qui donne des arcs de vingt en vingt minutes, approximation insuffisante. Telle est la raison qui a fait armer l'extrémité de l'alidade d'un vernier.

Théorie du vernier.

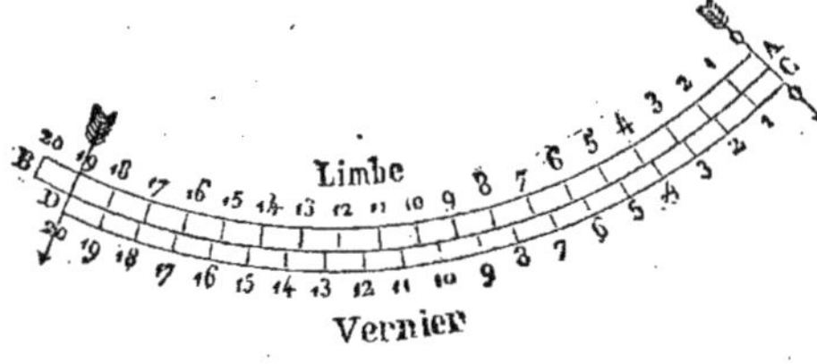

(24) On prend sur le limbe un arc **AB**, composé de dix-neuf de ses divisions pour former l'arc **CD** du vernier, séparé en vingt parties égales.

Chacune de ces nouvelles divisions aura pour longueur la vingtième partie de 19 fois 20 minutes ou 19 minutes, et différera par suite d'une minute de chacune de celles du limbe. Le vernier glissant en présence de l'arc gradué, on peut amener chacune de ses divisions dans le prolongement d'une de celles du limbe. Supposons la cinquième. Alors la quatrième sera en avance de 1′ sur la précédente du limbe ; la troisième de 2′, la deuxième de 3′, la première de 4′, et celle 0 ou la ligne de foi, de 5. Il faut donc, pour lire un arc, compter, si on est parti du zéro du limbe, le nombre de degrés et 20 minutes qui précèdent la ligne de foi, et y ajouter autant de minutes qu'il y a de divisions du vernier, depuis son zéro jusqu'à celle de ses lignes qui est le prolongement d'une du limbe.

En composant l'arc du vernier de 39 des divisions du limbe, et le partageant en 40 parties égales, chacune d'elles serait moindre qu'une du limbe de 30 secondes. On obtiendrait ainsi la lecture des arcs à moins de 30 secondes. L'avantage de cette disposition serait plus apparent que réel, par suite du peu de grandeur du rayon de l'instrument. Les divisions, alors très-petites, laisseraient dans l'incertitude sur celle qui est en coïncidence.

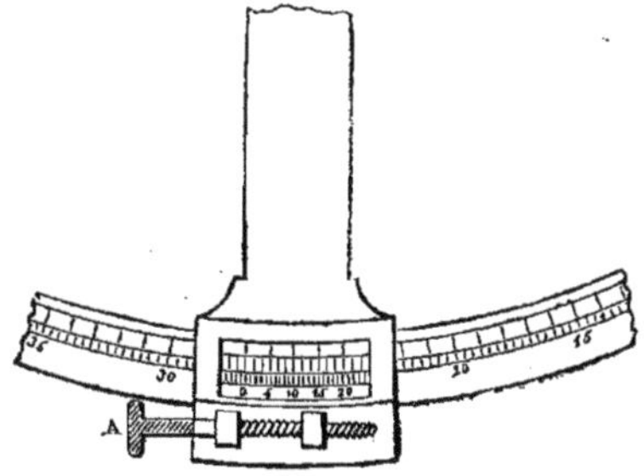

L'alidade, armée de son vernier, se meut d'ailleurs lentement à l'aide d'une vis de rappel A , dont la disposition est indiquée par la figure ; et, pour rendre la lecture plus facile , une loupe tenue à l'extrémité d'un levier attaché à l'alidade s'amène, suivant la vue de l'observateur, au-dessus de la ligne de foi.

Un verre dépoli, placé presque perpendiculairement au plan de l'instrument et sur la largeur de l'alidade, empêche les rayons du soleil de miroiter sur la graduation, ordinairement en platine, enchâssée dans le limbe circulaire en cuivre. Passons donc aux détails de construction, de préparations, et d'emploi.

Sextant.

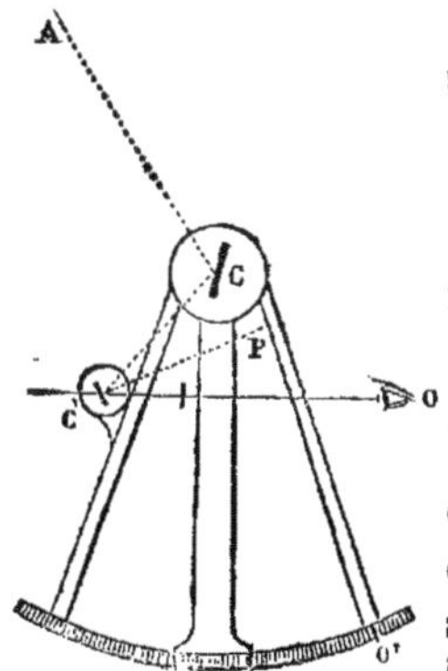

(25) L'instrument est disposé de telle sorte que les miroirs devraient être parallèles, lorsque la ligne de foi coïncide avec le zéro du limbe.

Le point C′, centre du petit miroir, est fixe, et le point C, centre du grand aussi, qnelle que soit la position de l'alidade, puisqu'il fait partie de l'axe de rotation.

L'angle OC′C est constant, et, par suite, CC′ est la direction invariable du réfléchi que doit avoir tout rayon venant d'un astre A, pour être repoussé dans l'axe de la lunette.

On reconnaît alors la raison qui fait incliner le petit miroir à l'axe, puisqu'il faut que les deux angles OC′P, PC′C, soient égaux ; et que le premier de ces angles n'existerait plus, si la normale C′P se confondait avec l'axe de la lunette.

Après avoir placé la ligne de foi sur le zéro du limbe, et visé

17

un astre directement, il faudra repousser l'alidade en l'éloignant de l'œil, pour donner au grand miroir une position telle, que le rayon AC, venu d'un autre astre que le premier, se réfléchisse en CC', apportant l'image du second en contact avec celle directe du premier.

L'arc parcouru par la ligne de foi sera la mesure de la distance angulaire, l'instrument ayant été tenu dans un plan passant par les centres des deux astres.

Mais pour que ce résultat soit exact, il faut que l'instrument satisfasse aux conditions suivantes :

1° Que le limbe soit plan ;

2° Que ses divisions soient égales et de longueur exacte ;

3° Que les miroirs possèdent leurs faces transparentes et étamées parallèles ;

4° Qu'ils soient perpendiculaires au plan du limbe ;

5° Que l'axe de la lunette soit parallèle au plan du limbe et a bonne hauteur ;

6° Que la graduation du limbe, à laquelle répond la ligne de foi lors du parallélisme des miroirs, soit parfaitement déterminée.

Tels sont donc les points à discuter, car le mode d'assemblage des parties de l'instrument est tel, qu'il est possible de le forcer à satisfaire à certaines de ces conditions par des opérations préalables nommées rectifications.

Il y a au contraire d'autres de ces conditions auxquelles l'observateur ne peut rien, et que, par suite, l'instrument doit remplir de lui-même, d'après sa construction. C'est donc en l'achetant, et dans l'observatoire du fabricant, qu'il faut se livrer à ces vérifications.

Vérifications.

(26) *Du limbe.* Le limbe est plan, si l'alidade étant promenée sur son contour, le tranchant du vernier s'applique constamment sur sa surface.

L'instrument est centré, c'est-à-dire que le limbe étant considéré comme un cylindre droit à base circulaire, l'alidade tourne autour de l'axe, si le tranchant du vernier couvre toujours d'autant l'extrémité des divisions de l'instrument.

Les divisions du limbe sont égales, si, en mettant en coïncidence successivement la ligne de foi avec chacune d'elles, l'extrémité du vernier est dans le prolongement de la dix-neuvième ligne de division. Le vernier fait ici l'office de compas, et l'opération précédente vérifie en même temps l'exactitude de ses graduations.

Pour vérifier la longueur des divisions du limbe, on doit d'abord procéder à quelques rectifications ; telle est la cause qui nous empêche d'épuiser encore cette discussion.

Parallélisme des faces du grand miroir.

(27) On vise avec une lunette, dont le pouvoir grossissant est assez grand, l'image du soleil dans le miroir ; et si on la reçoit nette et bien terminée, c'est que les faces sont parallèles, puisque les deux images données par la face antérieure et celle postérieure se confondent ; n° (19).

On pourra vérifier le petit miroir par le même procédé, bien que cette opération soit, ainsi qu'on le verra par la suite, beaucoup moins importante que la première. Il faudra repousser les miroirs qui ne résisteront pas à cette épreuve.

(28) La lunette possède un diaphragme muni de deux fils parallèles qu'on peut amener à volonté, soit perpendiculaires, soit parallèles au plan du limbe.

Parallélisme de l'axe de la lunette, au plan du limbe.

On place sur une des extrémités du limbe, et sur le bras opposé de l'instrument, deux pièces en cuivre nommées viseurs ; chacune d'elles est un dièdre droit en cuivre, dont les faces rectangulaires ont une hauteur égale à celle que doit avoir l'axe de la lunette. Le sextant étant placé horizontalement, on observe un objet éloigné dans le plan de la tête des deux viseurs, et son image doit se peindre dans la lunette au milieu de l'intervalle des deux fils, préalablement disposés, parallèlement au plan du limbe.

RECTIFICATIONS.

(29) *Perpendicularité du grand miroir.* En plaçant l'alidade vers le milieu du limbe, on tourne vers soi le centre de l'instrument, et on regarde dans le grand miroir si l'image réfléchie d'une partie du limbe est le prolongement de celle vue directement.

D'après le § 15, si ce phénomène se produisait, le grand miroir serait perpendiculaire au limbe, si l'œil était renfermé dans le plan de ce dernier. Mais cette condition est impossible à satisfaire d'une manière absolue, puisque la base du grand miroir est supérieure au plan du limbe.

On emploie de préférence les viseurs placés, l'un vers l'origine des graduations du limbe, l'autre en son milieu, l'alidade étant près du zéro. L'œil mis en présence du grand miroir à une hauteur égale à celle des viseurs, doit apercevoir, sur le prolongement l'une de l'autre, les têtes directes et réfléchies de ces deux pièces.

D'après le § 15, on sait dans quel sens le miroir incline lorsque l'image directe et celle réfléchie ne se prolongent pas; et sa position se rectifie alors au moyen des vis placées sur l'arrière.

Rectification du petit miroir.

(30) L'instrument étant tenu dans un plan vertical, on vise directement à l'horizon, l'alidade étant près de l'origine des graduations; et, par un léger mouvement qu'on lui imprime, on amène l'image réfléchie dans le prolongement de celle directe. Fixant alors l'alidade et mettant l'instrument horizontalement, on examinera si les deux images se superposent. Dans ce cas, le petit miroir sera perpendiculaire au plan du limbe; car il sera parallèle au grand déjà rectifié. Dans le cas contraire, on rectifierait sa position à l'aide des vis du tambour de sa monture.

Ce procedé, qui ne doit son exactitude qu'à la grande distance de l'horizon a l'œil, peut être remplacé avec avantage par l'observation du disque du soleil. L'image réfléchie devra passer sur celle directe, de manière à ce qu'elles soient toutes deux contenues entre deux verticales tangentes au disque, le limbe étant tenu verticalement; et entre deux tangentes horizontales, lorsqu'on tiendra le limbe horizontalement.

Détermination du point de départ des divisions du limbe.

(31) Après que la perpendicularité des deux miroirs a été réglée, si le grand est parallèle au petit lorsque la ligne de foi correspond au zéro du limbe, les deux images directe et réfléchie d'un même astre doivent se confondre dans cette position de l'alidade.

Il est plus exact de faire cette observation sur la lune pleine que sur le soleil, parce qu'on évite l'interposition des verres colorés, qui peuvent vicier les résultats.

Mais comme cette superposition des deux images, difficile à juger d'une manière absolue, peut n'être pas complète, on exécute l'opération suivante :

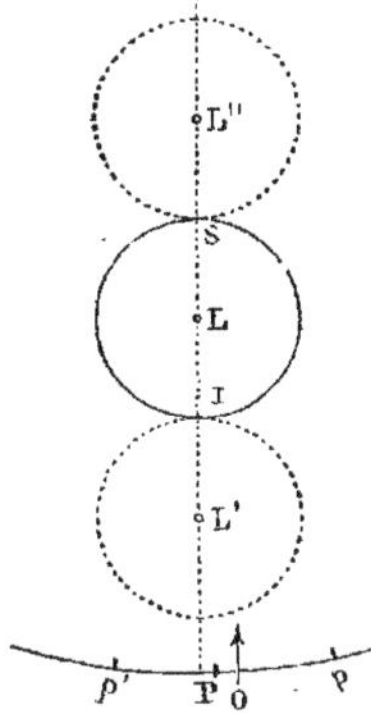

On amène l'image réfléchie L', en contact inférieur avec celle L vue directement. La ligne de foi correspond alors à une certaine division p du limbe, sur lequel on lit op.

Poussant l'alidade, on fait prendre à l'image réfléchie la position L''. La ligne de foi s'arrête en p', et l'arc $0p'$ est alors noté.

Mais le point P de parallélisme qui correspond à la position de l'alidade lors de la coïncidence des centres, doit être équidistant des points p, p'*.

Pour savoir s'il se confond avec le point zéro, il suffit de faire la demi-somme algébrique des arcs op et op'. Si elle est nulle, c'est que le point zéro est bien celui de départ des graduations du limbe. Dans le cas contraire, la valeur de cette demi-somme est l'arc nommé erreur de rectification, en convenant de donner aux arcs tels que op le signe $+$, et à ceux en sens inverse le signe $-$. Si l'erreur de rectification est positive, c'est que le point P tombe entre zéro et p. Il faut alors ajouter aux arcs, lus à partir de zéro, cette erreur pour avoir les vrais arcs parcourus, et la retrancher dans le cas contraire.

C'est par suite de cette convention de signes qu'est établie cette règle pratique :

L'erreur de rectification doit toujours intervenir dans la lecture des arcs avec son signe.

On peut, lorsque le déplacement du zéro est considérable, le diminuer en tournant le petit miroir, à l'aide du tambour qui le supporte, en présence du grand, la ligne de foi étant fixée sur le zéro du limbe.

---

* Sur l'instrument l'arc pp' est perpendiculaire au plan des images.

Vérification de l'exactitude des graduations du limbe.

(32) On peut actuellement vérifier la longueur des graduations du limbe en choisissant autour de soi des objets éloignés, et mesurant leurs distances angulaires successives. La somme de ces angles doit être égale à 360° ; et cette vérification, renouvelée plusieurs fois dans différents ordres, peut être regardée comme suffisante.

Usages du sextant pour les observations.

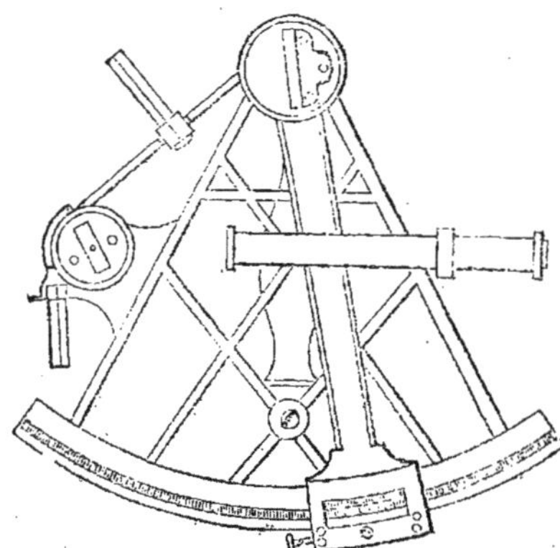

(33) Avant d'entrer dans l'explication des précautions qu'il faut prendre pour les observations de divers genres, faites à l'aide d'un sextant, il est bon de donner un dessin représentant l'ensemble des parties de l'instrument, et de rappeler les principes généraux de sa construction.

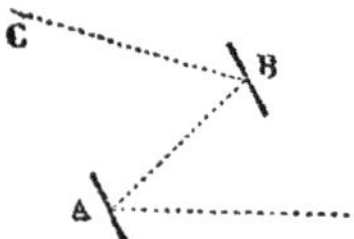

Le petit miroir A et l'axe OA de la lunette sont invariables de position. Le grand miroir B est seul mobile. L'angle OAB est constant, et le rayon CB, arrivant d'un astre, ne peut se réfléchir suivant BA, pour de là entrer dans l'axe de la lunette, qu'autant qu'il ne passe pas entre les deux miroirs. On ne doit jamais se mettre en observation qu'après avoir rectifié la perpendicularité des deux miroirs, et l'axe de la lunette doit toujours être dirigé sur le moins lumineux des deux astres ou des deux objets dont on veut avoir la distance angulaire, les réflexions successives atténuant toujours la vivacité des images données par le grand miroir.

(34) *Hauteur méridienne.* Pour obtenir la hauteur méridienne du soleil, après avoir tourné les fils perpendiculairement au plan

du limbe, et placé un verre coloré entre les deux miroirs, on se met en observation quelques minutes avant midi, tenant l'instrument dans un plan vertical passant par le centre de l'astre. On amène le bord inférieur de l'image du soleil en contact avec l'horizon vu directement suivant une parallèle aux fils, et partageant leur écartement en deux parties égales.

Après avoir serré la vis de pression, on maintient le contact à l'aide de la vis de rappel, tant qu'on voit l'image tendre à se séparer de l'horizon.

Au moment où l'image paraît stationnaire, on balance l'instrument à droite et à gauche. Si l'image réfléchie du soleil décrit un arc tangent à l'horizon, la graduation de limbe correspondante à la ligne de foi, et corrigée de l'erreur de rectification, donne la hauteur du bord observé.

(35) *Hauteur d'un astre*. On opère comme pour la hauteur méridienne; seulement l'observation est accomplie au moment où, par la vis de rappel, on a établi le contact de l'image et de l'horizon.

(36) *Distance de la lune au soleil*. Après avoir amené les fils parallèlement au plan de l'instrument, on vise la lune directement, et on incline le plan du limbe de telle sorte que les fils deviennent perpendiculaires à la droite qui joint les pointes du croissant; alors, en faisant mouvoir l'alidade, l'image du soleil vient se peindre à côté de celle de la lune, et avec la vis de rappel on établit le contact des bords voisins sur l'axe optique de la lunette.

Il sera bon de balancer l'instrument avant de lire l'arc parcouru, pour s'assurer que le point de contact ne se déplace pas.

(37) *Hauteur de la lune*. On la prend comme celle du soleil, en n'interposant pas de verre coloré, ou n'en utilisant qu'un très-peu teinté, se rappelant d'ailleurs qu'on ne peut prendre que la hauteur du bord éclairé, et non d'un quelconque des deux bords, excepté lors de la pleine lune.

(38) *Hauteur d'une étoile*. Afin de ne pas confondre l'étoile d'observation avec toute autre, on la visera directement, et on l'amènera en contact avec l'image de l'horizon.

(39) *Distance de la lune à une étoile.* On fera comme pour la distance luni-solaire, en visant l'étoile directement et non par réflexion, dans la crainte de la confondre avec toute autre du ciel.

Du cercle de réflexion.

(40) Le cercle diffère du sextant dans les trois dispositions essentielles suivantes :

1° Le limbe est un cercle complet, cause du nom de cet instrument ;

2° Le petit miroir et la lunette appartiennent à une alidade mobile autour du centre, de telle sorte que l'axe de la lunette est toujours à même distance de l'axe de l'instrument ;

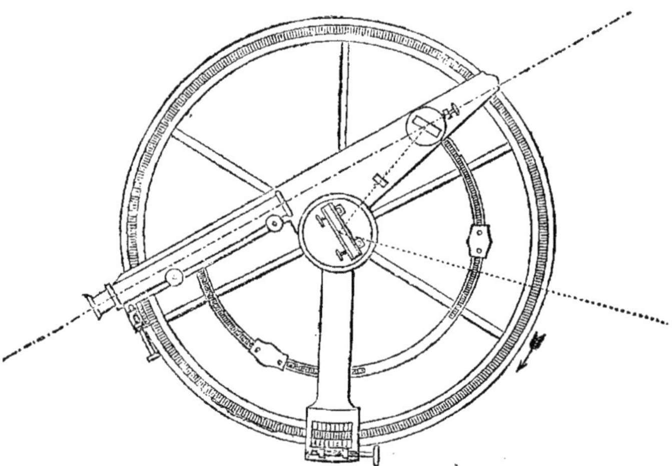

3° Le petit miroir est beaucoup plus éloigné du grand que dans le sextant. Cette dernière disposition permet aux rayons lumineux de passer devant le petit miroir avant d'atteindre le grand pour s'y réfléchir, et cette faculté donne au cercle son principal avantage sur le sextant.

L'alidade de la lunette porte un vernier, comme l'alidade du grand miroir.

Les verres colorés ne tiennent pas à l'instrument, et se placent dans des logements préparés, leurs queues s'y trouvant maintenues par un ressort.

Ceux qui se placent devant le grand miroir sont inclinés vers le petit d'environ 5 degrés, afin d'empêcher les images blanches, formées par la réflexion sur leur face antérieure, de marcher parallèlement au limbe, et, par suite, d'entrer dans l'axe de la lunette en même temps que les images colorées, dont elles détruiraient la netteté.

La lunette est portée par deux montants gradués, le long desquels elle peut glisser à l'aide d'une vis. Par là on établit son axe parallèlement au plan du limbe, et à une hauteur convenable. Les fils du diaphragme sont distants entre eux à peu près de trois fois le diamètre apparent du soleil.

Le limbe est gradué de droite à gauche, parce qu'il est plus commode pour l'observateur d'appeler une alidade vers l'œil que de la repousser, et qu'alors les nombres écrits sur le limbe croissent dans le sens des arcs parcourus par la ligne de foi.

Les observations se répètent, c'est-à-dire qu'on mesure plusieurs fois de suite la même distance angulaire, sans être obligé de lire chaque fois le résultat.

Alors, bien que le vernier de l'alidade du grand miroir ne donne que les minutes, la ligne de foi ayant constamment marché dans le même sens, si après dix observations successives on divise par 10 l'arc parcouru, la distance angulaire sera obtenue avec une erreur moindre qu'un dixième de minute, et les erreurs partielles ayant pu d'ailleurs se compenser.

Enfin, les opérations consécutives s'exécutent, les miroirs étant tournés tantôt vers le ciel, tantôt vers la mer.

Le point de parallélisme indispensable, à déterminer dans le sextant d'une manière rigoureuse, n'est plus dans le cercle une condition importante. Il suffit, pour abréger ou rendre plus faciles certaines observations, de savoir à quelle distance les lignes de foi des deux verniers doivent être l'une de l'autre, pour que les miroirs soient sensiblement parallèles entre eux.

Les vérifications et rectifications se font comme dans le sextant; seulement les viseurs sont indispensables à utiliser pour la perpendicularité du grand miroir, la présence des deux alidades concentriques, indépendantes l'une de l'autre, élevant d'une quantité notable la base du grand miroir au-dessus du plan de limbe.

Les viseurs doivent se mettre, dans ce cas, vers les extrémités d'un même diamètre; et l'œil, placé près de l'un d'eux et devant le grand miroir, s'établit facilement à une hauteur convenable.

On trouve l'arc de parallélisme en fixant une des lignes de foi à une division quelconque, et effectuant avec l'autre l'opération du numéro 31. La distance entre les deux lignes de foi sera l'arc cherché, qu'on notera, une fois pour toutes, dans la boîte de l'instrument.

Si on opère au moyen du soleil, on aura placé un verre coloré derrière le petit miroir, et un autre entre les deux miroirs.

Les observations sont dites de deux espèces, désignées par les mots de gauche et de droite.

Les premières sont celles dans lesquelles le rayon lumineux qui doit se réfléchir passe devant le petit miroir avant d'atteindre le grand. Il arrive donc par la partie dégagée du limbe.

Dans celles de droite au contraire, le rayon à réfléchir atteint le grand miroir sans passer devant le petit, et arrive par la partie engagée du limbe.

On voit que ces mots gauche et droite n'ont aucune analogie avec la droite et la gauche de l'observateur.

Le sextant ne comporte pas, d'après ce qui a été dit précédemment, d'observation de gauche.

Afin de compter toujours les arcs parcourus dans le sens de la graduation, et bien qu'on puisse faire autrement, il est bon, lorsqu'on observe, de commencer par une opération à gauche, la ligne de foi de l'alidade du grand miroir étant celle dont on suit la marche, et que, par cette raison, on munit d'un abat-jour et d'une loupe.

Horizon artificiel. Cet instrument, employé à terre pour suppléer à l'absence de l'horizon de la mer, est le plus ordinairement formé d'un plateau circulaire en glace, réfléchissant par sa face supérieure seule, celle inférieure étant dépolie et noircie.

Il est enchâssé dans une boîte cylindrique en cuivre, supportée par trois vis calantes qui permettent de mettre la face supérieure dans la position horizontale à l'aide d'un petit instrument connu sous le nom de niveau à bulle d'air.

Il est formé d'un tube en cristal assez épais et à peu près cylindrique; la partie inférieure II' est usée et plane; la génératrice supérieure aa', légèrement courbe. Rempli presque entièrement de liquide tel que de l'esprit-de-vin, une bulle d'air occupe l'espace libre, et se tient à la partie supérieure de la courbure, entre deux points b, b' marqués sur le verre, lorsque la base II' est horizontale.

Il suffit de mettre cet instrument sur la surface de la glace dans la direction de deux des vis calantes, et de faire jouer l'une d'elles jusqu'à ce que la bulle occupe la position bb', pour être assuré qu'une droite de la glace est horizontale. Renouvelant cette opération dans une autre direction, après plusieurs tâtonnements, on parviendra à donner au plateau la position désirée.

Quelquefois, pour éviter l'emploi du niveau, on remplace la glace par un bain de mercure qu'on recouvre d'une légère feuille de talc, qui préserve le liquide de l'agitation de l'air.

Pour faire une observation au moyen de l'horizon artificiel, on remarque que l'astre et son image donnée par la réflexion sur le plan de glace, peuvent être regardés comme deux astres différents, dont la distance des centres est double de la hauteur du centre de l'un d'eux au-dessus de l'horizon, n. 14.

Il suffirait donc de superposer les deux images, et de prendre la moitié de l'arc parcouru par l'index.

Mais comme il est difficile d'affirmer que les deux images brillantes sont parfaitement confondues, on préfère une opération croisée, dans laquelle on a mis en contact les bords voisins d'abord, puis les bords éloignés des deux images. Le quart de l'arc parcouru est la hauteur cherchée du centre au-dessus de l'horizon.

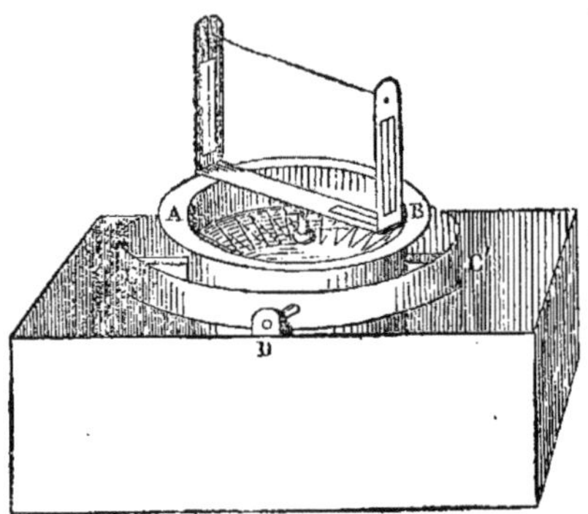

Boussoles employées en marine. Dans les boussoles de bord l'aiguille n'est pas visible, parce qu'on la recouvre d'un cercle léger en talc, qu'elle entraîne avec elle dans ses oscillations. Elle est soutenue par un pivot aigu fixé au fond d'une cuvette cylindrique **AB** tournant autour d'un axe horizontal **CC′** dont les extrémités tiennent à une rondelle de cuivre, accomplissant elle-même sa rotation autour d'un axe **DD′** fixé à la boîte, et perpendiculaire au premier.

Au moyen de cette double suspension, le disque de talc conserve l'horizontalité dans les mouvements de tangage et de roulis du navire.

Le tout est recouvert d'une glace sur laquelle est tracée une droite parallèle à la quille, et les deux génératrices intérieures de la cuvette, correspondantes à cette ligne de foi, sont fortement accusées en noir.

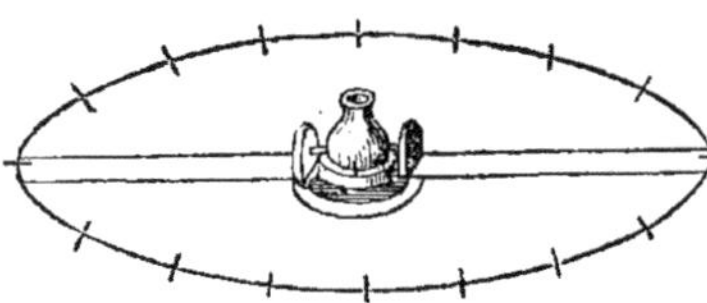

La figure indique le mode de suspension de l'aiguille qui paraît le mieux fonctionner à bord. Percée d'un trou circulaire en son milieu, l'agate est elle-même soutenue à double suspension.

Le disque a sa circonférence divisée en seize parties égales principales, nommées rhumbs de vent, le point zéro correspondant à l'axe de l'aiguille.

Une lumière placée en dessous de l'appareil éclaire le disque transparent, et permet de lire la nuit ses indications.

Le compas renversé, placé au plafond de la chambre, est construit d'après les mêmes principes ; seulement le disque est assujetti au-dessous de l'aiguille, dont le pivot repose sur la glace inférieure qui ferme l'appareil.

On détruit, dans les compas très-soignés, l'inclinaison de l'aiguille à l'aide d'un petit contre-poids qu'on fait glisser le long de la branche qui tend à s'élever.

Enfin, un disque de rechange ou des simples agates sont destinés à remplacer celle mise hors de service ou piquée, terme consacré.

Mode de suspension de l'aiguille.

Lorsqu'on veut employer la boussole à relever l'angle que forme avec la direction de l'aiguille le rayon allant du centre du compas à un objet éloigné ou à un astre, on surmonte la glace d'une règle horizontale tournant autour de l'axe, armée de deux pinules à ses extrémités et d'une fenêtre traversée par un fil, qui permet de projeter immédiatement le relèvement obtenu sur le disque. L'instrument prend dans ce cas le nom de compas de relèvement ou de variation.

PROBLÈMES DE ROUTE.

Dans tout problème de route il existe six éléments, savoir:

1° Longitude et latitude du point de départ.

2° Longitude et latitude du point d'arrivée.

3° Angle de route.

4° Longueur de la route.

On a cherché des formules approximatives propres à lier entre eux ces six éléments.

Soit CD la route ou ligne loxodromique formant avec tous les méridiens qu'elle traverse un angle constant, DCP l'angle de route, PA, PB les méridiens de départ et d'arrivée, AB le changement en longitude, CE le changement en latitude.

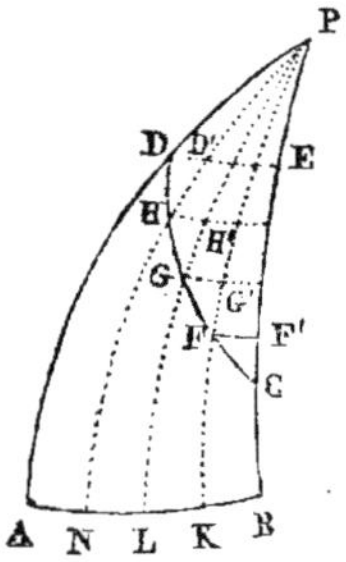

Si la ligne CD est conçue partagée en parties assez petites pour que chacune d'elles puisse être considérée comme droite, et que, par les points de division, on imagine des méridiens et des parallèles, les triangles FF'C, GG'F, HH'G, DD'H, sensiblement rectilignes rectangles, fourniront les proportions

$$r : \cos. V :: CF : CF';$$
$$r : \cos. V :: FG : FG';$$
$$r : \cos. V :: GH : GH';$$
$$r : \cos. V :: HD : HD'.$$

On en déduira, à cause du premier rapport commun, la suite proportionnelle

$$r : \cos. V :: CF : CF' :: FG : FG' :: GH : GH' :: HD : HD';$$

et, par un componendo connu,

$$r : \cos. V :: CF + FG + GH + HD : CF' + FG' + GH' + HD',$$

ou $\qquad r : \cos. V :: \text{long}^r \text{ route} : \text{long}^r \text{ chang}^t \text{ latitude},$

ou

$r : \cos. V :: $ nombre de milles de la route : nombre de minutes ch^t lat., formule qui lie entre eux les quatre éléments : angles de route, milles de la route, latitude de départ, latitude d'arrivée.

Il faut actuellement trouver une formule dans laquelle intervienne le changement en longitude.

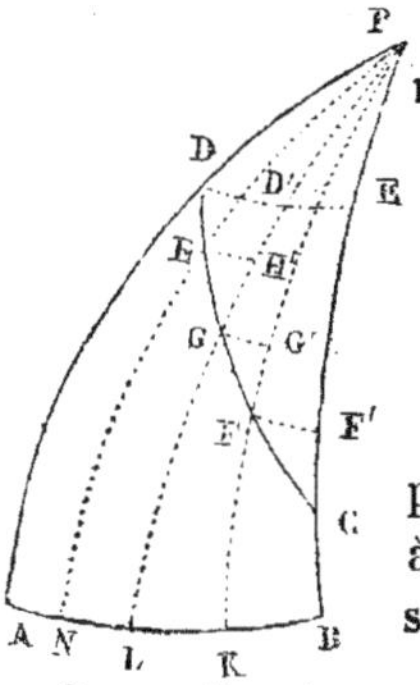

Les mêmes triangles que précédemment fournissent les proportions

$$r : \text{tang}. V :: CF' : F'F ;$$
$$r : \text{tang}. V :: FG' : G'G ;$$
$$r : \text{tang}. V :: GH' : H'H ;$$
$$r : \text{tang}. V :: HD' : D'D.$$

On substituera aux derniers termes de ces proportions, qui représentent des arcs parallèles à l'équateur, leurs valeurs en fonction des arcs semblables d'équateur.

On a, d'après un théorème démontré,

$$F'F = BK \times \frac{r}{\text{séc. } L} ; \quad G'G = KL \times \frac{r}{\text{séc. } L'} ; \quad H'H = LN \times \frac{r}{\text{séc. } L''}.$$

Les proportions précédentes deviennent donc

$$r : \text{tang}. V :: CF' : BK \times \frac{r}{\text{séc. } L} ;$$

$$r : \text{tang}. V :: FG' : KL \times \frac{r}{\text{séc. } L'} ;$$

$$r : \text{tang}. V :: GH' : LN \times \frac{r}{\text{séc. } L''} ;$$

$$r : \text{tang}. V :: HH' : AN \times \frac{r}{\text{séc. } L'''}.$$

Et si on isole, dans les seconds rapports, les facteurs BK, KL, LN, AN, elles deviennent

$$r : \text{tang. V} :: \text{CF}' \times \frac{\text{séc. L}}{r} : \text{BK} ;$$

$$r : \text{tang. V} :: \text{FG}' \times \frac{\text{séc. L}'}{r} : \text{KL} ;$$

$$r : \text{tang. V} :: \text{GH}' \times \frac{\text{séc. L}''}{r} : \text{LN} ;$$

$$r : \text{tang. V} :: \text{HD}' \times \frac{\text{séc. L}'''}{r} : \text{AN} ;$$

d'où l'on déduit la suite proportionnelle

$$r : \text{tang. V} :: \text{CF}' \times \frac{\text{séc. L}}{r} : \text{BK} :: \text{FG}' \times \frac{\text{séc. L}'}{r} : \text{KL} :: \text{etc.} ;$$

et par un componendo :

$$r : \text{tang. V} :: \text{CF}' \times \frac{\text{séc. L}}{r} + \text{FG}' \times \frac{\text{séc. L}'}{r} + \text{GH}' \times \frac{\text{séc. L}''}{r}$$

$$+ \text{HD}' \times \frac{\text{séc. L}'''}{r} : \text{BK} + \text{KL} + \text{LN} + \text{AN}.$$

Le troisième terme représente la somme des changements partiels en latitude croissante, ou le changement total en latitude croissante ; le quatrième terme représente le changement en longitude. On a donc enfin

$$r : \text{tang.V} :: \text{nombre de minutes du chang}^{\text{t}} \text{ lat. croissantes} : \text{nombre de minutes chang}^{\text{t}} \text{ longitude.}$$

On a donc les deux formules

$$r : \cos. \text{V} :: m : \text{chang}^{\text{t}} \text{ lat. ;}$$
$$r : \text{tang.V} :: \text{ch}^{\text{t}} \text{ lat. croiss}^{\text{e}} : \text{ch}^{\text{t}} \text{long.}$$

Elles ne renferment pas les latitudes et longitudes isolées des points de départ et d'arrivée, mais seulement les différences entre les coordonnées de même espèce; elles ne pourront servir à déterminer l'une d'elles que lorsqu'on connaîtra l'autre.

Elles contiennent implicitement d'ailleurs les six éléments énumérés précédemment, et ne permettront d'en éliminer que deux, d'où il suit qu'il faut toujours quatre données.

Voici donc le tableau des problèmes à résoudre, dressé dans le but d'examiner si les deux formules précédentes sont suffisantes dans tous les cas. On y a représenté par L, L', les latitudes des points de départ et d'arrivée, et par $L_0 L'_0$ leurs longitudes.

Données.		Inconnues.
(1)	L_a, L_o, V, M ;	L'_a, L'_o ;
(2)	L_a, L_o, V, L'_a ;	M, L'_o ;
(3)	L_a, L_o, V, L'_o ;	M, L'_a ;
(4)	L_a, L_o, M, L'_a ;	V, L'_o ;
(5)	L_a, L_o, M, L'_o ;	V, L'_a ;
(6)	L_a, L_o, L'_a, L'_o ;	M, V ;
(7)	L_a, L'_a, V, M ;	L_o, L'_o ;
(8)	L_o, L'_o, V, M.	L_a, L'_a.

Premier problème.

La formule (1), $r : \cos. V :: M :$ chang^t lat., fera connaître chang^t latitude, qui, combiné avec la latitude de départ, fera connaître celle d'arrivée.

Prenant dans les tables les latitudes croissantes de départ et d'arrivée, et les retranchant, on se procurera ainsi le changement en latitude croissante.

Alors la formule (2), $r : \tang. V :: $ ch^t lat. croiss$^e :$ ch^t long., fera connaître le changement en longitude, qui, combiné avec la longitude de départ, fera connaître celle d'arrivée.

Deuxième problème.

La formule (1) donnera M.
La formule (2) fournira chang^t long.

Troisième problème.

La formule (2) donnera chang^t latitude croissante, qui, combiné avec la latitude croissante de départ, fera connaître celle croissante d'arrivée, et par suite la latitude de ce point.
La formule (1) fournira alors M.

Quatrième problème.

La formule (1) donne V.
Celle (2) fournit le chang^t long., et, par suite, la longitude d'arrivée.

Cinquième problème.

Il est insoluble par les formules précédentes, car on connaît seulement chang^t long. et M parmi les termes qui entrent dans les relations (1) et (2); chacune d'elles renferme donc deux inconnues.

Sixième problème.

La formule (2) fera connaître V.

V étant connu, la formule (1) fournira M.

Ce problème est celui que nous avons déjà résolu sur la carte par une construction graphique, lorsqu'on avait demandé la distance entre deux points marqués sur la carte.

Septième problème.

Les données sont surabondantes, car tous les éléments de la formule (1) sont connus. Le problème ne sera donc possible qu'autant que la formule (1) sera satisfaite par les données.

Si cette condition est remplie, la formule (2) fera connaître le changement en longitude, qui ne déterminera ni celle de départ ni celle d'arrivée, mais seulement leur différence. Le problème sera alors indéterminé.

Huitième problème.

La formule (1) fournira le chang^t latitude.

La formule (2) fera connaître le chang^t latitude croissante.

Ces deux éléments doivent suffire pour déterminer chacune des deux latitudes; mais les procédés à employer pour les obtenir ne sont pas du ressort des théories élémentaires.

PROBLÈMES DE ROUTE RÉSOLUS PAR UNE CONSTRUCTION GRAPHIQUE.

La nature des formules (1) et (2) fait reconnaître que les éléments qu'elles renferment appartiennent à deux triangles rectili-

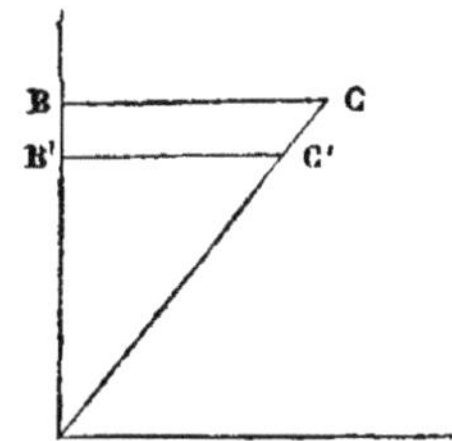

gnes rectangles semblables B A C, B′A′C′, dans lesquels BAC est l'angle V, AC′ la longueur de la route, AB′ le changement en latitude, AB le changement en latitude croissante, et BC le changement en longitude.

Car le triangle AB′C′ fournit la proportion

r : cos. B′AC′ :: AC′ : AB′, ou r : cos. V :: M : chang^t latitude.

Celui ABC donne la proportion

r : tang. V :: AB : BC, ou r : tang. V :: ch^t lat. cr^e : ch^t long.

La résolution graphique de tous les problèmes de route revient donc à la construction de ces deux triangles au moyen des données de la question.

Premier problème. Données, L$_a$, L$_o$, V, M.

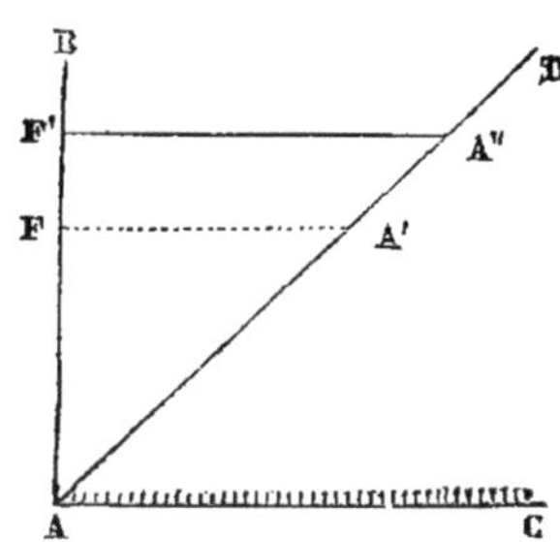

Après avoir tracé la droite AD, formant avec AB un angle égal à celui donné V, on portera sur AD autant de divisions en minutes de l'échelle AC, qu'il y a de milles dans la route. Soit AA′. La droite A′F, parallèle à AC, coupera BA au point F. AF, mesuré sur l'échelle AC, fera connaître le nombre de minutes du changement en latitude, qui, combiné avec latitude de départ par addition ou soustraction, suivant que la route suivie a dû l'augmenter ou la diminuer, donnera latitude d'arrivée.

La différence entre les latitudes croissantes de départ et d'arrivée, éléments fournis par la table, fera connaître AF′, et la parallèle F′A″ déterminera chang^t long.

Deuxième problème. Données, L_a, L_o, V, L'_a.

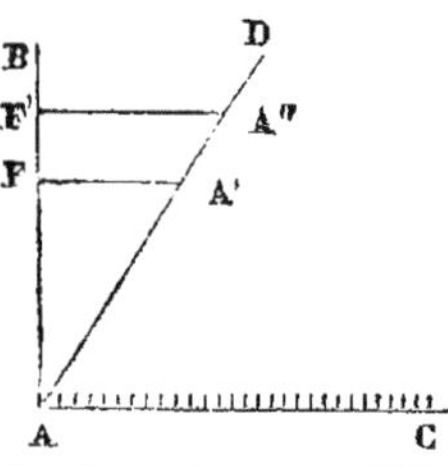

Après avoir tracé AD dans la direction donnée, on fera la différence entre les latitudes connues de départ et d'arrivée. Elle sera prise sur l'échelle AC, et portée de A en F. La parallèle FA′ fournira l'extrémité A′ de la route AA′, qui, portée sur l'échelle AC, fera connaître M.

Prenant AF′ égal au changement en latitude croissante, F′A″ fournira le changement en longitude.

Troisième problème. Données, L_a, L_o, V, L'_o.

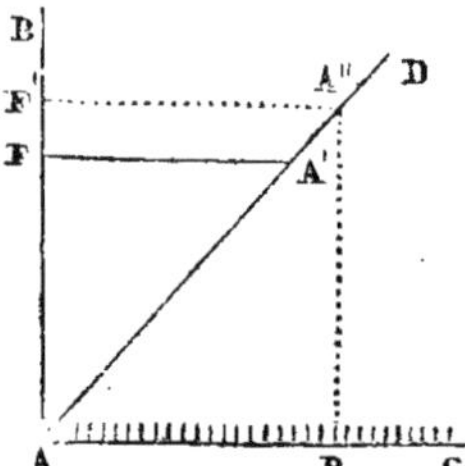

Traçant AD dans la direction connue de la route avec un rapporteur, on prendra AP égal au chang^t longitude, et la parallèle PA″ fera connaître le point A″.

AF′ représentera alors le changement en latitude croissante; connaissant les latitudes croissantes des points de départ et d'arrivée, on en déduira les latitudes simples, dont la différence sera portée de A en F; la parallèle FA′, à l'échelle des longitudes, fera connaître la longueur AA′ de la route.

Quatrième problème. Données, L_a, L_o, M, L'_a.

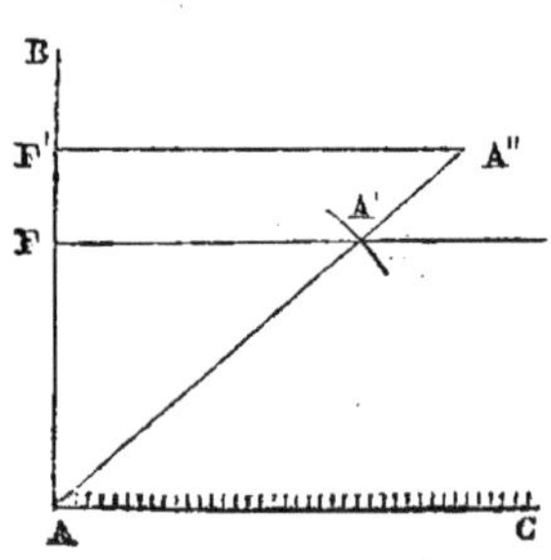

On prend AF = chang^t latitude, et par le point F on trace la parallèle indéfinie FK à AC.

Du point A comme centre, avec un rayon égal M, on décrit un arc de cercle qui coupe FK en A′. L'angle FAA′ sera l'inconnue V. AF′, chang^t en latitude croissante, étant porté de A vers B, la parallèle F′A″ sera le changement en longitude.

Cinquième problème. Données, L_a, L_o, M, L'_o.

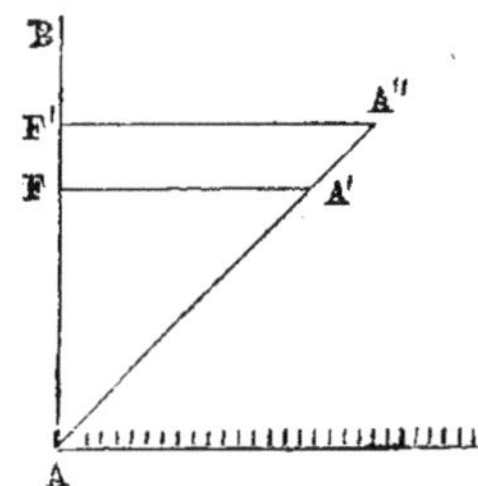

Aucun des deux triangles **FAA′**, FAA″ ne peut se construire d'après ces données, ne connaissant que AA′ et F′A″, c'est-à-dire un seul élément de chacun d'eux, outre l'angle droit; et la quantité L_a donnée reste sans emploi, puisqu'elle n'entre isolée dans aucune partie de la construction.

Sixième problème. Données, L_a, L_o, L'_a, L'_o.

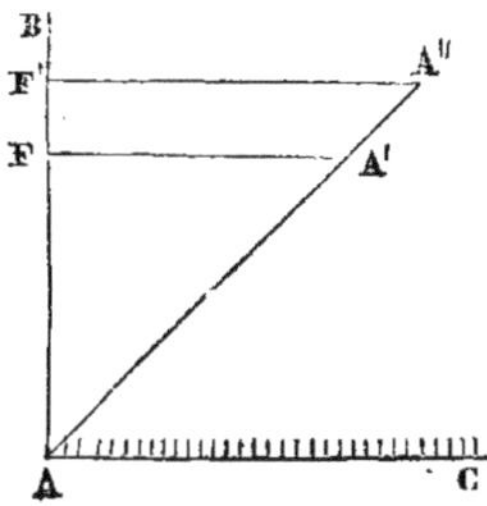

Ayant porté AF′ égal au changement en latitude croissante, et conduit la parallèle F′A″ égale au changement longitude, l'angle F′AA″ sera l'angle de route V.

AF étant pris égal au changement latitude, et la parallèle FA′ à l'échelle des longitudes étant tracée, AA′ sera la route M.

Septième problème. Données, L_c, L'_a, V, M.

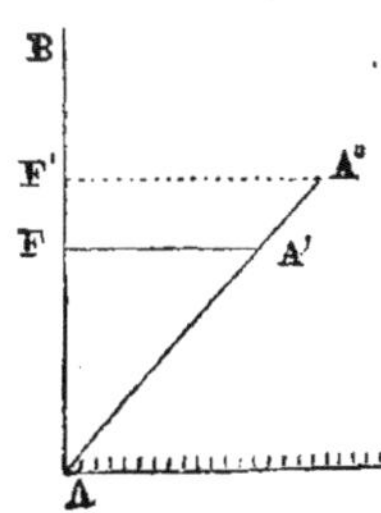

On connaît dans le triangle rectangle, AF, AA′ et l'angle FAA′. Pour que le problème soit possible, il est donc nécessaire que ces trois éléments puissent faire partie d'un triangle rectangle. Si cette première condition est satisfaite, alors on trouvera F′A″ changement en longitude, qui ne fera connaître ni celle de départ, ni celle d'arrivée. Ce problème est donc impossible ou indéterminé.

Huitième problème. Données, $\dot{L}_o$, L'_o, V, M.

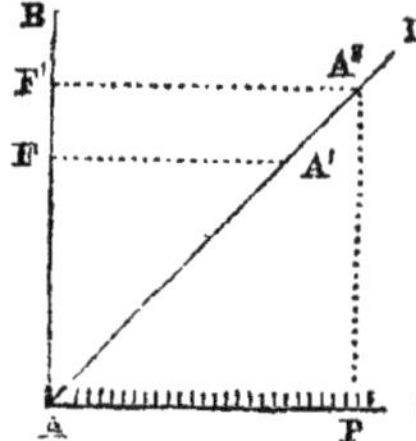

Après avoir construit au rapporteur l'angle BAD $=$ V, et pris AA′ $=$ M, la parallèle A′F déterminera AF chang^t en latitude. AP étant le changement en longitude, au moyen des parallèles PA″, A″F′, on déterminera AF′ chang^t en latitude croissante.

Mais tout en concevant, d'après ce résultat, que, connaissant deux fonctions des deux latitudes, savoir, chang^t latitude et chang^t latitude croissante, il est possible de déterminer chacune d'elles, on ne connaît pas, par ce qui précède, le moyen de parvenir à la solution.

Si l'on exécute ces problèmes sur une carte, on peut se passer du rapporteur, puisqu'il suffit de conduire une parallèle au rumb donné, qui fait partie de ceux que la carte contient ; et les échelles étant graduées et numérotées, il n'y a pas besoin de rapporter au compas les lignes obtenues sur l'échelle des longitudes, à moins que ce ne soit la longueur de la route.

La méthode graphique qui vient d'être exposée exige, 1° une règle ; 2° un compas ; 3° une échelle graduée ; 4° un rapporteur, soit pour mesurer l'angle de route obtenu, soit pour faire un angle égal à celui donné du rumb.

Pour éviter au navigateur l'embarras de tous ces instruments, on a tracé d'avance un quart de circonférence de grand rayon, gradué de 12 en 12 minutes, et servant de rapporteur fixe.

Sur les côtés de l'angle droit, on a pris, à partir de son sommet, des points de division équidistants. Des droites parallèles aux côtés, et conduites par ces points, dispensent de l'emploi du compas, pour rapporter sur l'échelle inférieure les longueurs qui lui sont parallèles.

Des quadrants concentriques aux premiers, et ayant pour rayons les distances du sommet de l'angle aux points de division des côtés, rapportent les longueurs des routes sur l'échelle inférieure.

Enfin, une échelle de latitudes croissantes, imprimée en marge, et qu'on ne peut utiliser qu'à l'aide du compas, permet de porter

sur l'échelle verticale les changements en latitudes croissantes.
Enfin, un fil fixé au sommet de l'angle peut se tendre dans toutes
les directions.

Cet instrument, nommé quartier, sert à résoudre les problèmes
en suivant la même marche que par le procédé graphique, et considérant d'ailleurs chaque division de l'échelle comme représentant
une, deux ou trois minutes, suivant l'étendue des éléments du problème à résoudre.

Ce procédé a sur le précédent l'avantage de la promptitude et
d'une plus grande exactitude, l'arc gradué donnant des angles
de 12 en 12 minutes; ce que ne fait pas le rapporteur ordinaire.

On peut trouver des formules qui renferment un autre auxiliaire que le changement en latitude croissante. Moins exactes,
elles le sont cependant suffisamment dans certaines limites, et
permettent d'utiliser le quartier sans l'emploi du compas.

Reprenons la figure qui a servi à trouver les deux formules de
résolution.

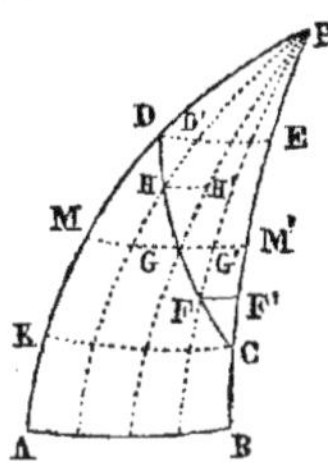

Les chemins très-petits FF′, GG′, HH′, DD′,
courus parallèlement à l'équateur, se nomment
chemins est et ouest, dont la somme constitue
le chemin total est et ouest, correspondant à la
route suivie.

Tel est le nouvel auxiliaire que l'on va substituer aux latitudes croissantes.

Les triangles sphériques CFF′, FGG′, GHH′, etc., donnent les
proportions $r : \text{tang.V} :: \text{CF}' : \text{F}'\text{F}$; $r : \text{tang.V} :: \text{FG}' : \text{G}'\text{G}$, etc.;
d'où l'on déduit la suite proportionnelle

$$r : \text{tang. V} :: \text{CF}' : \text{F}'\text{F} :: \text{FG}' : \text{G}'\text{G} :: \text{GH}' : \text{H}'\text{H} :: \text{HD}' : \text{D}'\text{D};$$

et, par un componendo,

$$r : \text{tang. V} :: \text{CF}' + \text{FG}' + \text{GH}' + \text{HD}' : \text{FF}' + \text{GG}' + \text{HH}' + \text{DD}';$$

ou la proportion

(3) $r : \text{tang. V} :: \text{chang}^{t}$ latitude : chemin est et ouest.

Des mêmes triangles, et par un procédé analogue, on déduit

(4) $r : \text{sin. V} :: \text{M}$: chem. est et ouest.

Dans aucune de ces deux formules n'entre le chang^t long.; et, de même que dans la formule (2), chang^t long. était lié avec l'auxiliaire chang^t latitude croissante, il faut chercher à le lier ici avec le nouvel auxiliaire chem. est et ouest.

A cet effet, la figure montre que l'on a toujours

$$DE < DD' + HH' + GG' + FF' < \text{chem. E. O.};$$
$$CK > DD' + HH' + GG' + FF' > \text{chem. E. O.}.$$

Et comme l'arc DE ne peut prendre la valeur CK qu'en passant par tous les états de grandeur compris entre ces deux limites, il existe donc un arc parallèle à l'équateur, intermédiaire à ceux DE et CK, qui a pour valeur le chemin est et ouest.

Quelle est la position qu'il occupe? C'est ce qu'on ne saurait établir rigoureusement; mais on admet qu'il passe par le point M milieu de DK, ayant pour latitude la demi-somme de celles de départ et d'arrivée; on la nomme latitude moyenne.

En comparant l'arc MM' à celui AB d'équateur qui lui est semblable, on a, d'après un principe connu,

$$r : \cos. AM :: AB : MM',$$

ou

$$(5) \quad r : \cos. \left(\frac{L_a + L'_a}{2}\right) :: \text{chang}^t \text{ long.} : \text{chem. E. O.},$$

qu'on traduit ainsi : Le rayon des tables est au cosinus de la moyenne latitude, comme le chang^t longitude est au chemin est et ouest.

Si le rumb suivi était l'est ou l'ouest, ou, en d'autres termes, si $V = 90°$, elle devient $r : \cos. L :: \text{chang}^t \text{ long.} : M$.

Ayant actuellement à notre disposition quatre formules dans lesquelles n'entre pas le changement en latitude croissante, il convient de les faire concourir à la résolution des problèmes de route par le quartier.

Ces formules sont :

$$(4) \quad r : \sin. V :: M : \text{chem. E. O.};$$
$$(1) \quad r : \cos. V :: M : \text{chang}^t \text{ lat.};$$
$$(3) \quad r : \tang. V :: \text{chang}^t \text{ lat.} : \text{chem. E. O.};$$
$$(5) \quad r : \cos. L_m :: \text{chang}^t \text{ long.} : \text{chem. E. O.}$$

La construction géométrique de ces formules donne naissance

aux deux triangles dissemblables ABC, ADO, dans lesquels les éléments ont les significations suivantes :

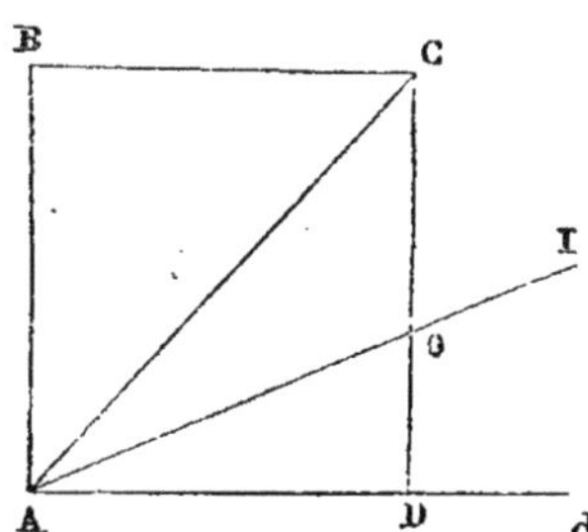

angle $BAC = V$.

$AB = $ chang^t latitude.

$BC = AD = $ chem. E. O.

angle $OAD = \dfrac{L_a + L'_a}{2} = L_m$.

$AO = $ chang^t longitude.

$AC = M$.

Il suffira, dans chaque problème, de construire ces deux triangles; et la connaissance de deux des éléments de chacun d'eux suffira, puisqu'ils sont rectangles.

Problème. Données, L_a, L_o, V, M.

On tendra le fil fixé au sommet de l'angle droit sur la division de l'arc gradué, qui donnera angle $BAC = V$.

On comptera sur AC autant d'intervalles compris entre les arcs concentriques qu'il y a de milles dans la route, si une des divisions de l'échelle a été choisie pour longueur de la minute. On aura ainsi le point d'arrivée C. Le nombre d'intervalles du quartier compris entre C et AD donnera le nombre des minutes du changement en latitude. Prenant alors la moyenne entre les latitudes des points A et C, on tendra le fil en AO, de manière à faire un angle IAD égal à cette latitude moyenne; et la partie de cette droite, comprise entre le centre A du quartier et la perpendiculaire CD à l'échelle des longitudes, sera composée d'autant d'intervalles circulaires qu'il y a de minutes dans le changement en longitude.

CAS PARTICULIERS.

Si, dans les formules

r : cos. V :: M : chang^t latitude,

r : tang. V :: chang^t lat. croiss^e : chang^t long., on suppose $V = 0$, c'est-à-dire que la route soit dans la direction nord et sud, elles deviendront

$$r : r :: M : \text{chang}^t \text{ latitude};$$

donc $M = \text{chang}^t$ latitude;

$$r : 0 :: \text{chang}^t \text{ lat. croiss}^e : \text{chang}^t \text{ long.};$$

donc chang^t long. $= 0$;

résultats que la figure donnait *à priori*, et qui font reconnaître la vérité des formules.

Dans l'hypothèse $V = 90°$, on obtient

$$r : 0 :: M : \text{chang}^t \text{ lat.};$$

donc chang^t lat. $= 0$;

$$r : \infty :: \text{chang}^t \text{ lat. croiss}^e : \text{chang}^t \text{ long.}$$

Mais chang^t lat. $\text{croiss}^e = 0$, puisque chang^t lat. $= 0$;

donc chang^t long. $= \dfrac{\infty \times 0}{r}$, forme difficile à interpréter.

Pour éviter cette difficulté, si on remplace tang. V par sa valeur $\dfrac{r \sin. V}{\cos. V}$, on aura

$$r : r \frac{\sin. V}{\cos. V} :: \text{chang}^t \text{ lat. croiss}^e. : \text{chang}^t \text{ long.};$$

remplaçant dans le second terme $\dfrac{r}{\cos. V}$ par sa valeur $\dfrac{M}{\text{ch}^t \text{lat.}}$, la formule devient

$$r : \frac{M}{\text{ch}^t \text{ lat.}} \times \sin. V :: \text{ch}^t \text{ lat. cr}^e : \text{ch}^t \text{ long.}$$

Mais, dans l'hypothèse actuelle, $\sin. V = r$; on aura donc

$$r : \frac{r M}{\text{ch}^t \text{ lat.}} :: \text{ch}^t \text{ lat. cr}^e : \text{ch}^t \text{ long.};$$

ou $\qquad \text{ch}^t. \text{ lat.} : M :: \text{ch}^t \text{ lat. cr}^e : \text{ch}^t \text{ long.};$

donc $\qquad \text{ch}^t \text{ long.} = M \times \dfrac{\text{ch}^t \text{ lat. cr}^e}{\text{ch}^t \text{ lat.}} = M \times \dfrac{\text{séc. L}}{R}.$

Si, dans la formule empirique, on remplaçait chem. E O. par M, on trouverait le même résultat; ce qui devait être, puisque V étant égal à 90°, M a été couru E. O.

Exemples de problèmes de route.

Un navire étant parti d'un lieu situé par $\begin{cases} 36° \ 21' \text{ lat. N.,} \\ 40° \ 57' \text{ long. O.,} \end{cases}$
a fait 130 milles dans le S. 50° E.

Les vents étaient au N. E., la dérive de 10°, la variation de 22° N. O.; il s'agit de déterminer le point d'arrivée.

En corrigeant la route au compas de la dérive et de la variation, on trouvera qu'elle correspond au S. 62° E.

Les éléments à introduire dans les formules sont donc

$$V = 62°; \quad M = 130°;$$

on trouve alors $\text{ch}^{\text{t}} \text{lat.} = \dfrac{130 \times \cos. 62°}{r}$, ou, appliquant les logarithmes,

$$\log. \text{ch}^{\text{t}} \text{lat.} = \log. 130 + \log. \cos. 62° - 10$$
$$\log. 130 = 2{,}113943$$
$$\log. \cos. 62° = 9{,}671609$$
$$\text{somme} - 10 \qquad 1{,}785551 \ldots \ldots \ldots 61'{,}45$$

Ainsi, le chang^{t} en lat. est de 1° 1′;

lat. de départ	36° 21′ N.	lat. cr^{e}	2344,00
ch^{t} lat.	1° 01′ S.		
latitude arrivée	35° 20′ N.	lat. cr^{e}	2268,75
		ch^{t} lat. cr^{e}	75,25

En introduisant ce résultat dans la formule (2), on aura

$$\text{ch}^{\text{t}} \text{long.} = \dfrac{75{,}25 \times \text{tang.} 62}{r};$$

et effectuant,

$$\log. 75{,}25 = 1{,}876507$$
$$\log. \text{tang.} 62° = 10{,}274326$$
$$\text{somme} - 10 = 2{,}150833 \quad \text{ch}^{\text{t}} \text{long.} = 141'{,}5 = 2° \ 21'{,}5$$

long. de départ	40° 57′ O.
ch^{t} long.	2° 21′ E.
long. arrivée	38° 36′ O.

Tables de point.

On peut éviter le calcul, et même les constructions graphiques, en utilisant une table dans laquelle sont insérés les éléments d'un triangle rectangle.

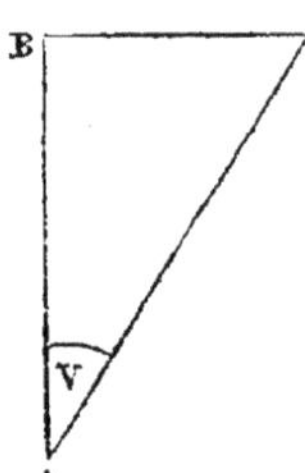

Pour la construire, on a pu faire passer un angle V d'un triangle rectangle par tous les états de grandeur de zéro à 90°, et aussi les valeurs de AC ou M de 1 à 240, et calculer les valeurs correspondantes de AB ou chang^t lat., et BC chem. E. O.

Ces tables sont disposées de la manière suivante :

Milles courus.	ANGLES DE ROUTE.					
	1°		2°		3°	
	N. S.	E. O.	N. S.	E. O.	N. S.	E. O.
1	1,0	0,0	1,0	0,0	1,0	0,1
2	2,0	0,0	2,0	0,1	2,0	0,1
3	3,0	0,1	3,0	0,1	3,0	0,2
4	4,0	0,1	4,0	0,1	4,0	0,2
5	5,0	0,1	5,0	0,2	5,0	0,3

En tête de la page sont inscrits les angles de route, et dans la première colonne à gauche, les milles courus. Pour avoir les chemins N. S., E. et O., il suffit de prendre la route dans la colonne horizontale, et les milles dans celle verticale; à l'intersection des deux colonnes horizontale et verticale correspondantes se trouvent les deux éléments cherchés. On voit que l'angle de route est l'angle aigu d'un triangle rectangle, les milles courus l'hypoténuse, et les milles N. et S. le côté adjacent à l'angle aigu.

Pour trouver le changement en longitude correspondant aux milles à l'est ou à l'ouest, il s'agit de déterminer l'hypoténuse BO d'un triangle rectangle BAD, dans lequel on connaît l'angle aigu B et le côté adjacent BA.

PROBLÈMES

DONT LA SOLUTION DÉPEND DE LA RÉSOLUTION D'UN TRIANGLE SPHÉRIQUE RECTANGLE.

Le navigateur fait à la mer le moins de calculs possible, surtout à bord des navires de faible tonnage, où le personnel peu nombreux oblige le capitaine ou les officiers à une surveillance de tous les instants. Il faut donc leur créer les moyens les plus prompts possibles de trouver les résultats de leurs observations, et parmi celles-ci nous rangerons toutes celles qu'un triangle sphérique rectangle permet de résoudre, savoir :

1° L'heure du lever vrai du soleil ;
2° Sa distance au point d'est à ce moment ;
3° L'heure à laquelle il passe au 1er vertical ;
4° La hauteur qu'il a à cet instant ;
5° L'heure à laquelle son angle de position est droit ;
6° La hauteur de l'astre à cet instant.

Tous ces problèmes peuvent se résoudre par le quartier : c'est pourquoi on lui ajoute certaines échelles bien autrement utiles que celles de latitude croissante, que la table remplace avec avantage. Observons d'ailleurs que, pour les usages auxquels ces problèmes sont destinés, une rigueur mathématique serait sans utilité.

Analysons, par des figures, chacun des six problèmes précités.

Premier problème.

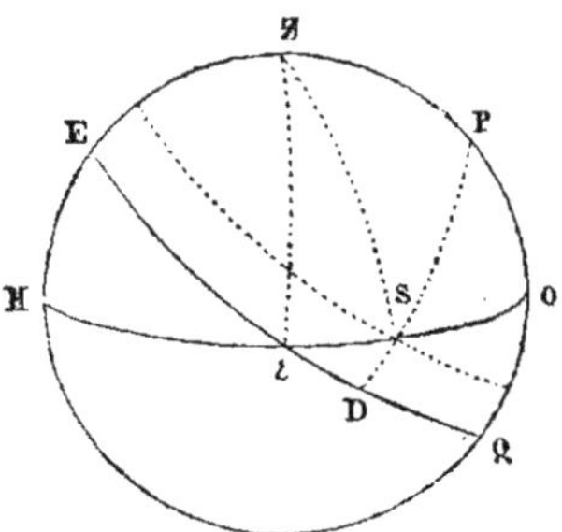

S étant la position du centre du soleil au moment de son lever vrai, les arcs $\mathcal{E}$D et S$\mathcal{E}$ feront connaître, le premier, le complément à 6 heures de l'heure du lever dans le cas de la figure; l'autre, la distance du soleil au point d'est.

Les données de la question sont :

1° SD, déclinaison du soleil pour l'heure présumée du lever;

2° L'angle S$\mathcal{E}$D, complément de la latitude fournie par l'estime.

On applique au triangle sphérique rectangle $\mathcal{E}$SD les deux formules

r : tang. S$\mathcal{E}$D :: sin. $\mathcal{E}$D : tang. SD, ou r : cot. L :: sin. $\mathcal{E}$D : tang. d;

r : sin. S$\mathcal{E}$D :: sin. $\mathcal{E}$S : sin. SD, ou r : cos. L :: sin. $\mathcal{E}$S : sin. d.

L'arc $\mathcal{E}$S, mesure de l'angle au zénith $\mathcal{E}$ZS, se nomme amplitude ortive.

Si donc on ajoutait sur la ligne horizontale inférieure du quartier une échelle de sinus, en prenant pour rayon celui du quartier, et, sur le côté vertical à droite, une échelle de tangentes de 0° à 30°, on reconnaît que, pour résoudre le premier problème, il suffirait de tendre le fil de manière à ce qu'il forme avec la ligne horizontale inférieure un angle égal au complément de la latitude. En prenant sur l'échelle des tangentes une longueur égale à celle de la déclinaison, et menant par son extrémité une parallèle à la ligne est et ouest jusqu'à la rencontre du fil, le pied de la perpendiculaire abaissée de ce point sur l'échelle des sinus ferait connaître celui de $\mathcal{E}$D, et par suite $\mathcal{E}$D lui-même. Pour le second problème, tendant le fil de la même manière, prenant sur le côté nord et sud une longueur égale à sin. d, et conduisant par son extrémité une ligne parallèle à celle est et ouest, elle coupera le fil en un point, et l'on voit que la longueur du fil rapportée sur l'échelle des sinus fera connaître le sinus de $\mathcal{E}$S, et par suite $\mathcal{E}$S lui-même, qu'on nomme amplitude ortive.

On voit qu'ici la ligne est et ouest du quartier a rempli l'office de l'équateur, le fil celui de l'horizon, et le centre du quartier le vrai point d'est.

Deuxième problème.

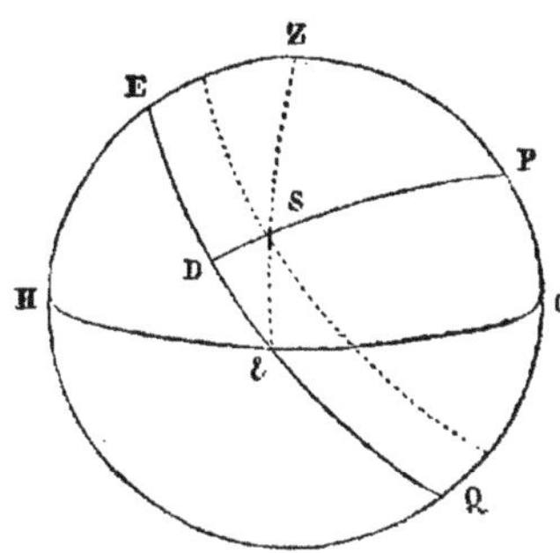

Le soleil est en S dans le premier vertical, et l'on déduit du triangle sphérique rectangle $S\mathcal{E}D$ les deux formules

r : tang. $S\mathcal{E}D$ :: sin. $\mathcal{E}D$: tang. SD,
ou r : tang. L :: sin. $\mathcal{E}D$: tang. d;
et r : sin. $S\mathcal{E}D$ :: sin $\mathcal{E}S$: sin. SD,
ou r : sin. L :: sin. $\mathcal{E}S$: sin. d.

On voit que ces deux formules répondent à deux triangles rectilignes rectangles ayant un angle aigu égal à L, et le premier pour côtés de l'angle droit sin. $\mathcal{E}D$ et tang. SD, ou tang. d, et le second pour hypoténuse sin. $\mathcal{E}S$, et pour côté opposé à L, sin. d. On les résoudra donc par le quartier comme les précédents, avec les mêmes échelles; et la ligne E. O. du quartier représentant l'équateur, le fil tiendra la place du premier vertical. L'arc $\mathcal{E}D$, ajouté à 6 heures, donnera, dans le cas de la figure, l'heure du passage, et $S\mathcal{E}$ la hauteur du soleil à cet instant.

Troisième problème.

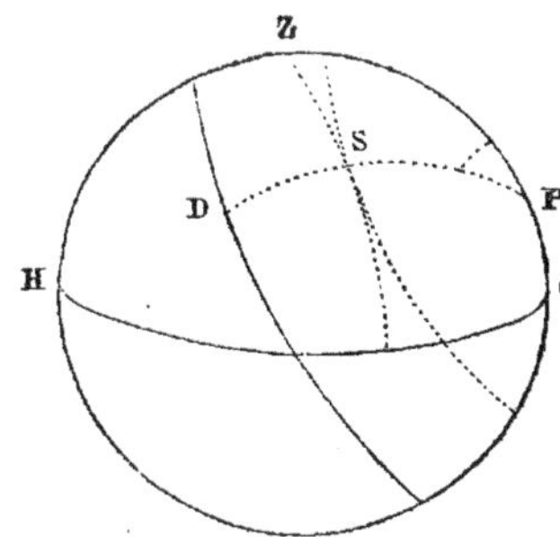

Le soleil étant en S lorsque l'angle de position est droit, on déduit du triangle sphérique rectangle ZSP les proportions

r : cos. P :: tang. PZ : tang. PS,
ou r : cos. P :: tang. du com^t lat.
     : tang. du com^t déclinaison;
et r : cos. PS :: cos. ZS : cos. PZ;
ou r : sin. com^t déclin. :: sin. H : sin. L.

On voit que la première, dans laquelle l'inconnue est l'angle P, revient à la résolution d'un triangle rectiligne rectangle dont l'hypoténuse est une tangente, et le côté de l'angle droit adjacent aussi. Il faudrait avoir deux échelles de tangentes, alors qu'une seule suffisait pour les problèmes précédents, et dans des limites assez restreintes, tandis qu'elles devraient être, pour ce dernier cas, très-étendues. On évite cette difficulté en commençant par obtenir la hauteur du soleil par la seconde formule, dans laquelle l'inconnue est H. Elle revient également à la construction d'un triangle recti-ligne rectangle dont un des angles aigus est d, et le côté opposé sin. L.

Une fois H connu, alors on pourra, au triangle ZSP, appliquer la formule

$$r : \sin. P :: \sin. PZ : \sin. H,$$

qu'on construira à l'aide des échelles.

Il serait donc bien, afin d'éviter l'emploi du compas, de placer deux échelles de sinus de 0° à 90° le long de la ligne E. O. et de la ligne N. S. du quartier, et une échelle de tangentes de 0° à 30° sur la bordure du quartier parallèle à la ligne N. S.

Le calcul de l'heure du lever a quelque importance ; car si, par suite d'une faute de calcul ou d'un oubli, on avait corrigé à faux la route de la variation, on pourrait commettre une erreur grave dans son estime, ainsi que le fait s'est présenté. La durée des nuits constatée permet alors de reconnaître que la latitude ne pouvant être comprise entre certaines limites que l'estime lui as-signe cependant, il y a dans l'opération une faute grave qu'il doit être facile de reconnaître.

Nous compléterons la navigation à l'estime par le calcul de l'heure de la marée dans un port quelconque, et nous serons obli-gés, par suite, de donner quelques explications sur les éléments lunaires fournis par la *Connaissance des temps.*

DES MARÉES.

Les marées, ainsi qu'on l'a expliqué précédemment, sont dues aux actions attractives combinées de la lune et du soleil.

La résultante de ces deux forces dépend donc, dans sa grandeur et dans sa direction, des positions relatives de la lune, du soleil, de la terre.

Étudions d'abord le phénomène comme dû à la lune, qui est la cause la plus influente; on rétablira ensuite le soleil, et on trouvera les modifications apportées par sa présence aux résultats obtenus.

La distance de la lune à la surface des eaux d'un lieu est minimum à l'instant du passage de l'astre au méridien.

A ce moment donc l'action de soulèvement est maximum.

Mais comme l'effet ne peut se communiquer que de proche en proche, lorsqu'il se développe en I pour parvenir en A, il s'écoule toujours, entre l'heure de la marée lunaire et celle du passage de la lune au méridien, un temps qui dépend de la latitude du lieu et des causes locales qui facilitent ou contrarient le mouvement du liquide.

Ce retard, à peu près constant dans un même lieu, est regardé comme tel, et connu sous le nom d'*établissement du port*. Des causes accidentelles, telles que des travaux humains, peuvent seules le modifier.

On le déduit d'observations faites le jour de la nouvelle et de la pleine lune, époques auxquelles l'astre passe au méridien supérieur vers midi ou vers minuit.

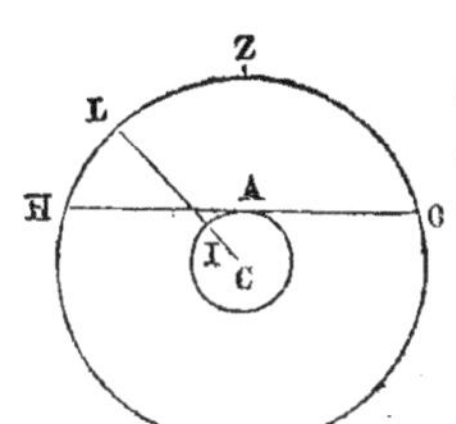

Pour trouver l'heure de la marée un jour quelconque, il suffirait donc de calculer l'heure du passage de la lune au méridien, et d'y ajouter l'établissement du port.

Calcul de l'heure du passage de la lune au méridien.

Le soleil passe tous les jours à chaque méridien à midi; et, par suite, l'heure du passage de la lune au méridien de chaque lieu serait différente de midi, mais toujours la même si la lune était immobile comme le soleil. Mais puisqu'elle a un mouvement en ascension droite dont la moyenne par heure est de $2^m,1$, en multipliant ce nombre par la longitude exprimée en heures et parties décimales, on obtiendrait la modification à faire subir à l'heure du passage au méridien de Paris, pour avoir celle au méridien du lieu. Cette quantité, additive pour une longitude ouest, sera soustractive pour une longitude est.

Exemple. On demande l'heure du passage de la lune au méridien d'un lieu situé par 40° 29′ longitude ouest, le 24 avril 1850.

Long. en temps, $2^h,7$.

Retard horaire moyen, $2^m, 1$

      Multiplicateur $2 , 7$

$$\overline{5^m, 67}$$

Passage de ☾ au méridien de Paris, le 24 avril, temps astronomique moyen , $10^h\ 53^m\ 00^s$

                    Correction $+$ $5^m\ 39^s$

Passage ☾ au méridien du lieu, temps astronomique moyen le 24 avril, $10^h\ 58^m\ 39^s$

        Temps civil moyen le 24 avril, $10^h\ 58^m\ 39^s$ soir.

            Équation du temps $+$ 2^m

               Temps vrai le 24 , $11^h\ \ 0^m\ 39^s$ soir.

Cette méthode, très-prompte, est suffisamment exacte lorsque le calcul du passage a pour but la recherche de l'heure de la marée.

Si on voulait obtenir cette heure plus exactement, on opérerait de la manière suivante :

Heure du passage ☾ à Paris, temps astronomique moyen,

le 24 , $10^h\ 53^m$

le 25 , $11^h\ 41^m$

Retard pour parcourir 360°, ou en 24^h, 48^m

Retard pour 1^h, $\dfrac{48^m}{24}$ ou $\dfrac{60 \times 48^s}{24}$ ou $48^s \times 2{,}5$.

Retard pour $2^h,7$, longitude en temps, $48^s \times 2{,}5 \times 2{,}7$ ou $5^m\ 24^s$.

                  $10^h\ 53^m$

Heure du passage au $+$ $5^m\ 24^s$

lieu le 24, t. a. m., $\overline{10^h\ 58^m\ 24^s}$

    Équation du temps, $+$ $1^m\ 57^s$

Passage le 24, temps astronomique vrai, $11^h\ 00^m\ 21^s$.

La méthode qui vient d'être employée pour obtenir une partie proportionnelle se recommande aux marins par sa simplicité ; elle évite la méthode des parties aliquotes et donne promptement le résultat ; car, pour multiplier 48^s par 2,5, il suffisait d'écrire

$$48^s$$
$$48^s$$
$$24^s$$
$$\overline{120^s \text{ ou } 2^m.}$$

Elle s'applique également à la recherche de la déclinaison $\mathbb{C}$ pour une heure quelconque ; car supposons que la déclinaison ayant augmenté dans 24^h de $18^m\,17^s$, on demande de combien elle aura varié en $5^h\,29^m$?

Ou posera

$$\text{ch}^t \text{ en } 24^h, \quad 18^m\,17^s$$
$$\text{en } \;1^h, \quad \underline{18^m\,17^s} \text{ ou } 18^s\,17^t$$
$$24 \qquad\qquad 18^s\,17^t$$
$$9^s\,\;8^t$$
$$\overline{45^s\,42^t \text{ ou } 45^s{,}7.}$$

Donc la variation pour $5^h\,29^m$ sera $45^s{,}7 \times 5{,}5$, ou $251^s{,}35$, et enfin $4^m\,11^s{,}35$.

On trouve dans la table des passages des cases vides qui veulent dire que la lune, qui met plus de 24 heures à revenir dans le plan du méridien supérieur, y est arrivée avant le commencement du jour astronomique.

Lorsqu'on se rencontre dans ce cas pour calculer l'heure d'une marée, il ne faut pas oublier que, comme on doit toujours ajouter l'heure de l'établissement du port, on obtiendra toujours, en prenant le passage pour le jour précédent, une heure qui sera pour le jour proposé, mais en temps astronomique.

Si le calcul conduisait en temps civil au jour suivant, celui pour lequel le calcul est fait, il conviendrait de prendre le passage antéprécédent pour n'être pas obligé, une fois le calcul fini, de rétrograder.

Calcul de l'heure de la marée.

Trouver l'heure de la pleine mer, le 24 avril 1850, dans un port situé par 40° 29′ longitude ouest, dont l'établissement est $5^h 20^m$.

Heure calculée du passage lune, temps vrai, le 24,

$$11^h 00^m 39^s \text{ soir.}$$

$$\text{Établissement,} \quad 5^h 20^m$$

$$\overline{\qquad 16^h 20^m 39^s}$$

ou le 25, $4^h 20^m 39^s$ matin.

Correction, $+ 16^m 30^s$

$$\overline{\qquad 4^h 37^m 09^s.}$$

Donc, pour avoir une marée du 24, il faudrait retrancher à ce résultat $12^h 25^m$, intervalle moyen qui sépare deux marées consécutives, l'une du matin, l'autre du soir ; ou trouverait alors

$$16^h 47^m 9^s$$

$$- 12^h 25^m$$

$$\overline{\qquad}$$

Heure marée le 24, $4^h 12^m 9^s$ soir.

On aurait évité cette rétrogradation en prenant l'heure du passage pour le 23 avril.

La correction de $16^m 30^s$ précédemment employée est fournie par une table dans laquelle on entre avec l'heure du passage de la lune au méridien, et la parallaxe horizontale.

Les nombres, tantôt additifs, tantôt soustractifs, donnés par cette table, sont dus à la distance de la lune à son apogée, ainsi qu'à la distance luni-solaire ; par là, l'influence solaire se trouve rétablie, et le calcul complété.

Avant de procéder à la rectification des résultats de l'estime, il faut établir quelques principes astronomiques, et apprendre quelles sont les ressources offertes au marin par le Bureau des longitudes, et renfermées dans un travail publié chaque année sous le nom de *Connaissance des temps.*

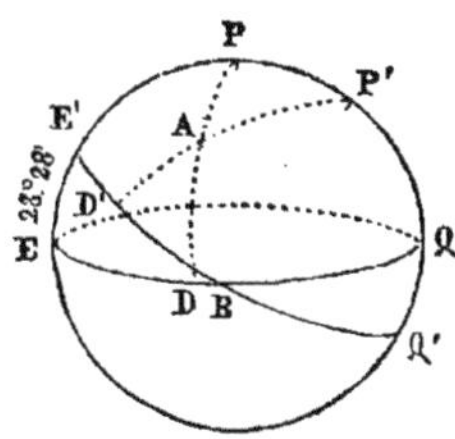

EQ étant l'équateur, E'Q' l'écliptique, P le pôle de l'équateur, P' celui de l'écliptique, distant du premier de 23° 28', et B le point équinoxial du printemps, l'arc AD a été nommé déclinaison de l'astre, A et BQFD ascension droite. Ces deux coordonnées suffisent pour déterminer la position du point A.

L'arc AD' est nommé latitude, et BD' longitude du même astre A ; et ce nouveau système de coordonnées, qui fixe également sa position, peut se déduire du premier supposé connu.

En effet, dans le triangle sphérique PAP', le côté PA est le complément de la déclinaison, celui PP' est de 23° 28', et l'angle APP' a pour mesure l'arc DQ, égal à 90° + BD, ou 90° + suppl^t à 360° de l'ascension droite.

On pourra donc calculer le côté AP', suppl^t de l'arc de latitude, et l'angle PP'A mesuré par E'D', complément de la longitude.

Réciproquement, si l'on connaissait les coordonnées latitude et longitude, on pourrait déduire du même triangle, dans lequel on connaîtrait dans ce cas PP', P'A, et l'angle PP'A, les valeurs du côté PA, complément de la déclinaison, et de l'angle APP', duquel on déduirait l'ascension droite.

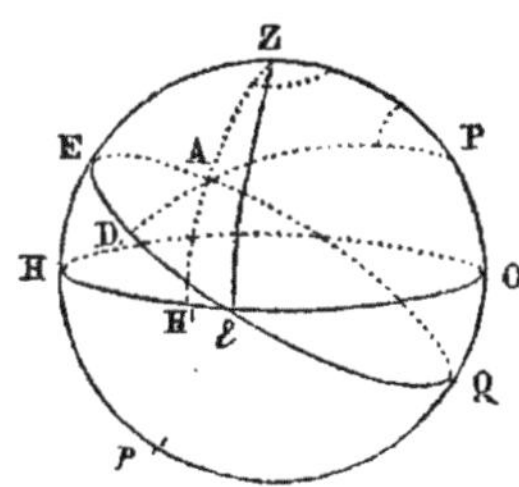

Si la circonférence HEZPOQP' représente le méridien d'un lieu, HO l'horizon rationnel, EQ l'équateur, Ɛ le vrai point d'est, Z le zénith, P le pôle ; ZH est le vertical de l'astre A, AH' sa hauteur, AZ sa distance zénithale, AD sa déclinaison, AP sa distance polaire.

ZƐ se nomme le premier vertical, AZP l'angle azimutal, ƐZH' l'angle d'amplitude, mesuré par HƐ, ZPA, l'angle horaire.

Le premier de ces angles a son sommet au zénith, et, pour côtés, le vertical de l'astre et la partie abaissée du méridien.

Le second, qui a le sommet au même point, a pour côtés le premier vertical et le vertical de l'astre. Il est le complément du précédent.

Le troisième, nommé angle horaire, a pour sommet le pôle, et pour côtés le cercle de déclinaison et la partie élevée du méridien.

La hauteur et l'angle azimutal sont deux éléments qui suffisent pour fixer la position d'un astre par rapport à l'horizon, et qui varient avec ce dernier cercle, alors que les coordonnées précédemment analysées étaient fixes.

L'angle azimutal et la hauteur étant des quantités dépendantes de l'horizon, ne peuvent plus, par suite, se déduire de la déclinaison et de l'ascension droite ; il faut y ajouter un nouvel élément, qui est ordinairement la latitude, facile à déduire de l'observation, ainsi qu'on le verra par la suite.

PO, élévation du pôle au-dessus de l'horizon, est l'arc mesure de la latitude. Par suite, les arcs OQ, PZ, EH sont, sur cette figure, des arcs complémentaires de la latitude.

L'angle ZAP se nomme angle de position. Il a son sommet au centre de l'astre, et pour côtés son cercle de déclinaison et son vertical.

Dans ce qui va suivre, on discutera spécialement les éléments solaires, en admettant le système dans lequel la terre étant complétement immobile, le soleil décrit chaque jour, autour d'elle, une circonférence de petit cercle sensiblement parallèle à l'équateur.

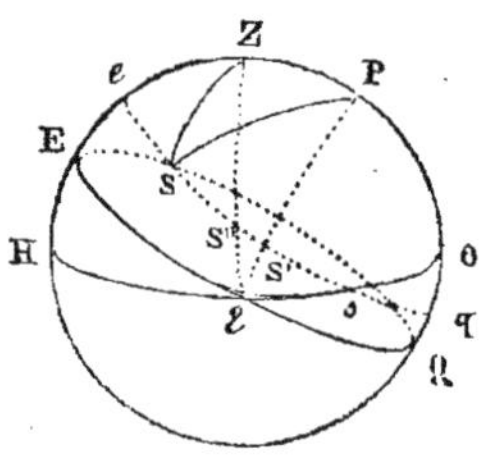

Le soleil, parcourant dans la journée le parallèle *qe*, se trouve en *q* à minuit, se lève en *s*, est rendu à 6 heures dans le cercle PE, nommé cercle de 6 heures, et situé à 90° des parties PQ et PE abaissées et élevées du méridien.

Il passe en *s″* dans le premier vertical, et enfin dans le méridien en *e* au midi vrai.

Si on suppose le soleil rendu en S, on voit que le triangle sphérique ZSP a pour côtés les compléments de la latitude de la déclinaison et de la hauteur, et pour angles ceux nommés horaire, azimutal, et de position.

Il faut suivre chacun de ces angles en particulier, afin d'étudier les variations de grandeur qu'ils subissent dans le courant d'une journée.

Discussion de l'angle horaire.

Le sommet de cet angle est fixe, et indépendant de la position de l'observateur ; égal à 180° à minuit, il devient droit lorsque le soleil passe au cercle de 6 heures, et nul enfin à midi, lorsque le soleil passe au méridien dans sa partie élevée. Ces états particuliers de grandeur se renouvellent chaque jour, indépendamment de la latitude du parallèle décrit par le soleil.

L'angle horaire du soleil exprime, le matin, à quelle distance angulaire cet astre se trouve de la partie élevée du méridien. Comme les heures du matin ont leur point de départ à minuit, il en résulte que c'est le complément à 12 heures de l'angle horaire du matin réduit en temps qui donne l'heure. Après midi, au contraire, les heures du soir ayant pour point de départ midi, l'angle horaire réduit en temps fait connaître l'heure.

Discussion de l'angle azimutal.

L'angle azimutal, dont le sommet et un des côtés sont fixes pour un même horizon, varie chaque jour entre des limites qui dépendent de la déclinaison du soleil et de la latitude du lieu.

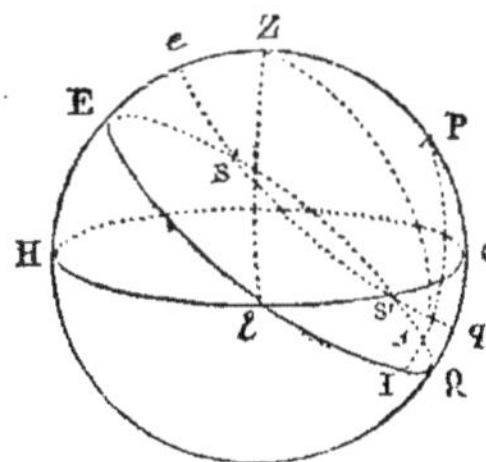

1er *Cas.* Si la déclinaison Ee est moindre que la latitude EZ, et de même dénomination, le soleil passe au méridien, entre le zénith et l'équateur, à midi. Il est en q à minuit, et se lève en s.

Peu après minuit, l'angle s'ZO est très-petit. Il est donc nul à minuit, aigu au lever, droit lorsque le soleil atteint le premier vertical, puis devient obtus, et enfin égal à 180° au moment du passage au méridien supérieur en e, ou à midi.

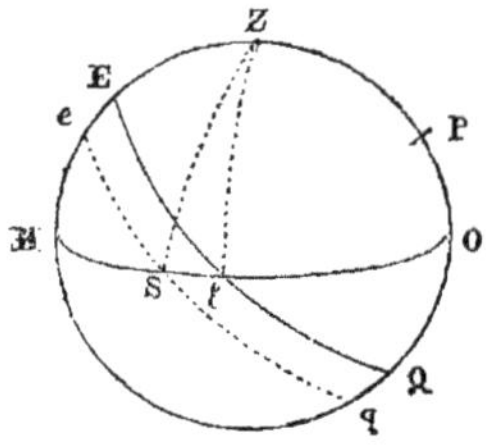

2e Cas. La déclinaison étant de dénomination différente de la latitude, le soleil, parcourant le parallèle *eq*, passe au méridien à midi en *e*, entre l'équateur et l'horizon.

L'angle azimutal est nul à minuit, se forme et grandit jusqu'au point de lever en *s*, où il devient obtus, et continue à grandir jusqu'au moment du passage en *e*, où il devient égal à 180°, les deux arcs qui le composent s'établissant alors dans le prolongement l'un de l'autre.

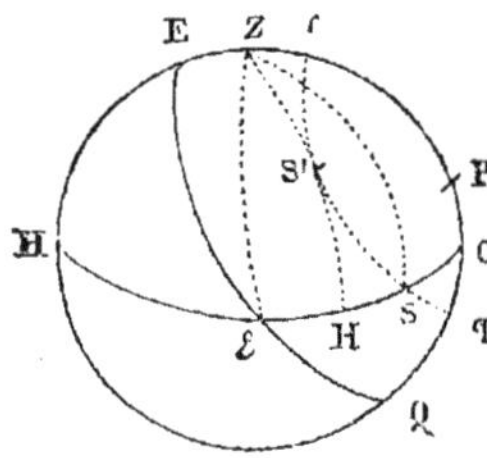

3e Cas. La déclinaison E*e* étant plus grande que la latitude EZ, et de même dénomination, *eq* est le parallèle du soleil, *e* et *q* les positions de cet astre dans le méridien à midi et à minuit. L'angle azimutal, nul à minuit, est aigu au lever; c'est l'angle SZO.

Il grandit jusqu'à ce que le soleil arrive en S′, dans une position telle, que le vertical soit tangent au parallèle. A ce moment, l'angle azimutal, encore aigu, a obtenu sa valeur maximum, et se ferme de plus en plus jusqu'à devenir nul lorsque le soleil arrive en *e*, les deux côtés de l'angle se superposant alors.

On voit que cette particularité ne peut se présenter, en certains temps de l'année, que dans les lieux dont la latitude est moindre que 23° 28′, plus grande déclinaison possible.

Discussion de l'angle de position.

Il est moins facile de suivre sur la figure les variations auxquelles cet angle est soumis, parce que son sommet et ses deux côtés changent à tout moment de situation.

C'est par cette raison qu'on l'exprime en fonction de l'angle azimutal, dont les modifications journalières viennent d'être discutées.

Par suite, on sera dans l'obligation d'établir trois cas correspondant à ceux qu'on a établis pour l'angle azimutal.

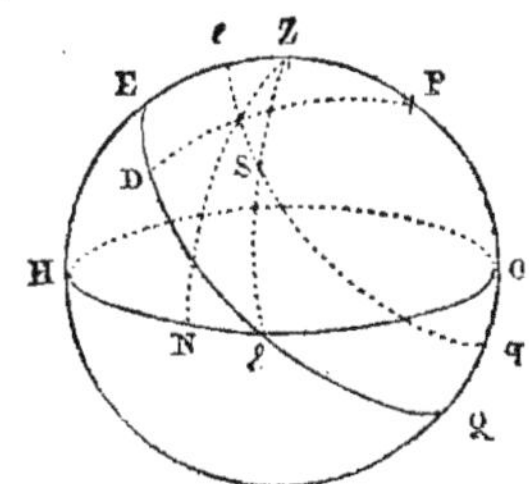

Dans le triangle sphérique ZSP, on a généralement

$$\sin.ZSP : \sin.SZP :: \sin.ZP : \sin.SP;$$

ou $\quad \sin.S : \sin.Z :: \cos.L : \cos.d;$

donc $\quad \sin.S = \sin.Z \times \dfrac{\cos.L}{\cos.d}.$

Si, comme dans la figure, la latitude est plus grande que la déclinaison, et de même dénomination, le soleil passe au premier vertical deux fois dans la journée; et à ces moments l'angle azimutal devenant droit, son sinus prend sa valeur maximum, qu'atteint aussi en même temps sin. S, en vertu de la formule.

D'ailleurs, l'angle S est constamment aigu dans le courant de la journée, puisqu'il est compris dans l'angle droit, formé par le parallèle et le cercle de déclinaison. L'angle de position, aigu au lever, a donc grandi en restant aigu jusqu'au moment où le soleil a passé dans le premier vertical. A partir de cet instant, il diminue jusqu'à ce que, le soleil passant en e au méridien, il s'annule, les deux côtés se superposant.

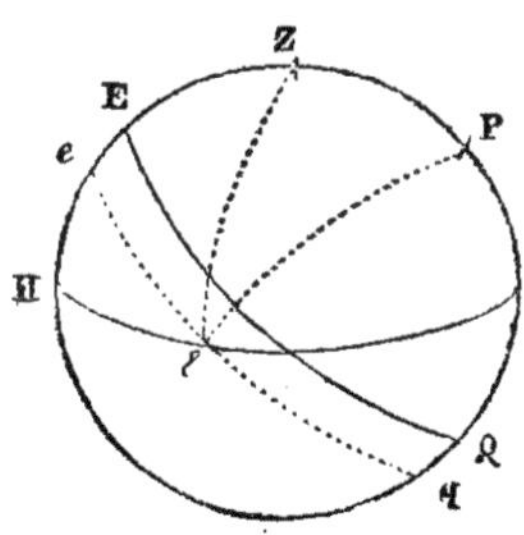

Si la déclinaison est de dénomination différente de la latitude, l'angle azimutal est obtus au lever du soleil, et grandit de plus en plus. Son sinus diminue donc, et avec lui celui de l'angle de position, qui, constamment aigu, devient zéro à midi.

Ainsi, dans ce cas, le maximum de l'angle de position et de son sinus répond au point de lever du soleil.

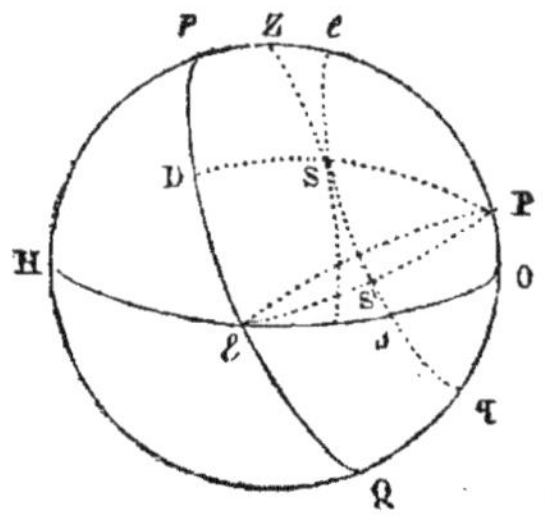

Si la déclinaison est plus grande que la latitude, et de même dénomination, le soleil se lève en *s* avant 6 heures· Son angle de position est aigu à cet instant. Il arrive en S′ au cercle de 6 heures ; et l'angle azimutal restant aigu et grandissant, son sinus augmente. Par suite, sin. *s* augmentant, *s* grandit jusqu'au moment où le soleil est arrivé en S, point où le vertical étant tangent au parallèle, l'angle azimutal est devenu maximum.

A ce moment, l'angle de position est droit ; car le cercle de déclinaison étant perpendiculaire au parallèle, l'est au vertical, dont l'élément se confond en S avec celui du parallèle. Passé ce point, le sinus de l'angle azimutal diminuant, sin. *s* diminue lui-même ; et, comme cet angle devient égal à 180° lors du passage du soleil en *e*, il est donc obtus de S en *e*.

Hauteur d'un astre.

Observer la hauteur d'un astre, c'est mesurer l'angle formé dans un plan vertical par le rayon visuel tangent à l'horizon, et celui tangent au bord, soit inférieur, soit supérieur de l'astre.

Cet angle n'est pas celui qui est employé dans les calculs. On doit toujours ramener toute observation à être faite du centre de la terre, et à porter sur le centre de l'astre.

Il faut donc passer,

1° De l'horizon visible à celui sensible ;

2° De celui sensible à l'horizon rationnel ;

3° Du bord de l'astre à son centre.

On doit, en résumé, se procurer l'angle formé par les deux rayons conduits l'un du centre de l'astre au centre de la terre ; l'autre, du centre de la terre parallèlement à l'horizon sensible, dans le plan vertical passant par le premier.

C'est au moyen de modifications successives que l'on déduit, de la hauteur observée d'un des bords, la hauteur vraie du centre.

Passage de l'horizon visible à celui sensible.

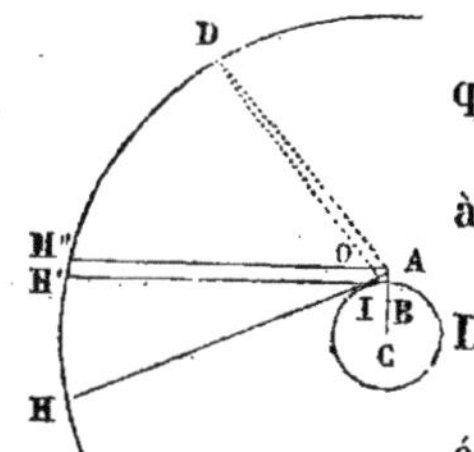

De l'angle DAH, il faut déduire celui DBH', qui se nomme hauteur apparente.

Pour cela, on conduira AH″ parallèle à BH'.

L'angle DOH″ est égal à celui cherché DBH', comme correspondant.

Or, on a DOH″, extérieur au triangle ODA, égal à la somme des deux angles ODA et DAO ; mais DAO = DAH — H″AH. On a donc enfin

$$DOH'' = ODA + DAH - H''AH.$$

L'angle ODA, sous lequel on verrait la hauteur AB si l'œil était à l'astre, n'est pas possible à apprécier à cause de sa petitesse ; et l'égalité précédente devient alors

hauteur apparente bord = hauteur observée bord — H″AH.

Ce dernier angle, formé par l'horizon apparent et celui sensible, a reçu le nom d'angle de dépression.

Il faut toujours de la hauteur observée retrancher la dépression.

Passage de l'horizon sensible à celui rationnel.

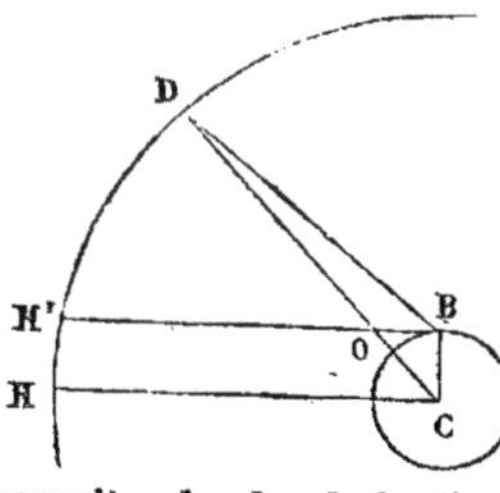

Il faut de l'angle DBH' déduire celui DCH, ou son égal DOH'.

On a l'égalité DOH' = OBD + BDO, ou hauteur vraie bord = hauteur apparente bord + BDO

Cet angle BDO, qu'on doit ajouter à la hauteur apparente, se nomme parallaxe. Il est égal à celui sous lequel on verrait, du bord de l'astre, le rayon de la terre passant par le lieu B de l'observateur.

Par les deux opérations précédentes, la hauteur prise d'un point de la surface est ramenée à celle qu'on eût obtenue par une observation faite du centre de la terre.

Ramener au centre de l'astre.

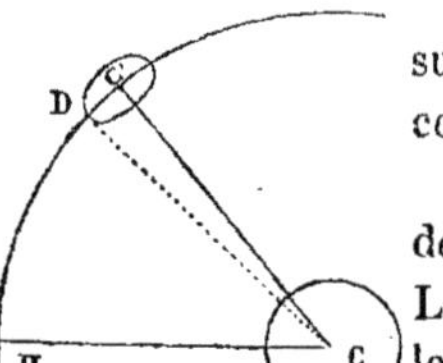

A l'angle précédemment trouvé **DCH**, il suffira d'ajouter l'angle **C'CD**, pour avoir enfin celui **C'CH**.

Ce dernier angle de correction se nomme demi-diamètre central, ou observé du centre. La *Connaissance des temps* le désigne sous le nom de demi-diamètre horizontal. Il est la moitié de l'angle sous lequel on verrait le diamètre de l'astre, seul élément possible à se procurer par observation.

La dernière hauteur trouvée serait celle vraie du centre, si les rayons lumineux affectaient la forme rectiligne; mais comme il n'en est point ainsi, il faut tenir compte de la réfraction qui courbe les rayons lumineux.

Pour introduire ce nouvel élément, on retranchera la réfraction de la hauteur apparente du bord.

Réunissant dans une même formule les corrections successives, on obtient

$$\text{HV} \odot = \text{hauteur observée } \odot - D + p\odot - R\odot + \tfrac{1}{2}D_c.$$

Il existe des tables qui font connaître :

1° La dépression ; on y entre avec la hauteur de l'œil au-dessus du niveau de la mer ;

2° La parallaxe ; elles ont pour entrée la hauteur apparente et l'heure de l'observation ;

3° La réfraction ; elles ont pour entrée la hauteur apparente ;

4° Le demi-diamètre central ; on y entre au moyen de la date et de l'heure de l'observation.

Si de la formule précédente on déduisait la valeur de la hauteur observée, on obtiendrait

$$\text{hauteur observée } \odot = \text{HV}\odot + D - p\odot + R\odot - \tfrac{1}{2}Dc.$$

Cette formule sert à revenir de la hauteur calculée du centre d'un astre à la hauteur observée de son bord inférieur.

Il existe une autre formule à l'aide de laquelle on peut corriger les hauteurs.

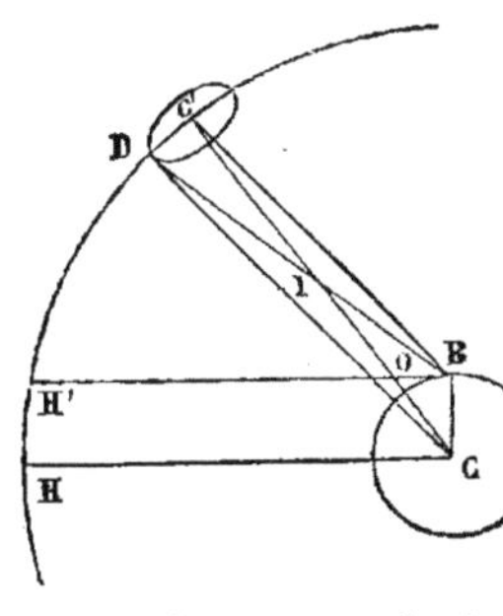

C'CH ou hauteur vraie $=$ C'OH'

$$= \text{OBI} + \text{BIO};$$

mais BIO $=$ IC'B $+$ IBC', comme extérieur au triangle C'IB.

On a donc, en substituant,

hauteur vraie $=$ OBI $+$ IC'B $+$ IBC';

ou   haut. vr. $\ominus =$ haut. app. $\odot$

$$+ p\ominus + \tfrac{1}{2}\mathbf{D_h};$$

et, en substituant à hauteur apparente $\odot$ sa valeur, hauteur observée $-$ D,

pour tenir compte de la dépression, on aura

$$\text{HV}\ominus = \text{haut. obs. } \odot - D + p\ominus - R\odot + \tfrac{1}{2}\mathbf{D_h}.$$

On peut, au moyen de ces formules, calculer approximativement la hauteur apparente du bord inférieur du soleil, lorsque son centre est dans le plan de l'horizon rationnel.

Car, on a

$$\text{haut. observée } \odot = \text{HV}\ominus + D - p\ominus + R\odot - \tfrac{1}{2}\mathbf{D_h}.$$

Or, hauteur vraie, dans le cas actuel, est égale à zéro ; et si l'on suppose l'œil élevé de 18 pieds, hauteur pour laquelle la dépression est de 4' 32", on trouve

$$\text{hauteur observée } \odot = 4'\ 32'' - 7'' + 33'\ 46'' - 16'$$
$$= 38'\ 18'' - 16'\ 7'' = 22'\ 11''.$$

Or, 22' 11" forment à peu près les $\tfrac{2}{3}$ du diamètre du soleil, ce qui fait dire qu'il faut attendre que la hauteur du bord inférieur du soleil soit environ les deux tiers du diamètre de l'astre, pour que son centre se trouve dans le plan de l'horizon rationnel.

EXEMPLES DE CORRECTIONS DE HAUTEURS.

Hauteur de soleil.

« Le 20 mars 1850, à 1 heure, soir, | 45° 17′ latitude nord,
temps vrai, par.................... | 10°   longitude ouest,
on a observé la hauteur ☉ du soleil de 43° 17′; l'œil était élevé
de 6^m,5, et l'erreur instrumentale de —3′ 20″. » On demande la
hauteur apparente et la hauteur vraie du centre du soleil.

Hauteur observée ☉,	43°	17′	
Erreur instrumentale,	—	3′	20″
	43°	13′	40″
Dépression pour 6^m,5,	—	4′	32″
Hauteur apparente, ☉,	43°	09′	08″
½ diamètre,	+	16′	4″,5
Hauteur apparente, ☉,	43°	25′	12″,5
Réfraction moins pa-			
rallaxe,	—	0′	55″,2
Hauteur vraie, ☉,	43°	24′	17″,3

Hauteur de lune.

« Le 31 juillet 1850, vers 9^h 25^m matin, dans | 34° 36′ lat. N.,
un lieu situé par........................ | 50° 45′ long. O.,
on a observé la hauteur du bord supérieur de la lune, de
27° 32′ 19″. L'œil était élevé de 4^m. » On demande les hauteurs
apparentes et vraies du centre.

Heure du bord, temps as-		
tronomique moyen, le 30,	21^h	25^m
Longitude en temps,	+ 3^h	23^m
Heure de Paris, t. astr. le 31,	0^h	48^m

Parallaxe horizontale, ☾,......................... 56′ 28″.
½ diamètre central,........................... 15′ 24″.

Hauteur observée, ☽,		27° 32′ 19″
Dépression,	—	3′ 39″
Hauteur apparente, ☽,		27° 28′ 40″
½ diamètre central, 15′ 24″		
Augmentation, 7″		
½ diam. de haut., 15′ 31′′—		15′ 31″
Hauteur apparente, ☾,		27° 13′ 09″

Calcul de la parallaxe en hauteur,

Parall. en hauteur, pʳ 27° 10′	+ 47′ 57″	
Partie soustᵉ, pʳ 3′ hautʳ	— 1″	
Partie additᵉ, pʳ 28″ parall.	+ 25″	
Parallaxe moins réfr.,	48′ 21″	+ 48′ 21″
Hauteur vraie, ☾,		28° 01′ 30″

La préparation du calcul a pour but de découvrir le demi-diamètre de hauteur. On le déduit de celui central, en augmentant celui-ci d'un nombre de secondes renfermé dans une table qui a pour entrée la parallaxe horizontale.

Hauteur d'étoile.

Le 19 juillet 1850, vers 8ʰ 26ᵐ soir, par $\begin{cases} 45° 29′ \text{ lat. N.,} \\ 50° 28′ \text{ long. O.,} \end{cases}$ on a observé la hauteur d'Antarès de 70° 40′ 38″, l'œil élevé de 4ᵐ.

Hauteur observée d'Antarès,	70° 40′ 38″
Dépression,	— 3′ 39″
Hauteur apparente,	70° 36′ 59″
Réfraction pour les étoiles, —	20″,5
Hauteur vraie d'Antarès,	70° 36′ 38″,5

Distance de la lune au soleil.

Le 31 juillet 1850, par.........$\begin{cases} 34° & 36' \text{ lat. N.,} \\ 50° & 45' \text{ long. estimée O.,} \end{cases}$
vers $9^h 25^m$ matin, on a fait les observations suivantes :

Hauteur observée, $\odot$,   50° 35′ 14″;
Hauteur observée, $\overline{\mathbb{C}}$,   27° 32′ 19″;
Distance observée, $\odot\mathbb{C}$,   98° 35′ 52″;
l'œil était élevé de 4^m; on demande la distance vraie des centres des deux astres.

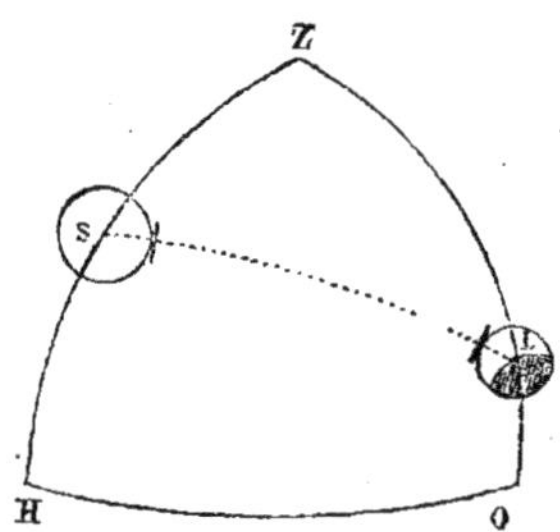

D'après les données de la question, Z étant le zénith, HO l'horizon rationnel, ZH, ZO les verticaux de la lune et du soleil, les centres de ces astres occupent les positions apparentes S et L ; HS et OL seront les hauteurs apparentes des centres, et SL la distance observée, augmentée des deux demi-diamètres en hauteur.

On connaîtra, par cette préparation, les trois côtés du triangle sphérique ZSL nommé apparent, et l'on admet généralement pour notation

$$\text{HS} = a,\ \text{OL} = b,\ \text{SL} = d.$$

Calcul.

Heure du bord, temps astronomique moyen, le 30, $21^h\ 25^m$
Longitude en temps, $+$ $3^h\ 23^m$

Heure de Paris, temps astronomique moyen, le 31, $0^h\ 48^m$

Parallaxe horizontale, $\mathbb{C}$ 58′ 28″;
$\frac{1}{2}$ diamètre central, $\mathbb{C}$ 15′ 20″,

$$\odot \qquad\qquad\qquad\qquad \mathbb{C}$$

Haut. observ., $\odot$	50° 35′ 14″	27° 32′ 19″
Dépression , —	3′ 39″	— 3′ 39″
Haut. appar., $\odot$	50° 31′ 35″ Haut. apparente , $\mathbb{C}$	27° 28′ 40″
$\frac{1}{2}$ diam. haut^r, +	15′ 47″	— 15′ 31″
Haut. appar. , $\ominus$	50° 47′ 22″	27° 13′ 09″
Réfr.—parall., —	0′ 42″ Parallaxe—réfract., +	48′ 21″
Hauteur vr. , $\ominus$	50° 46′ 40″	28° 1′ 30″

Distance observée , $\odot$| |$\mathbb{C}$ 98° 35′ 52″

$\frac{1}{2}$ diamètre , $\odot$ + . 15′ 47″

$\frac{1}{2}$ diamètre en hauteur, $\mathbb{C}$ + 15′ 31″

Distance apparente des centres,   99°   7′ 10″

Les trois côtés du triangle ZSL sont donc

$$\text{SL ou} \quad d = 99°\ 7'\ 10''$$
$$\text{ZS ou } c^t a = 39°\ 12'\ 38''$$
$$\text{ZL ou } c^t b = 62°\ 46'\ 51''$$
$$\text{somme} = 201°\ 06'\ 39''$$
$$\tfrac{1}{2}\text{ somme} = 100°\ 33'\ 19'',5.$$

On aura, pour calculer l'angle au zénith, la formule

$$\frac{\cos.\frac{Z}{2}}{R} = \sqrt{\frac{\sin.\ S\ \sin.\ (S-d)}{\sin.\ ZS\ \sin.\ ZL}}.$$

S $= 100°\ 33'\ 19'',5$	log. sin. S $=$ 9,9925899
S-d $=$ 1° 26′ 9″,5	log. sin. (S-d) $=$ 8,3989734
ZS $=$ 39° 12′ 38″	c^t log. sin. ZS $=$ 0,1991647
ZL $=$ 62° 46′ 51″	c^t log. sin. ZL $=$ 0,0509697
	18,6416977

$$\log.\cos.\frac{Z}{2} = 9,3208488$$

$$\frac{Z}{2} = 77°\ 55';\ Z = 155°\ 50'.$$

L'angle Z étant déterminé, on remarquera que les positions S et L des centres des astres ne sont qu'apparentes, et que, d'après les corrections des hauteurs, le centre du soleil est plus

20

bas, et celui de la lune plus haut que le calcul précédent ne l'avait admis.

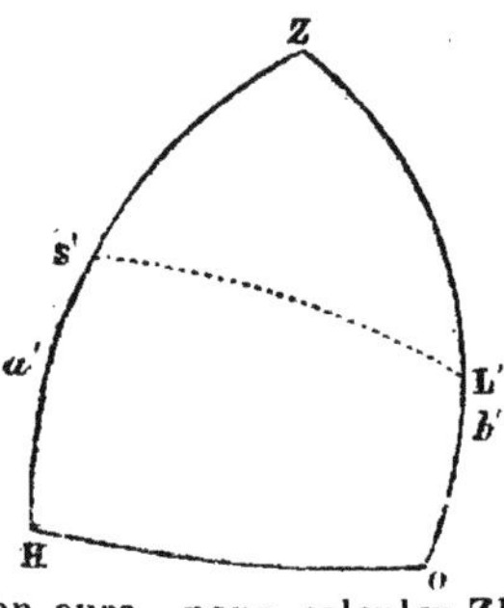

Si donc on considère S' et L' comme les vraies positions des deux centres, on aura le côté S'L' à calculer dans le triangle ZS'L', dans lequel on connaît

angle $Z = 155° 50'$;

ZS' compl^t h. v., $\odot$ $39° 13' 20''$;

ZL' compl^t h. v., $\mathbb{C}$ $61° 58' 30''$.

Si on conçoit un arc abaissé perpendiculairement du point S' sur ZL', et qu'on désigne son pied par la lettre D, on aura, pour calculer ZD dans le triangle rectangle ZS'D, la formule

$$R : \cos. Z :: \tan. ZS' : \tan. ZD;$$

mais cos. Z est négatif, les deux autres éléments connus R et tang. ZS' sont positifs : tang. ZD sera négatif, et, par suite, ZD obtus. Le point D est donc en dehors du triangle au delà de L'. En appliquant les logarithmes, on obtient

$$\log. \tan. ZS' = 9,9118105$$
$$\log. \cos. Z \ = 9,9601655$$

$$\log. \tan. ZD = - 9,8719760 ; \text{ d'où } ZD = 143° 19' 31''.$$

Le segment DL' sera donc égal à $143° 19' 31'' - 61° 58' 30''$, ou à $81° 21' 01''$.

Pour calculer actuellement S'L', on fera usage de la formule

$$\cos. ZD : \cos. L'D :: \cos. ZS' : \cos. S'L',$$

dans laquelle l'élément connu cos. ZD est négatif. Cos. S'L' sera donc négatif, ou S'L' obtus. On trouve, en appliquant les logarithmes,

$$\text{log. cos. ZS}' = 9,8891332$$
$$\text{log. cos. DL}' = 9,1772287$$
$$\text{c}^t\ \text{log. cos. ZD} = 0,0958185$$

Donc log. cos. S'L$' = -\ 9,1621804$, et par suite S'L$'= 98°\,21'\,11''$.

Telle est la distance vraie des centres, alors que celle apparente était 99°. 7' 10''.

CALCUL DE L'HEURE DU LEVER DES ASTRES,

DE LEUR PASSAGE AU MÉRIDIEN.

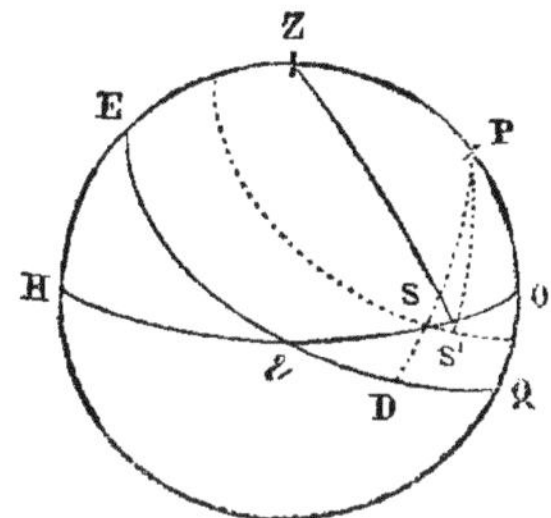

On a, dans un chapitre précédent, calculé l'heure du lever vrai du centre du soleil.

Pour se procurer l'heure de son lever apparent, c'est-à-dire, l'instant où son centre est dans le plan de l'horizon visible, on ne peut plus faire usage du triangle sphérique rectangle ℰSD, puisque le soleil n'est pas en S.

Si l'on reprend la formule générale de correction des hauteurs,

$$\text{H V} \ominus = \text{haut. obs.} \odot - \text{D} + \tfrac{1}{2}\text{D}_c - (\text{R} - p),$$

on en déduira pour le cas qui nous occupe, dans lequel on a

$$\text{haut. obs.} \odot + \tfrac{1}{2}\text{D}_c = 0,$$
$$\text{H V} \ominus = - \text{D} - (\text{R} - p).$$

Le centre du soleil est donc en dessous de l'horizon rationnel en S', lorsque son centre est dans l'horizon visible; et, par suite, sa distance au zénith est égale à 90° $+ \text{D} + (\text{R} - p)$.

On calculera donc l'angle P dans le triangle sphérique ZS'P par
la formule

$$\cos.\frac{P}{2} = \sqrt{\frac{\sin. S \sin. (S - ZS')}{\cos. L \cos. d}} \, ;$$

S étant la demi-somme des trois éléments, complément de la latitude, distance zénithale et distance polaire. L'angle P une fois
calculé, son supplément S'PQ, réduit en temps, fera connaître
l'heure du lever apparent en temps civil.

Calcul de l'heure du lever vrai d'une étoile.

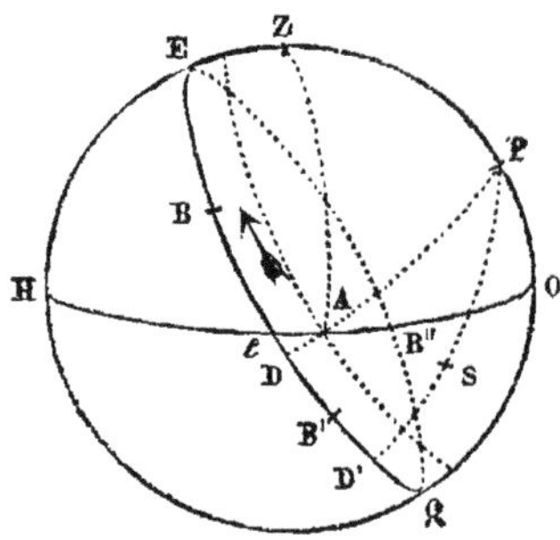

L'étoile étant en A au moment
de son lever, le triangle rectangle
ᏟAD ayant pour éléments connus
AD déclinaison de l'étoile, et l'angle
AᏟD complémentaire de la lati-
tude, fournira la formule

r : cot. L : : sin. ᏟD : tang. d.

On connaîtra donc ainsi l'arc ᏟD,
qui, augmenté de 90°, fournira
l'arc ED, mesure de l'angle ho-
raire de l'étoile, mais non l'heure, qui ne peut se déterminer qu'au
moyen du soleil.

Soit S la position du soleil au moment du lever de l'étoile.
L'arc D'Q, réduit en temps, sera la mesure de l'heure temps
civil.

Pour se le procurer, supposons que le point équinoxial soit
en B.

L'arc BD' sera l'ascension droite du soleil, et l'arc BD celle de
l'étoile. Leur différence DD', ajoutée à ED, angle horaire de l'étoile,
sera la mesure de l'angle horaire du soleil, et par conséquent
l'heure, si c'est le soir; son supplément à 12 heures, si c'est le
matin.

Si le point équinoxial est en B', les deux ascensions droites
sont les arcs B'Q ED, et B'D' pour le soleil. Leur différence sera

l'arc D′QED, dont le supplément à 360° est l'arc DD′, à combiner avec l'angle horaire de l'étoile pour se procurer l'heure.

Si le point équinoxial est en B″, les arcs B″ED, B″ED′ seront les ascensions droites de l'étoile et du soleil. Leur différence fera connaître DD′, qui, ajouté à ED, angle horaire de l'étoile, fournira l'heure.

On voit qu'on a dû faire constamment la différence des deux ascensions droites, et la combinaison avec l'angle horaire de l'étoile.

Pour obtenir l'heure du lever apparent, on aurait dû employer le triangle ZAP pour calculer l'angle horaire de l'étoile, ZA étant dans ce triangle égal à $90° + D + R$, les étoiles n'ayant ni demi-diamètres ni parallaxes appréciables.

Calcul de l'heure du passage d'une étoile au méridien.

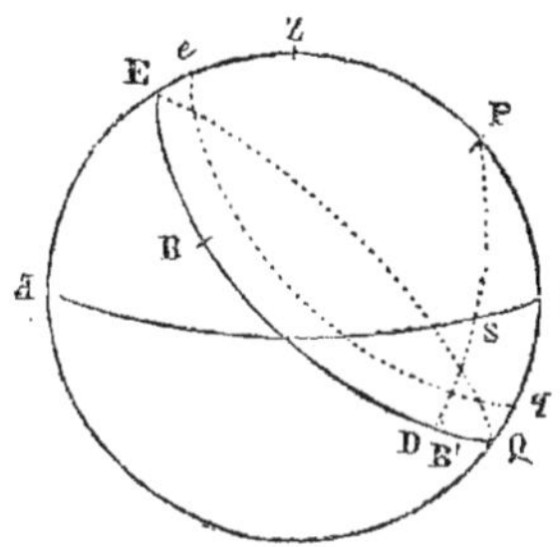

Soient B la position du point équinoxial, et S celle du soleil au moment où l'étoile passe en *e* dans le plan du méridien; si de BQE, ascension droite de l'étoile, élément invariable, on retranche BD, ascension droite du soleil pour l'heure présumée du passage, on obtiendra l'arc EQD, ou l'heure approchée du passage en temps astronomique.

Si le point équinoxial est en B′, B′QE, B′QED sont les deux ascensions droites; leur différence ED, retranchée de 24 heures, sera l'heure du passage, temps astronomique.

On arrive au même résultat en regardant la figure sous un autre aspect.

Soient FMQM' l'équateur, P le pôle, SIS' le parallèle décrit par le soleil, KeK' celui de l'étoile, MM' le méridien. La flèche qui est sur

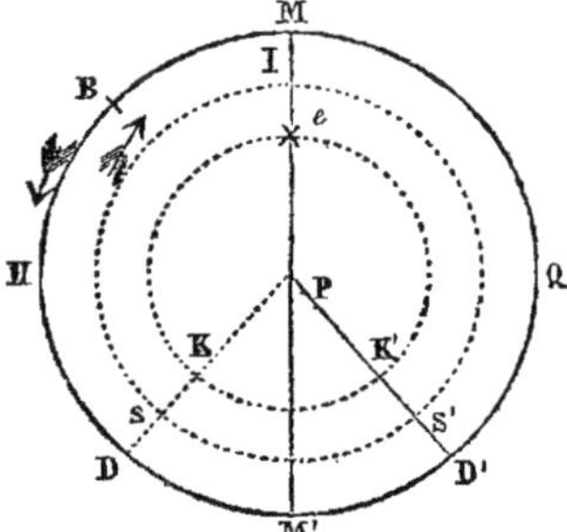

le parallèle du soleil indique le sens du mouvement apparent, et celle sur l'équateur, le sens du mouvement réel, qui est celui dans lequel on compte les ascensions droites.

Soit B la position du point équinoxial ; si le soleil est en S lorsque l'étoile passe au méridien supérieur en e, les deux ascensions droites seront BD et BDM'QM.

Leur différence MQM'D est bien l'heure du passage en temps astronomique.

Si le soleil est en S', la différence des ascensions droites sera MD'. En variant la position du point B, on reconnaîtra dans chaque cas le moyen de déduire l'heure astronomique du passage de la combinaison des deux ascensions droites.

Comme la figure est faite dans l'hypothèse du système inverse, il faut admettre que lorsque l'étoile décrit son parallèle, l'équateur tourne en même temps dans le même, de manière à ce que l'ascension droite de l'étoile reste constante.

Le problème qui vient d'être résolu peut se généraliser à l'aide d'une formule.

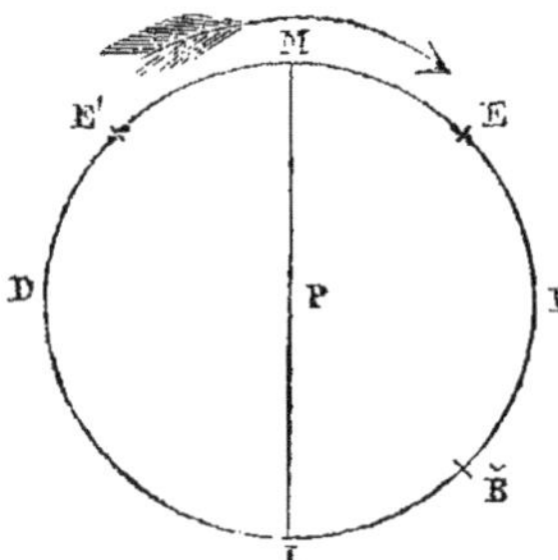

L'heure sidérale ou distance du point équinoxial du printemps au méridien, en supposant la terre immobile et l'équateur tournant avec les étoiles, est liée à l'ascension droite d'une étoile et à son heure astronomique ou angle horaire par une relation très-simple.

Car si le cercle MEID représente l'équateur mobile accomplissant sa révolution en 24 heures sidérales, MPI le méridien fixe, P le pôle, B la position du point équinoxial, et E celle d'une étoile qui a déjà passé au méridien, on aura

$$MB = ME + BE,$$

ou   heure sidérale = heure astronomique + ascension droite,

relation qui se formule ainsi :

$$h_s = h. \text{ astr. } \star + \text{Æ} \star.$$

Si l'astre, n'ayant point encore passé au méridien, était en E', on aurait

$$MB = BE' - ME',$$
ou $$h_{si} = \text{Æ} \star - (24^h - MIE'),$$
ou $$h_s = \text{Æ} \star + h_a \star - 24^h.$$

La relation est donc générale, à la condition de retrancher 24^h à $\text{Æ} \star + h_a \star$, si cette somme surpasse un jour.

On a donc en même temps les deux formules

$$h_s = \text{Æ} \star + h_a \star ;$$
$$h_s = \text{Æ} \odot + h_a \odot ;$$

et l'heure sidérale étant la même au même instant pour tous les astres, on en déduit

$$\text{Æ} \star + h_a \star = \text{Æ} \odot + h_a \odot \quad (a),$$

formule qui donne le moyen de passer de l'heure astronomique d'un astre à l'heure astronomique d'un autre astre.

Si, connaissant l'heure astronomique d'un astre, on voulait connaître l'heure moyenne ou vraie, on déduirait de la relation (a)

$$h_a \star + \text{Æ} \star - \text{Æ} \odot = h_a \odot,$$

et l'on introduirait dans cette formule $\text{Æ} \odot_m$ ou $\text{Æ} \odot_v$, suivant qu'on voudrait avoir $h_a \odot_m$, ou $h_a \odot v$.

Si, au contraire, on voulait avoir l'angle horaire d'un astre pour une heure donnée ou son heure astronomique, on déduirait de la formule (a)

$$h_a \star = h_a \odot + \text{Æ} \odot - \text{Æ} \star.$$

Si l'heure astronomique de l'étoile est plus petite que 12 heures, elle est à l'ouest du méridien, et cette heure est son angle horaire.

Si l'heure astronomique de l'étoile surpasse 12 heures, cet astre sera dans l'est, n'aura pas encore passé au méridien, et son angle horaire sera, dans ce cas, égal à $24^h - h_a \star$.

Si on voulait connaître l'heure du passage d'une étoile au méridien, il suffirait de faire dans la formule,

$$h_a \star + A\!R \star = h_a \odot + A\!R \odot \,;$$
$$h_a \star = 0 \,,$$

et on aurait alors

$h_a \odot$ ou heure astronomique du passage $= A\!R \star - A\!R \odot .$

Veut-on passer de l'heure vraie à l'heure moyenne :

$$h_a \odot_m + A\!R \odot_m = h_a \odot_v + A\!R \odot_v \,;$$

d'où
$$h_a \odot_m = h_a \odot_v + (A\!R \odot_v - A\!R \odot_m).$$

Mais la quantité entre parenthèses est précisément l'élément renfermé dans la *Connaissance des temps*, et connu sous le nom d'équation du temps ; il est inséré dans une colonne portant pour titre *temps moyen au midi vrai*, parce qu'en effet si, dans la formule ci-dessus, se supposant à midi vrai, on posait $h_a \odot = 0$, elle deviendrait

$$h \odot_m = A\!R \odot_v - A\!R \odot_m.$$

Ce résultat est bien d'accord avec l'explication donnée dans le précis d'astronomie de l'inégalité des jours vrais, tenant uniquement à l'inconstance du mouvement diurne du soleil en ascension droite.

Amplitude, azimut, et leur application au calcul de la variation.

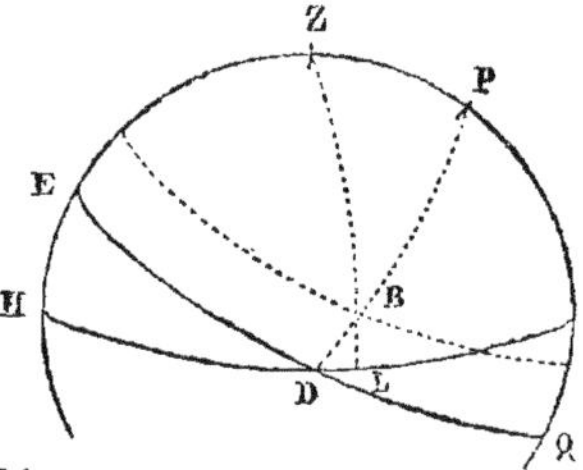

L'angle azimutal SZP se déduit du triangle sphérique ZSP au moyen de la formule

$$\cos \frac{Z}{2} = \sqrt{\frac{\sin. S \sin.(S - PS)}{\sin. ZS \sin. ZP}},$$

qui devient, lorsqu'on substitue à ZS et ZP leurs compléments H et L, en désignant d'ailleurs la distance polaire par **D**,

$$\cos \frac{Z}{2} = \sqrt{\frac{\cos.\left(\dfrac{H + L + D}{2}\right) \cos.\left(\dfrac{H + L + D}{2} - D\right)}{\cos. H \cos. L}}.$$

Lorsqu'on a calculé l'amplitude ortive du soleil, si on relève le soleil au compas au moment où son bord inférieur est au-dessus de l'horizon des deux tiers de son diamètre environ, on connaît simultanément la distance du soleil au vrai point d'est du monde, et sa distance au point d'est du compas.

La combinaison de ces deux éléments conduit à la variation.

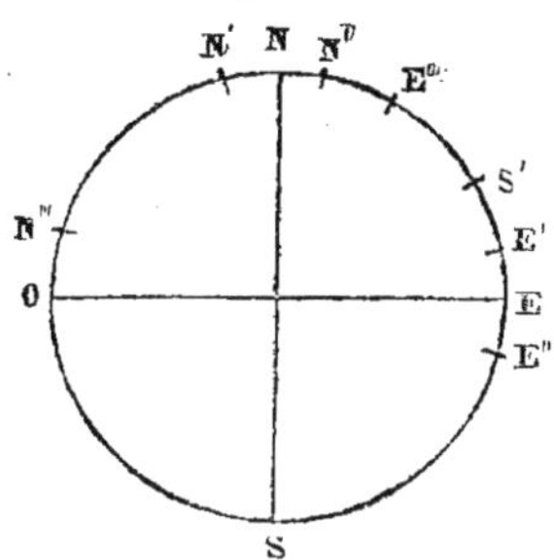

Soit NESO une circonférence représentant celle de l'horizon ; en portant l'amplitude calculée du point E dans le sens indiqué par le calcul, on aura la vraie position du soleil au moment de son lever. Supposons-le en S′ : en portant, à partir de S′ dans le sens indiqué par le relèvement, son résultat, on place ainsi l'est du compas, soit en E′, soit en E″, soit en E‴, ce qui amène le nord du compas en N′, ou N″, ou N‴, et indique par suite le sens de la variation.

On voit qu'elle a le plus habituellement pour valeur la différence entre les amplitudes calculées et relevées.

Cette méthode serait en défaut par de hautes latitudes, parce qu'alors le parallèle du soleil formant avec l'horizon un angle très-aigu, l'amplitude relevée pourrait être affectée d'une erreur considérable pour une très-petite erreur commise dans l'appréciation, du moment où le bord inférieur du soleil est au-dessus de l'horizon des deux tiers environ du diamètre de l'astre.

Comme toute méthode de variation repose sur la connaissance des deux distances du soleil à un des points cardinaux du monde et au point cardinal analogue du compas, on peut se procurer la variation par l'azimut, à la condition de ne pas laisser prendre au soleil, pour opérer, une hauteur qui dépasse 20 degrés. Alors, en effet, le relèvement au compas serait très-inexact, et l'erreur commise se retrouverait tout entière sur la variation.

Le moment du passage du soleil au premier vertical, qu'on a su préciser par un calcul antécédent, peut servir à calculer la variation, toujours égale alors, au relèvement du soleil au moment du passage. Ce moyen ne peut être utilisé qu'autant que le soleil ne passe pas haut dans le premier vertical, et par conséquent aux environs des équinoxes.

Le passage au méridien, qui n'exige aucun calcul, pourrait aussi servir à déterminer la variation aux environs des équinoxes par les latitudes élevées.

Il a déjà été expliqué d'ailleurs que toutes les cartes indiquant la variation aussi exactement qu'il est nécessaire pour les besoins de la navigation, on ne doit considérer les méthodes qui viennent d'être exposées que comme des moyens de vérifier si les compas du bord sont encore en bon état après un accident soit de mer, soit atmosphérique, et aussi lorsque le navire renferme beaucoup de masses de fer.

On peut encore déterminer la variation lorsqu'on a en vue un objet terrestre.

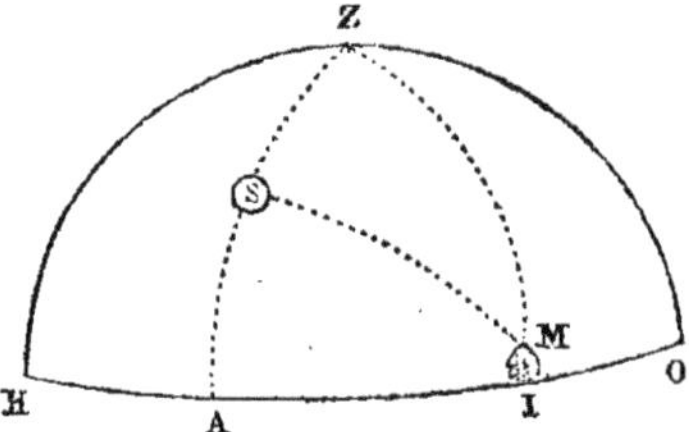

Si on mesure la hauteur AS du soleil, celle IM de la montagne, et SM distance du bord voisin du soleil au sommet M, on pourra, en apportant à ces trois arcs les corrections convenables, se procurer les hauteurs apparentes, ainsi que la distance de même nature, et, par suite, calculer l'angle Z du triangle ZSM.

Si, de l'angle azimutal AZO du soleil, on retranche pour le cas de la figure l'angle AZM précédemment calculé, le reste MZO sera l'azimut calculé de l'objet terrestre.

L'azimut de cet objet, relevé au moment des observations avec toute l'exactitude désirable, puisqu'il est à l'horizon, combiné avec celui calculé, fera rentrer la recherche de la variation dans le problème précédemment résolu.

L'azimut de l'objet terrestre serait la somme de l'azimut du soleil et de l'angle Z calculé, si le vertical du soleil était entre la montagne et la partie abaissée du méridien.

Il est donc important, lorsqu'on fait les observations, de constater la position des deux verticaux à l'égard de la partie abaissée du méridien.

Cette méthode ne conduit à de bons résultats que par suite de l'exactitude du relèvement de l'objet terrestre. Elle exige d'ailleurs le concours de deux observateurs, puisque la hauteur du soleil et la distance sont deux éléments à mesurer simultanément.

Détermination de l'heure du bord.

L'angle horaire d'un astre étant l'angle formé au pôle par la partie élevée du méridien et le cercle de déclinaison de l'astre, s'obtient à l'aide de la formule

$$\frac{\sin.\frac{P}{2}}{R} = \sqrt{\frac{\cos.\left(\frac{L+H+D}{2}\right)\sin.\left(\frac{L+D-H}{2}\right)}{\cos. L \sin. D}}.$$

D étant la distance polaire de l'astre.

S'il est question du soleil, cet angle, réduit en temps, donnera ou le complément à 12^h de l'heure du bord, si l'observation a été faite avant midi, ou l'heure comptée à partir de midi, si l'observation a été faite le soir.

Le calcul de l'angle horaire du soleil exigeant une grande précision, il faut examiner avec quel degré d'exactitude on peut se procurer les valeurs des trois éléments L, d et H.

On doit employer une latitude, soit estimée, soit calculée, à un moment très-rapproché de celui du calcul de l'angle horaire.

La déclinaison devant être calculée pour l'heure présumée, sera d'autant plus exacte qu'on possédera un chronomètre mieux réglé.

Pour obtenir H avec toute l'exactitude désirable, on prend rapidement une série de hauteurs, puis leur moyenne.

Mais, quelle que soit la bonté de l'instrument et l'expérience de l'observateur, l'œil étant un instrument imparfait, cette hauteur est entachée d'une erreur, soit additive, soit soustractive.

On doit donc, pour l'atténuer, chercher si dans la journée il existe des instants où une erreur commise sur la hauteur a sur l'angle horaire une moindre influence qu'à tout autre moment.

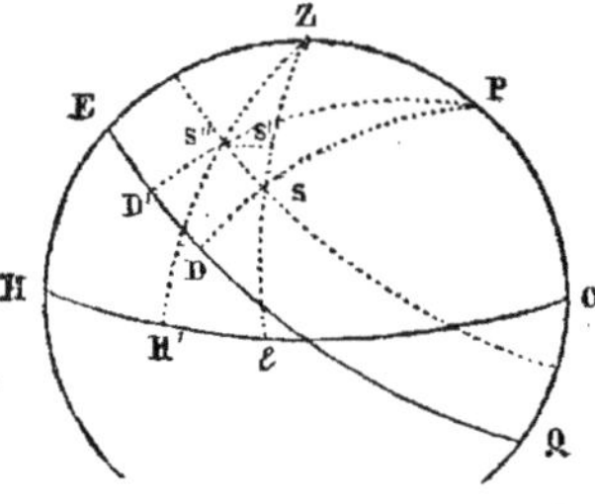

Soit S la vraie position du soleil. L'angle horaire à calculer est celui ZPS.

Si l'erreur commise sur la hauteur est SS', en sorte que le soleil soit jugé en S' dans son vertical, on a calculé un angle au pôle, faisant partie d'un triangle ayant pour côtés ZP, ZS' et PS.

Ce triangle n'existant pas sur la figure, il est nécessaire de l'y construire pour juger de la différence qui existe entre l'angle calculé et le véritable angle horaire.

A cet effet, on conduit par le point S' l'arc S'S″ parallèle à l'horizon, jusqu'au parallèle du soleil, et l'on trace les deux arcs de grands cercles ZH' et PD'.

Le triangle ZPS″ a pour côtés les trois éléments employés dans la formule, et, par suite, l'angle obtenu est ZPS″, différant de celui ZPS de l'angle D'PD, expression de l'erreur produite sur l'angle horaire par l'erreur SS' de hauteur.

On doit donc chercher à lier par une formule l'erreur SS', et celle angulaire D'PD, qui en a été la conséquence.

On a toujours $$DD' = \frac{SS'' \times r}{\cos. DS} = \frac{SS'' \times r}{\cos. d}.$$

Le triangle SS'S″, qui peut être considéré comme sensiblement rectiligne à cause de la petitesse de ses côtés, fournit la relation

$$r : \cos. S''SS' :: SS'' : SS';$$

d'où $$SS'' = \frac{SS' \times r}{\cos. S''SS'}, \text{ ou } SS'' = \frac{SS' \times r}{\sin. ZSP},$$

les deux angles S″SS' et S'SP étant complémentaires.

Substituant cette valeur de SS″ dans celle de DD' obtenue précédemment, elle devient

$$DD' = \frac{r \times \dfrac{SS' \times r}{\sin. ZSP}}{\cos. d} = \frac{r^2 \times SS'}{\sin. ZSP \cos. d}.$$

On peut substituer à sin. ZSP une valeur fonction de l'angle azimutal, au moyen de la formule connue

CIRCONSTANCES FAVORABLES

AUX OBSERVATIONS DE HAUTEURS

Qui doivent servir à calculer l'angle horaire.

On doit considérer trois cas :

1° Lorsque la latitude est plus petite que la déclinaison et de même dénomination, l'instant favorable est aux environs de l'heure à laquelle l'angle de position est droit.

2° Lorsque la latitude est plus grande que la déclinaison et de même dénomination, l'heure favorable aux observations de hauteur de soleil est aux environs de celle où l'astre traverse le premier vertical.

3° Lorsque la latitude et la déclinaison sont de dénomination différente, l'angle de position ne peut plus devenir droit dans la journée; le soleil ne traverse pas le premier vertical au-dessus de l'horizon; l'instant le moins défavorable est alors celui le plus rapproché du lever auquel il soit possible de faire une observation exacte de hauteur.

On a, en effet, vu précédemment qu'à l'heure du lever, l'angle de position, toujours aigu dans ce cas, était maximum à cet instant.

On peut aussi déterminer l'heure à l'aide du calcul de l'angle horaire d'une étoile dont on aurait observé la hauteur; car on calculera comme il a été dit précédemment, et avec les mêmes précautions, l'angle au pôle par la même formule.

Une fois cet élément déterminé, sa combinaison avec les ascensions droites du soleil et de l'étoile fera connaître l'heure du lieu, ainsi qu'il a été expliqué à l'article du lever d'une étoile.

La difficulté que l'on éprouve à se procurer une bonne observation de hauteur d'étoile, jointe à l'emploi de l'ascension droite du soleil, qu'il faut prendre pour l'heure présumée, sont deux causes qui rendent ce calcul peu usuel.

Calcul de la hauteur d'un astre.

Lorsqu'on connaît l'heure comptée au lieu où l'on se trouve (et bientôt on verra qu'à l'aide d'un chronomètre bien réglé on peut se procurer cet élément, au moins très-approximativement), on peut calculer la hauteur d'un astre quelconque.

S'agit-il du soleil? l'heure connue détermine la valeur de l'angle horaire; et alors on connaît, dans le triangle sphérique ZSP, l'angle P et les deux côtés qui le comprennent; on peut donc calculer le troisième côté, qui est le complément de la hauteur cherchée.

Pour un autre astre, on déduira de l'angle horaire connu du soleil, et des ascensions droites du soleil et de l'astre en discussion, l'angle horaire de l'astre; et le calcul s'achèvera comme précédemment.

Exemples.

Trouver la hauteur observée du $\odot$ le 12 novembre 1850, à $3^h\ 19^m\ 26^s,6$ soir, temps moyen, dans un lieu situé par............ } $21°\ 15'$ lat. N., $31°\ 23'\ 21''$ long. O.; l'œil élevé de $4^m,5$.

Heure,	$3^h\ 19^m\ 26^s,6$	Heure du lieu, t. m., $3^h\ 19^m\ 26^s,6$
Longitude, $+$	$2^h\ 5^m\ 33^s,4$	T. moy. à midi vr., $11^h\ 44^m\ 20^s,8$
Temps m. Paris,	$5^h\ 25^m\ 00^s,0$	Heure du lieu, t. v., $3^h\ 35^m\ 05^s,8$
Déclinaison,	$17°\ 45'\ 24''$ A	Angle horaire, $53°\ 46'\ 27''$
Dist. polaire,	$107°\ 45'\ 24''$.	

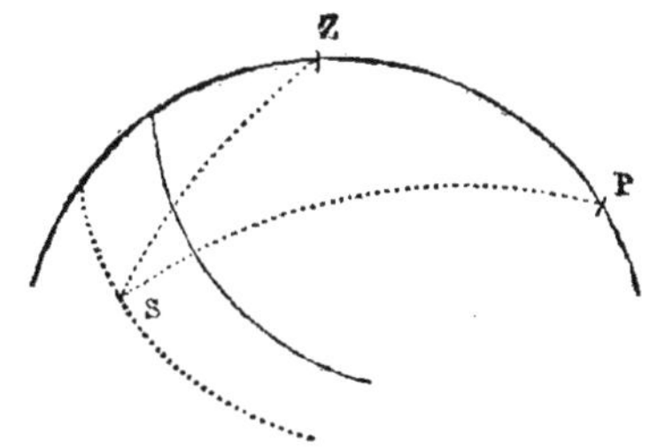

On connaît donc, dans le triangle ZPS :

angle P = 53° 46′ 27″;
ZP = 68° 45′;
PS = 107° 45′ 24″;

et, pour calculer ZS, on a les deux formules :

$$\text{tang. } 1^{er}\,seg^t = \frac{\text{tang. ZP cos. P}}{R}, \quad \text{sin. } H = \frac{\text{cos. ZP cos. } (2^e\,seg^t)}{\text{cos. } 1^{er}\,\text{segment}}.$$

Calcul du 1er *segment.*

Il est aigu, tous les facteurs du second membre ayant le signe +.

log. cos. P = 9,7715650
log. tang. ZP = 10,4101858

log. tang. 1er seg^t = 10,1817508
1er segment = 56° 39′ 13″.

Calcul de H ⊖.

log. cos. ZP = 9,5592338
log. cos. $(2^e$ seg$^t)$ = 9,7979054
c^t log. cos. 1er seg^t = 0,2598748

log. sin. H V ⊖, 9,6170140
H V ⊖ = 24° 27′ 26″.

Hauteur vraie ⊖ =		24° 27′ 26″
(réfr^n — p)	+	1′ 59″
		24° 29′ 25″
½ diamètre,	—	16′ 12″
Haut. apparente ☉,		24° 13′ 13″
Dépression,	+	3′ 48″
Haut. observée ☉ =		24° 17′ 01″

Trouver la hauteur observée $\mathbb{C}$ le 29 décembre 1850, à $17^h\,23^m$, temps moyen, dans un lieu situé par...................... $\begin{cases} 26^o\,30'\text{ lat. N.,} \\ 24^o\,15'\text{ long. O.;} \end{cases}$ l'œil élevé de 4^m.

H^{re} du lieu, $17^h\,23^m$ $\text{Æ}\,\odot\,$m., $18^h\,33^m\,25^s,9$ Décl. $\mathbb{C}$, $15^o\,59'\,28'',7$ A,

Long. en t., $1^h\,37^m$ H^{re} a. m., $17^h\,23^m\,00^s$ Dist. pol. $105^o\,59'\,28'',7$

$H^{\bullet}$ de Paris, 19^h $\qquad\qquad$ $35^h\,56^m\,25^s,9$ Parall. hor., $56'\ 5''$

$\qquad\qquad\qquad$ $\text{Æ}\,\mathbb{C} - 16^h\,04^m\ \ 9^s,5$ $\frac{1}{2}$ diam. cent., $15'\,15'',8$

$\qquad\quad$ Heure astr. $\mathbb{C}$, $19^h\,52^m\,16^s,4$

$\qquad\quad$ Angle hor., $\qquad$ $4^h\,07^m\,43^s,6$

Angle hor. en degrés ou P, $61^o\,55'\,54''$.

On a, dans cette préparation, calculé l'angle horaire par la formule démontrée dans un chapitre précédent.

Connaissant actuellement, dans le triangle ZLP, les trois éléments

$$P = \quad 61^o\,55'\,54'',$$
$$PL = 105^o\,59'\,28'',7,$$
$$PZ = \quad 63^o\,30',$$

on calculera, par les formules employées dans l'article précédent. Voici le détail du calcul :

$$\text{tang. } 1^{er}\,\text{seg}^t = \frac{\overset{+}{\text{tang. }}\overset{-}{\text{PL}}\,\overset{+}{\cos.\,\text{P}}}{r}.$$

$$1^{er}\text{ segment est obtus.}$$

log. tang. PL $\qquad = 10,5475000$

log. cos. P $\qquad\ \ = \ \ 9,6725820$

log. tang. 1er seg^t $\ = \overline{10,2153320}$ $\ 1^{er}$ seg$^t = 121^o\,20'\,40''$

$$\sin. H = \frac{\cos.\,\text{PL}\,\cos.\,(2^e\,\text{seg}^t)}{\cos.\,1^{er}\,\text{segment}}.$$

log. cos. $(\varphi - ZP)$	$=$	9,7261245
log. cos. PL	$=$	9,4401104
c^t log. cos. φ	$=$	0,2838449
log. sin. H V $\leftmoon$	$=$	9,4500798
H_v $\leftmoon$	$=$	16° 22′ 22″
P − R	—	50′ 29″
Haut. appar. $\leftmoon$,		15° 31′ 53″
½ diamètre haut.,	+	15′ 20″,3
Haut. appar. $\leftmoon$,		15° 47′ 13″,3
Dépression,	+	3′ 35″
Hauteur observée $\overline{\leftmoon}$	$=$	15° 50′ 48″,3.

Trouver la hauteur observée de Régulus le 11 mars 1850, à $8^h 15^m$ soir, temps moyen, en un lieu situé par........................ ⟩ 40° 28′ lat. N 35° 15′ long. O., l'œil élevé de $4^m,5$.

Heure du lieu,	$8^h 15^m$	Décl. Régulus,	12° 41′ 43″,6 B
Long. en temps,	$2^h 21^m$	Dist. polaire,	77° 18′ 16″,4.
Heure de Paris, t. m.,	$10^h 36^m$.		
Æ $\odot$ m,	$23^h 16^m 58^s,6$		
Heure astr. $\odot$,	$8^h 15^m$		
	$31^h 31^m 52^s,6$		
Æ Régulus,	— $10^h 00^m 23^s,7$		
Heure astr. Rég.,	$21^h 31^m 21^s,9$		
Angle horaire,	$2^h 28^m 31^s,1$		
En degrés ou P,	37° 07′ 48″,5.		

On trouve, en employant les mêmes formules trigonométriques que dans les deux cas précédents,

Haut. vraie Rég.,	$=$	47° 15′ 12″
Réfraction,	+	0′ 54″
Haut. appar. Rég,		47° 16′ 06″
Dépression,	+	3′ 48″
Haut. observée Rég.,		47° 19′ 54″.

MONTRES MARINES.

Deux choses sont indispensables à déterminer avec la plus grande précision, lorsqu'on veut calculer la longitude au moyen du transport du temps par un chronomètre.

1° La marche diurne, c'est-à-dire la quantité dont il avance ou retarde chaque jour sur le temps moyen;

2° Son avance ou son retard à une date précise sur le temps moyen du lieu des observations, dont la longitude doit être rigoureusement déterminée.

Les opérations à exécuter présentent deux circonstances principales :

Ou elles se font dans un établissement à terre muni de tous les instruments d'observation ;

Ou le marin est armé de ses seuls instruments dans une relâche, la longitude de son observatoire volant étant donnée par la *Connaissance des temps.*

Méthode par une lunette méridienne.

Dans un observatoire, on peut se procurer la marche diurne au moyen d'une lunette se mouvant dans le plan vertical du méridien. On la dirige vers le point du ciel où passe chaque nuit une étoile reconnaissable.

Tenant note de chacune des heures marquées par la montre lors du passage de l'étoile au fil de la lunette, on regarde si l'heure d'un passage est en retard sur celle de la veille de $3^m 56^s$, différence entre la durée du jour sidéral et celle du jour moyen. Si l'on obtient ce résultat plusieurs jours de suite, cela annonce que le chronomètre garde le temps moyen.

Si cette différence est plus grande que $3^m 56^s$, la montre a, dans un jour sidéral, retardé de l'excès de cette différence sur $3^m 56^s$. Elle aura avancé de cet excès dans le cas contraire.

Répétant ces observations pendant un assez grand nombre de jours consécutifs, leur permanence dans le même sens annoncera si la montre a une marche diurne, et leur moyenne sera la marche diurne moyenne du garde-temps dans un jour sidéral.

On obtiendra un plus grand degré de précision, en observant chaque nuit le passage de plusieurs étoiles bien déterminées à des heures différentes.

Pour se procurer alors la marche diurne dans un jour moyen, on posera la proportion

$23^h 56^m 4^s$: marche diurne moyenne sidérale :: $24^h : x$, x étant l'élément cherché.

Cette méthode simple, dont l'exactitude repose sur la fixité de l'axe de la lunette, condition très-difficile à remplir d'une manière absolue, a l'avantage de faire reconnaître si la montre a un mouvement à peu près régulier, et l'inconvénient de faire porter l'erreur commise dans la lecture de l'heure à la montre, sur deux observations rapprochées l'une de l'autre. Par là chaque marche diurne est affectée de l'erreur entière.

On aura, par la suite, l'occasion de revenir sur cette remarque.

Méthode par des hauteurs absolues du soleil.

Prenant un certain jour une série de hauteurs de soleil lors des circonstances favorables, et les heures à la montre correspondantes à chacune de ces observations, on en conclura une hauteur moyenne, et l'heure moyenne correspondante marquée par le chronomètre.

Calculant avec cette hauteur l'angle horaire, on obtiendra ainsi l'heure en temps vrai du lieu des observations.

La différence avec l'heure accusée par la montre fera connaître l'avance ou le retard de cette dernière sur le temps vrai du lieu, et par suite sur le temps moyen.

Plusieurs jours après, on renouvellera des observations et calculs analogues, non à la même heure, puisqu'il faut toujours opérer aux environs de celle des circonstances favorables. On obtiendra ainsi un nouvel état absolu.

La différence entre ces deux états absolus fera connaître la quantité dont la montre a varié dans l'intervalle des observations.

On trouvera donc, par une simple proportion, sa marche en 24 heures, ou diurne.

Il sera bon, pour plus de précision, d'obtenir, chaque jour d'observations, deux états absolus lors des circonstances favorables du matin et du soir, et d'obtenir ainsi deux marches diurnes dont la moyenne sera la marche cherchée, en ayant soin de ne comparer entre eux que des états absolus de même espèce, c'est-à-dire conclus tous deux d'observations du matin ou d'observations du soir.

En effet, si les hauteurs sont en général observées trop petites, les heures du matin seront trop petites, et celles du soir trop grandes; en sorte que la marche, dans l'intervalle de deux observations de différentes espèces, serait affectée de la somme des deux erreurs, et de leur différence au contraire lorsqu'on compare deux états absolus déduits d'observations de même espèce.

On devra attacher d'autant plus de confiance au résultat, qu'il se sera écoulé plus de temps entre les deux époques d'observations.

Mais cette méthode, que le marin peut utiliser dans une relâche, a l'inconvénient de ne pas accuser si la montre a eu dans l'intervalle un mouvement régulier.

On y remédie dans un observatoire en comparant chaque jour l'heure marquée par la montre au midi marqué par l'horloge astronomique, les dimensions de cette dernière étant telles, qu'on peut l'amener à l'état de véritable garde-temps.

Mais, dans une relâche, le marin fera bien d'employer la méthode indiquée par M. Vincendon-Dumoulin, en songeant d'ailleurs que le but est bien plutôt de vérifier la marche connue de sa montre, que de la déterminer.

On prendra chaque jour deux états absolus, et on ramènera l'heure marquée par la montre à ce qu'elle eût été au midi moyen du lieu, ou à une même heure, la moins différente de celles des observations.

Pour faire concourir tous les résultats à la détermination de la marche diurne, soient b, b_1, b_2, b_3, b_4, b_5 les avances ou retards du chronomètre sur le temps moyen du lieu, n_1, n_2, n_3, n_4, n_5 les intervalles en jours qui séparent deux observations consécutives. On emploiera la formule

$$X = \frac{(m-1)(b-b_5) + (m-3)(b_1-b_4) + (m-5)(b_2-b_3)}{(m-1)(n_1-n_3) + 2(m-2)(n_2-n_4) + 3(m-3)(n_3)},$$

m exprimant le nombre des observations.

LATITUDES.

Il y a deux moyens d'obtenir la latitude :

1° Par l'observation de la hauteur méridienne d'un astre.

2° Par deux hauteurs d'astres, et l'angle formé par les deux cercles de déclinaison correspondants.

Latitude par la hauteur méridienne du soleil.

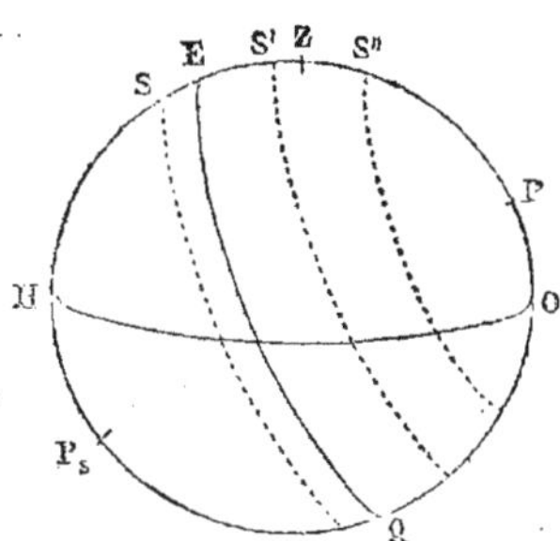

On est convenu de donner à la distance zénithale méridienne le nom du pôle vers lequel on était tourné lors de l'observation de hauteur.

1er *cas.* Si le soleil passe au méridien en S, ce qui implique que la déclinaison et la latitude sont de dénomination contraire, on déduira de la hauteur méridienne HS la distance zénithale SZ, qui sera sud.

Si de SZ on retranche la déclinaison SE, sud aussi, on aura l'arc EZ, mesure de la latitude nord, et, par suite, de dénomination contraire.

2e *cas.* Si le soleil passe au méridien en S', S'Z sera la distance zénithale sud, qui, ajoutée à la déclinaison nord S'E, fournira la latitude EZ nord, et, par suite, de même dénomination que la déclinaison.

3e *cas.* Si le soleil passe au méridien en S", la distance zénithale S"Z sera nord, ainsi que la déclinaison ES"; leur différence est l'arc mesure de la latitude nord.

On a le droit de conclure de cette discussion, que lorsque la distance zénithale et la déclinaison sont de même dénomination, on doit les retrancher l'une de l'autre pour avoir la latitude, et les ajouter au contraire, lorsque ces deux éléments sont de dénominations contraires.

Latitude par une hauteur prise très-près du méridien.

Comme il n'est pas possible de prendre une série de hauteurs méridiennes, et que cependant c'est dans une multiplicité d'observations faites dans un court intervalle que consiste l'avantage principal du cercle, on a cherché à déduire, de hauteurs prises peu de minutes avant ou après midi, la hauteur méridienne elle-même.

On a en conséquence construit deux tables.

La première, dans laquelle on entre avec la latitude et la déclinaison, fait connaître l'arc qu'on doit ajouter à la hauteur vraie obtenue une minute avant ou après midi.

La seconde renferme les carrés des minutes des angles horaires correspondant aux hauteurs observées ; ce sont les facteurs de la première correction, qui conduisent à celle totale que doit subir la hauteur prise avant ou après midi pour devenir hauteur méridienne.

Exemple.

Le 17 novembre, à $7^h 52^m$ matin, la montre retardait de $1^h 24^m 36^s$ sur le temps vrai ; on s'est avancé vers l'est de 19 milles, et, se trouvant alors par 16° 22′ latitude estimée N., et 62° 29′ longitude O., l'œil élevé de 22 pieds, on a fait les observations suivantes :

Hauteurs observées, ⊙.	Heures à la montre.
54° 22′ 20″	$10^h 24^m 28^s$
54° 24′ 45″	$10^h 27^m 20^s$
54° 26′ 51″	$10^h 31^m 48^s$
54° 26′ 21″	$10^h 31^m 37^s$
54° 25′ 37″	$10^h 39^m 18^s$
54° 22′ 32″	$10^h 43^m 28^s$

On demande la latitude.

A midi vrai, la montre, retardant de $1^h 24^m 36^s$, devait marquer $12^h - (1^h 24^m 36^s)$, ou $10^h 35^m 24^s$ au premier lieu, et au second, $10^h 35^m 24^s - (1^m 16^s)$, ch^t longitude en temps.

Donc, heure marquée par la montre à midi, $10^h 34^m 8^s$.

Les différences entre cette heure et celles marquées par la montre aux diverses observations, seront donc les angles horaires correspondants ou intervalles.

Intervalles.

$9^m 40^s$
$6^m 48^s$
$2^m 20^s$
$3^m 30^s$
$5^m 10^s$
$9^m 20^s$

On s'aperçoit, en les calculant, que le soleil a passé au méridien entre la 3e et la 4e observation, ce que les hauteurs observées avaient déjà fait reconnaître.

Hauteurs, ☉.	Carrés des intervalles.
54° 22′ 20″	93,4
54° 24′ 45″	46,2
54° 26′ 51″	5,4
54° 26′ 21″	12,3
54° 25′ 37″	26,7
54° 22′ 32″	87,1
326° 28′ 26″ somme.	271,1, somme.

54° 24′ 44″,3, hauteur moyenne, ☉.　　　45,2, carré moy.

54° 35′ 36″,0, hauteur v., ☉.

Correction p^r 1^m,	3″,1
Multiplicateur,	45,2
Correction à la hauteur,	+ 2′ 20″,1
Hauteur v. ☉,	54° 35′ 30″,6
Hauteur méridienne,	54° 37′ 50″,7
Distance zénithale S,	35° 22′ 03″,3
Déclinaison p^r midi,	19° 1′ 40″
Latitude N.,	16° 20′ 23″,3

1er procédé. *Par deux hauteurs de soleil et le temps écoulé entre les observations.*

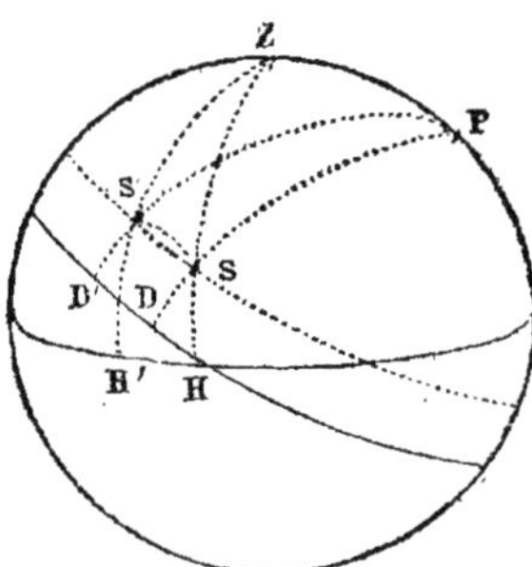

Soient S, S′ deux positions du soleil dans son parallèle et dans un même lieu, SH, S′H′ les deux hauteurs vraies correspondantes ; l'angle S′PS mesuré par D′D est l'intervalle de temps écoulé entre les observations.

On connaît donc ZS, ZS′, angle S′PS, et l'on doit calculer ZP.

En concevant les points S′ et S joints par un arc de grand cercle, on pourra, en se procurant par la *Connaissance des temps* les deux déclinaisons SD, S′D′, en déduire les deux distances polaires PS, PS′, et par suite connaître dans le triangle sphérique S'PS deux côtés et l'angle compris, ce qui permettra d'y calculer l'arc S'S et l'angle S'SP.

Connaissant alors dans le triangle S'SZ les trois côtés, on en pourra conclure l'angle S'SZ, qui, retranché de celui déjà calculé, fournira l'angle de position SZP.

Alors le triangle ZSP sera connu par ses deux côtés ZS, PS, et l'angle compris ZSP. Il permettra donc de calculer ZP, complément de la latitude.

Dans la méthode analysée précédemment, il a été admis que les deux hauteurs étaient prises dans le même lieu.

Comme cette condition ne peut être satisfaite à la mer, il faut, pour tirer parti de cette méthode, chercher la modification que doit subir la première hauteur pour être ramenée à ce qu'elle eût été, si on l'eût au même instant observée par rapport au second horizon. Si, en effet, on employait deux horizons, il y aurait deux zéniths, et la figure de laquelle la marche du calcul a été déduite n'existerait plus.

Supposons d'abord que la route suivie pour aller du lieu de la première hauteur à celui de la seconde se dirige vers le soleil.

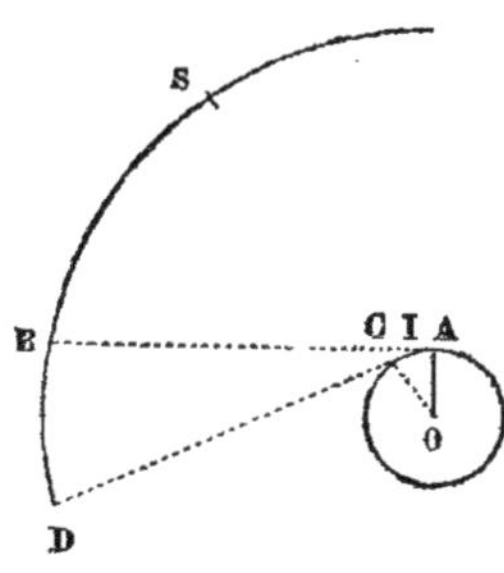

Soit A le point de départ dont l'horizon est AB.

Soit C le lieu de la seconde observation, CD son horizon ; la hauteur observée au lieu A est SB. Observée au lieu C au même instant, elle eût été SD, plus grande que la précédente de BD, arc qui est sensiblement la mesure de l'angle BID, auquel est égal l'angle COA, dont les côtés sont respectivement perpendiculaires à ceux du précédent. Mais ce dernier angle a pour mesure l'arc AC, chemin parcouru entre les deux stations; ce qui apprend que, dans ce cas, il faut ajouter à la première hauteur la distance parcourue exprimée en minutes, pour la ramener à ce qu'elle eût été à l'horizon de la seconde.

Cette quantité devrait être retranchée, si la route eût été à l'opposé du soleil.

Si, comme cela arrive le plus ordinairement, la direction suivie n'est pas une des deux extrêmes qu'on vient d'analyser, il faudra décomposer le chemin fait en deux autres, l'un dans la direction du soleil, et l'autre perpendiculaire à cette dernière.

Pour effectuer cette décomposition, en supposant que AS soit la direction qui conduit au soleil, et AB celle de la route suivie, dont

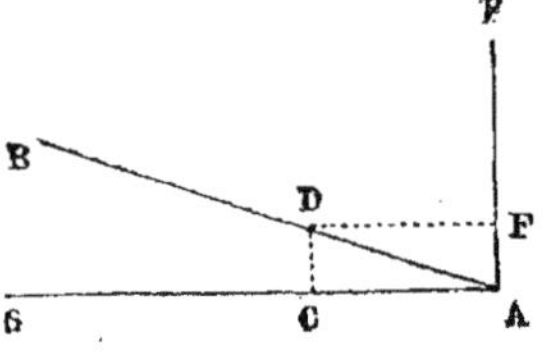

la longueur est représentée par **AD**, il faudra du point **D** abaisser les deux perpendiculaires DC, DF aux droites AS et AP.

AC sera la partie de la route courue dans la direction du soleil. On la calculera par la formule connue

$$r : \cos. \text{BAC} :: \text{AD} : \text{AC} ;$$

d'où
$$\text{AC} = \text{AD} \times \frac{\cos. \text{BAC}}{\text{R}},$$

ou
$$\text{AC} = m \times \frac{\cos. \text{G}}{\text{R}},$$

en représentant par m le nombre des milles de la route, et par **G** l'angle BAS, nommé angle de gisement.

Suivant que l'angle de gisement est aigu ou obtus, la correction est additive ou soustractive.

En établissant le calcul précédent, on a reconnu que, dans le cas de la figure, l'angle de position indispensable à utiliser était la différence des deux angles au soleil ; mais comme il n'en est pas toujours ainsi, il est nécessaire d'analyser les diverses circonstances qui peuvent se présenter ; et, à cet effet, on a construit des figures qui représentent les différentes phases de la question.

Dans les quatre premières, les hauteurs sont prises du même côté du méridien, et de différents côtés dans les figures suivantes.

Dans la figure (1), l'angle de position est la différence des deux angles au soleil.

Dans les figures (2) et (3), également.

Dans la figure (4), il est leur somme ; et ce qui distingue cette figure de la précédente, c'est que l'azimut de la première hauteur est plus grand que celui de la seconde.

Fig. 1.

Latitude et déclinaison de dénominations
différentes.

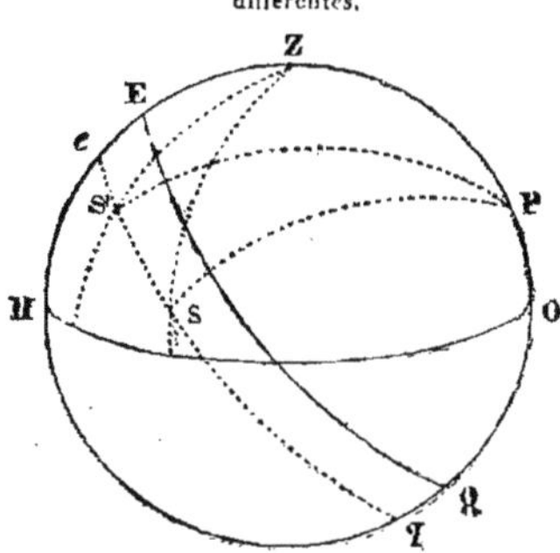

Fig. 2.

Latitude et déclinaison de même dénomination.
tude plus grande que déclinaison.

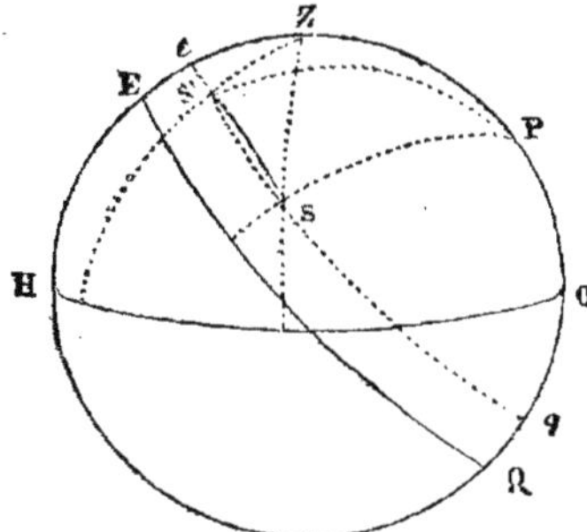

Fig. 3.

Latitude et déclinaison de même dénomination.
Latitude plus petite que déclinaison.

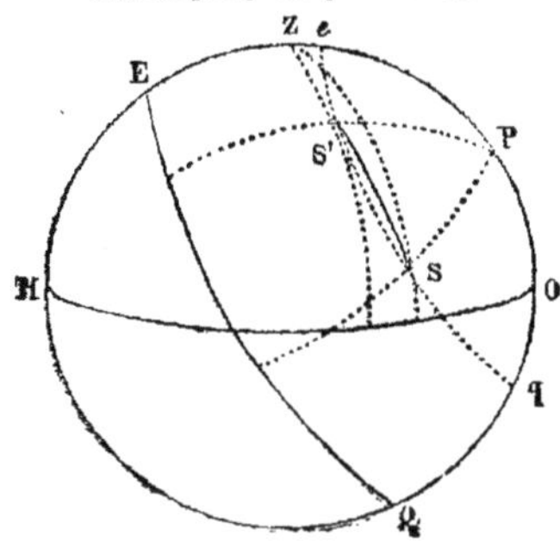

Fig. 4.

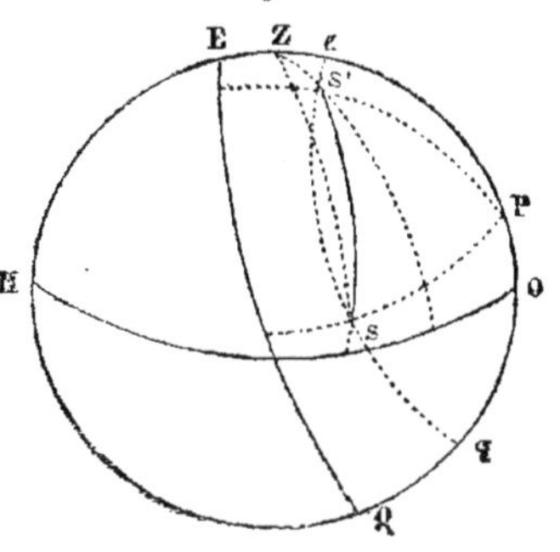

Fig. 5.

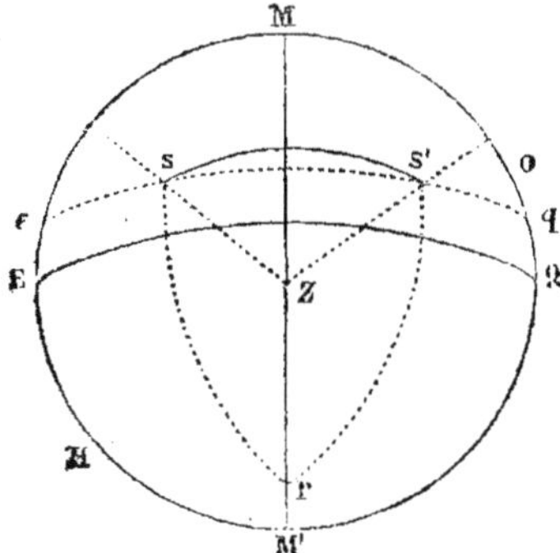

Fig. 6.

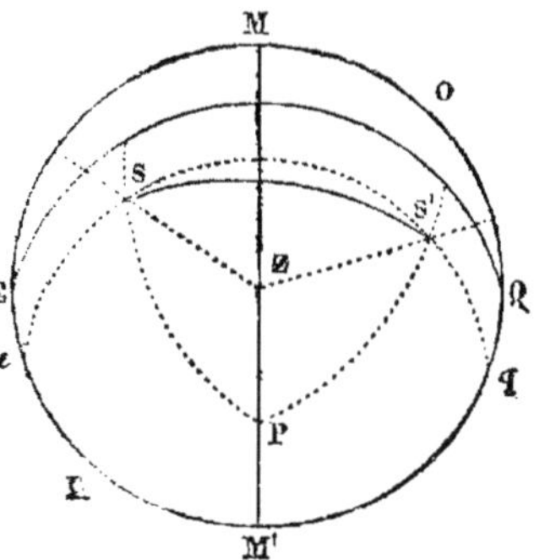

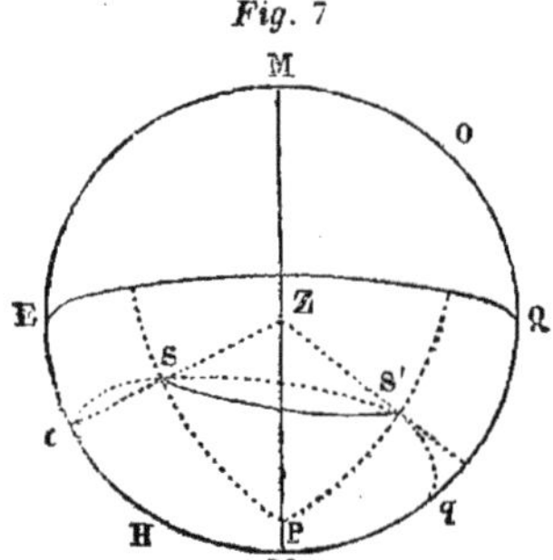

Fig. 7

Dans les figures (5) et (6), l'angle de position est la différence, et dans celle (7), la somme des deux angles au soleil.

Ce qui fait voir que c'est le plus ordinairement la différence qu'il faut faire, et qu'on ne doit combiner les deux angles au soleil par voie d'addition que dans deux cas.

1er *cas*. Lorsque les hauteurs étant prises de même côté du méridien, la déclinaison est plus grande que la latitude, de même dénomination, l'azimut de la plus petite hauteur surpassant celui de la plus grande.

2e *cas*. Lorsque les observations étant faites de différents côtés du méridien, l'astre y passe entre le zénith et le pôle.

L'imperfection de cette méthode tient à la correction qui n'est qu'un à peu près, dont le calcul se base sur l'angle de gisement dont la valeur ne saurait être observée exactement, puisque le relèvement est inexact.

Ce moyen de se procurer la latitude, nécessaire à utiliser toutes les fois que la hauteur méridienne est impossible à obtenir, exige les résolutions successives de trois triangles sphériques. Il y a donc un intérêt bien marqué à y apporter toutes les simplifications dont il est susceptible; et si, en substituant une méthode approximative simple aux formules rigoureuses connues, l'erreur qui en résulte est de la nature de celles qu'on peut se permettre à la mer sans vicier les résultats, on devra y recourir.

Or, pour le calcul du côté SS', premier élément à calculer dans le triangle S'PS, on peut regarder ce dernier comme isocèle, en donnant à ses côtés égaux une valeur égale à la demi-somme des deux distances polaires.

Aux approches des solstices, cette hypothèse est légitime d'ailleurs, la déclinaison à ces époques ne variant pas d'une quantité importante dans l'intervalle des observations.

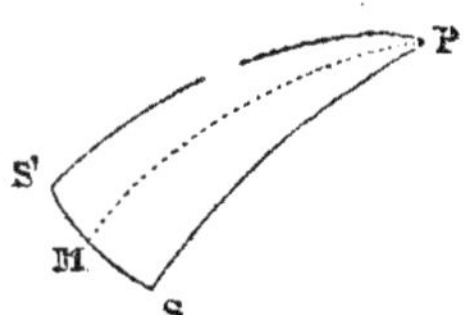

Alors on obtient SS′ en concevant un arc abaissé perpendiculairement de P sur SS′; il partage le triangle isocèle en deux triangles sphériques rectangles, **symétriques l'un de l'autre.**

La formule

$$r : \sin. \frac{P}{2} :: \sin. \frac{D+D'}{2} : \sin. \frac{S'S}{2},$$

fournira de suite $\frac{1}{2}$ SS′, D et D′ représentant les deux distances polaires.

Mais, pour le calcul de l'angle S′SP, premier angle au soleil, il ne faut plus regarder le triangle comme isocèle, mais bien obtenir la valeur de l'angle cherché dans le triangle réel, dont les trois côtés sont actuellement connus.

Exemple.

Le 17 mai 1850, étant par 30° 28′ latitude estimée N., et 118° 14′ longitude E., à 8ʰ 40ᵐ du matin, heure approchée, on a observé ☉ de 41° 37′; la montre marquait 2ʰ 12ᵐ 26ˢ, et avait une marche diurne de + 1ᵐ 47ˢ.

Lorsque la montre marquait 4ʰ 58ᵐ 17ˢ, on a trouvé hauteur ☉ de 74° 32′, l'œil élevé de 18 pieds.

On a dans l'intervalle couru au O. N. O. 4° N. avec une vitesse de 6 nœuds 2, dérive 9° bâbord, le soleil étant, lors de la première observation, relevé au S. E. $\frac{1}{4}$ E. 4° E. On demande la latitude.

PRÉPARATION DU CALCUL.

Calcul de l'intervalle.

2ᵉ heure à la montre,	4ʰ 58ᵐ 17ˢ
1ʳᵉ heure à la montre,	2ʰ 12ᵐ 26ˢ
Intervalle non corrigé,	2ʰ 45ᵐ 51ˢ
Avance de la montre dans l'intervalle,	— 12ˢ,3
Intervalle corrigé,	2ʰ 45ᵐ 38ˢ,7
En degrés,	41° 24′ 40″,5

Calcul de l'heure de Paris.

Heure à bord,	$8^h\,40^m$
Longitude en temps, —	$7^h\,52^m\,56^s$
Heure de Paris, temps vrai,	$0^h\,47^m\,4^s$
Equation du temps, —	$3^m\,53^s,4$
Heure de Paris, t. moyen,	$0^h\,43^m\,10^s,6$ pour 1re observation.
Intervalle corrigé,	$2^h\,45^m\,38^s,7$

Heure de Paris, t. moyen, $3^h\,28^m\,49^s,3$ pour 2e observation.
Déclin. pour 1re heure, $19°\,12'\,07'',3$ $1^{re}\,d^{ce}$ pol., $70°\,47'\,52'',7$
Déclin. pour 2e heure, $19°\,13'\,42'',3$ $2^e\,d^{ce}$ pol., $70°\,46'\,17'',7$

Correction de 1re hauteur pour la ramener à l'horizon de la 2°.

Angle de gisement, $12°\,15'$
Milles courus dans l'intervalle, $0°\,17',1$.

log. cos. $12°\,15'$	$9,9899973$
log. $17,1$	$1,2329961$
log. correction,	$1,2229934$
(*) Correction, —	$16'\,42''$

Correction des hauteurs de soleil.

1re hauteur.		2e hauteur.	
Hauteur observ. $\odot$,	$41°\,37'$		$74°\,32'$
Dépression, —	$4'\,18''$	—	$4'\,18''$
Haut. appar. $\odot$,	$41°\,32'\,42''$		$74°\,27'\,42''$
$\frac{1}{2}$ diamètre, +	$15'\,50'',4$	+	$15'\,50'',4$
Haut. appar. $\ominus$,	$41°\,48'\,32'',4$		$74°\,43'\,32'',4$
Réfr.-parall., —	$59''$	—	$14''$
Hauteur vraie $\ominus$,	$41°\,47'\,33'',4$		$74°\,43'\,18'',4$
Correction, —	$16'\,42''$		
Hauteur corrigée,	$41°\,30'\,51'',4$		

1re dist. zénithale, $48°\,29'\,8'',6$; 2e dist. zénith., $15°\,16'\,41'',6$.

(*) Il y a, pour la promptitude, avantage à se procurer cette correction par le quartier.

Calcul de SS'.

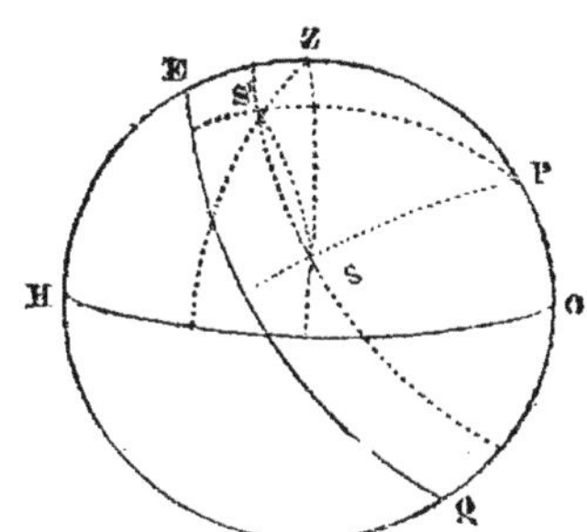

$$PS = 70^\circ\,47'\,52'',7 \qquad S'PS = 41^\circ\,24'\,40'',5$$

$$PS' = 70^\circ\,46'\,17'',7 \qquad \frac{S'PS}{2} = 20^\circ\,42'\,20'',2$$

$$PS + PS' = 141^\circ\,34'\,10'',8$$

$$\frac{PS + PS'}{2} = 70^\circ\,47'\,5'',2$$

$$r : \sin.\,\frac{S'PS}{2} :: \sin.\,\frac{PS + PS'}{2} : \sin.\,\frac{SS'}{2};$$

$$\log.\,\sin.\,\frac{S'PS}{2} = 9,5484699$$

$$\log.\,\sin.\,\frac{PS + PS'}{2} = 9,9751048$$

$$\log.\,\sin.\,\frac{SS'}{2} = 9,5235747$$

$$\frac{SS'}{2} = 19^\circ\,30'\,13'',3$$

$$SS' = 39^\circ\,00'\,26'',6$$

Calcul du 1ᵉʳ angle au soleil.

$$\text{S'P} = 70^\circ\, 46'\, 17'',7 \qquad \cos. \frac{\text{S'SP}}{2} = \sqrt{\frac{\sin. \text{S} \sin. (\text{S}-\text{PS'})}{\sin. \text{PS} \sin. \text{SS'}}}.$$

SP $= 70^\circ\, 47'\, 52'',7$ compᵗ log. sin. $= 0,0248603$

SS' $= 39^\circ\, 00'\, 26'',6$ compᵗ log. sin. $= 0,2010591$

somme $= 180^\circ\, 34'\, 37''$

$\frac{1}{2}$ somme $= 90^\circ\, 17'\, 18'',5$ log. sin. S $= 9,9999945$

$\frac{1}{2}$ somᵉ$-$PS'$= 19^\circ\, 31'\, 00'',8$ log. sin. S$-$PS' $= 9,5238568$

$$19,7497707$$

$$\text{log. cos.} \frac{\text{PSS'}}{2} = 9,8748803$$

$$\frac{\text{PSS'}}{2} = 41^\circ\, 26'\, 12''$$

1ᵉʳ angle au soleil, $82^\circ\, 52'\, 24''$.

Calcul du 2ᵉ angle au soleil.

ZS' $= 15^\circ\, 16'\, 41'',6$

ZS $= 48^\circ\, 29'\, 8'',6$ cᵗ log. sin. $= 0,1256397$

SS' $= 39^\circ\, 00'\, 26'',6$ cᵗ log. sin. $= 0,2010591$

somme $= 102^\circ\, 46'\, 16'',8$

$\frac{1}{2}$ somme $= 51^\circ\, 23'\, 8'',4$ log. sin. $= 9,8928536$

$\frac{1}{2}$ sᵉ ZS' $= 36^\circ\, 6'\, 26'',8$ log. sin. $= 9,7703374$

$$19,9898898$$

$$\text{log.} \frac{\text{ZSS'}}{2} = 9,9949449$$

$$\text{ZSS'} = 17^\circ\, 27'.$$

Angle de position, $82^\circ\, 52'\, 24'' - (17^\circ\, 27') = 65^\circ\, 25'\, 24''$.

Calcul de *ZP*.

Éléments.

$$ZS = 48° 29' \ 8'',6$$
$$PS = 70° 47' 52'',7$$
$$ZSP = 65° 25' 24''$$

$$\text{tang. 1}^{er}\text{ seg}^{t} = \frac{\overset{+}{\text{tang. SP}} \ \overset{+}{\text{cos. S}}}{R}$$

$$\text{log. tang. SP} = 10{,}4580748$$
$$\text{log. cos. S.} = \ 9{,}6190000$$
$$\overline{\text{log. tang. 1}^{er}\text{ seg}^{t} = 10{,}0770748}$$
$$1^{er}\text{ segment} = 50° 3' 28''.$$

$$\text{cos. ZP} = \frac{\text{cos. SP}}{\text{cos. 1}^{er}\text{ seg}^{t}} \ \text{cos. (2}^{e}\text{ segment).}$$

$$\text{log. cos. SP} = \ 9{,}5170640$$
$$\text{log. cos. (2}^{e}\text{ seg}^{t}) = \ 9{,}9998000$$
$$c^{t}\text{ log. cos. 1}^{er}\text{ seg}^{t} = \ 0{,}1924549$$
$$\overline{\text{log. cos. ZP} = \ 9{,}7093189}$$
$$ZP = 59° 11' 57''.$$

$$\text{latitude calculée, } 30° 48' 3'' \text{ N.}$$

Latitude obtenue par deux hauteurs prises à peu de distance l'une de l'autre.

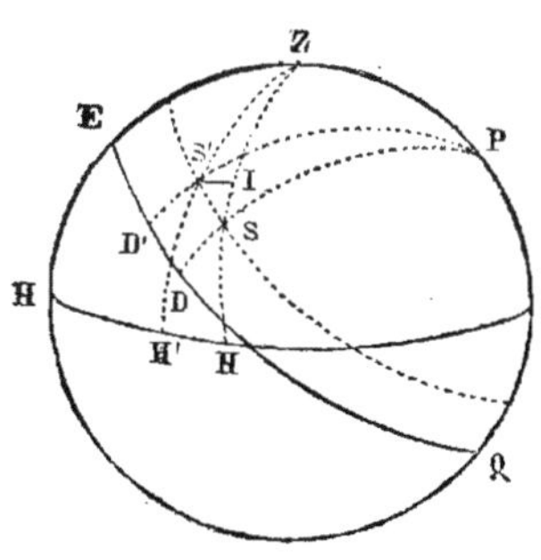

Ce procédé ne se distingue du précédent que par la méthode qu'on y emploie pour se procurer l'angle de position.

Les deux hauteurs étant prises à 8 ou 10 minutes d'intervalle au plus l'une de l'autre, le triangle S'SI pourra être considéré comme rectiligne à cause de la petitesse de ses côtés, et fournira la proportion

$$r : \text{cos. S'SI} :: \text{SS'} : \text{SI};$$

ou

$$r : \text{sin. ZSP} :: \text{SS'} : d\text{H.}$$

Pour éliminer SS' de ce calcul, on posera

$$DD' : SS' :: r : \cos. d;$$

d'où
$$SS' = DD' \times \frac{\cos. d}{r};$$

et substituant,
$$r : \sin. ZSP :: DD' \times \frac{\cos. d}{r} : dH;$$

et enfin
$$\sin. ZSP = \frac{r^2\, dH}{DD' \cos. d}$$

Connaissant alors dans le triangle ZSP les côtés ZS, PS et l'angle compris, on pourra calculer le côté ZP.

Latitude obtenue par les hauteurs simultanées de deux astres.

On prendra au même instant les hauteurs de deux astres, et le calcul ne différera de celui déjà exécuté que par la manière de se procurer l'angle au pôle compris entre les deux cercles de déclinaison.

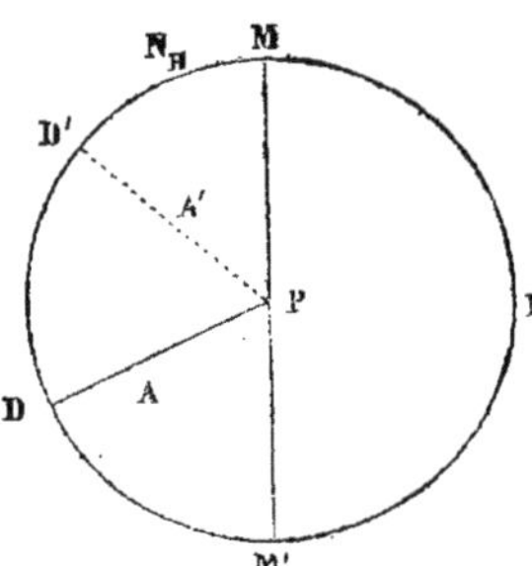

Soient MNM'D l'équateur, P le pôle, MM' le méridien, PD, PD' les cercles de déclinaison des deux astres A et A', B le point équinoxial ; la différence des deux ascensions droites BD, BD' fera connaître l'arc DD', mesure de l'angle au pôle, qui précédemment avait été calculé au moyen de l'intervalle de temps écoulé entre les observations des deux hauteurs solaires.

Le reste s'achèvera en suivant la même méthode de calcul.

En calculant l'heure du passage d'une étoile au méridien par la méthode indiquée précédemment, et prenant la hauteur à cette heure, on en pourrait conclure la latitude.

Ces dernières méthodes ne doivent être considérées que comme des en cas, les unes à cause de leur peu de rigueur, et les autres par suite de la difficulté des observations qu'elles exigent.

On n'a pas ajouté de calculs numériques aux dernières méthodes indiquées, afin de ne pas abuser les élèves sur l'étendue du cours.

On rassemblera dans le quatrième volume de nombreux exemples de tous les calculs usuels.

Latitude obtenue par une hauteur de l'étoile polaire.

S'il existait une étoile au pôle, sa hauteur au-dessus de l'horizon ferait connaître la latitude immédiatement.

L'étoile nommée polaire, étant à une petite distance du pôle, permet de calculer la latitude en prenant la hauteur de cet astre à un instant quelconque, et lui apportant une correction qui dépend de l'heure de l'observation.

On sait que la polaire est actuellement à environ 1 degré 30 minutes du pôle, et la *Connaissance des temps* fait connaître exactement ses éléments.

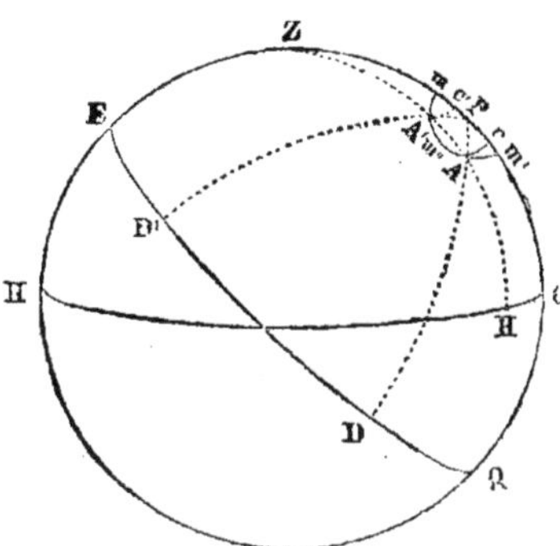

Soient $m\ m'\ m''$ la circonférence qu'elle décrit autour du pôle P, et A le point de cette circonférence auquel elle a été observée.

Si l'on conduit le cercle de déclinaison PD et le parallèle Ac à l'horizon, CO, qui est égal à la hauteur observée AH, différera de la latitude de l'arc cP.

On se procurera cP au moyen du triangle rectangle PAc, que l'on considérera comme rectiligne, et qui a pour éléments AP, distance polaire de l'étoile, et l'angle APc, supplément de l'angle horaire de l'étoile.

On se procure cet angle par la méthode précédemment indiquée.

On aura en conséquence la formule $r : \cos. P :: PA : Pc$, qu'on pourra résoudre, soit par logarithmes, soit à l'aide du quartier.

On voit que la correction est additive lorsque l'angle horaire de l'étoile est obtus, nulle lorsqu'il est droit, soustractive lorsqu'il est aigu.

LONGITUDES.

S'il est possible de se procurer l'heure du bord au moment où s'accomplit un phénomène céleste répondant à une heure calculée de Paris, on aura ainsi les heures comptées au même instant à Paris et à bord; leur différence réduite en degrés sera donc la longitude comptée à partir du méridien de Paris, choisi par les Français pour méridien de départ.

On se sert principalement des distances entre les centres de la lune et du soleil, inscrites dans la *Connaissance des temps*, de trois en trois heures, pour certains jours de chaque lunaison.

Trois observateurs déterminent simultanément :

Le premier, la hauteur du bord inférieur du soleil ;

Le deuxième, la hauteur du bord éclairé de la lune ;

Le troisième, la distance entre les bords voisins des deux astres.

On doit, à l'aide de ces données, calculer,

1° La distance vraie entre les centres des deux astres, n'ayant par l'observation qu'une distance observée des bords ;

2° L'heure du bord pour l'instant précis des opérations.

Si on a eu le soin d'opérer à l'instant des circonstances favorables, on pourra compter sur l'exactitude de l'angle horaire déduit des hauteurs de soleil.

L'heure du bord ainsi obtenue est convertie en heure moyenne à l'aide de l'équation du temps, élément variant très-peu en vingt-quatre heures, et que permet d'apprécier d'une manière suffisamment exacte la longitude due à l'estime.

La *Connaissance des temps* fournit l'heure de Paris, temps moyen correspondant à la distance vraie calculée.

La différence entre les heures comptées simultanément à Paris et à bord fournira la longitude en temps.

Mais il n'est pas souvent possible d'attendre l'instant des circonstances favorables pour se mettre en observation, la lune n'étant pas toujours visible à cette heure.

D'un autre côté, il faut suppléer à l'absence de distance luni-solaire par des distances luni-stellaires ; et les hauteurs d'étoiles sont en général trop incertaines, pour qu'on puisse leur accorder une grande confiance.

On lève ces difficultés à l'aide d'un chronomètre, en calculant son état absolu par des observations de hauteurs du soleil, pour un instant le plus rapproché possible de celui des observations.

Alors on se borne à observer une série de distances, et à compter les heures marquées par la montre au moment de chacune d'elles ; une moyenne des distances et une moyenne des heures sont alors les deux éléments du calcul.

On corrige cette heure moyenne de l'état absolu calculé, et aussi de la partie de la marche diurne de la montre, pour le temps qui s'est écoulé depuis les observations de hauteurs de soleil jusqu'au moment de celles de distances, et on obtient par là l'heure du bord correspondant à ces dernières.

On calcule les hauteurs vraies et apparentes des deux astres pour cette heure, ainsi qu'il a été dit dans un chapitre antécédent, et l'on rentre ainsi dans le cas général.

Exemples.

On a précédemment fait le calcul de la distance vraie des centres de la lune et du soleil pour les données suivantes :

Le 31 juillet 1850, par $\left\{\begin{array}{l}\text{latitude}\dots\dots\dots\ 34^\circ\ 36'\ \text{N.}\\ \text{longitude estimée}\ 50^\circ\ 42'\ \text{O.,}\end{array}\right.$ vers $9^h\ 22^m$ matin.

Hauteur observée $\odot$ $50^\circ\ 35'\ 14''$ $\left.\begin{array}{l}\\ \\ \end{array}\right\}$ l'œil étant élevé de 4^m.

Hauteur $\mathbb{C}$ . . . . . . $27^\circ\ 32'\ 19''$

Distance $\odot\,\mathbb{C}$ . . . . . $98^\circ\ 35'\ 52''$

La distance vraie des centres a été trouvée de $98^\circ\ 21'\ 10''$.

Elle est à Paris, le 31 juillet, à 0^h, de $98^\circ\ 45'\ 2''$.

                  Différence $\overline{\quad 23'\ 52''.\quad}$

La distance diminuait en 3^h, d'après la *Connaissance des temps*, de $1^\circ\ 29'\ 30''$; donc, pour diminuer de $23'\ 52''$, elle a mis un temps marqué par le quatrième terme de la proportion :

$$1^\circ\ 29'\ 30'' : 3^h :: 23'\ 52'' : x.$$

$$x = 0^h\ 47^m\ 58^s,9.$$

L'heure correspondante à la distance est donc $0^h\ 47\ 58^s,9.$

Calcul de l'angle horaire.

On peut utiliser dans ce cas la formule

$$\cos. \frac{P}{2} = R \sqrt{\frac{\cos.\left(\dfrac{L+d+ZS}{2}\right)\cos.\left(\dfrac{L+d-ZS}{2}\right)}{\cos. L \cos. d}}.$$

$$\log. \cos.\left(\frac{L+d+ZS}{2}\right) = 9,8412398$$

$$\log. \cos.\left(\frac{L+d-ZS}{2}\right) = 9,9968930$$

$$c^t \log. \cos. L = 0,0845282$$

$$c^t \log. \cos. d = 0,0225718$$

$$\overline{19,9452328}$$

$$\log. \cos. \frac{P}{2} = 9,9726164$$

$$\frac{P}{2} = 20^\circ \ \ 8'$$

$$P = 40^\circ \ 16'.$$

L'angle horaire en temps $2^h \ 41^m \ \ 4^s$, c'est le matin ;

et, par suite, l'heure est le 30 $21^h \ 18^m \ 56^s$, temps vrai ;

équation du temps $+$ $6^m \ \ 3^s,5$

Heure à bord, temps moyen, le 30 $\overline{21^h \ 24^m \ 59^s,5}$

L'heure moy. de Paris était, le 31, $0^h \ 47^m \ 58^s,9$

la différ., ou la longit. en temps $=$ $3^h \ 22^m \ 59^s,4$

qui, réduite en degrés, donne enfin $50^\circ \ 44' \ 51''$ longitude O.

Longitude obtenue à l'aide d'une montre marine.

Lorsque l'on possède à bord un chronomètre dont la marche diurne a été déterminée avec précision, on peut se procurer la longitude au moyen d'observations de hauteurs solaires.

Il suffit en effet du calcul d'un état absolu un jour quelconque, et de la marche diurne, pour savoir à tout instant quelle heure il est à Paris.

Un calcul d'angle horaire, déduit d'observations solaires faites à l'instant favorable, fera connaître l'heure comptée à bord au même instant.

La différence entre les deux heures sera la longitude en temps.

Exemple.

Le 6 mai 1850, vers 7^h du matin, par $42°$ latitude N. et une longitude E., on a observé $\odot$ de $25°$ $07'$, l'œil élevé de 4^m ;
la montre marquait 9^h 50^m 26^s.

Le 25 avril, elle avançait de 3^h 51^m 55^s sur le midi moyen de Paris, et avait un retard diurne de $15^s,5$.

Heure à la montre à l'instant de l'observation,	9^h 50^m 16^s	
son avance sur l'heure de Paris,	3^h 51^m 55^s	

Heure qu'il serait à Paris, si la montre gardait
    exactement le temps, 5^h 58^m 21^s.

Retard de la montre depuis le 25 avril à midi jusqu'au 6 mai à 5^h 58^m 21^s matin, $+$ 02^m 46^s

Heure à Paris, temps civil, le 6 mai matin, 6^h 01^m 07^s
    ou le 5 mai, temps astronomique, 18^h 01^m 07^s

Correction de la hauteur.

Hauteur observée $\odot$,	$25°$	$07'$	$00''$
Dépression, —		$3'$	$30''$
Hauteur apparente $\odot$,	$25°$	$03'$	$30''$
$\frac{1}{2}$ diamètre, $+$		$15'$	$52'',5$
Hauteur apparente $\ominus$,	$25°$	$19'$	$22'',5$
Réfr^{on} — Par^c —		$1'$	$54'',5$
Hauteur vraie $\ominus$,	$25°$	$17'$	$28''$.

Calcul de la déclinaison.

Déclinaison, le 5 mai, à 0^h $16°$ $13'$ $37'',2$.
Augmentation en $24^h = 17'$ $0'',4$
                  $17'$ $0'',4$
                  $17'$ $0'',4$
                  $8'$ $30'',2$
               $\overline{42''31''',0}$
ou $42'',5$
Augmentation en $18^h = 42'',5 \times 18$ $12'$ $45'',0$
Déclinaison pour l'heure de l'observation, — $16°$ $26'$ $22'',2$.

Calcul de l'angle horaire.

Déclinaison, $16°$ $26'$ $22'',2$
Latitude, $42°$ $00'$ $00''$
Distance au zénith, $64°$ 42 32

    $2S = 123°$ $08'$ $54'',2$
    $S = 61°$ $34'$ $27'',1$ Log. cos. S $= 9,6776255$
$ZS — S = 3°$ $08'$ $05''$. log. cos. $(2s — S) = 9,9993497$
        c^t log. cos. L $= 0,1289265$
        c^t log. cos. $d = 0,0181273$
              $\overline{19,8240290}$

log. cos. $\dfrac{P}{2} = 9,9120145$

$\dfrac{P}{2} = 35°$ $15'$ $11'',$

Angle horaire le matin,   P $= 70°$ $30'$ $23''$
Heure correspondante le 6 au matin, 7^h 17^m $58^s,5$
ou le 5, temps vrai, 19^h 17^m $58^s,5$
Équation du temps, 3^m 33^s

Heure à bord, temps moyen le 5, 19^h 14^m $25^s,5$
Heure à Paris au même instant, 18^h 01^m 7^s

Longitude en temps, 1^h 13^m $18^s,5$
Longitude en degrés, $18°$ $19'$ $35''$ E.

FIN DES ÉLÉMENTS DE NAVIGATION.

CALCULS ÉLÉMENTAIRES DE NAVIGATION,

POUR L'ANNÉE 1850.

CALCULS ÉLÉMENTAIRES DE NAVIGATION,

POUR L'ANNÉE 1850.

Point par l'estime (1).

Étant parti d'un lieu situé par 38° 25′ latitude **N.**,

3° 27′ longitude **E.**,

on a fait 127 milles au N. 37° E. du compas, la dérive étant de 22° 30′ bâbord.

Variation 17° 30′ N.-O. Trouver le point d'arrivée.

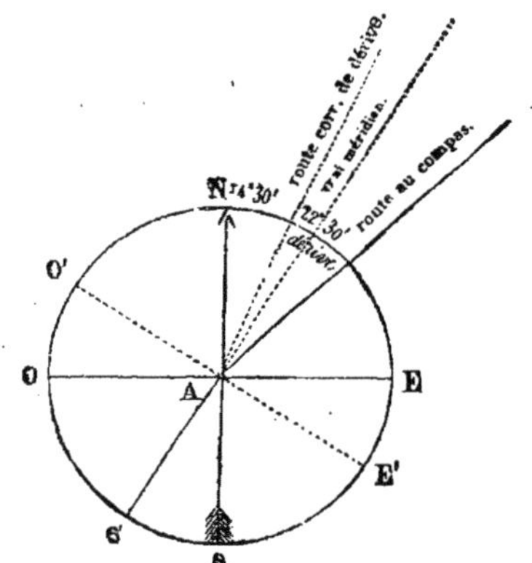

Route au compas	N.,	37°	E.
Dérive bâbord,		22°	30′
Route corrigée de dérive N.,		14°	30′ E.
Variation	N.,	17°	30′ O.
Route corrigée, ou rappor-			
tée au méridien réel N.,		3°	0′ O.

ou angle V.

Chemin parcouru,		127 milles.	
Changement latitude	N.,	2° 06′ 48″	chemin E., O. 6,3.
Latitude de départ	N.,	38° 25′ 0″	
Latitude d'arrivée	N.,	40° 31′ 48″	
Somme des deux latitudes,		78° 56′ 48″	
Latitude moyenne,		39° 28′ 24″	
Changement longitude O.,		0° 08′ 30″	
Longitude de départ	E.,	3° 27′ 00″	
Longitude d'arrivée	E.,	3° 18′ 30″	

Problème de route composé, résolu par le quartier (2).

Étant parti d'un lieu situé par $\begin{cases} 25°\ 34'\ \text{latitude N.} \\ 24°\ 45'\ \text{longitude O.,} \end{cases}$

on a fait les trois routes suivantes :

Routes au compas.	Variation.	Dérive.	Routes corrigées.	Chemin.
N.-N.-O.	19° N.-O.	11° bâbord.	N. 52° 30′ O.	52 milles.
N.-E. ¼ E.	19° N.-O.	15° tribord.	N. 52° 15′ E.	45 id.
N.	19° N.-O.	18° bâbord.	N. 37° 00′ O.	66 id.

On demande le point d'arrivée.

Chemins parcourus.

Nord.	Est.	Ouest.
31^m,6	0,0	41^m,2
27^m,6	35,5	0,0
52^m,7	0,0	39,7
111^m,9	35^m,6	80^m,9
		35, 6
		45^m,3 chem. parc. à l'ouest.

Changement latitude,	1° 51′ 54″	N.
Latitude de départ,	25° 34′	N.
Latitude d'arrivée,	27° 25′ 54″	N.
Somme des deux latitudes,	59° 59′ 54″	
Latitude moyenne,	26° 39′ 57″	

Chang^t longit.,	0° 50′ 30″	O.
Long^e de dép.,	24° 45′ 0″	O.
Long^e d'arr.,	25° 35′ 30″	O.

Résolution du problème précédent par le calcul (3).

r : cos. V :: M : ch^t lat^e. r : tang. V :: ch^t lat^e crois^e : ch^t long^e.

PREMIÈRE ROUTE.

log. cos. V = 9,784447	lat^e crois^e de dép. 1587,60
log. M = 1,716003	lat^e crois^e arriv. 1623,15
log. ch^t lat^e = 1,500450	chang^t lat^e crois^e 35,55
chang^t lat^e = 31′ 39″ N.	
lat. de départ 25° 34′ 00″ N.	
lat^e arriv. = 26° 05′ 39″	

log. tang. V = 10,115020
log. ch^t lat^e c^e = 1,550840
log. ch^t long^e = 1,665860
ch^t long^e O. = 46′,33

DEUXIÈME ROUTE.

log. cos. V = 9,786906   lat^e crois^e de dép. 1623,15
log. M = 1,653213   lat^e croise d'arr. 1653,27
log. ch^t lat^e = 1,440119   ch$_t$ en lat^e crois^e 30,12
ch^t latit^e = 27′ 45″ N.
lat^e de dép. 26° 05′ 39″ N.
lat^e arriv. 26° 33′ 24″ N.

log. tang. V = 10,111100
log. ch^t lat^e c^e = 1,478855
log. ch^t long. = 1,589955
ch^t long^e Est = 38′,09

TROISIÈME ROUTE.

log. cos. V = 9,908349   lat^e crois^e dép. 1653,27
log. M = 1,819544   lat^e crois^e arr. 1712,75
log. ch^t lat^e = 1,721893   diff. en lat. crois^e 59,48
ch^t lat^e 52′ 42″ N.
lat^e de dép. 26° 33′ 24″ N.
lat^e d'arr. 27° 26′ 06″ N.

log. tang. V = 9,877114
log. ch^t lat^e c^e = 1,774371
log. ch^t long^e = 1,651485
ch$_t$ longit^e O. = 44′,82

Changement longitude.

Est.	Ouest.
38′,09	46′,33
00′,0	44′,82
	91′,15
	38′,09

Chang^t final longit^e O.,   53′,06 ou 53′ 03″ O.
longitude de départ,   24° 45′ 00″ O.

longitude de l'arrivée,   25° 38′ 03″ O.

Calcul de l'heure du lever vrai du centre du soleil (4).

Déterminer l'heure, temps moyen, du lever vrai du centre du
soleil le 20 mai 1850,

dans un lieu situé par ⎰ 40° 55′ latitude N.
⎱ 30° 43′ longitude O.,
l'heure présumée de ce lever étant 4^h 27^m.

Heure du bord, temps astronom^e, le 19, 16^h 27^m   déclin. le 19, 19° 45′ 02″
Longitude en temps,   2^h 02^m   partie prop^lle   9′ 48″,3

Heure de Paris, le 19, 18^h 29^m   décl. calculée 19° 54′ 55″,3

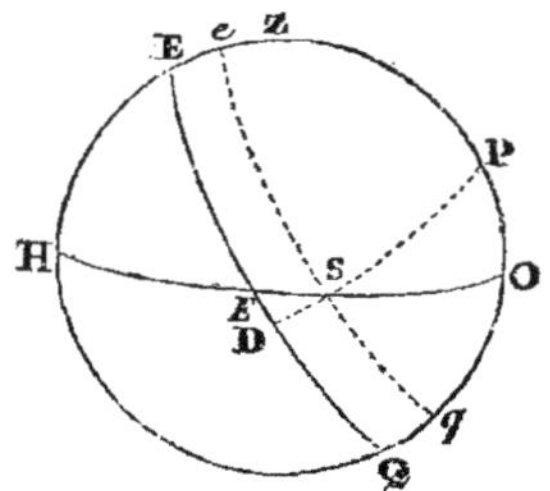

r : tang. SED :: sin. ED : tang. DS, ou r : c^t L :: cos. DQ : tang. d.
Log. tang. $d =$ 9,5590313
c^t log. cot. L = 9,9378871
log. cos. DQ = 9,4969184   DQ = 71°.

Heure du lever, temps vrai, 4^h 46^m 48^s   en temps 4^h 46^m 48^s.
équation de temps   —   3^m 48^s
Heure du lever temps moy., 4^h 43^m 0^s le 20 mai.

Passage du soleil au premier vertical (5).

Le 15 juin 1850, dans un lieu { 45° 52' latitude N.
situé par.................. { 54° 27' longitude O.,
trouver l'heure du passage du soleil au premier vertical dans
l'Ouest, et la hauteur instrumentale du bord inférieur au même
instant, l'heure présumée étant $4^h 20^m$, l'erreur instrumentale
$+1' 15''$, et l'élévation de l'œil, 5^m.

Heure présum., $4^h 20^m$ décl. du sol. à midi, 23° 19' 07'', 6 N.
Long^e en temps $+3^h 37^m 48^s$ partie proport. $+$ 0° 0' 47'',4

Heure de Paris, $7^h 57^m 48^s$ décl. calculée,   23° 19' 55'' N.

$$r : \text{tang. } L :: \sin. OD : \text{tang. } d.$$

log. tang. $d = 9,6348089$
c^t log. tang. $L = 9,9868596$

log. cos. $ED = 9,6216685$
$ED = 65° 15' 43''$
ED en temps $= 4^h 21^m 3^s$, heure
approchée du passage temps vrai.

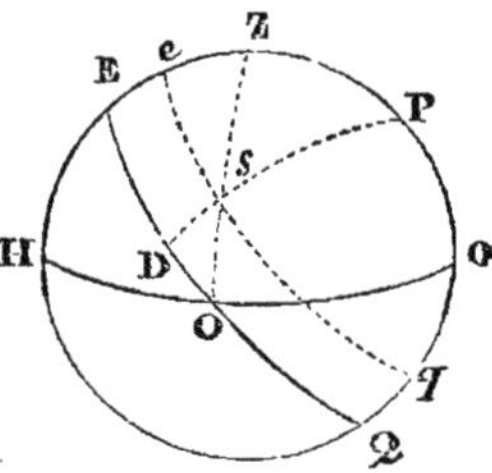

Calcul de la hauteur.

$$r : \sin. L :: \sin. H : \sin. d.$$

log. sin. $d = 9,5977583$ Haut. vraie du centre $=$ 33° 29' 32''
c^t log. sin. $L = 0,1410442$ demi-diamètre, —   15' 46'',23

log. sin. $H = 9,7418025$ hauteur v. ⊙,   33° 13' 45'',77
hauteur v. ⊖ $= 33°29' 32''$ réfract. — parallaxe, $+$ 1' 22''

                           hauteur apparente ⊙,   33° 15' 07'',77
                             dépression, $+$ 4'

                           hauteur observée ⊙,   33° 19' 07'',77
                           erreur instrumentale, —   1' 15''

                           hauteur instrumentale,   33° 17' 52',77

Angle de position (6).

Le 28 mai 1850, dans un lieu situé par { 10° 21′ latit^e N. / 30° 54′ long^e O.,

on demande l'heure à laquelle l'angle de position du soleil sera droit, et la hauteur instrumentale de son bord inférieur à cet instant, l'heure présumée étant 4^h 12^m, l'élévation de l'œil 4^m,5, et l'erreur instrumentale — 3′ 15″.

Heure présumée,	4^h 12^m	Décl. à midi,	19° 57′ 45″,6 N.
long^e en temps,	+ 2^h 03^m 36^s	part. prop. +	3′ 14″
heure à Paris,	6^h 15^m 36^s	décl. calcul.,	20° 00′ 59″,6

Calcul de la hauteur.

$$r : \cos. \text{SP.} :: \cos. \text{ZS} : \cos. \text{ZP}$$
ou $\quad r : \sin. d :: \sin. \text{H} : \sin. \text{L.}$

log. sin. L = 9,254453
c^t log. sin. d = 0,465601

log. sin. H = 9,720054
H, ⊖ = 31° 39′ 34″
(R — P) = + 1′ 27″

hauteur appar. ⊖ = 31° 41′ 01″,

demi-diamètre, — 15′ 49″,5

haut. apparente ☉ = 31° 25′ 11″,5

dépression, + 3′ 55″

haut. observée ☉, 31° 29′ 06″,5
erreur instrument^e + 3′ 15″

haut. instrument., 31° 32′ 21″,5

Calcul de l'heure.

$$r : \cos. \text{P} :: \tan. \text{ZP} : \tan. \text{SP}$$
ou $r : \cos. \text{P} :: \cot. \text{L} : \cot. d.$

log. cot. L = 10,438548
c^t log. cot. d = 9,261578
log. cos. P = 9,700126   P = 59° 54′ 43″

h^e en tem. vr., 3^h 59^m 38^s,9
tem. moy. au midi vrai, 11^h 56^m 14^s

h^e tem. moy., 3^h 55^m 52^s,9

Calcul de l'heure du lever apparent du bord inférieur du soleil (7).

Déterminer l'heure, temps moyen, du lever apparent du $\odot$ le 20 août par une latit^e de 39° 58′ 30″ N., et une longitude O de 58° 45″, l'œil élevé de 6^m,5. Heure présumée, 5^h 19^m.

Heure à bord	5^h 19^m		Déclinaison le 19,	12° 49′ 59″,3
longit^e en temps $+$	3^h 55^m		partie proport^{lle}, $-$	17′ 27″
heure de Paris le 20,	9^h 14^m temps civil.		décl. calculée,	12° 32 32″,3
heure le 19,	21^h 14^m tem. astron.			
équation du temps,	3^m 14^s			
h^e Paris, tem. moy.,	21^h 17^m 14^s			

Hauteur v. $\ominus = h_o \, \odot - D + \frac{1}{2}D - (R - P)$; d'où H, $\ominus = - D + \frac{1}{2}D - (R - P)$ puisque $h_o \, \odot = 0$.

Calcul de l'angle horaire.

$$\frac{1}{2}D = 15′\ 50″$$
$$\text{dépression} - 4′\ 34″$$
$$+\ 11′\ 16″$$
$$R - P - 33′\ 37″$$
$$H, \ominus = -\ 22′\ 21″$$
$$\text{dist}^e \text{ zénith. } 90°\ 22′\ 21″$$

$$+\cos\frac{P}{2} = \sqrt{\frac{\sin\left(\dfrac{ZS + SP + ZP}{2}\right)\sin\left(\dfrac{ZP + SP + ZS}{2} - ZS\right)}{\sin. ZP \sin. SP}}$$

ZS $=$ 90° 22′ 21″
ZP $=$ 50° 01′ 30″   comp^t log. sin. $=$ 0,1155871
SP $=$ 77° 27′ 28″   comp^t log. sin. $=$ 0,0104895

$$ZS + ZP + SP = 217°\ 51′\ 19″$$
$$\frac{ZS + ZP + SP}{2} = 108°\ 55′\ 39″ \qquad \text{log. sin.} = 9,9758589$$
$$\tfrac{1}{2}\text{ somme} - ZS = 18°\ 33′\ 18″ \qquad \text{log. sin.} = 9,5027204$$

$$19,6046559$$

$$\text{log. cos.}\ \frac{P}{2} = 9,8023279$$
$$\frac{P}{2} = 50°\ 37′\ 42″$$
$$P = 101°\ 15′\ 24″$$

heure en temps vrai,   5^h 14^m 58^s
équation du temps, $+$ 3^m 17^s
heure lever, temps moyen,   5^h 18^m 15^s

Calcul de l'heure du coucher apparent du bord supérieur du soleil (8).

Déterminer l'heure du coucher apparent du $\overline{\odot}$, le 9 janvier, dans un lieu situé par { 40° 29′ latitude N. / 2° 13′ 45″ long^e O., l'œil élevé de 5^m. Heure présumée du coucher, $4^h\ 20^m$ t. m.

H^e présumée,	$4^h\ 20^m$	Déclinais. du ⊙ le 9 à 0^h,	22° 07′ 01″,2 S.
long^e en tem. +	$8^m\ 55^s$	partie proportionnelle, —	1′ 38″
heure de Paris,	$4^h\ 28^m\ 55^s$	déclinaison calculée,	22° 5′ 23″,2 S.
		distance polaire,	112° 05′ 23″,2

Haut. observée $\overline{\odot}$,	0° 00′ 00″	dist^e zénit.,	90° 53′ 52″,6		
dépression, —	3′ 58″	c^t latitude,	40° 31′ 00″	c^t log. sin.	0,1873077
demi-diamètre, —	16′ 17″,6	dist. pol^{re},	112° 05′ 23″,2	c^t log. sin.	0,0331104
Réf. parallaxe, —	33′ 37″,0	somme	243° 30′ 15″,8		
Hauteur vr. ⊖, —	0° 53′ 52″,6	½ somme,	121° 45′ 07″,9	log. sin.	9,9295890
distance au zénith,	90° 53′ 52″,6	½ som. — H′	30° 51′ 15″,3	log. sin.	9,7099950
					19,8600021

log. cos. $\frac{P}{2}$	=	9,9300010
$\frac{P}{2}$	=	31° 39′ 50″
P	=	63° 19′ 40″
heure en temps vrai,		$4^h\ 13^m\ 18^s,6$
équation du temps,	+	$7^m\ 29^s,6$
heure coucher, temps moyen,		$4^h\ 20^m\ 48^s,2$

Calcul de la variation par l'amplitude ortive (9).

Au moment du lever vrai ⊙, le 20 juin,) 40° 28′ latitᵉ N.
vers 4ʰ du matin, par...................) 30′ 25′ longᵉ O.,

on a relevé le centre du soleil à l'E. ¼ N.-E. 5° E. du compas.

Trouver la variation.

Heure du lieu, le 19, à 16ʰ
diff. des mérid.	+	2ʰ 1ᵐ 40ˢ

heure de Paris, le 19,	18ʰ 1ᵐ 40ˢ
	Déclinaison à 0ʰ,	23° 26′ 17″,7
	partie proportˡˡᵉ +	00′ 34″,3

	Déclin. calculée,	23° 26′ 52″ log. sin. décl., 9,599788
			compᵗ log. cos. latᵉ, 0,118739

			log. sin. amplitude, 9,718527

	Amplitude calculée, 31° 32′ 09″ de l'Est vers le Nord ;
	amplitude observée,	6° 15′ 00″

		Variation,	25° 17′ 09″ N.-O.

Variation par le lever apparent du soleil (10).

Le 5 mai, vers 4^h 36^m du matin, temps moyen, on a relevé le centre du soleil à l'Est 5° Sud du compas, au moment où son bord inférieur touchait l'horizon visible, l'œil élevé de cinq mètres dans un lieu situé par

$$\begin{cases} 49°\ 29'\ \text{latitude N.} \\ 2°\ 13'\ 45''\ \text{longitude O.} \end{cases}$$

On demande la variation du compas.

H^e présum. du lev^r, 4^h 36^m
long^e en temps, $+$ 8^m 55^s

h^e de Paris, le 5, 4^h 44^m 55^s
le 4, 16^h 44^m 55^s

déclin. le 4 à 0^h 15° 36' 20",9 B.
partie propor^{lle},   12' 3",3

déclin. calculée,   16° 08' 24",2 B.
distance polaire,   73° 51' 36"

Haut. observ. ☉,   0° 00' 00"

dépression, — 0° 3' 56"
demi-diamètre, $+$ 0° 15' 52"

Haut. app. ⊖ $+$ 0° 11' 54"

Réf. parallaxe, —   0° 33' 39"
haut. vraie ⊖, —   0° 21' 45"
distance zénithale, 90° 21' 45"

$$\cos \frac{Z}{2} = \sqrt{\frac{\sin. S \sin. (S - SP)}{\sin. ZS \sin. ZP}}.$$

PS $=$ 73° 51' 36"
ZP $=$ 40° 31' 00" c'log. sin. $=$ 0,1873077
ZS $=$ 90° 21' 45" c'log. sin. $=$ 0,0000007
2S $=$ 204° 44' 21"
S $=$ 102° 22' 10"   log. sin. $=$ 9,9897997
S—SP $=$ 28° 30' 34"   log. sin. $=$ 9,6787947

19,8559118

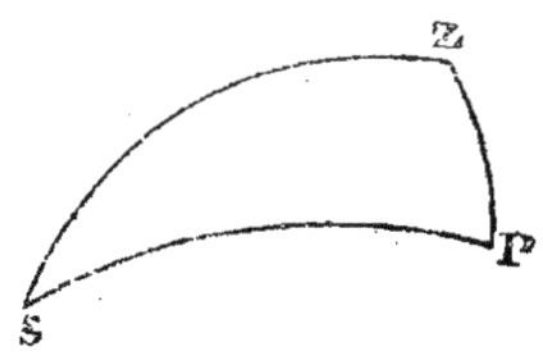

log. cos. $\dfrac{Z}{2} = 9,9279559$

$\dfrac{Z}{2} = 32°\ 05'\ 53''$

azimut calculé, 64° 11' 46" du N. à l'E.
azimut relevé, 95°   du N. v. l'E.

variation,   30° 48' 14" N.-O.

Variation par l'azimut du soleil (11).

Le 18 mai à $4^h 30^m$, temps moyen, on a observé la hauteur du ⊙ de 22° 18′. L'erreur instrumentale était de + 3′ 30″, et l'élévation de l'œil, de 5^m. L'astre répondait au O.-N.-O. 3° O. du compas.

L'observateur était par $\begin{cases} 8° & 30′ & \text{latitude N.} \\ 30° & 15′ & \text{longitude O.} \end{cases}$

On demande la variation.

Heure du lieu, $4^h 30^m$ déclin. à 0^h, 19° 31′ 58″ B   haut. instr^{le}. ⊙, 22° 18′ 00″
long^e en tem. + $2^h 01^m$ part. prop.,   03′ 32″,6   err. instr^{le},   +   03′ 30″

heure de Paris, $6^h 31^m$ décl. calcul., 19° 35′ 30″,6   h^r observée ⊙, 22° 21′ 30″
              dist. polaire, 70° 24′ 29″,4   dépression, —   3′ 58″

                          haut. app. ⊙, 22° 17′ 32″
                          $\frac{1}{2}$ diamètre, +   15′ 50″

                          haut. app. ⊖, 22° 33′ 22″
                          réf.—parall^e, —   2′ 12″

                          haut. vraie ⊖, 22° 31′ 10″

On peut, dans ce cas, calculer l'angle azimutal par la formule

$$\cos. \frac{Z}{2} = \sqrt{\frac{\cos.\left(\dfrac{H+L+D}{2}\right)\cos.\left(\dfrac{H+L+D}{2} - D\right)}{\cos. H \cos. L}}.$$

Distance polaire,   70° 24′ 29″
      latitude,   8° 30′ 00″   c^t log. cos. L = 0,0047967
hauteur vr. ⊖,   22° 31′ 10″   c^t log. cos. H = 0,0344457
H + L + D =   101° 25′ 39″

$\dfrac{H+L+D}{2}$ =   50° 42′ 49″   log. cos. = 9,8015399

$\dfrac{H+L+D}{2}$ − D =   19° 41′ 40″   log. cos. = 9,9738215

                                   19,8146041

                     log. cos. $\dfrac{Z}{2}$ = 9,7073040

$\dfrac{Z}{2}$ =   36° 07′ 07″,7

azimut calc. Z =   72° 14′ 15″,4 du N. vers l'Ouest.
azimut relevé,   70° 30′
       variation,   1° 44′ 15″,4 N.-O.

Latitude obtenue par une hauteur méridienne du soleil (12).

Le 21 juillet, par 28° 51′ longitude O., on a observé, du côté du pôle S., la hauteur méridienne de ⊙. Elle était de 70° 17′. Erreur instrumentale + 1′ 15″; élévation de l'œil, 5^m.

On demande la latitude.

Longit^e en temps,	1^h 55^m 24^s	décl. le 21 à 0^h,	20° 31′ 10″,7 B.
heure du bord,	0^h 00^m 00^s	partie proportionnelle, —	58″,7
équat. du temps,	0^h 6^m 2^s,3	déclin. calculée,	20° 30′ 12″ B.
h^{re} de Paris, t. m.,	2^h 01^m 26^s,3	distance au pôle Sud,	110° 30′ 12″

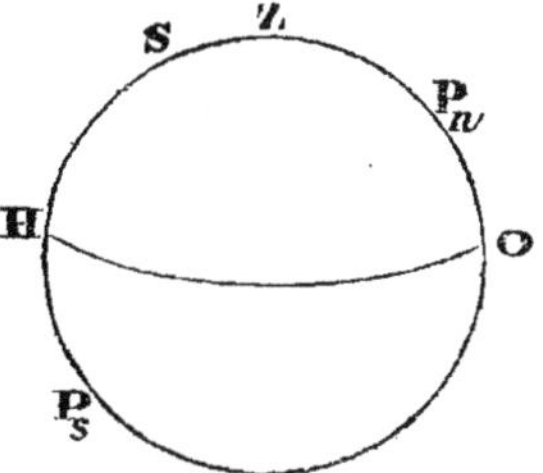

haut. instrum^{le},	70° 17′ 00″
erreur instr^{le}, +	1′ 15″
haut. observée ⊙,	70° 18′ 15″
dépression, —	3′ 58″
haut. appar. ⊙,	70° 14′ 17″
demi-diamètre, +	15′ 46″
haut. appar. ⊖,	70° 30′ 03″
réfr. parallaxe, —	0′ 18″
haut. vraie ⊖,	70° 29′ 45″

SP, ou distance au pôle S., 110° 30′ 12″
SH ou haut. méridienne,   70° 29′ 45″

HP, ou OP$_n$ ou latitude,   40° 00′ 27″ N.

Latitude obtenue par une hauteur méridienne de la lune (13).

Le 15 juin, par 45 longitude O., on a observé, du côté du pôle S., la hauteur méridienne $\mathbb{C}$ de 55° 16′ 45″. Erreur instrumentale, — 4′ 15″. Élévation de l'œil, $8^m,5$. On demande la latitude.

Hʳᵉ du pass. $\mathbb{C}$ au mérid. le 15,	5ʰ 08ᵐ 00ˢ	Haut. instrument.,	55° 16′ 45″
id. le 16,	6ʰ	erreur instr., —	4′ 11″
différence pour 360°,	52ᵐ	haut. observée $\mathbb{C}$,	55° 12′ 30″
partie proportionnelle pour 45°,	6ᵐ 30ˢ	dépression, —	0° 5′ 15″
hʳᵉ du pass. au mérid. du lieu,	5ʰ 14ᵐ 30ˢ	haut. appar. $\mathbb{C}$,	55° 07′ 19″
différence des méridiens, +	3ʰ	½ diam. de haut., +	16′ 6″
hʳᵉ de Par., t. m., au mom. du pass.	8ʰ 14ᵐ 30ˢ	haut. appar. $\mathbb{C}$,	55° 23′ 25″
		parallaxe — réfr., +	32′ 53″
		haut. vraie $\mathbb{C}$,	55° 56′ 18″

Calcul de déclinaison.

	Déclinaison.	Différences premières.	Différences deuxièmes.
le 14 à 12ʰ,	13° 06′ 57″,9 B.		
		— 1° 58′ 20″,1	
le 15 à 0ʰ,	11° 08′ 37′,8		+ 0° 07′ 59″,9
		— 2° 06′ 20″,0	
le 15 à 12ʰ,	9° 02′ 17″,8		+ 0° 05′ 44″,4
		— 2° 12′ 04″,4	
le 16 à 0ʰ,	6° 50′ 13″,4		
		Somme	13′ 44″,30

Déclinaison le 15 à 0ʰ, 11° 08′ 37″,8		demi-somme,	06′ 52″,15
partie proportion-			
nelle p 8ʰ 14ᵐ 30ˢ, — 1° 26′ 50″		dist. au pôle Sud,	99° 41′ 04″
part. prop. p. 6′ de			
diff. seconde m., — 00′ 38′,5		dist. à l'horiz. ou haut.	55° 56′ 18″
pour 52″ id. — 00′ 5″,3		latitude N.,	43° 44′ 46″
Déclin. calculée, 9° 51′ 04″ B.			
Dist. au pôle Sud, 99° 41′ 04″			

Latitude obtenue par une hauteur de l'étoile polaire (14).

Le 25 mai, par 51° 24′ longitude Est, l'œil élevé de 4ᵐ,5, à 10ᵇ 45ᵐ, on a observé la hauteur de l'étoile polaire de 45° 24′. Erreur instrumentale, — 3′ 43″. On demande la latitude.

Haut. instrumentale ★,	45° 24′ 00″	heure à bord,	10ᵇ 25ᵐ
erreur instr., —	3′ 45″	diff. des mérid., —	3ᵇ 25ᵐ 36ˢ
hauteur observée ★,	45° 20′ 15″	heure de Paris,	6ᵇ 59ᵐ 24ˢ
dépression, —	3′ 48″	Æ ☉ le 25 mai à 0ᵇ,	4ᵇ 07ᵐ 24ˢ,35
hauteur apparente ★,	45° 16′ 27″	partie prop., +	1ᵐ 10ˢ,10
réfraction, —	0° 00′ 58″	Æ ☉ calculée,	4ᵇ 08ᵐ 34ˢ,45
hauteur vraie ★,	45° 15′ 29″		

Heure astr. ☉ + Æ ☉ = hʳᵉ astr. ★ + Æ ★   Æ ☉ = 4ᵇ 08ᵐ 34ˢ,45

heure astr. ★ = Æ ☉ + hʳᵉ astr. ☉ — Æ ★ hʳᵉ bord = 10ᵇ 25ᵐ 00ˢ

somme, 14ᵇ 33ᵐ 34ˢ,45

Æ ★, — 1ᵇ 04ᵐ 48ˢ,00

heure astr. ★, 13ᵇ 28ᵐ 46ˢ,45

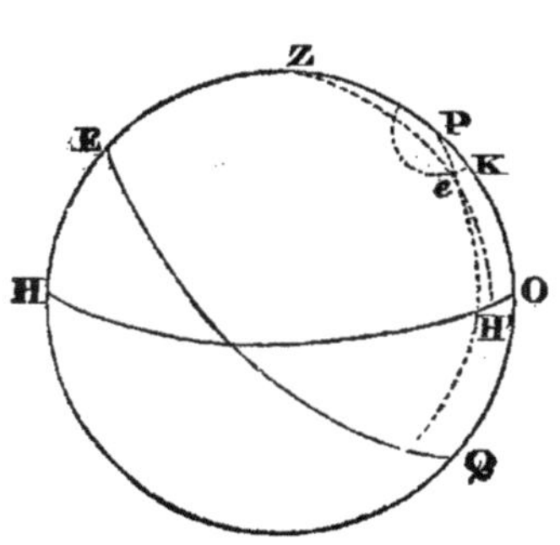

$$R : \cos.\, e\mathrm{PK} :: e\mathrm{P} : \mathrm{PK}.$$

$$\mathrm{PK} = \frac{e\mathrm{P} \times \cos.\, e\mathrm{PK}}{R} = 1° 23′ 04″$$

$$\mathrm{Lat.} = e\mathrm{H} + \mathrm{PK} = \text{haut. vraie} \star + \mathrm{PK}$$
$$= 46° 38′ 33″$$

Recherche de l'état absolu d'un chronomètre (15).

Le 5 juillet, vers 4ʰ 30ᵐ, temps | 49° 29'   latitude N.
moyen, étant par........ | 2° 13' 45" longitude O.,
lorsque le chronomètre marquait 5ʰ 17ᵐ 21ˢ, on a observé la hauteur du ☉ de 29° 45'. Erreur instrumentale, + 5' 30". Élévation de l'œil, 5ᵐ.

On demande l'état absolu du chronomètre sur le temps moyen.

Hʳᵉ appr. du lieu, 4ʰ 30ᵐ	décl. à 0ʰ,	22" 49' 09",5 **B.**
longit. en temps, 8ᵐ 55ˢ	part. proport., —	1' 06",9
heure de Paris, 4ʰ 38ᵐ 55ˢ	décl. calculée,	22° 48' 02",6 **B.**
	dist. polaire,	67° 11' 57",4
haut. instr. ☉, 29° 45' 00"		
erreur instr. + 5' 30"	dist. zénithale,	59° 59' 15",5
haut. obs. ☉, 29° 50' 30"	compl. latitude,	40° 31' 00",0 cᵗ log. sin. **0,**1873077
dépression, — 03' 58"	dist. polaire,	67° 11' 57",7 cᵗ log. sin. 0,0353356
haut. app. ☉, 29° 46' 32"	somme = 167° 42' 13",2	
demi-diam., + 15' 45",5	½ somme = 83° 51' 06",6 cᵗ log. sin. 9,9974948
haut. app. ☉, 30° 02' 17",5	½ som.—côté opp. = 23° 51' 51",1 log. sin. 9,6069933
réfr. parall. — 01' 33"		19,8271314

haut. vr. ☉, 30° 00' 44",5

dist. zénithale, 59° 59' 15",5

log. cos. $\dfrac{P}{2}$ = 9,9135652

$\dfrac{P}{2}$ = 34° 57' 44"

P = 69° 55' 28'

P en temps ou heure, t. vr.	4ʰ 39ᵐ 41ˢ,9
équation du temps, +	4ᵐ 09ˢ,4
heure, temps moyen,	4ʰ 43ᵐ 51ˢ,3
heure au chronomètre,	5ʰ 17ᵐ 21ˢ
avance du chronomètre sur le temps moyen du lieu,	0ʰ 33ᵐ 29ˢ,7

Longitude obtenue à l'aide d'un chronomètre (16).

Le 1er décembre, à midi moyen de Paris, un chronomètre ayant pour marche diurne — 18^s,6, marquait 10^h 59^m 17^s.

Le 20 décembre, à Paris, la date du bord étant le 21 au soir par 18° 15′ latitude S., au moment où le chronomètre marquait 4^h 18^m 21^s, on a observé la hauteur ⊙ de 38° 17′. Erreur instrumentale, + 2′ 30″. Élévation de l'œil, 5^m.

On demande la longitude du navire.

Calcul de l'heure de Paris.

Av⁰ du chronom. le 1er déc.,	10^h 59^m 17^s,00	décl. le 20, à 0^h,	23° 26′ 47″,6 A.
retard en 19 j. —	5^m 53^s,40	part. prop., +	23″,7
Avance le 20, à midi,	10^h 53^m 23^s,60	décl. calculée,	23° 27′ 11″,3
heure au chronomètre,	28^h 18^m 21^s,00	dist. polaire,	66° 32′ 48″,7
heure appr. de Paris, le 20,	17^h 24^m 57^s,40		
retard en 17^h, 4 +	13^s,50		
heure de Paris,	17^h 25^m 10^s,9		
hauteur instrumentale,	38° 17′ 00″		
erreur id., +	2′ 30″		
hauteur observée ⊙,	38° 19′ 30″		
dépression, —}	03′ 58″		
hauteur apparente ⊙,	38° 15′ 32″		
demi-diamètre, +	16′ 17″,5		
haut. apparente ⊖,	38° 31′ 49″,5		
réfract. — parallaxe, —	1′ 06″,4		
hauteur vraie ⊖,	38° 30′ 43″,1		
distance zénithale,	51° 29′ 16′,9		
distance polaire,	66° 32′ 48″,7	c^t log. sin. 0,0374478	
complément latitude,	71° 45′ 00″	c^t log. sin. 0,0224140	
somme,	189° 47′ 05″,6		
demi-somme,	94° 53′ 32″,8	log. sin. 9,9984150	
demi-somme — dist. zénith.,	43° 24′ 15″,9	log. sin. 9,8370477	

19,8953245

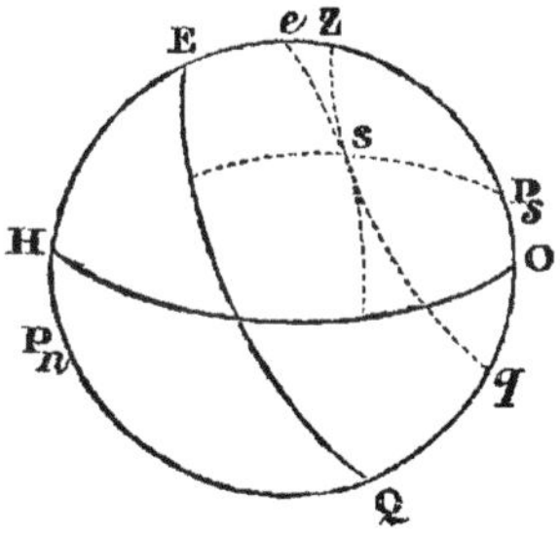

$$\log.\ \cos.\ \frac{P}{2} \qquad 9,9476622$$

$$\frac{P}{2} \ = \ 27°\ 34'\ 3''$$

$$P \ = \ 55°\ 08'\ 06''$$

P en temps,	3ʰ 40ᵐ 32ˢ,24ᵗ,	heure à bord, t. v.
heure à bord, temps vrai,	3ʰ 40ᵐ 32ˢ,4	
temps moyen à midi vrai,	11ʰ 58ᵐ 10ˢ,2	
heure à bord le 21,	3ʰ 38ᵐ 42ˢ,6 t. m.	
heure à Paris le 20,	17ʰ 25ᵐ 10ˢ,9	
longitude en temps,	10ʰ 13ᵐ 31ˢ,7	
longitude en degrés,	153° 22' 54''5 E.	

Le 18 octobre 1850, par 146° 50' longitude **Est**, l'établissement du port étant 8ʰ 12ᵐ, on demande l'heure de la pleine mer du matin.

Longitude en temps,	9ʰ 47ᵐ 20ˢ
pass. ☾ au mérid., le 16,	8ʰ 46ᵐ 00ˢ
id. le 17,	9ʰ 30ᵐ 00ˢ
diff. en 24ʰ,	0ʰ 44ᵐ 00ˢ
partie proportionnelle,	17ᵐ 58ˢ
passage calculé,	9ʰ 12ᵐ 00ˢ
établissement,	8ʰ 12ᵐ 00ˢ
hʳᵉ appr. de la pleine mer,	17ʰ 24ᵐ 00ˢ
correction, +	0ʰ 34ᵐ 07ˢ
hʳᵉ de la pl. mer, t. m.	5ʰ 58ᵐ 07ˢ

La parallaxe horizontale équatoriale était 54' 58''.

FIN.

TABLE DES MATIÈRES